역사서

역사서

교 회 인 가 • 2024년 12월 24일
제1판 제1쇄 • 2025년 3월 31일

지은이 • 필립포 마니니
옮긴이 • 박요한 영식
펴낸이 • 최준규
펴낸곳 • 가톨릭대학교출판부
등 록 • 제300-1989-1호(1989년 1월 13일)
주 소 • 03083 서울시 종로구 창경궁로 296-12
전 화 • 02-740-9718
전 송 • 02-745-9793
전자우편 • cukpress@catholic.ac.kr
홈페이지 • http://press.catholic.ac.kr
인쇄제작 • 재영아트

ISBN 978-89-7108-391-8 93230

값 28,000원

역사서

필립포 마니니 지음 · 박요한 영식 옮김

libri storici

가톨릭대학교출판부

차례

● 번역에 사용된 약어와 표기

수사본

• A	알렉산드리아 사본(5세기)
• B	바티칸 사본(4세기)
• S	시나이 사본(4세기)

기타 약어

• AB	*The Anchor Bible*(2007 The Anchor Yale Bible)
• Bibbia dei Settanta	P. Sacchi / C.Martone / L. Mazzinghi(a cura di), *La Bibbia dei Settanta*, Morceliana, Brescia, 2012-2019(전면에 그리스어 본문)
• Bibbia dei Settanta II	P.G. Borbone(a cura di), *Bibbia dei Settanta*, vol. 2, Morcelliana, Brescia, 2016.
• LBPT	*I Libri biblici. Primo Testamento*
• NVBTA	*Nuova versione della Bibbia dai testi antichi*. 별도로 명기하지 않는 이상, CEI(2008년 이탈리아 주교회의 공인 성서)를 따른다.

● 성서 책들의 약어표

1마카	마카베오기 상권
1베드	베드로의 첫째 서간
1사무	사무엘기 상권
1역대	역대기 상권
1열왕	열왕기 상권
1요한	요한의 첫째 서간
1코린	코린토 신자들에게 보낸 첫째 서간
1테살	테살로니카 신자들에게 보낸 첫째 서간
1티모	티모테오에게 보낸 첫째 서간
2마카	마카베오기 하권
2베드	베드로의 둘째 서간
2사무	사무엘기 하권
2역대	역대기 하권
2열왕	열왕기 하권
2요한	요한의 둘째 서간
2코린	코린토 신자들에게 보낸 둘째 서간
2테살	테살로니카 신자들에게 보낸 둘째 서간
2티모	티모테오에게 보낸 둘째 서간
3요한	요한의 셋째 서간
갈라	갈라티아 신자들에게 보낸 서간
나훔	나훔서
느헤	느헤미야기
다니	다니엘서
레위	레위기
로마	로마 신자들에게 보낸 서간
루카	루카 복음서
룻	룻기
마르	마르코 복음서
마태	마태오 복음서
말라	말라키서
묵시	요한 묵시록
미카	미카서
민수	민수기
바룩	바룩서

사도	사도행전
스바	스바니야서
시라	시라(집회서)
시편	시편
신명	신명기
아가	아가
아모	아모스서
애가	애가
야고	야고보 서간
에스	에스테르기
에제	에제키엘서
에즈	에즈라기
에페	에페소 신자들에게 보낸 서간
여호	여호수아기
예레	예레미야서
오바	오바드야서
요나	요나서
요엘	요엘서
요한	요한 복음서
욥	욥기
유다	유다 서간
유딧	유딧기
이사	이사야서
잠언	잠언
즈카	즈카르야서
지혜	지혜서
집회	집회서(시라)
창세	창세기
코헬	코헬렛
콜로	콜로새 신자들에게 보낸 서간
탈출	탈출기
토빗	토빗기
티토	티토에게 보낸 서간
판관	판관기
필레	필레몬에게 보낸 서간
필리	필리피 신자들에게 보낸 서간
하까	하까이서
하바	하바쿡서
호세	호세아서
히브	히브리인들에게 보낸 서간

/들/어/가/는/말/

성서의 하느님은 역사 안에서 활동하신다. 그러므로 성경의 많은 부분이 이야기로 되어 있다. 이집트에서 탈출하여 바다를 건넌 후에 내린 결론을 생각해 보라.

> 그날 주님께서는 이렇게 이스라엘을 이집트인들의 손에서 구해 주셨고, 이스라엘은 바닷가에 죽어 있는 이집트인들을 보게 되었다. 이렇게 이스라엘은 주님께서 이집트인들에게 행사하신 큰 권능을 보았다. 그리하여 백성은 주님을 경외하고, 주님과 그분의 종 모세를 믿게 되었다. (탈출 14,30~31)

해방은 "그날" 일어난다. 즉 구원 사건은 시간의 흐름 안에 위치해 있으며 신화적 기원으로 서술되지 않고 역사적 사건들 사이에 삽입되어 이야기된다. 물론 (바람과 바다와 같은) 우주적 요소들도 있다. 이는 창조와 역사가 분리될 수 없기 때문이다. 이와 동시에 성서 역사는 자주 정확한 시점을 밝히려 하지 않기 때문에(이 경우, 예를 들어 통치자 파라오의 이름을 인용하면서) 사건들을 정확하게 재구성하기가 어렵다. 믿음의 기억이 우세하다. 그래서 이스라엘의 관점은 이중적이다. 곧 바닷가에 죽어 있는 이집트인들이 눈앞에 있지만, 그 이면에서 주님의 팔을 인식한다. 같은 방식으로, 믿음의 행위는 주님과 주님의 사자인 모세와 연결된다. 게다가 죽음과 폭력이 역사를 표시한다. 그러므로 우리는 역사서들에서 전사(戰士)이신 하느님을 만나지만, 전쟁을 없애 버리시는 하느님도 만난다.

역사서들을 소개하는 이 서론은 책들의 역사(언제 편찬되었는가?)와 그 편찬(어떻게 이야기를 구성하는가?)에 관한 정보들을 제공한다. 도표들은 이야기의 전개를 더욱 쉽게 따라가게 해 주거나 또는 다른 자료들을 눈앞에 두고 볼 수 있도록 해 주는 색인과 같다. 독서를 하는 매우 중요한 방법들 가운데 하나는 같은 책 또는 다양한 책들의 여러 본문을 비교하는 것이다(성서로 성서를 읽는다). 개별 본문들을 주석하기 전에 먼저 반드시 해야 할 일 가운데 하나는 줄거리를 파악하기 위하여 책들을 빠르게 일독하는 것이다. 여하튼 이 서론(과 매 해석)에서 단언하는 것은 본문에 관한 부분에서 다시 만나게 될 것이다. "본문을 읽어라!"라는 것이 우리의 명령이다.

신학과 종교학 연구에서 만나는 중대한 한계는 그리스어와 히브리어에 대한 지식이 거의 없다는 것이다. 그렇기 때문에 언어를 알지 못한 채("언어와 문학"을 공부하는 것은 당연시된다) 성서 문학을 연구하게 된다.

참고문헌에서는 우리가 만난 여러 가지 문제에 대한 연구를 마무리하고 계속해서 다른 분야들을 연구하는 데 유익한 몇 가지 도구들을 지적한다. 우리가 다루지 않을 주제는 이야기 이면에 숨어 있는 역사적 사실을 재구성하는 주제이다.

말할 필요도 없이 성서를 읽는다는 것은 힘든 일이다. 성서는 시대와 문화가 우리와 거리가 먼 책이며 힘들여 연구해야 하는 책이다. 다른 한편, 성서는 우리에게 거의 친숙하지 않으면서도 우리 전통의 일부를 차지하고 있는 책이다.

우리는 여기에서 성서(우리에게는 특별히 역사서들)를 읽도록 자극하고 부분적으로는 상이한 관점들을 갖도록 이끌 수도 있는 두 가지 이유를 지적할 수 있다. 첫째 관점은 하느님의 말씀으로서의 성서에 대한 믿음에 기초를 두고 있는 것이다. 즉 성서에서 즉시 영양소를 발견하지 못한다고 하더라도, 더 나아가 어려운 점들과 의심스러운 것들을 만난다고 하더라도 믿는 이는 주의를 기울여 이 말씀을 귀담아들을 것이다. 둘째 관점은 성서를 우리 전통의 고전으로 여기는 것이다. 즉 교양인이라면 알고 있어야 할(문학과 예술을 이해하기 위해서라도) 것으로 여긴다. 그러기에 유명한 한 표현에 따르면 구약성서와 신약성서는 위대한 예술 법전이다.[1)]

게다가 독자는 난관에 봉착할 뿐 아니라, 예컨대 다윗 이야기처럼 즐거운 마음으로 독서하기 좋도록 잘 쓰인 이야기들도 만날 것이며, 히브리어와 그리스어를 알고 있다면, 고대 본문들에서 여러 부분을 깊이 음미할 수 있을 것이다. 각 장은 다음과 같이 묶을 수 있다.

- 서 론: 1~2장: 구약성서의 역사
- 제1부: 3~9장: 여호수아서, 판관기, 사무엘기, 열왕기

---

1) N. Frye, *Il grande codice. La Bibbia e la letteratura*, Einaudi, Torino, 1986(ed. ingl., 1981); 현재는 *Vita e Pensiero*, Milano, 2017. 이 표현은 William Blake의 작품 *The Old & New Testaments are the Great Code of Art*에서 따온 것이다.

- 제2부: 10~13장: 역대기와 에즈라-느헤미야기
- 제3부: 14~16장: 마카베오기
- 제4부: 17~18장: 룻기와 에스테르기
- 제5부: 19~20장: 유딧기와 토빗기

| 제 1 장 | 성서의 역사 서술

• 역사를 이야기하다

성서 전체에서 이야기는 매우 중요하다. 하느님이 하신 일들을 경축하며 그 일들을 보고 받아들이는 인류와 이스라엘 백성의 방식을 표현하기 위하여 수많은 역사가 서술된다. 각 역사는 하나의 역사 안에 통합되어 표현되며 그것을 통해 이스라엘은 자기 경험과 정체성에 대해 이야기한다. 다른 한편, 성서 히브리어에는 그리스어 historía 또는 후대의 역사 서술(storiografie)에 해당하는 전문 어휘가 없다. 우리가 검토하게 될 책들 가운데에서 우리 시대의 역사 개념에 더욱 가까운 표제를 가지고 있는 것은 역대기이다. 히브리어의 역대기는 "연대기"(annali)에 유사한 것으로 여겨진다. 잠시 후에 우리는 히브리어 전통이 정경에서 "역사서들"을 따로 분류하지 않는 것을 보게 될 것이다.

역사의 개념 정의 문제에 들어가지 않으면서 우리는 성서의 역사 서술이 당대의 역사 서술은 물론 현대의 역사 개념들과 공유하는 점이 있다고 말해야 하겠지만, 현저한 차이도 있다. 현대의 역사들에 관해 말하자면, 공통된 점의 경우, 인과적 설명으로 단일한 내러티브를 만들려는 노력을 생각하게 된다. 차이의 경우, 사용된 원천을 각주에 인용하지 않고 본문에 통합하여 다시 다듬은 것이다.

다음 장에서 우리는 역사를 이야기하는 책들 이외의 책들에서 역사의 존재를 검토하게 될 것이다. 율법은 역사 덕분에 이해하게 된다. 예언 말씀이 선언되는 것은 역사를 비추어 주고 방향을 잡아 주기 위함이다. 이 점에 있어서 지혜는 덜 지적되지만, 그렇다고 해서 지혜를 완전히 간과하지는 않는다. 창조 행위 자체는 부동의 배경을 만들어 내는 것이 아니라, 한 과정의 시작을 만들어 내는 것으로서 거기에서 피조물은 변형되는데, 특히 홍수와 더불어 그렇게 된다. 끝으로, 종말에 대한 담화는 인간사에서 빠져나오는 것을 가리킨다.

때로는 성서의 독창성을 강조하려는 목적으로 상반되는 것들이 지나치게 부각된다. 몇 가지 예를 들어 보자.

고대 근동에서 오로지 이스라엘만 역사를 생산하고 그 하느님만 유일하게 역사 안에 당신을 계시하신다. 물론 이집트와 같은 문명은 역사 기술을 중요하게 생각하지 않았지만, 히타이트와 아시리아는 그것을 소홀히 하지 않았다. 고대의 신들은 역사에 개입한다. 이는 군인과 신이 개입하는 전쟁을 생각해 보는 것으로 충분하다.

그리스는 철학 안에서 설명하고, 이스라엘은 이야기 안에서 설명한다. 신학의 영혼이 성서의 이야기들을 잊어버리고 합리적 체계에 몰두하듯이, 이러한 대립은 특히 성경의 연구를 회복하는 데 유익하다(또는 유익하였다). 실제로 특히 지혜 전통에는 적어도 몇몇 그리스 철학에 근접하는 부분이 있다. 다른 한편, 그리스의 '파이데이아'(paideia)는 호메로스의 설화(narrazione)에 기초를 두었다. 이 밖에도 그리스에는 위대한 역사가들이 있으며 성서의 형성에서 헤로도토스와 같은 저술가들의 영향을 배제할 수 없다.

성서의 시간은 직선적이지만, 신화의 세계에서 시간은 순환적이다. 물론, 특히 묵시문학의 관점에서 성서의 역사는 종말을 향하고 있다. 그러나 때로는 어떤 단계에서(판관들의 시기처럼), 때로는 전례 때에 순환적 축제(주간, 연간, 안식년, 희년)가 있었으므로 성서의 역사에도 순환성이 없지 않다.

성서가 늦은 단계에 형성되었음을 생각할 때, 이스라엘 백성에 관한 이야기들에 유사한 두 개의 모형은 이집트에 관한 마네토(Manetone)의 역사들과 바빌론에 관한 베로쏘(Berosso)의 역사들이다.

• 역사의 폭력

많은 독자에게 어려움을 안겨 주는 두 개의 주제 가운데 하나는 역사서에 들어 있는 특히 전쟁으로 인한 폭력이다. 우리는 다양한 책들의 연구에서 이 주제를 여러 차례 발견하게 될 것이다. 역사를 기술하는 책에서 전쟁과 권력 남용과 불의에 대해 말하는 것은 결코 놀라울 일이 아니다. 당혹스러움은 하느님에 의해 의도된 폭력에서 생겨난다.

전쟁에는 신이 연루되었고, 승리한 백성은 자기 신의 우위성을 자랑할 수 있었지만, 패배한 백성은 종교적 의무를 소홀히 하였다고 생각할 수 있었다. 여하튼 다른 신의 존재를 인정하였으며, 때로는 번역의 가능성까지 인정하였다(예를 들어, 제우스와 주피터(Giove)를 같은 신으로 보는 그리스인들과 로마인들에게서 볼 수 있듯이). 이와 달리 유배 때부터 시작된 성서의 유일신론(매우 후대의 용어를 사용할 때)의 경우에는 다른 신의 존재가 부정되었으며, 진리에 대한 주장은 특히 같은 백성의 내부에서 본보기 방식으로 엘리야에 의해 대표된 특이한 형태의 폭력으로 표현된다.

우리는 여러 책에서 문제에 대한 해결책이 아니라, 유익한 요점을 발견하게 될 것이다. 그것은 물론 해석을 위해 특별한 노력을 요구하는 경우이다. 의심할 여지 없이 구약성서에 신약성서를 덧붙임으로써 마치 결정적 해결을 찾아내기라도 한 것처럼 그렇게 극복의 모델을 배제해야 한다. 구약성서든 신약성서든 거기에는 묵시문학적 폭력의 문제가 항상 그대로 남아 있으며 심판의 도식에도 불구하고 그것은 독자를 불쾌하게 할 수 있다.

• 어떤 책들이 역사서들인가?

히브리어 전통은 성서를 세 부분, 즉 토라, 예언서, 성문서로 나눈다(히브리어 성서는 우리의 구약성서 즉 첫째 성서의 대부분을 포함하고 있다. 글로 기록된 토라 외에 비슷한 가치가 있는 것으로 구전 토라, 즉 주석을 갖춘 탈무드가 있다). 토라는 창세기에서 신명기까지 성서의 처음 다섯 권의 책이다(성서의 첫 다섯 권의 책들의 히브리어 제목은 각 책을 시작하는 단어들로 표현된다. 즉 "한처음에" "이름" "부르셨다" "광야에서" "말" 또는 신명 17~18장에 따르면 "율법 사본"으로 표현된다). 예언서들은 여호수아기부터 말라키서까지인데, 전기 예언서들(여호수아기, 판관기, 사무엘기, 열왕기)과 후기 예언서들(이사야서, 예레미야서, 에제키엘서,

열두 예언서)로 나뉜다.[2] 열두 예언서는 호세아서부터 말라키서까지이며 우리는 이들을 개별 책들로 여기지만, 히브리 전통과 그리스도교 전통에서는 한 권의 책(그리고 때로는 소예언서들이라고 불린다)으로 여긴다. 우리가 일반적으로 역사서라고 부르는 책들, 즉 여호수아기, 판관기, 사무엘기, 열왕기 역시 예언서들 가운데 하나로 꼽힌다. 이러한 명칭은 이 책들이 예언자들에 의해 전해진 하느님의 말씀에 비추어 백성의 역사를 이야기한다는 사실(몇몇 예언자들은 주인공으로 나타난다는 사실 외에도)을 강조한다.

그리스 전통과 라틴 전통은 다른 구분에 따라 성서를 율법 또는 오경(창세기부터 신명기까지), 역사서, 시서, 예언서로 나누는데, 우리에게는 이 구분이 더욱 친숙하다.[3] 이 책에서는 이 두 번째 분류를 따른다. 그러므로 우리가 이 책에서 역사서로 다루는 성서는 여호수아기, 판관기, 룻기, 사무엘기 상권과 하권, 열왕기 상권과 하권, 역대기 상권과 하권, 에즈라기와 느헤미야기, 토빗기, 유딧기, 에스테르기, 마카베오기 상권과 하권이다. 히브리어 성서와 달리 바룩서, 애가, 다니엘서가 예언서에 포함되기도 한다는 것을 기억하자.

때로는 사무엘기 상권과 하권, 열왕기 상권과 하권, 역대기 상권과 하권을 구분하는 대신 이들을 단일한 책, 곧 사무엘기, 열왕기, 역대기로 생각하게 될 것이다. 사실 고대에는 히브리어로 쓰인 이 책들은 단일한 하나의 책이었으나, 후대에 그리스어

2) 완전한 목록을 위해서는 무엇보다도 히브리어 성서와 그리스어 성서를 비교하면서 "예루살렘 성서"에 실린 서론을 읽을 수 있다.

3) 우리는 히브리 전통과 그리스도교 전통의 본문(주석서와 교리서, 그리고 교회를 위해서는 공의회 문헌에서), 수사본, 그리고 성서의 여러 인쇄본에서 다양한 이본과 함께 이런 종류의 세분화를 만날 수 있다.

사본에서 두 권으로 나뉘어졌다(그 후 인쇄본들이 등장하면서부터 히브리어에서도 두 권으로 나뉘어졌다). 교회의 교부들을 열거할 때에도 이 책들을 단일한 책으로 계산하는 것이 관례였다. 반면에 마카베오기 상권과 마카베오기 하권은 동일 작품의 두 부분이 아니며 한 작품의 속편이 아니라, 부분적으로 같은 시기를 다루는 두 개의 독립된 작품이라는 것을 알아야 한다.

오늘날의 성서들에서 그리스 전통과 라틴 전통에 따르면 룻기는 판관기 다음에 나오지만, 히브리어 성서에서는 성문서들 사이에 나온다. 룻기의 역사는 판관 시기에 일어난다. 정경의 책들을 열거할 때, 교회의 교부들은 때때로 룻기를 판관기와 함께 계산하였다.

역사서 외에도 우리는 오경에 대해서도 언급할 것이다. 왜냐하면 창세기로 시작하는 이야기 노선이 여호수아기를 거쳐 열왕기 하권에서도 계속되기 때문이다.

• 역사서의 분류

우리는 역사서를 다양한 그룹으로 세분할 수 있다.

- 첫 번째 대 역사: 창세기부터 열왕기 하권까지
- 두 번째 대 역사: 역대기와 에즈라-느헤미야기
- 교훈적 역사(또는 허구화된 역사 또는 "미드라쉬적" 역사): 룻기, 에스테르기, 유딧기, 토빗기
- 헬레니즘 역사: 마카베오기 상권, 마카베오기 하권

우리는 보편적 역사의 틀 안에서 민족의 역사에 관한 위대한 두 이야기, 즉 창조부터 유배까지(창세기부터 열왕기까지), 그리고 아담부터 유배에서 귀환까지(역대기와 이어지는 에즈라-느헤미야기)를 다루는 위대한 이야기를 갖고 있다. 히브리어 성서의 많은 수사본은 첫 번째 역사로 시작하며(창세기부터 열왕기까지), 에즈라-느헤미야기가 역대기 앞에 놓여 있기 때문에 두 번째 이야기로 끝나는 것을 알 수 있다(역대기). 이처럼 성서는 하느님과 그분 백성에게서 일어나는 일에 관한 이야기로 시작하고 끝난다. 다른 책들은 더 짧은 기간을 다루며 동일한 연대순으로 연결되지 않는다.

이야기 역사(storia)는 룻과 토빗의 가족 안에서 일어나는 일을 그 배경으로 한다. 에스테르와 유딧은 민족의 존재 자체를 결정하는 모험의 주인공이다. 주인공이 독자에게 모델로 제공된다는 뜻에서 이는 교훈적 이야기이다(성서의 다른 책들에 나오는 여러 인물에게도 적용된다). 이야기가 자유롭게(또는 방금 지적하였듯이, 룻기에서처럼 그 배경으로) 다시 손질되었다는 뜻에서 우리는 그것을 허구 이야기 또는 허구 역사라고 규정할 수도 있을 것이다. 미드라쉬[4]라고 불리는 유다이즘의 전통 방식에 따라 성서의 다른 본문들을 설화 형식(forma narrativa)으로 서술하는 것(또는 "설화": narrazione)은 "미드라쉬" 일화(storia)라고 할 수 있다. 예를 들어, 토빗은 욥기의 몇몇 요소들을 다시 받아들인다.

두 권의 마카베오기는 그 문체와 다루는 시대에 있어서 헬레니즘적이다(기원전 2세기).

네 권의 역사서, 곧 토빗기, 유딧기, 마카베오기 상권과 마카베오기 하권은 제2 경전(그리스어 경전에 속하며 히브리어 경전에는 속하

4) 일반적으로 이는 연구, 특히 성서 본문의 주석, 무엇보다도 서사적 주석을 뜻한다.

지 않는다)이라는 사실을 잊어서는 안 된다. 이 밖에 에스테르기는 히브리어로 쓰인 에스테르기와 다르다.

이들을 하나의 도표로 표시하면 다음과 같다(제2 경전은 볼드체로 표시한다).

역사서들

첫 번째 역사 서술 또는 첫 번째 이야기	두 번째 역사 서술 또는 두 번째 이야기	교훈적 이야기	헬레니즘 이야기
창세, 탈출, 레위 민수, 신명, 여호 판관, 1~2사무 1~2열왕	1~2역대 에즈-느헤	룻기 에스 **유딧** **토빗**	**1마카** **2마카**

다양한 책에 적용되는 기준에 따르면, 위와 다르게 분류할 수도 있다.

만약 편찬 시대를 생각한다면, 역대기, 룻기, 에즈라-느헤미야기는 유배 이후의 역사 서술이라고 말할 수 있을 것이다. 마카베오기 상권과 하권 외에도 에스테르기와 다니엘서도 헬레니즘 시대를 표현한 것으로 생각해야 한다.

축제의 기원을 설명하는 "축제" 책들이 있다. 유월절(Pasqua)과 무교절(Azzimi)을 설명하는 탈출기처럼, 에스테르기는 푸림절(Purim) 축제의 기원을 설명하고 마카베오기들은 성전 봉헌 축일과 니카노르(Nicanore)의 날을 설명한다.

논제 측면에서 보면, 룻기와 토빗기는 가족 이야기다. 룻기와 에스테르기와 유딧기에서는 여성이 주인공이다.

랍비들의 전례 전통을 한데 묶은 다섯 두루마리에는 역사서인 룻기와 에스테르기가 포함된다. 이 다섯 권의 책은 연대순이나 전례순에 따라 나열된다. 연대순은 룻기, 아가, 코헬렛, 애가, 에스테르기이다. 사실 룻기에서 이야기하는 바는 판관 시대에 해당하고, 아가와 코헬렛은 솔로몬의 작품으로 여겨진다(전자는 젊었을 때, 후자는 노년에). 애가는 예루살렘의 함락을 애도하고, 에스테르기는 페르시아 시대를 배경으로 하고 있다. 솔로몬에 대해 말하자면, 전통적으로 다양한 지혜서들이 그의 작품으로 귀속되며, 아가와 잠언과 코헬렛은 각각 그의 청년기, 장년기, 그리고 노년기를 대표한다. 전례순은 두루마리가 봉독되는 축제를 고려하면서 달력을 따라 아가(유월절 축제), 룻기(주간절 축제), 애가(아빕달 9일에 성전 파괴에 대한 단식), 코헬렛(장막절 축제: Capanne), 에스테르기(푸림절 축제) 순이다.

- **공관**

성서의 특징은 예수님에게 있었던 일을 전하는 네 복음서의 경우처럼 동일한 일에 대한 여러 이야기가 존재한다는 것이다. 특히 마태오 복음, 마르코 복음, 그리고 루카 복음은 평행한 열로 배열하여 함께 읽을 수 있으며 유사점과 차이점을 볼 수 있기 때문에 공관 복음서라 일컬어진다.

우리는 앞에서 창세기부터 열왕기까지의 책들과 역대기에 기록된 역사가 이중으로 서술되어 있음을 지적하였다. 여기에 덧붙어 신명기는 탈출기, 레위기, 민수기의 이야기와 법을 되풀이

한다고 말할 수 있다. 또한 마카베오기 상권과 하권은 부분적으로는 동일한 역사를 서술하고 있으며, 다니엘서 역시 가려진 형태로 동일한 시대를 제시한다. 우리는 그러한 책들의 유사점과 차이점을 다루게 될 것이다. 특별히 역대기들에 있어서는 평행문들과 비교하게 될 것이다.

아래 도표는 주요 평행문을 요약적으로 표현한 것이다.

탈출	신명	창세	역대	1마카	2마카	(다니)
레위		탈출				
민수		레위				
		민수				
		신명				
		여호				
		판관				
		사무				
		열왕				

여기에서 우리는 세 차례에 걸쳐 서술되는 경우도 있음을 지적할 수 있다. 즉 이사야서와 예레미야서는 열왕기와 역대기에서 서술된 사실을 전한다. 이런 평행문이 나오는 본문은 다음과 같다.

2열왕 18~20	2역대 32	이사 36~39
2열왕 24	2역대 36	예레 52

자세한 내용은 다음과 같다.

2열왕	이사	2역대	
18~20		29~32	히즈키야의 통치
18,1~8		29,1~2	왕조에 대한 개괄적 요약 (2열왕: 이스라엘의 호세아와 일치)
		29~31	성전과 예배
18,9~12			제4년: 사마리아 함락
18,13~19	36~37	32,1~23	제14년: 산헤립
20,1~11	38,1~8.21~22	32,24~26	발병
	38,9~20		병이 든 히즈키야의 기도
20,12~19	39	32,27~31	사절단
20,20~21		32,32~33	왕조에 대한 결론적 요약

2열왕	예레	예레	2역대	에즈	
23,31~35					여호아하즈
23,36~24,6		26; 36			여호야킴
24,7					이집트 임금에 대한 소식
24,8~17					여호야킨
24,18~25,21 (52,4~11)	52,1~30	21; 34; 37~39 (39,1~10)	36,11~21		치드키야와 예루살렘 함락
25,22~26		40~41			그달야
25,27~30	52,31~34				여호야킨에 관한 소식
			36,22~23	1,1~4	키루스의 칙서

밀접히 연관된 이러한 평행문들에서 시작하여 우리는 역사서들에 서술된 사건들에 대한 언급을 다양한 책에서 발견한다. 특히 예레미야서에는 유다 왕국의 최후에 관한 많은 정보가 담겨 있다. 우리는 또한 시편들과의 유사점도 기억한다. 2사무 22장에는 시편 18장이 나오고, 1역대 16장에는 시편 96장과 시편 15~106장의 일부가 결합되어 있다.

공관 사실은 성서의 정경이 하느님 백성(이스라엘과 교회를 가리킨다)의 일치와 다양성을 어떻게 보호하는지를 증언한다. 하느님이 하신 일들에 관한 서술은 획일적이거나 단조롭지 않으며, 모순되거나 불협화음이 있는 것도 아니며, 오히려 통일적이고 다면적이다. 다양한 전통의 목소리가 보존되고 전달된다. 홍수 이야기의 경우에서 볼 수 있듯이, 심지어 다른 백성의 목소리도 받아들여진다.

이 밖에도, 특히 후기 사건들의 경우, 우리는 성서에 서술된 사건들을 회상하는 성서 밖의 본문들을 발견한다. 예를 들어, 아시리아의 연대기나 요세푸스 플라비우스(때로는 성서에 의존하는)의 작품들에서 이를 발견한다.

• 원천

첫 번째 역사(창세기부터 열왕기 하권까지)와 두 번째 역사(역대기와 에즈라-느헤미야기)의 관계에 있어서 원천들에 관해서도 언급할 수 있다. 즉 역대기는 첫 번째 역사를 원천으로 사용한다. 정경에 존재하는 원천들 외에 다른 자료들도 있는데, 우리가 이 자료들을 가지고 있지는 않지만, 성서 저자들 자신이 증언하듯이 그들은 분명히 가지고 있었다. 예를 들어 여호수아기(10,13)에서 "이 사실은 야사르(의인)의 책에 쓰여 있지 않은가?"라고 말한다.

• 책의 형성

우리가 저자에 관해 말할 때에는 현대 저자를 생각해서는 안 되며, 고대의 저자들과 비교할 때에도 둘을 구분해야 한다. 중요한 점은 예컨대 헤로도토스와 투키디데스의 작품들과 달리 성서의 역사서들은 익명으로 기록되었다는 것이다. 특별한 경우는 마카베오기 하권이다. 이 책에서 저자는 자신의 이름을 밝히지 않고 자신이 요약한 작품을 쓴 역사가의 이름을 밝힌다. 열왕기와 역대기는 임금들에 관한 다른 정보들을 포함하고 있는 원천들을 지적하면서 자기 권위의 근거를 그 원천들에 두려고 하는 것 같다. 특별히 역대기는 예언자들의 글을 여러 번 언급한다.

개별 작품을 다룰 때 더 잘 알게 되겠지만, 여러 경우에 있어서 한 명의 저자가 아니라, 여러 세대 서기관들의 저작을 생각해야 한다. 오경의 기원에 관한 연구는 이 분야에서 모범적이며, 앞으로 살펴보겠지만, 여호수아기, 판관기, 사무엘기, 그리고 열왕기의 형성과 얽혀 있다. 고전전 맥락에서 호메로스의 질문이 이와 유사하다. 고대 근동의 경우, 길가메쉬 서사시의 편집사가 기록되어 있다. 우리는 이를 뻬띠나또(Giovanni Pettinato)가 편찬한 이탈리아어판에서 확인할 수 있다.[5] 즉 서기관들의 개입으로 짤

5) G. Pettinato(a cura di), *La saga di Gilgamesh*, Rusconi, Milano, 1992. 이후에는

막한 고대 이야기들이 단일 작품으로 발전해 간다.

• 성서 역사와 세계 역사

문학적 물음은 역사적 물음과 얽혀 있다. 이 책에서는 이 문제를 다루지 않고 이 사실을 언급하는 것으로 만족하고자 한다. 그것은 성서 서술의 역사성을 논의하고 우리 책들이 제공하는 상대적 연대기를 절대적 연대기 안에 배치하는 것이다.

중요한 관찰은 다음과 같다. 즉 사실에 대해 지적하는 것 외에도(여기에 대해서는 역사성에 관해 논의하기도 한다), 역사서들은 이스라엘이 각기 다른 시대에 자신의 역사를 구상하고 서술한 방식을 증언한다. 다양한 작품들의 편찬 시기를 확정하려는 노력은 민족의 역사를 재구성하는 데 기여한다.

• 설화

우리는 역사서의 문학적 특성을 잊어서는 안 된다. 다양한 문학 유형이 존재하지만, 지배적인 것은 분명히 설화(narrazione)이다. 이 책에서는 개별 단락을 해석하지 않겠으나, 이야기(또는 서사학) 분석의 도구를 사용할 기회는 있을 것이다. 문학 비평[6]에

Mondadori에서 출판되었다.

6) 우리는 여기에서 문학 비평이라는 용어를 문학 작품에 대한 연구라는 일반적 의미로 이해한다. 그렇지만 성서 연구에 있어서는 이 용어가 때로는 작품의 기원 연구를 구체적으로 가리키기도 한다.

의해 개발된 전문 언어 외에도, 그것은 성서를 읽는 데에도 유용한 많은 도구를 제공한다.

비록 우리가 많은 경우 이 문제를 논의하지는 않겠지만, 몇 가지 단위를 사용하여 책들을 계층적으로 분할하는 작업은 계속하게 될 것이다. 여러 단위로 분할하는 기본적인 기준은 시간, 장소, 인물, 행위의 변화이다.

심화를 위한 참고문헌

_성서 입문서 가운데 역사서를 다루는 연구서

- Asurmendi, J.M. et alii(a cura di), *Introduzione allo studio della Bibbia*, 3/2: Storia, narrativa, apocalittica, Paideia, Brescia, 2003(스페인어판, 2004).
- Bonora, A. et alii, *Logos. Corso di studi biblici, 4: Libri sapienziali e altri scritti*, Elle Di Ci, Leumann(Torino), 1997.
- Borgonovo, G. et alii, *Logos. Corso di studi biblici, 2: Torah e storiografie dell'Antico Testamento*, Elle Di Ci, Leumann (Torino), 2012.
- Dalla Becchia, F., *Storia di Dio, storie di Israle. Introduzione ai libri storici*, Elle Di Ci, Torino, 2015.

_구약성서 입문서 가운데 더욱 도전적인 연구서

- Römer, T. / Macchi, J.-D. / Nihan, C.(a cura di), *Guida di lettura dell'Antico Testamento*, EDB, Bologna, 2007(프랑스어판,

2004).

- Zenger, E.(a cura di), *Introduzione all'Antico Testamento*, Queri- niana, Brescia, [3]2013(독일어판, [8]2012).

_ 더욱 간결한 입문서

- Nobile, M., *Introduzione all'Antico Testamento*, EDB, Bologna, [2]2011.

_ 고대 그리스어 번역본에 관한 정보

- Bons, E. / Candido, D. / Scialabba, D.(a cura di), *La Settanta. Perché è attuale la Bibbia greca?*, San Metodio, Siracusa, 2016.

_ 주석서 전집

- Grilli, M. / Perego, G. / Serafini, F.(a cura di), *Nuova versione della Bibbia dai testi antichi*, San Paolo, Cinisello Balsamo (Milano), 2010(원문과 함께).

_ 화술에 대한 연구를 위하여

- Alter, R., *L'arte della narrativa biblica,* Queriniana, Brescia, 1990(영어판, 1981).
- Marguerat, D. / Bourquin, Y., *Per leggere i racconti biblici,* Borla, Roma, 2001(프랑스어판, 1998).
- Ska, J.L., "I nostri padri ci hanno raccontato", *Introduzione all'analisi dei racconti dell'Antico Testamento*, EDB, Bologna, 2012(프랑스어 개정판 2011에서 번역; 영어판, 1990) = 『우리

선조들이 전해 준 이야기: 구약성경의 설화 분석 입문』, 염철호·권연진 옮김, 성서와함께, 2013.

_역사 지도와 간결한 소개를 담은 이스라엘 역사 입문서

- Mazzinghi, L., *Storia d'Israele dalle origini al periodo romano*, EDB, Bologna 2007〔제1판: Storia d'Israele(Manuali di Base 4), Piemme, Casale Monferrato, 1991〕.
- Merlo, P., *Breve storia di Israele e Giuda. Dal XIII sec. a.C. al II sec. d.C.*, San Paolo, Cinisello Balsamo(Milano), 2010.
- Oerego, G. / Cucca M., *Nuovo atlante biblico interdisciplinare*, San Paolo, Cinisello Balsamo(Milano), 2012.

_성서 역사에 관한 성찰에 유익한 책

- Ska, J.L., *La parola di Dio nei racconti degli uomini*, Cittadella, Assisi, 1999.

_고대 본문들과의 대조를 위한 흥미로운 책

- Cimosa, M., *L'ambiente storico cuturale delle Scritture Ebraiche*, (La Bibbia nella storia 1), EDB, Bologna, 2000.

| 제 2 장 | 역사서 바깥의 역사

• 성서 안의 역사

제1장에서 언급했듯이 역사(storia)는 신약성서를 포함하여 성서 전체에서 여러 가지 방식으로 드러난다. 이제 우리는 구약성서에서 역서서 밖에서 더욱 명확하게 역사를 찾아볼 수 있는 곳이 어디인지, 어떻게 찾아볼 수 있는지 살펴보겠다.

예언서들(또는 히브리어 전통에 따르면 후기 예언서들)에서 예언자의 말은 역사에 관한 말이며, 하느님의 자유와 인간의 자유 사이의 만남에서 역사의 방향을 제시하려고 한다. 더 나아가 특히 예레미야서에는 이야기(racconti)가 존재한다. 이 책들은 예언의 역사를 구성할 수 있도록 가장 오래된 예언자들부터 가장 최근의 예언자들까지, 곧 이사야부터 에제키엘까지, 그리고 호세아부터 말라키까지 두 주기를 연대순으로 배열하고 있다.

시서와 지혜서는 역사에 관심을 덜 끌지만, 여러 시편은 역사를 따르거나 특정한 사건들을 언급한다. 시라와 솔로몬의 지혜서는 역사에 할애된 단락을 가지고 있다.

묵시문학 본문(다니엘서와 다른 책들의 구절들)은 세상과 역사의 전체 흐름의 최종 결과가 무엇인지를 밝히려고 하며, 그렇게 함으로써 때로는 해독해야 할 모습(예를 들어 동물의 모습)의 베일에 싸여 역사를 이야기한다.

• 설화, 법 그리고 역사: 오경

오경은 전체가 율법인 것으로 보이며 히브리어 명칭 토라 역시 율법과 교육을 가리키지만, 오경은 본디 법과 이야기로 가득 차 있다. 당신 백성을 위한 하느님의 일에 관한 이야기는 계약의 틀과 함께 율법이 법리주의에 빠지는 것을 막는다. 그리고 첫 번째 책인 창세기는 대부분 설화 형태(narrativo)로 되어 있다.

오경의 책들을 연결하고 열왕기까지 확장하는 통일된 연대기, 즉 창세기에서 간략하게 묘사하고 있는 것처럼 창조에서 출발하여 모든 민족을 포괄하는 절대적이고 보편적인 연대기를 만들려는 노력에 주목해야 한다. 이러한 도식은 특히 세상의 한 부분을 차지하기 전에 역사의 기원은 물론 때로는 세상의 기원에 관한 정보들을 제공하는 보편 역사에서 여전히 사용되고 있다.

• 성서 첫 책들의 그룹화

우리는 통일된 이 연대기에서 출발하여 제1장에서 첫 번째 역사로 규정한 성서 첫 책들의 상호 관계를 탐구하고자 한다.

모세의 죽음으로 끝나는 오경(Pentateuco, "다섯 권의 책") 또는 히브리어로 토라("법" "가르침")와 전기 예언서 사이에는 정경의 관

점에서 근본적 차이가 있다. 즉

창세, 탈출, 레위, 민수, 신명 | 여호, 판관, 사무, 열왕

오경에서는 성조들에게 가나안 땅의 약속으로 시작하여 요르단 강 근처의 경계 지역에 도착하는 것으로 끝난다. 전기 예언서들에서는 땅의 정복에서 시작하여 유배와 더불어 땅의 상실로 끝난다.

그렇지만 우리가 앞에서 언급했듯이, 성서의 첫 아홉 권(창세, 탈출, 레위, 민수, 신명, 여호, 판관, 사무, 열왕)을 묶어 구경(Enneateuco, "아홉 권의 책")에 대해 말할 수 있다. 여기에서는 성조들에게 한 땅의 약속으로 시작하여 임금 때문에 땅을 잃어버리는 것으로 끝난다.

우리는 또한 약속에서부터 가나안 땅의 정복에 이르는 서술의 활모양을 생각해 볼 수 있다. 그러면 육경(Esateuco, "여섯 권의 책"), 곧 창세기, 탈출기, 레위기, 민수기, 신명기, 여호수아기가 된다. 그러고 나면 판관기와 사무엘기와 열왕기로 구성된 "삼경"(Triteuco)이 남게 되는데, 이 삼경은 정복 이후에 약속의 땅에서 산 백성의 삶에 대해 말한다.

또 다른 그룹화는 신명기의 문체와 신학이 전기 예언서들에서 발견된다는 사실을 보여 준다. 우리가 말하고자 하는 것은 신명기계 역사 작품이며 여기에는 신명기, 여호수아기, 판관기, 사무엘기, 열왕기가 포함되고, 시간적으로는 모세 시대부터 유배까지, 임박한 땅의 정복에서 땅을 잃기까지를 포괄한다. 신명기계 역사를 분리하고 나면, 사경(Tetrateuco, 창세기·탈출기·레위기·민수기)이 남는다. 그러면 여기에서는 모세의 최후에 관해서는 정지

상태이며 (신명기처럼) 땅의 정복을 향하여 정향되어 있다. 이집트로부터의 여정은 끝났으나, 아직까지 땅에 들어가지 못한 상태이며, 모압 광야 체류는 여호수아기에 서술된 군사 작전이 시작되기 전의 마지막 단계이다.

우리는 신명기를 오경의 마지막 책 또는 신명기계 작품의 시작으로 생각할 수 있다. 아래의 도표가 이 점을 보여 준다.

신명기의 위치

오경		
창세, 탈출, 레위, 민수	**신명**	여호, 판관, 사무, 열왕
	신명기계 작품	

우리가 확인한 다양한 그룹들을 하나의 도표로 요약할 수 있다. 이들은 다음 장들에서 다시 논의될 것이다.

창세기부터 열왕기까지: 성서 책들의 그룹화

오경

창세	탈출	레위	민수	신명

전기 예언서들

여호	판관	사무	열왕

육경

창세	탈출	레위	민수	신명	여호

"삼경"

판관	사무	열왕

사경

창세	탈출	레위	민수

신명기계 역사 작품

신명	여호	판관	사무	열왕

구경

창세	탈출	레위	민수	신명	여호	판관	사무	열왕

연구서들을 보면 이따금 팔경(Ottateuco, 창세·탈출·레위·민수·신명·여호·판관·사무)을 말하기도 한다. 반면에 우리는 교부들의 목록[7]에서는 룻기까지 팔경(창세·탈출·레위·민수·신명·여호·판관·룻기)을 만나고, 판관기까지 칠경(Ettateuco, 창세·탈출·레위·민수·신명·여호·판관)을 만나기도 한다.

고대 목록에서는 성서 책들을 다양한 방식으로 열거한다. 그 가운데 우리는 몇 가지 방식을 기억한다(오경과 역사서들에만 제한한다).

- 첫 번째 오경: 창세, 탈출, 레위, 민수, 신명
- 두 번째 오경: 성문서 또는 교훈서: 여호, 판관과 룻기, 왕조의 1~2권(= 1~2사무), 왕조의 3~4권(1~2열왕), 연대기 1~2(= 1~2역대)

  ...
- 열두 역사서: 창세, 탈출, 레위, 민수, 신명, 여호, 판관, 룻, 임금들의 행전(= 1~2사무; 1~2열왕), 연대기(1~2역대[8]), 에

7) 교부들의 목록(교부들 또는 공의회 작품들)에 대해서는 A. Filippi / E. Lora(a cura di), *Enchiridion Biblicum*, EDB, Bologna, ^{3}2004, nn.8~27; H.B. Swete, *An Introduction to the Old Testament in Greek*, Cambridge: Cambridge University Press, ^{2}1902을 보라.

즈라…

- 역사적인 것: 팔경(창세, 탈출, 레위, 민수, 신명, 여호, 판관, 룻기), 왕조들의 1~4권(= 1~2사무; 1~2열왕), 에즈라…

  … 역시 역사적인 것: 욥, 에스, 유딧, 1~2마카, 1~2에즈, 1~2역대…

  … 역사: 욥, 토빗, 1~2에즈, 에스, 유딧, 1~2마카…

마지막 목록들에서는 일반적으로 상이하게 분류되는 욥기가 역사서들 안에 들어 있는 것은 아마도 욥에게 있었던 일을 서술하기 때문일 것이다.

• 예언 신탁들과 묵시문학과 역사

하느님의 대변인인 예언자는 역사의 방향을 제시하고 역사를 평가하는 말을 발설하며 백성에게 하느님 앞에서 자신의 운명을 결정하도록 촉구한다. 예언과 역사 사이의 이와 같은 본질적 연결 외에, 우리는 예언서들에서 역사적 설화(narrazioni storiche, 이들 가운데 몇몇은 제1장에서 공관 사실에 대해 지적하면서 언급하였다)와 전기적 설화(narrazioni biografiche)를 발견한다. 예컨대 이사야와 아하즈 임금의 만남 이야기(이사 7)와 예레미야의 생애와 예루살렘의 함락에 관한 많은 이야기(racconto)를 생각해 보라. 요나서는 짤막한 신탁을 담고 있는 이야기이며 허구적 설화(narrazione fittizia)이

8) 에즈라-느헤미야기는 여러 형태로 명명되며 에즈라의 것으로 알려진 다른 책들도 있다.

다. 반대로, 역사서 안에서 여러 예언자가 등장하는 전기 예언서와 역대기에서는 예언의 말씀과 역사의 연결이 매우 명확하다.

성서에는 역사 안에서 예언자의 신탁과 행동과 연관되는 임금(백성의 임금 또는 이민족 임금)이나 사건을 가리키는 경우도 있다. 때로는 정확한 연대가 제공되기도 한다. 어떤 책들은 임금(또는 임금들)의 통치 연대를 언급함으로써(고대 세계에서 보통 있는 일이다) 아예 처음부터 예언자들을 백성의 역사와 연결하는 제목들을 가지고 있다. 이렇게 해서 다음과 같은 이중적 순서가 생겨난다. 즉 이사야, 예레미야, 에제키엘이 먼저 나오고, 이어서 열두 소예언서가 나온다는 것이다. 처음에 그와 같은 언급이 없는 곳에서도 열두 소예언서를 연대순으로 나열하려는 최종 편집자들의 의도는 명확히 드러난다. 또한 이사야(보통 서로 다른 시기의 세 부분으로 나누어 연구하는 것 외에도)는 키루스를 인용할 때 제목에 나타난 것보다 더 긴 시간을 분명히 받아들인다. 그리고 칠십인역 그리스어 번역에서는 열두 소예언서의 순서가 다르다.

그리스어 정경의 예언서들에서는 예레미야서 다음에 바룩서(히브리어 정경에는 없다)와 애가가 놓여 있다. 라틴어 불가타 번역본에서 바룩서는 제6장도 포함하고 있지만, 그리스어에서는 이 장이 '예레미야의 편지'라는 제목으로 되어 있는 자율적 책자이다. 바룩은 역사적, 예언적, 그리고 지혜적 특징들을 가지고 있다. 애가는 예루살렘 함락과 관련이 있다.

특히 유다와 이스라엘의 임금들을 나란히 인용하는 호세아서와 아모스서의 제목은 — 나중에 확인하게 되듯이 — 열왕기서에서 발견되는 왕조 소개를 상기시키며, 아마도 동일한 신명기계 근원을 가지고 있는 것 같다. 이사야, 예레미야, 미카, 스바니아는 유다의 임금만 인용하며, 하까이서와 즈카르야서는 페르시아 임금 다리우스를 인용한다. 그러나 우리는 첫 자료가 첫째 신탁을 가리키는 하까이서와 즈카르야서의 경우를 칭호가 예언자 전체 활동 시간을 가리키는 다른 예언서들과 구분한다.

에제키엘서에도 첫 자료가 첫째 환시를 가리키며(에제 1,1~2에서 연대를 이중으로 제시하는 등의 문제점이 있다), 다른 많은 단락에서처럼 여기에서도 연월일을 명시한다. 연도의 계산은 유다의 여호야킨 임금의 유배에서 출발한다.

몇 가지 예들을 읽어 보자.

- 아모츠의 아들 이사야가 유다의 임금 우찌야, 요탐, 아하즈, 히즈키야 시대에 유다와 예루살렘에 관하여 본 환시. (이사 1,1)
- 유다 임금 우찌야, 요탐, 아하즈, 히즈키야 시대에, 그리고 이스라엘 임금 여호아스의 아들 예로보암 시대에 브에리의 아들 호세아에게 내린 주님의 말씀. (호세 1,1)
- 그달 초닷샛날, 곧 여호야킨 임금의 유배 제오년에, 주님의 말씀이 칼데아인들의 땅 크바르 강가에 있는, 부즈의 아들 에제키엘 사제에게 내리고, 주님의 손이 그곳에서 그에게 내리셨다. (에제 1,2~3)
- 다리우스 임금 제이년 여섯째 달 초하룻날, 주님의 말씀이 하까이 예언자를 통하여 스알티엘의 아들 즈루빠벨 유다 총독과 여호차닥의 아들 예수아 대사제에게 내렸다. (하까 1,1)

하까이서에서는 총독과 대사제에 대한 언급도 연대를 계산하는 데 기여하는 것을 알 수 있다.

예언서들에서 연대를 시작하는 다양한 형태들을 하나의 도표로 요약하면 다음과 같다.

예언서	유다 임금을 지칭하는 제목	유다와 이스라엘 임금을 지칭하는 제목	페르시아 임금을 지칭하는 제목	기타 다른 첫 자료
이사	1,1			
예레	1,1~3			
에제				1,1
열두				
소예언서				
호세		1,1		
요엘				
아모스		1,1		
오바				
요나				
미카	1,1			
나훔				
하바				
스바	1,1			
하까			1,1	
즈카			1,1	
말라				

열왕기 하권의 임금 목록과 관련하여 처음 자료를 사용하여 예언자들의 연대를 하나의 도표로 표시할 수도 있다.

	유다 왕	이스라엘 왕			
2열왕					
14,23~29		예로보암			아모스
15,1~7	아자르야(우찌야)				
15,8~12		즈카르야			
15,13~16		살룸			
15,17~22		므나헴		호세아	
15,23~26		프카흐야	이사야		
15,27~31		페카			
		첫 번째 추방			
15,32~38	요탐				미카
16	아하즈				
17		호세아			
18~20	히즈키야	**두 번째 추방**			
21,1~18	므나쎄				
21,19~26	아몬				
22,1~23,30	요시야				스바
23,31~35	요시야의 아들 여호아하즈				
23,36~24,7	여호아하즈의 아들 여호야킨				
24,8~17	요시야의 아들 여호야킨 **첫 번째 추방**		예레미야		에제키엘
24,18~25,21	요시야의 아들 치드키야 **두 번째 추방**				
	유 배				
25,22~26	그달야				
25,27~30	여호야킨에 관한 소식 **유배 이후**				
에즈-느헤	페르시아 임금 다리우스			하까 즈카	

• 예언적 우화

예언서들 안에 이와 같은 다양한 역사 외에도 우리는 에제키엘서에서 백성의 역사에 대한 전반적 그림을 보게 되는데, 이는 직설적 방식(에제 20) 또는 우화적 방식(에제 16)으로 긴 시간을 이야기한다. 특정한 사건들을 위하여 우화를 사용하는 때도 있다(예를 들어, 에제 17).

이 점에 관해서는 예언자들이 사람과 사건을 가리키기 위하여 자주 표상이나 암시를 사용한다는 것을 기억할 필요가 있다. 이 노선에서 묵시문학의 특성들이 발전되는데, 이제부터 이를 살펴보고자 한다.

• 묵시문학적 희망

묵시문학이라는 용어가 성서의 전형적 어휘에서 유래하는 것임에도 불구하고 성경은 예언자들에 대해 말할 때 묵시문학이라는 용어를 사용하지 않는다. 학자들이 묵시문학으로 규정하는 성서 본문들이 많이 있지만, 책으로는 구약성서에서는 다니엘서, 신약성서에서는 요한 묵시록, 두 권뿐이다. 사실상 신약성서 전체가 묵시문학적이라고 규정할 수 있는 긴장감에 휩싸여 있다. 또한 정경에 속하지 않는 다양한 묵시록들이 존재한다.

도식적으로 본다면, 예언이 하느님의 말씀에 대한 인간의 자유로운 응답이라고 주장하는 데 반해, 묵시문학은 하느님의 계획이 반드시 전개될 것을 더 주장한다고 말할 수 있다. 중심 주제는 고통받는 의인의 운명인데, 그는 다가올 세상에서 보상을 받게 될 것이다. 이런 의미에서 충실한 독자에게는 묵시록이 위안이 된다.

묵시문학에서는 역사가 다른 작품들에 있어서보다 훨씬 더 명백하게 방향을 제시한다. 예를 들어, 오경에서 역사는 땅과 계약을 지향하고 있다. 신명기계 역사 작품에서는 유다 왕조의 최후를 향해 나아간다. 비록 예배의 영속성과 연결된 체류의 의미가 우세하다고 하더라도, 역대기에서는 유배로부터의 귀환을 지향하고 있다.

묵시문학에서 역사는 필연적으로 종말을 향해 나아간다. 그때 하느님의 나라가 위세를 떨칠 것이다.

묵시문학의 한 가지 특징은 역사를 시대별로 나누는 것이다. 즉 이러한 일은 역사 서술의 전형적 방식이며 다양한 형태로 되어 있다. 시간의 연속은 정확히 완성을 지향한다. 이 자료는 또 다른 생각을 하게 한다. 즉 묵시록은 시간에 대해 말할 때나, 과거와 현재의 사건들을 이야기할 때나, 흔히 다양한 유형의 상징을 통해 밝히면서 미래만 다루는 것이 아니라, 과거와 현재도 다룬다는 것이다.

• 꿈과 환시

우리는 다니엘서에서 이러한 특징들을 발견하며 더 나아가 또 다른 의미에서 역사서들과 연결할 수 있다. 즉 우리의 분류에서 그것을 교훈서로 분류할 수 있다. 사실 다니엘(과 어떤 일화들에서는 그의 친구들)에게 일어난 일은 역사적 틀 안에서 이야기되며, 주님께 대한 충실의 본보기를 제공한다. 특별히 주인공의 모습은 이민족의 왕실에서 중요한 역할을 한 히브리인들, 곧 에스테르와 모르도카이, 또는 (창세기의) 요셉을 생각나게 한다.

거명된 임금들은 다음과 같다(역사적으로 볼 때 메디아 사람 다리우스의 모습은 정확하지 않다).

장	임금(과 연대)
1장	여호야킴의 통치 제삼년 네부카드네자르
2장	네부카드네자르 통치 제이년
3,1~97	네부카드네자르
3,98~4,34	네부카드네자르
5장	벨사차르
6장	메디아 사람 다리우스(와 키루스)
7장	벨사차르 제일년
8장	벨사차르 제삼년
9장	메디아족 출신 크세르크세스의 아들 다리우스 제일년
10~12장	키루스 제삼년
14장	키루스

다니엘서에서 시간의 연속은 일련의 왕조들로 구성되어 있는데, 환시들은 다양한 방식으로 그것을 상징화한다. 그래서 어느 정도 공개적으로 안티오쿠스 4세 에피파네스의 불경을 암시하며, 헬레니즘 시기에 있었던 여러 가지 사건들을 어렴풋이 이야기한다.

임금의 꿈(다니 2)에서 상을 구성하고 있는 다양한 물질들은 네부카드네자르와 연속되는 다른 세 왕조의 우화이며 상을 파괴하는 돌은 영원한 나라를 대표한다(다니 2,44). "이 임금들의 시대에 하늘의 하느님께서 한 나라를 세우실 터인데, 그 나라는 영원히 멸망하지 않고 그 왕권이 다른 민족에게 넘어가지도 않을 것입니다. 그 나라는 앞의 모든 나라를 부수어 멸망시키고 영원히 서 있을 것입니다."

짐승과 사람의 아들의 환시(다니 7)에서 짐승은 네 임금을 가리키고 사람의 아들은 거룩한 백성을 대표한다(다니 7,17~18). "그 거대한 네 마리 짐승은 이 세상에 일어날 네 임금이다. 그러나 지극히 높으신 분의 거룩한 백성이 그 나라를 이어받아 영원히, 영원 무궁히 차지할 것이다." 그리고 네 번째 짐승은 머리에 열 개의 뿔과 나중에 올라온 또 다른 뿔을 가지고 있는데, 헬레니즘의 임금들을 대표한다(정확한 신원에 대해서는 의견이 일치하지 않는다).

숫양과 숫염소의 환시(다니 8)는 더 명확하게 설명된다(다니 8,20~22). "뿔이 두 개 달린 숫양을 네가 보았는데, 그것들은 메디아와 페르시아의 임금들이다. 숫염소는 그리스 임금이고, 두 눈 사이에 있던 큰 뿔은 그 첫 임금이다. 그 뿔이 부서지고 그 자리에 생긴 네 뿔은 한 왕국에서 생겨날 네 나라인데, 그것들이 그 왕국의 힘은 이어받지 못할 것이다." 그리스는 마케도니아인들을 가리키고 부서진 뿔은 알렉산드로스 대왕의 제국이 분열되는 것을 가리킨다. 이 장의 마지막 구절들은 안티오코스 에피파네스를 암시한다.

예언자 예레미야의 예언의 일흔 해에 대한 해석(다니 9)은 인간 문제에 질서를 부여하려는 묵시문학가들의 노력에 속한다. 그에 대한 암시로 마카베오 시기의 예루살렘 함락으로 인한 사건들이 더러 언급된다. 즉 다니 9,26의 살해된 기름부음받은이는 2마카 4,34의 오니아스이며, 이 장의 마지막 구절은 안티오코스 4세가 예루살렘 성전에 혐오스러운 것을 세워 황폐하게 한 것에 대해 말한다.

고행하는 다니엘에게 나타난 천사(다니 10~12)는 담화에서 헬레니즘 시기에 있었던 다양한 일들을 은밀하게 이야기하는데, 부분적으로는 마카베오기 상권과 하권에서도 찾아볼 수 있다.

• 시와 지혜와 역사

지혜는 역사를 이야기하기보다는 오히려 피조물과의 행복한 삶을 숙고하면서 항구한 것들을 탐구한다. 솔로몬의 작품으로 제시되는 코헬렛과 지혜서는 자전적 내용들을 담고 있는데, 아가의 경우에도 이런 일이 어느 정도 일어난다. 우리는 고대의 몇몇 목록들에서는 욥기가 역사서로 여겨지는 것을 보았다. 특히 잠언은 역사 설화(narrazione storica)와는 거리가 멀다.

이와 달리 시라와 지혜서(히브리어 경전에는 존재하지 않는)는 역사적 단락을 가지고 있다. 시라(시라 44~50장)는 주인공들을 통하여 창세기부터 에즈라-느헤미야기까지 예언서들을 포함하여 성서 책들의 긴 시간을 되새긴다. 즉 에녹에서 출발하여 느헤미야에 이르며 마지막으로 아담을 기억한다. 여기에 덧붙여 대사제 시몬(기원전 200년경)을 칭송한다. 또한 창조도 위대한 것으로 칭송한다(시라 42,15~43,33). 지혜서(지혜 10~19)는 아담에서 출발하여 빠르게 이집트 탈출에서 멈추면서, 인물들의 이름을 밝히지 않아 그들의 신원을 밝히는 과제를 독자에게 남겨 둔다.

- **시편에서의 역사: 시, 기억, 탄원, 찬양**

시편집에서 역사는 다양한 형태로 존재한다. 우리는 여기에서 학자들이 역사 시편으로도 분류하는 본문들을 간략하게 검토하면서 역사가 어떻게 존재하는지 보게 된다.

시편집에는 자주 흐릿하기는 하지만 패전(시편 60장에서처럼), 승리(시편 118) 또는 다른 사건들에 대한 암시들이 있다. 시편 68장은 역사의 다양한 순간들을 암시할 수 있다(하느님을 주어로 이집트 탈출과 광야 횡단에 대한 언급이 꽤 분명하다). 개인적인 사실임에도 불구하고 큰 사건들을 반향할 수 있다(예컨대 시편 18장의 개인적인 신현). 시편에서 칭송하는 임금의 모습은 미래에 대한 희망과 과거, 특히 다윗과 솔로몬이 관련이 있다(이 점에 있어서는 특별히 시편 72). 시편 144장은 다윗을 해방하신 분으로도 하느님을 찬미한다.

시편 77장은 개인 기도의 맥락에서 이집트 탈출을 기억한다. 시편 81장은 충실성을 촉구하면서 시편 81장은 이집트 탈출과 광야에서의 여정을 언급하고 시편 95장은 광야에서의 여정을 언급한다. 찬양의 맥락에서 시편 99장은 모세와 아론과 사무엘을 기억하며 시편 114장은 이집트 탈출과 약속의 땅에 들어감을 경축하며, 시편 135장은 이집트 탈출과 아모리 임금 시혼과 바산 임금 옥의 패배를 축하한다.

시편 83장은 패배한 원수들을 기억하며, 시편 60장과 108장은 승리를 희망하는 가운데 성서 역사가 여러 차례에 걸쳐 지명한 지역들을 언급한다. 시편 111장은 감사의 표시로 해방과 계약을 언급한다.

시온을 난공불락의 산으로 축하하는 것(시편 46; 48; 76)은 신화적 상상과 역사적 실재를 일치시킨다. 계약 궤의 이송과 성전 건축으로 주님의 거처가 된 예루살렘의 산을 신들이 거주하는 다른 산들처럼 정복할 수 없다(1사무 6; 1열왕 5~9; 1역대 15~16; 2역대 1~8). 역사에 관해 말하자면, 시편들은 기원전 701년, 곧 예루살렘이 산헤립에 의해 포위되었으나 아직 점령당하지는 않은 때를 가리킬 수 있다(2열왕 18~19). 그 도시를 정복하는 데 겪은 어려움에 대해서는 2사무 5,6~8에서도 읽을 수 있다. 여기서 다윗이 그 도시를 점령한다. 시편 147장도 예루살렘의 견고함에 대해 말한다.

과거 역사에 대한 언급은 때로 패배의 현재와 대조되기도 한다. 즉 시편 44장은 땅의 정복을 기억하고, 시편 74장은 현재의 예루살렘 폐허와 대조적으로 바다 횡단과 다른 기적들(창조주의 권능을 암시하는 음조로)을 기억하는데, 시편 79장도 이 사실에 대해 말한다. 이 경우들에 있어서 원수들은 바빌론인들이나 셀류코스인들, 또는 둘 다일 수 있다. 네부카드네자르 시기의 한탄은 마카베오 시기에 다시 읽을 수 있었으며, 또는 마카베오 시기의 한탄은 성읍의 가장 오래된 몰락을 암시할 수 있었다. 시편 89은 이와 유사한 방식으로 다윗과의 계약(2사무 7; 1역대 17)을 성벽 파괴(명시되지는 않았지만, 아마 예루살렘일 것)와 대비시킨다. 시편 132장 역시 더욱 간략하게 나탄의 신탁을 다시 언급한다(2사무 7; 1역대 17).

시편 80장은 백성의 패배에 눈물을 흘린다. 무엇보다도 가장 먼저 아시리아인들에 의해 이스라엘 왕국이 패배한 것이고,

다음으로는 나중에 다시 읽을 때 유다 왕국의 패배인 것 같으며, 포도밭의 우화는 이집트 탈출과 땅에 입성하는 것을 기억한다. 시편 137장은 유배자들의 탄원 시편이다. 시편 85장과 시편 126장은 유배에서의 귀환을 가리키고, 시편 107장은 이사 40~55장을 연상시키는 표상들로 귀환을 지적한다(이집트 탈출에 대한 암시와 더불어).

다음 도표에서 몇 가지 예를 볼 수 있다.

주제	시편
이집트 탈출	77
이집트 탈출, 광야를 걸음	81
바다를 건넘	74
광야를 걸음	95
이집트 탈출, 땅에 들어감	114; 135
정복	44
다윗에게 약속(2사무 7; 1역대 17)	89; 132
예루살렘의 몰락	79
유배	137
유배에서 귀환	85; 107; 126

때로는 설화(narrazione)가 더 상세하거나 기억되는 사건들이 더 긴 기간에 속할 수도 있다.

시편 78장은 지혜적 도입문으로 시작하며 성경에 자주 나오는 주제를 발전시킨다. 즉 백성은 죄를 짓고 반복해서 후회하며, 하느님은 용서하시고 벌하신다. 특히 이 시편에서는 북쪽 지파들의 잘못에 대해 언급하는데, 하느님은 예루살렘 성전과 다윗 왕조가 있는 유다를 선호하신다. 다양한 사건들이 기억된다(언제나 시간순으로 서술되지는 않는다). 즉 이집트에서의 기적들, 바다를 건넘, 광야 여정, 이집트의 재앙, 이집트 탈출, 땅에 들어감, 실로 대신 시온의 선택(1사무 1~7을 보라), 그리고 에프라임 대신 유다와 다윗 지파 선택이 기억된다.

찬양의 맥락에서 시편 105장은 성조들로부터 땅에 들어가기까지의 역사를 서술한다. 시편 106장은 이집트 탈출부터 땅에 들어간 후의 불충실에 이르기까지의 역사(판관기의 어투로 제시되었다)를 서술하면서 유배에서의 귀환을 시사한다. 시편 136장은 창조부터 시혼과 옥의 죽음에 이르기까지 서술한다.

우리는 이 이야기들을 성서의 첫 책들과 비교할 수 있다. 시편 105장은 육경(Esateuco)에 상응하며, 시편 136장은 사경(Tetrateuco)에 상응하는데, 시혼과 옥에게 머물며 가나안 입성에 대해 말하지 않는다. 시편 106장은 성조들에 관해 언급하지 않고 탈출기, 민수기, 판관기에 집중하지만, 유배와 귀환을 예고하는 용서에 대해서도 암시한다.

이 예들을 도표로 표시하면 다음과 같다.

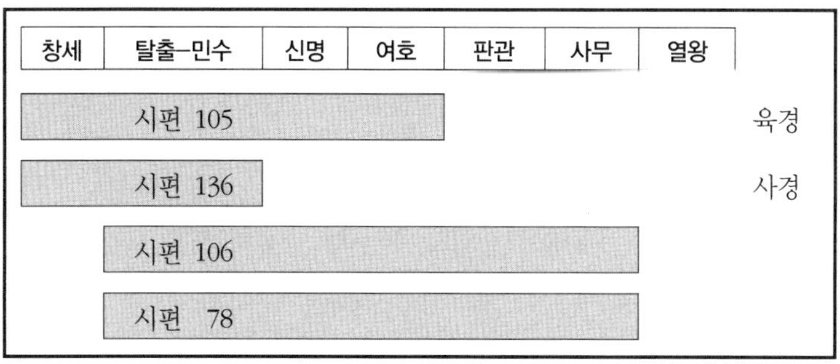

• 역사 안의 역사

역사서 "바깥의" 역사에 대한 고찰을 마무리하면서, "바깥"이라는 어휘를 다른 방식으로 이해하고자 한다. 즉 기본적인 설화 줄기 바깥에, 역사서들(과 다른 책들)은 요약된 역사를 담고 있으며, 이때 이야기 안의 이야기 형태를 취한다. 앞에서 이미 살펴본 바와 같이, 우리는 성경에서 사건이나 역사 시기에 대한 간략한 설화를 만나게 되는데, 때로는 그 형태가 드러나지 않는다.

역사서의 이야기 내부에도 역사를 이야기하는 설화자들(narratori intradiegetici)이 존재한다. 개별 책들을 연구하면서 다양한 경우들을 만나게 되겠지만, 이 자리에서 몇 가지 예(오경에서도)를 기억해 보자.

첫 장들에서 육경은 주님이 아브라함과 계약을 맺으시는 것으로 시작되고(창세 15) 여호수아의 담론 끝에 요약된다(여호 24). 에즈라-느헤미야기(에즈 9)에서는 레위인들이 참회 전례를 거행하면서 창조부터 유배에서의 귀환 이후 그들의 현재에 이르기까지 전체 역사를 되짚어 본다. 유딧기에서는 이방인 아키오르가 성조들부터 유배에서의 귀환에 이르기까지 이스라엘의 역사를 말한다(유딧 5).

심화를 위한 참고문헌

_이 장을 위해서는 구약성서 입문, 예컨대 다음의 책을 보라

- Zenger, E.(a cura di), *Introduzione all'Antico Testamento*, Queriniana, Brescia, [3]2013(독일어판, [8]2012).

| 제 3 장 | 신명기계 역사 작품

• 계약과 역사: 여호수아부터 유배까지

전기 예언서들(여호수아기, 판관기, 사무엘기, 열왕기)을 개별적으로 검토하기 전에, 우리가 앞의 장에서 이미 지적했듯이, 그들의 연결점을 먼저 고려해야 한다. 우리는 창세기로 시작하여 열왕기 하권까지 이르는 설화 단일체(unità narrativa)를 고려할 뿐 아니라, 이 책들의 기원과 연결에 관해서도 검토한다. 즉 더 전문 용어로 말하자면, 우리는 공시적 차원(dimensione sincronica)과 통시적 차원(dimensione diacronica)을 다루게 될 것이다. 분명히 밝히지만, 우리가 언급해야 할 오경의 문제에 대해서는 관련 책을 참조하기 바란다.

우리가 전기 예언서들을 읽을 때에는 신명기부터 열왕기 하권에 이르는 책들을 모두 포괄하는 작품, 즉 학자들이 신명기계 역사 작품이라고 부르는 작품이 존재했다는 논제가 특히 중요할 것이다. 우리는 이 책들에 주의를 집중하겠지만, 학자들은 점점 더 적어도 구경(Enneateuco)까지 펼쳐진 성서 문학의 역사를 재구성하려고 한다는 사실을 염두에 두어야 한다. 어떤 논제를 받아들이든, 전기 예언서들의 역사는 계약에 대한 충실성을 기준으로 백성의 역사를 판단한다는 사실은 분명하다.

우리는 이 장에서 개별 책에 대해 논할 때 사용할 몇몇 자료들을 미리 언급하면서 역사서의 발전에 대한 전반적 개요도 제공할 것이다.

• 성서 자체가 원천을 언급한다

성서 본문 자체가 증거하는 확고한 점은 저자들이 원천들의 사용을 알고 있었다는 사실이다. 여호 10,13에서 "이 사실은 의인의 책에 쓰여 있지 않은가?"라고 말하는 문장이나 또는 열왕기에서 빈번하게 사용되는 "~의 나머지 행적은 책에 쓰여 있지 않은가?"와 같은 문구들에서 참조점이 명확하게 지적되는 경우들이 있다. 예를 들면 다음과 같다.

> "르하브암의 나머지 행적과 그가 한 모든 일은 유다 임금들의 실록에 쓰여 있지 않은가?" (1열왕 14,29)

> 나답의 나머지 행적과 그가 한 모든 일은 이스라엘 임금들의 실록에 쓰여 있지 않은가? (1열왕 15,31)

인용된 본문은 오늘의 성서에 나오는 역대기가 아니라, 아마 왕실의 공적 실록일 것이다.

여하튼 아주 확실하게 단언할 수 있는 바는, 일반적으로 말해 문자화된 문헌과 구두 전승을 사용하여 서술된 사건에서 일정한 거리를 두고 역사서가 쓰였다는 것이다. 그러나 더욱 정확한 이론을 세우려고 하면, 난관에 부딪힌다. 19세기 칠십인역부터 20세기 칠십인역까지의 시기에는 많은 사람이 독일학자 벨하우(Julius Welhausen, 1848~1918)의 종합을 참조의 틀로 공유하였다(특히 육경의 형성에 관하여). 오늘날 연구원들 사이의 논쟁은 더 광범위하고 공유되는 점은 더 적다.

우리는 역사를 간략하게 되짚어 보면서 새로운 제안을 하게 될 것이다. 연구 역사에 대한 언급은 개별 학자들의 제안의 풍부함과 다양성 그리고 복잡성을 분명하게 고려하지 않는다. 결국 연구원들이 이용할 수 있는 가장 완전한 작품들조차도 역사적 발전의 몇 가지 노선만을 따르는 것이 보통이다.

• 연구 역사에 대한 언급: 일반적 노선

전통적으로 오경은 모세, 여호수아기는 여호수아, 판관기와 사무엘기(와 룻기)는 사무엘, 열왕기는 예레미야의 작품으로 알려져 있다. 전통 안에서 이미 비판적 물음이 제기되었다. 예를 들어, 바빌론 탈무드(*bBabaBatra* 14b-15a)에서 모세의 죽음을 서술하는 신명기의 마지막 구절들은 여호수아의 작품으로 되어 있다. 교부들의 경우, 네 복음서를 비교할 때 대두되는 어려움을 해결하려는 글들을 생각해 보라.

그러나 무엇보다도 인문주의와 르네상스에서 언어학 연구의 재개와 함께 고전 문학 저자들의 경우처럼 성서 책들의 저자에 관해 논의하는 것이 자연스러운 일이 되었다. 당대와 이어지는 시기에는 철학과 학문의 발전으로 인해 점점 더 광범위한 토론을 하게 되었다. 우리는 새로운 문화적 차원들을 고려해야 한다. 예를 들어, 위대한 탐험 시대에 지리적 차원을 넓히는 것과 나중에는 고고학적 발굴과 지질학에 대한 새로운 지식으로 인해 연대기를 성서의 범위를 넘어서까지 확장하는 것을 고려해야 한다. 특별히 고대 동양에 관한 고고학과 연구들은 성서 연구를 풍부하게 한다. 가장 각광을 받는 연구 분야로는 오경 또는 육경의 문제와 공관의 문제가 있지만, 역사서 역시 연구 대상이었다. 동시에 고전 문학에서는 호메로스에 관한 문제가 발전한다.

비판적 연구는 때때로 성서의 권위에 대해 과격한 저항의 길을 택하지만, 때로는 신앙의 관점과 결합되기도 한다. 가톨릭 환경에 서는 19세기 말에 들어서기까지 비판적 연구를 거부하는 것이 대세였으나, 반근대주의에 따라 이 추세가 꺾였고, 비오 12세와 제2차 바티칸 공의회와 더불어 비로소 성서학에서 역사비평 연구들을 받아들였다.

• 다양한 모델

오경이나 신명기계 역사 작품과 같은 작품들, 곧 한 민족의 기억을 담고 있는 책들의 기원을 설명하기 위하여 다양한 모델이 존재한다. 여러 개의 평행 작품들이 합쳐져 하나의 작품이 형성되었다는 가설을 내놓을 수 있는데, 그것이 바로 문헌 가설 또는 원천 가설 모델이다. 또한 문서로 입증된 사례, 곧 정경 복음들에서 출발하여 편찬된 복음들의 조화를 생각해 볼 수 있다. 혹은 여러 블록(이야기, 법 등)의 결합을 생각해 볼 수 있는데, 그것이 단편 가설 모델이다. 또 다른 가능성은 첨가에 의해 만들어진 작품인데, 그것이 곧 보완 또는 보충 가설 모델이다.

세 개의 모델이 한데 결합될 수도 있었다. 우리가 앞에서 지적하였듯이, 길가메쉬 서사시가 이를 입증하고 있다. 오경의 형성에 관한 최근의 여러 가설은 가장 고대의 단계를 위해서는 단편 가설 모델을 사용하고, 중간 단계를 위해서는 문헌 가설 모델을, 그리고 마지막 단계를 위해서는 보충 가설 모델을 사용한다. 보충문은 사소하고 작은 첨가문일 수도 있었다는 사실을 알아야 한다. 그러면 편찬 연구(studio della composizione)를 위해 본문 비평(critica testuale)을 해야 한다. 사실 수사본들의 전승에 있어서는 잘못된 오류 외에 서기관들의 의도적 교정이 계속 이어진다.

여러 자료의 편찬과 개정 활동을 편집(redazione)이라고 부른다. 여러 가설에서, 편집자는 실제 저자로서의 위상에 이르기까지 다른 중요성을 갖는다.

더욱 복잡한 문학 가설(ipotesi letterarie)은 발전 단계들을 고대 이스라엘의 역사와 사회 환경에 고정시킨다. 반대로 문학의 역사 연구는 이스라엘의 역사와 사회를 더 잘 이해하도록 기여한다. 성서 밖의 원천들에 의해 확인된 몇 가지 확고한 점들은 악순환에 빠지지 않게 해 준다.

• 용어

학자들은 용어를 언제나 똑같은 방식으로 사용하지는 않는다. 우리는 이 자리에서 꽤 흔한 몇 가지 구별을 언급하고자 한다. 신명기적(deuteronomico)이라는 말은 신명기를 가리킨다. 신명기계(deuteronomistico)는 신명기계 역사 작품들 또는 신명기를 전체적으로 다시 언급하는 경향 전체를 가리킨다. 오경의 원천 이론들에서 원천 D는 신명기와 오경 또는 육경에서 발견되는 유사한 문체로 쓰인 다른 단락들을 가리킨다. 신명기계를 가리키는 약기호는 dtr이며 Dtr은 신명기계 역사 작품을 가리킬 수 있다.

- **마르틴 노트 이전의 연구 역사에 대한 언급**

1670년 암스테르담에서 출판된 『정치신학 논문』(*Tractatus theologico-politicus*) 제8장에서 바룩 스피노자는 창세기부터 열왕기까지의 성서 책들의 단일성을 인정하고, 확신하지는 않으면서 에즈라가 편찬하였다고 언급하며(모세가 오경의 저자임을 부정하면서), 신명기와 전기 예언서들 사이의 특별한 관계에 주목하였다. 사실 그는 그들이 율법을 증언한다고 주장하면서 신명기에서 몇 가지 예를 인용한다.

1805년 데 붸테(Wilhelm Martin Leberecht De Wette)는 그의 학위 논문(*Dissertatio critico-exegetica qua Deuteronomium a prioribus Penta- teuchi Libris diversum, alius cuiusdam recentioris auctoris opus esse monstratur*)에서 요시야 임금 통치 때 성전에서 발견된 책(2열왕 22장과 2역대 34장에서 서술하듯이)이 신명기라고 주장한다(이전에 예로니모와 요한 크리소스토모 같은 교부들이 그랬던 것과 마찬가지로). 실제로 임금의 개혁 행위는 이 책의 내용과 일치한다. 그는 신명기는

앞에 나오는 네 권의 책들과 구별된다는 점도 지적한다. 이 밖에도 그는 사무엘기와 열왕기(기원전 6세기)는 역대기(기원전 4세기)보다 앞서며 여호수아기, 판관기, 사무엘기, 열왕기에서는 신명기계 문체와 신학이 발견된다고 주장한다.

19세기 전반에 에발트(Heinrich Ewald)는 창세기부터 여호수아기까지를 포함하는 "위대한 기원들의 책"과 판관기부터 열왕기에 이르는 책들을 포함하는 "위대한 임금들의 책"을 구별한다. 그는 이중적인 신명기계 편집을 제안한다. 즉 첫 번째 편집은 요시야 치하 때 사무엘기와 열왕기이며, 두 번째 편집은 유배 때 판관기부터 열왕기까지라는 것이다.

19세기 후반에는 신구약 성서 주석의 대가인 벨하우젠(Julius Welhausen)이 판관기, 사무엘기, 열왕기에는 두 개의 신명기계 편집이 있다고 추정한다. 즉 하나는 요시야 시기의 편집이며, 다른 하나는 유배 시기의 편집이라는 것이다. 판관기와 사무엘기는 이미 존재하고 있었지만, 열왕기는 신명기계 편찬(composizione)이라는 것이다. 그러나 벨하우젠의 관심은 무엇보다도 육경의 원천에 있었다.

우리는 노트의 논제가 발전하면서 요시야 시기의 편집과 유배 시기의 편집 가설이 다시 받아들여지는 것을 차차 보게 될 것이다.

• 마르틴 노트의 제안

1943년 "전승사 연구"(Überliegerungs-geschichtliche Studien)에서

마르틴 노트는 오늘날까지 연구의 중심에 남아 있는 논문을 내놓았다. 전쟁이 있는 동안 그의 논문이 크게 유포되지는 않았으며 노트의 제안에 관한 논쟁은 훨씬 더 나중에, 곧 그의 논문이 재판된 후에 계속되었다.

노트는 성서 안에서 발견되는 역사 작품 중에서 즉시 가시적이지는 않지만 신명기로 시작하여 열왕기 하권으로 끝나는 신명기계 역사 작품을 알아볼 수 있다고 주장한다. 그것은 모세 시기부터 유배까지 이르며, 이스라엘에서 일어난 일들을 신명기 신학에 비추어 평가한다. 그 저자는 신명기계 저자(Deuteronomista)라고 불린다.

저자는 고대의 원천들을 사용하면서 그것들을 복합적 그림 안에서 서로 연결한다. 그의 신학은 무엇보다도 주해와 주인공의 말에서 나타난다. 즉 여호 1장에서 여호수아에게 하시는 주님의 말씀, 여호 12장에서 정복을 다시 요약적으로 제시함, 여호 23장에서 여호수아의 유언, 판관 2,6~3,6에서 저자의 설명, 1사무 12장에서 사무엘의 고별사, 1열왕 8장에서 성전 봉헌을 위한 솔로몬의 기도, 2열왕 17장에서 사마리아의 몰락에 관한 저자의 성찰에서 나타난다. 이러한 설명은 역사가 설정되는 시기, 곧 모세 시기, 여호수아 시기, 판관 시기, 통일 왕정 시기, 분단 왕정 시기, 생존한 유다 왕국 시기를 표시하는 데 보탬이 된다. 신명기의 모세의 고별사가 신명기계 작품을 시작한다. 신명기계 신학자는 요시야 시기에 신명기를 다시 작업하여 완성하였다.

신명기계 역사 작품은 기원전 562년(2열왕에 제공된 마지막 소식에 근거한 연대) 이후에 기술한 단일 저자에 의해 편찬되었다. 그는 어떤 특정한 환경에 매여 있지 않으면서 아마 유다의 미스파에서 기술하였을 것이다. 작품에서 볼 수 있는 일부 모순은 원천에 대한 존중과 그 이후에 덧붙여진 첨가문에서 기인한다. 그는 단순한 편집자가 아니라, 참된 저자로서 신명기에 표현되어 있는 계약 신학으로 유배의 재앙을 설명하려고 한다. 몰락은 임금들과 백성이 계약에 불충실하였기 때문이지 하느님에게 잘못이 있어서라거나 혹은 하느님의 불능의 표시로 여겨져서는 안 된다. 아니, 몰락은 하느님의 권능과 계약에 대한 그분의 성실성을 입증하는 것이며, 그분은 백성이 계약에 충실하면 보상하고, 불충실하면 벌하는 분이다. 이렇게 볼 때 신명기계 작품은 하나의 변신론(teodicea)이기도 하다. 작품은 백성의 몰락을 선언하고 희망의 여지를 남겨 두지 않는다.

노트의 이와 같은 이론으로 인해(그의 다른 연구들과 마찬가지로) 결과적으로 역사-비평 관점에서 볼 때 오경 또는 육경에 대해 말해서는 안 되며, 사경(Tetrateuco)에 대해 말해야 한다. 특히 오경의 원천은 민수기 다음의 책들에까지 확대되지 않았을 것이다.

마르틴 노트는 제2차 세계대전 중에 집필하면서 신명기계 신학자 안에 고립된 작가의 모습을 투사한다. 이러한 전기적 요소 자체는 그의 가설의 가치를 손상시키지 않는다.

• 노트의 주장에 대한 토론

한편으로, 현대의 몇몇 연구는 계속해서 오경 전체나 육경, 또는 어떤 경우에는 열왕기 하권에까지 퍼져 있는 원천들을 고려하면서 신명기계 역사 작품의 존재를 부정한다. 그런가 하면 전기 예언서들 안에서 신명기계 신학자의 개입이 있었음을 인정하면서도 단일 저자의 결과물이라는 것은 인정하지 않는 학자들도 있다. 판 세터스(John Van Seters)는 신명기계 신학자를 다시 저자로 인정한다. 다른 학자들은 노트의 이론의 몇 가지 핵심을 다시 확인한다. 예를 들어, 그들은 작품을 그토록 재앙적인 것으로 여기지 않고 그 안에서 희망의 표징들을 보거나(유배에서의 귀환 선언과 같이) 회개에로의 초대를 본다.

또 다른 연구 분야는 신명기와 신명기계 역사 작품의 발전 환경이다. 즉 여러 학자가 노트가 상상하는 것과 같은 그런 신명기계 신학자의 존재를 배제하고, 학풍이나 학파에 대해 말하면서 다양한 사회 환경과 다양한 역사적 상황을 구분해 낸다. 오경과 성서 문학에 관한 최근의 연구에서는 두 개의 노선, 즉 사제계 노선(약어 P로 표시된다)과 신명기주의(deuteronomismo)에서 드러나는 "평신도" 지배계급과 연결된 노선(약어 D로 표시된다)을 자주 중요하게 생각한다는 점을 지적할 필요가 있다. 신명기주의는 후기 예언서들의 문헌, 특히 예레미야서의 형성에도 기여하였을 것이다. D 신학의 특징 중 하나는 보상(축복과 저주)을 뜻하는 쌍방 계약(berit)을 주장하는 것인데 반해, P는 하느님의 일방적 책임(berit)과 인간의 반응에 자유로운 약속을 주장한다.

여기에서 우리는 마르틴 로스(Martin Rose)의 주장도 언급할 필요가 있다. 그는 20세기 80년대에 오경의 원천들에 관해 언급하면서 야웨계(J)의 연대가 신명기계 신학자(Deuteronomista)보다 더 늦은 것으로 파악하며 J가 신명기계 역사 작품의 서론으로 사경을 편찬하였다고 생각한다. 신명기계 신학자는 계약에 대한 불충실로 빚어진 몰락을 주장하는 데 반해, 사경의 야웨계는 약속의 무상성에 관해 주장한다.

신명기계 역사 작품에서 여러 차례의 편집 단계를 인정하는 노트 이론의 발전에 관해 간략히 언급하는 것이 좋겠다.

• 여러 차례의 편집: 요시야 시기와 유배 중

20세기 60년대 말에 프랭크 크로스(Frank M. Cross)는 노트의 이론을 다시 들여다보면서 신명기계 역사 작품의 이중 편집본을 제안하였다. 우리가 앞에서 지적했듯이, 노트 이전에도 비슷한 제안들이 있었다. 초고는 요시야 시기로 거슬러 올라가며, 이 임금의 활동을 칭송하는 작품이었을 것이다. 두 번째 편집본은 유배 때 있었던 일이며 탄식의 음조와 예루살렘 함락에 관한 성찰이 덧붙여졌을 것이다. 노트가 이 두 번째 편집본을 신명기계 신학자의 것으로 가려냈다는 데에 그 의미가 있다. 우리는 이와 같은 두 편집본에 대해 Dtr1과 Dtr2의 약어를 사용할 수 있을 것이다. 이 두 편집은 신명기계 역사 작품 안에서 발견되는 여러 가지 긴장, 예를 들어 왕정에 관한 호의적 판단과 적대적 판단을 설명해 준다. 첫째 판은 칭송의 음조를 띠고 있고, 둘째 판은 애가의 음조를 띠고 있다.

이러한 제안에 대해 하나의 학파에 관해 말할 수 있다. 왜냐하면 크로스의 제자들과 다른 학자들이 그의 이론을 발전시키기 때문이다. 도식으로 표시하면 다음과 같다.

요시야 통치	Dtr1
유배	Dtr2

• 유배 중의 여러 편집: 괴팅겐 학파

삼중 편집본을 제안하는 학자들도 있다. 70년대에 루돌프 스멘트(Rudolf Smend)와 그의 제자들(W. Dietrich, T. Vejiola)은 유배 중에 불과 수십 년 사이에 만들어진 세 개의 편집본을 재구성한다. 세 개의 편집본은 현재의 신명기 시작 부분에서부터 현재의 열왕기 하권에까지 이르는 작품으로 시작하지만, 여러 본문이 빠져 있으며 나중에 연속적인 두 편집자에 의해 첨가된 것이다. 첫째 단계는 역사적 신명기계 신학자에서 기인한다(DtrG).[9] 두 번째 저자가 이야기를 예고와 실현의 관계로 구성하는 본문들을 포함하는 일련의 예언 본문들을 첨가하였을 것이다. 이 저자는 예언적 신명 기계 신학자라 불린다(DtrP). 세 번째 저자는 신명기의 법들에 주의를 기울이는 법률적 신명기계 신학자(Deuteronomista nomista, DtrN)이며 율법을 칭송하는 본문들을 첨가하였을 것이며, 몇몇 학자들에 따르면 사경도 손질하였을 것이고, 구경(Enneateuco)의 편찬에 책임이 있을 것이다. 무엇보다도 첫째 단계는 왕정을 선호하는 층이고, 예언적 단계는 왕정을 반대하는 층이며, 율법주의적 단계는 다윗과 같은 몇몇 임금에게만 호의적이다.

9) 독일어 용어에서 역사와 역사적인 것을 가리키는 약어는 DtrG와 DtrH다.

단순하게 도식으로 표시하면 다음과 같다.

유배 중	
DtrH 또는 DtrG	역사 단계
DtrP	예언 본문
DtrN(구경?)	율법에 관한 본문

- **다른 제안들**

유배 이전 단계와 유배 중 또는 유배 이후 단계들을 결합하는 입장도 있다. 또한 신명기계 작품을 히즈키야(Ezechia) 또는 문제가 되고 있는 학파들의 시기에서 출발하여 서기관 전통, 곧 이스라엘에 남아 있던 서기관 전통과 유배 중이던 서기관 전통의 작업 결과라고 생각하는 더욱 유연한 가설도 있다.

요시야 시기에 대하여 어떤 학자들은 신명기계 역사(Storia deuteronomistica)보다 덜 확장된 작품들의 편찬을 추정한다. 노르베르트 로핑크(Norbert Lohfink, 20세기 80년대 초)는 정복 이야기에 대해 말하는데(DtrL에 대해 말하는 것인데, 여기서 L은 독일어 Landeroberung의 첫 글자이다), 나중에 게오르그 부라울릭(Georg Braulik)은 새로운 논제로 이 주장을 견지하였다.

• 뢰머의 논제

우리가 기억하기로 유배와 유배 후의 발전과 더불어 왕정 시기의 신명기계 문학을 가정하는 학자들 가운데 토마스 뢰머(Thomas Römer)가 있다.

요시야 시기에 대해 그는 신명기부터 열왕기 하권까지 이르는 역사가 아니라, 아시리아 문학에서 영감을 받은 여러 작품을 제안한다. 즉 아시리아의 계약 협정(trattati d'alleanza), 정복 이야기(racconti), 임금의 "연대기"(annali)가 신명기와 여호수아기의 정복 이야기, 사무엘기와 열왕기의 일화(storie)에 모델을 제공하였을 것이라고 주장한다. 이 단계에서 현재의 신명기보다 다소 축소된 신명기의 첫째 판본과 현재 여호수아기의 일부(몇몇 정복 이야기들), 그리고 나중에 현재의 사무엘기와 열왕기에 합치된, 임금들에 관한 이야기와 소식을 생각할 필요가 있다. 왕실의 서기관 단체는 요시야의 종교적·군사적 활동을 이런 식으로 지지하였을 것이다. 사판(Safan) 서기관과 같이 2열왕 22~23장에 인용된 몇몇 인물들은 신명기계 단체에 소속된 역사적 인물들이었을 것이다.

유배 시기에 서기관들은 예루살렘 함락의 의미를 설명하기 위하여 예전에 있던 신명기계 문고(biblioteca)에서 시작하여 신명기부터 열왕기 하권에까지 이르는 역사 작품(당시까지 현재의 형태는 아직 아니었다)을 만들었을 것이다. 땅을 비우는 것이 유배라는 생각과 유배자들을 진정한 이스라엘인과 동일시하는 것은 이 서기관들이 유배 때 작업하였다고 생각하게 만든다. 예레미야서는 이스라엘 땅에 남아 있다가 나중에 이집트로 가게 된 예언자와 더불어 다른 입장을 표현한다. 열왕기 하권에서 이 예언자가 인용되지 않는다는 사실도 이에 대한 단서이다. 작품의 열린 결론(2열왕 17장처럼 아무런 설명이 없거나 여러 역사 시기를 마감하는 담론이 없는)은 아마도 왕정의 운명에 관한 불확실성을 표현하는 것일 수 있다. 이는 왕정에 대해 호의적이거나 적대적인 본문들이 함께 존재하는 데에서도 드러나는데, 이는 부분적으로는 주님의 징벌 도구로 제시되었으며 서기관들이 계속해서 그들 앞에서 활동하였던 바빌론의 지배자들에 대한 존경 때문이었을 것이다. 신명기계 문학의 첫 단계는 신 아시리아 환경에서 발전하지만, 이 두 번째 단계는 신 바빌론 환경에서 발전한다. 이 시기를 두고 위기의 문학이라고 말하는데, 이 문학에는 역사 외에 사제계 본문들(P)을 포함하며, 기원의 신화들을 다듬고, 미래에 대한 희망의 문을 여는 예언 본문들(예컨대 제2 이사야)을 포함한다.

세 번째 단계인 페르시아 시기에는 신명기계 신학자들이 작품을 다시 정교하게 다듬는다. 새로운 주제들 가운데에서 다른 민족들과의 분리를 주장하고 유일신 숭배(monolatria) 대신 유일신 사상(monoteismo)을 단언한다. 유배로부터의 귀환에 관한 본문들도 삽입되었다. 백성에 소속되는 두 가지 방식, 곧 "땅 위에서 그리고 디아스포라에서"라는 방식이 제시된다. 열왕기 하권의 현재 결론은 이러한 관점에 해당한다.

칠십인역 그리스어 사본을 통해 알 수 있듯이, 사소한 개정은 적어도 헬레니즘 시기까지 계속된다. 이와 나란히, 오경 형성의 과정에서 신명기는 이전 책들과 연결되었으며 신명기계 역사는 자체의 완성도를 잃어버린다. 오경은 사제계 노선(P)과 신명기계 노선의 절충으로 생겨난다. 오경의 우위는 땅의 주제를 뒷전으로 돌리게 한다(신명기주의에서는 첫 자리였다). 여호 24장의 담화는 몇몇 학자들이 오경(Pentateuco) 대신에 제안하는 육경(Esateuco)의 존재를 증거한다.

몇 가지 요소들을 하나의 도식 안에 정리할 수 있다.

요시야 통치: 신 아시리아 시기 말	신명* 여호* 사무-열왕*
유배: 신 바빌론 시기	신명기계1(신명, 여호, 판관, 사무, 열왕)*
페르시아 시기	신명기계2(신명, 여호, 판관, 사무, 열왕)* (거의 현재 형태)
400년 무렵 페르시아 시기	오경과 여호, 판관, 사무, 열왕 또는 육경과 판관, 사무, 열왕 (편집적 개입으로)
헬레니즘과 로마 시기	(서기관들의 다른 개입들)

- **신명기계 작품 형성에 관한 결론**

지금까지 간략히 검토한 것을 마무리하면서 우리는 몇몇 연구 노선들은 오경과 전기 예언서들의 발전 연대를 페르시아 시기 또는 헬레니즘 시기로 보는 경향이 있음을 지적하고자 한다. 예를 들어, 보르고노보(Gianantonio Borgonovo)는 신명기와 예배의 중앙 집중화를 요시야 시기가 아니라 유배에서 귀환한 이후에 있었던 일이라고 주장한다.

현행 연구들은 모든 문제에 대해 폭넓게 동의하지는 않았지만, 신명기계 역사 작품이라는 주장은 광범위하게 따르고 있다. 우리는 본문과 연구에 근거한다고 생각되는 그림을 제안하고자 한다.

기원전 722~721년 사마리아가 아시리아인들에 의해 함락될 때, 이스라엘 왕국의 일부 주민들은 예루살렘으로 내려갔고, 유다 왕국은 북쪽 부족들의 전통을 받아들여 재작업을 한다. 고고학 발굴 결과에 따르면, 단지 이 시기에 와서 비로소 유다 왕국에서 문자가 광범위하게 사용되기 시작한다. 아시리아 문화는 요시야 시기에 신명기 편찬(현재의 신명기와는 다른 형태로)과 아마 다른 작품들(왕실 연대기의 정복 이야기)을 장려하는 문학 모델들을 제공한다. 서기관들을 갖춘 왕실은 요시야의 정치, 종교와 군사를 지지하기 위하여 이런 작품들을 생산하는 환경이다. 그것은 예배를 예루살렘에 집중하게 하고, 이스라엘 왕국에 속하던 지역들에 대한 자체의 영향력을 확장하는 것을 보여 준다. 때는 아시리아의 권력이 기울고 있을 때였다.

기원전 587~586년 유다 왕국이 신 바빌론 제국에 종속될 때, "위기의 문학"이 솟아난다. 이때 사제계 노선은 단단한 기초를 찾기 위하여 신화적 과거로 향한다. 예언 노선은 미래에 대한 희망으로 나아간다. 그리고 서기관 노선은 역사를 해석하면서 신명기부터 열왕기까지 이르는 신명기계 역사 작품을 생산하는데, 그것은 오늘날 우리가 읽는 것과는 부분적으로 다른 형태로 되어 있다. 유배의 중요성이 강조된다. 즉 참된 이스라엘은 유배를 갔으며 땅은 텅 비어 있다. 이스라엘 왕국과 유다 왕국의 패배는 계약에 대한 불충실 때문이다. 즉 하느님의 패배가 아니라, 당신의 권능을 확인하는 것이다. 왜냐하면 당신의 백성을 벌하기 위하여 외국 임금을 이용하였기 때문이다. 요시야 시기의 기억과 문헌들을 보호한 왕실 서기관들은 유배 중에 어쩌면 신 바빌론 제국 체제에서 봉직하면서 역사를 생산한다.

유배에서의 귀환과 더불어 신명기계 역사 작품은 다시 다듬어진다. 유배를 겪으면서 유배에서의 귀환을 말한다. 에즈라-느헤미야기에서 주장하는 지역 주민들과의 분리 노선은 외국인들의 추방을 언급하는 본문들에서 표현된다. 예루살렘 성전 집중화는 유다와 유다교 히브리인들 대부분의 지배적 특성이 된다. 이와 동시에 유배 생활은 디아스포라에 사는 사람들에게 영구적이 되며, 기도 장소인 성전(1열왕 8장에서 솔로몬의 기도처럼)과 (여호 1의 몇몇 구절들처럼) 율법 봉독의 중요성을 주장하는 (이미 유배에 적합한) 저 본문들이 이러한 요구에 부응하는 것일 것이다.

신 바빌론 시기와 더 나아가 페르시아 시기에 신명기계 역사 작품은 다른 책들과 도서관들의 발전과 함께 발전하며, 일부는 그다음 세기들의 정경에 합류되고 일부는 "외경" 문학을 형성한다. 서기관들의 활동은 적어도 헬레니즘 시기까지 계속된다. 신명기계 신학자들의 개입은 후기 예언서들이라 불리게 될 본문들과 "사경"(Tetrateuco)에서도 발견된다.

많은 학자에 따르면, 기원전 400년 무렵 유다교의 지도자들 사이에서 오경을 정의하는 타협안이 제시되어 신명기는 신명기계 역사 작품에서 분리되며, 여호수아기부터 열왕기까지의 책들은 땅에서 영구히 머무는 백성의 역사를 형성한다. 즉 오경에서 땅은 성조들이 이방인으로 산 곳이었고 땅의 점유는 단지 예고되었을 뿐이지만, 신명기계 역사 작품에서 땅은 더욱 중심적 주제가 된다. 오경을 정의하는 것과 더불어 "전기 예언서들"이라 불리게 될 책들은 신명기의 후속편이 아니라 오경의 후속편이며 그에 대한 주석으로 여겨진다. 가장 중요한 점은 육경(Esateuco)에서 땅이다. 유다교의 지도자 중에는 오경보다 육경을 더욱 중요하게 생각하였던 것 같다.

제안된 이론들 가운데 우리는 세 개의 발전 모델(단순화한)을 기억한다. 학자들은 이 모델들을 요시야 시기부터 페르시아 시기 사이에 있었던 것으로 생각한다.

1) 신명기계 역사 작품은 사경(Tetrateuco)의 첨가로 완성되었고, 구경(Enneateuco)이 생겨났으며, 그런 다음 구경은 나뉘어져 오경에서 분리된다.
2) 신명기계 역사 작품의 편집자들은 그 발전 단계에서 사제계 자료들이나 다양한 기원의 자료들에 대해서도 작업을 하여 구경이 생겨나게 하고, 그런 다음 오경이 분리된다.
3) 사제계 기원의 작품과 다른 자료들이 합성되어 오경을 형성함으로써 신명기는 통합하고 여호수아기, 판관기, 사무엘기, 열왕기는 포함하지 않는다.

이전에 오경과 육경에 대해 언급하였던 것처럼, 어느 순간에 다양한 길이의 작품들이 공존하였을 수 있다.

우리는 다음 장들에서 전기 예언서들을 설명하면서 문학적 맥락으로 요시야 시기의 뿌리들과 유배 때의 초고와 페르시아 시기의 재작업과 함께 신명기계 역사 작품을 고려하게 될 것이다. 에즈라-느헤미야기와 역대기에 대해 말하면서 우리는 에즈라-느헤미야기가 신명기계 역사(Storia deuteronomistica) 후속편으로 편찬되었다는 가설을 언급하게 될 것이다.

요점을 도표로 요약하면 다음과 같다.

• 이스라엘 왕국 (722년까지)	
• 유다 왕국 (587년까지)	
• 유다 왕국 요시야 임금: 신 아시리아 시기 말 (7세기)	신명* 여호* 사무-열왕*
유배: 신 바빌론 시기	신명기계[1] (신명 여호 판관 사무 열왕)*
페르시아 시기(538년부터)	신명기계[2] (신명 여호 판관 사무 열왕)* (거의 현재 형태)
페르시아 시기	오경과 여호 판관 사무 열왕 또는 육경과 판관 사무 열왕 (편집 개입으로)
400년 무렵까지 페르시아 시기	오경 선포
헬레니즘 시기와 로마 시기	(서기관들의 다른 개입들)

• 이야기의 역사

우리는 이 자리에서 성서의 각 책에 관해 쓴 장들에 대해 고려할 점들을 미리 생각하면서 역사서들의 연대를 제안하고 성서 역사 서술(storiografia) 역사의 윤곽을 말할 수 있을 것이다.

일반적으로 학자들은 먼저 구경(창세기부터 열왕기까지)이 편찬되었고, 이어서 역대기와 에즈라-느헤미야기가 편찬되었다고 생각한다. 우리는 다양한 가설들과 오경과 (더욱 나중 시대의 명칭을 사용하자면) 전기 예언서들에서 세분된 구경이 생겨나기까지 복잡한 과정을 살펴보았다.

기원전 4세기 페르시아 시기에 에즈라-느헤미야기가 편찬되었고 이어서 (어쩌면 헬레니즘 시기에) 역대기가 편찬되었다. 룻기도 페르시아 시기로 거슬러 올라간다. 헬레니즘 시기에는 기원전 2세기 또는 기원전 1세기 초에 마카베오기 상하권이 편찬되었다. 에스테르기와 유딧기가 같은 시기로 거슬러 올라간다. 토빗기의 연대는 기원전 4세기와 기원전 2세기를 넘나든다.

도식으로 표시하면 다음과 같다. 이 도표가 성서의 다양한 책들에 대해 제기된 복잡한 문제들을 모두 망라하는 것은 물론 아니다.

주변 문화	문서와 구전 전승
이스라엘 왕국(기원전 722년까지)	문서와 구전 전승
유다 왕국(기원전 587년까지)	문서와 구전 전승
유배: 신 바빌론 시기	신명기계 역사 작품
페르시아 시기(기원전 538년부터)	
페르시아 시기(기원전 400년 무렵까지)	오경과 여호 판관 사무 열왕
	에즈-느헤 룻
	역대
헬레니즘 시기와 로마 시기	1마카 2마카 에스 유딧 토빗

- **신명기계 이야기: 공시적 연구**

신명기계 신학자의 (본문의 기원에 대한) 통시적 연구(studio diacronico)를 살펴본 뒤에 (있는 그대로의 본문에 대한) 공시적 연구(studio sincronico)로 넘어가겠다. 우리가 통시적 연구를 다룰 때에 노트와 다른 연구자들의 입장을 제시했던 것과 달리 공시적 연구에 대해서는 "현안 문제"(status quaestionis)는 다루지 않겠다. 사실 이 분야에 있어서도 이야기를 다룰 때 다양한 설화학(narratologia)의 방법들을 사용하는 많은 연구가 있다. 통시적 관점과 공시적 관점 사이에는 연결점이 있다. 현재의 구조에서 편찬 역사의 흔적들을 본다. 예를 들어, 신명기와 여호수아기 사이의 연결점들은 신명기계 역사 작품의 흔적들로 볼 수 있지만, 민수기와 여호수아기를 연결하는 단락들은 육경 또는 구경에 단일성을 부여하기 위한 후대 편집 작업의 결실일 수 있다. 책으로 나누는 것과 개별 단락들에 대한 관심은 독자로 하여금 이야기의 큰 줄기에 집중하지 못하게 할 수 있다. 그렇기 때문에 우리는 무엇보다 먼저 신명기계 작품이 들어 있는 구경(Enneateuco)의 넓은 문맥에서 출발하여 긴 설화 아치를 언급하고자 한다.

- **구경의 맥락**

무엇보다 먼저 우리는 보편적 서론(창세 1~11)과 이스라엘과 그 이웃 민족들에게 더욱 연결된 설화(창세 11~50)를 발견한다. 남녀 성조들은 하느님께서 그들의 후손들에게 주시기로 약속한 가나안 땅에서 이방인으로 산다.

이스라엘 백성의 기원은 세계 역사 안에 편입되었으며 그의 정체성은 우주 안에서 민족들 사이에서의 입장으로 드러났다. 창조와 홍수(창세 1~9)는 일련의 세대들을 거치면서(창세 5) 세상에 오늘날과 같이 사람들이 번성하게 되고(창세 10~11: 민족 계보와 바벨

탑), 다른 세대들을 통하여(창세 11) 백성의 가장 가까운 조상, 곧 아브라함과 이사악과 야곱과 그들의 아내들과 끝으로 요셉이 된다(창세 11~50).

모세와 이집트 탈출 역사(탈출 1~15)는 남녀 성조들의 역사와 분리되어 있지만 우리는 도표에서 이집트에서의 탈출을 "기원"이라는 제목 아래 배치하였다. 왜냐하면 그 백성은 그들을 노예 집단에서 주님의 백성으로 변화시키는 해방 덕분에 태어났기 때문이다.

오경은 무엇보다도 여정의 책이다. 즉 아브라함의 이주와 가나안 내부에서 이집트에 이르기까지 그와 다른 성조들의 여정의 책이며, 이집트에서 가나안 땅의 경계에 있는 모압 광야에 이르는 이스라엘의 위대한 여정의 책이다. 백성은 광야를 걸어가는 시험을 통해서(탈출 15~18과 민수 11~21) 그리고 특히 시나이(또는 호렙) 산에서 하느님과의 계약과 율법을 수용하면서 완전한 백성으로 형성된다. 그곳에서 백성은 이동식 성전을 지어 계약 궤를 보존하기도 한다(탈출 19 ~ 민수 10). 그런 다음 모압 광야에서 약속의 땅에 들어갈 준비를 하면서 특히 모세의 유언을 경청한다(신명기). 모세는 율법과 계약을 준수하도록 권면한다(민수 21 ~ 신명 34).

그러고 나서 모세가 죽은 후 여호수아의 인도로 가나안 땅을 정복하여 차지한다(여호 1 ~ 판관 1). 그들은 거기에서 처음에는 하느님이 필요에 따라 일으키신 "판관"(특히 군사 지도자)의 통치를 받으며 살고(판관 2 ~ 1사무 12), 이어서 사울, 다윗, 그리고 솔롬의 통치 아래 산다(1사무 13 ~ 1열왕 11). 다윗과 더불어 땅의 경계가 최대로 확장되며(창세 15장에서 이미 지적된 것처럼), 솔로몬과 더불어 궤는 더 이상 이동식 성소가 아니라 성전에 머문다. 예루살렘은 성전과 다윗 왕실의 성읍이 된다. 솔로몬 이후에 단일성이 무너지고 (북쪽의) 이스라엘 왕국과 (남쪽의) 유다 왕국으로 갈라지며, 이스라엘 왕국의 멸망 때까지 남북 왕국에 있었던 일들이 나란히 서술된다(1열왕 12 ~ 2열왕 17). 이제 유다 왕국만 패망할 때까지 남아 있게 된다(1열왕 18~25).

아래 도표는 땅의 주제를 부각시킨다. 광야 측면에서 볼 때, 이집트는 바다 저쪽에 있고, 가나안 땅은 강 저쪽에 있다.

	세상과 백성의 기원
창세 1~11	세상과 민족들의 기원
창세 11~50	이스라엘 선조들(땅의 약속, 땅에서 이방인으로 삶)
탈출 1~15	이집트에서 해방
	바다 횡단(탈출 14~15)
	땅을 향해 나아가는 백성
탈출 15~18	광야에서 첫 단계들
탈출 19~민수 10	시나이 체류: 계약, 율법, 이동식 성전
민수 10~21	광야에서 또 다른 단계들
민수 21~신명 34	모압 광야에서: 땅을 보며; 모세의 유언: 율법과 계약
	땅에서의 삶
여호 1~판관 1	**땅의 정복과 분배**
	요르단 강 횡단(여호 3~4)
판관 2~1사무 12	**판관들**
	임금들
1사무 13 ~ 1열왕 11	통일 왕국: 사울, 다윗, 솔로몬 (약속의 땅을 모두 차지함; 예루살렘에 성전)
1열왕 12 ~ 2열왕 17	두 왕국: 이스라엘과 유다
2열왕 18~25	단지 유다 왕국만 (땅을 잃고 성전 파괴)

• 육경의 연결점

구경을 위해 기억된 몇 가지 요소들은 분명히 육경의 단일성을 형성한다. 이 내부에서 몇 가지 다른 사항들에 대해 지적하고자 한다. 즉 요셉은 자신의 유골을 이집트에서 잘 보존하였다가 가나안 땅으로 가져가기를 원한다(창세 50). 출발할 때 그의 유골을 가지고 나와서(탈출 13) 여호수아 때 스켐의 밭에 묻는다(여호 24). 요르단 강을 건넌 것(여호 3~4)은 바다를 건넌 것(탈출 14)에 상응한다. 이집트를 빠져나올 때 경축한 파스카에는 시나이를 출발할 때 경축한 것(민수 9)과 땅에서 처음으로 경축한 것(여호 5)에 상응한다. 구름 기둥에 관한 기억은 이집트 탈출의 마지막 부분(탈출 40)과 시나이 산에서의 출발을 연결한다(민수 9).

도표를 통해 특히 민수기와 여호수아기 사이의 몇 가지 연결점들을 모으고자 한다(몇 가지 점들은 여호수아기를 연구하면서 더 잘 검토하게 될 것이다). 때로는 준비에 관한 것이고(가령 땅 정복을 앞두고 실시한 인구 조사), 때로는 요르단 강을 건너기 전의 시작에 관한 것이다(가령 시혼과 옥의 영토 정복).

창세 11~50		성조들에게 **땅** 약속, 이집트로 내려감
	창세 15	미래 역사에 대한 예고
	창세 50	요셉의 유골
탈출 1~15		이집트 탈출
	탈출 11~13	**파스카**
	탈출 13	요셉의 유골

	탈출 14~15	**바다를 건넘**
탈출 15~18		**광야를 걸어감**
탈출 19 ~ 민수 10		**시나이에서**(약 1년: 탈출 19,1과 민수 10,11)
	탈출 40	**구름**
	민수 9	**파스카** **구름**
민수 10~21		**광야를 걸어감**
	민수 13~14	**땅** 없이 한 세대: 백성이 땅에 들어가기를 거부하고 광야에서 헤매야 함
민수 21 ~ 신명 34		**모압 광야에서**
	민수 21	시혼과 옥에 대한 **승리**
	민수 26~27	**땅 분배**를 내다본 인구 조사와 배치
	민수 27	여호수아가 모세 계승
	민수 31	미디안에 **승리**
	민수 32	르우벤, 가드, 므나쎄 일부가 요르단 강 동쪽 **땅**을 나눔 (시혼과 옥에게서 빼앗음)
	민수 33	광야를 걸어감: 요약
	민수 33~36	**땅 분배**를 앞둔 배치
	신명	모세의 고별: 과거의 사건들을 회상하고 **땅**에서 살기 위하여 율법 준수를 권면
여호		주민들에 대한 **승리**와 **땅 분배**
	여호 3~4	**요르단 강 건넘**
	여호 5	**파스카**
	여호 24	지난 역사 요약
	여호 24	요셉의 유골

- **신명기계 역사 작품: 역사에 대한 평가**

신명기는 역사 평가를 위한 기준들을 제공한다. 즉 이스라엘 백성은 하느님과 계약을 맺었다. 그 계약은 하느님과의 배타적 유대를 기본 조항으로 제시한다. 특별한 조항들 가운데에 여러 법이 있는데, 가장 눈에 띄는 것은 한 장소에서 하느님께 예배를 드려야 한다는 규정이다(솔로몬 이후 그곳은 예루살렘 성전이 될 것이다). 계약은 제재를 규정한다. 즉 계약에 충실하면 축복으로 보상을 받을 것이지만, 불충실하면 저주로 벌을 받을 것이다.

다양한 시기와 인물들이 이 원칙에 비추어 평가되었다. 전체적으로 역사의 결말은 유다 왕국과 성전이 파괴되는 재앙이다. 즉 그 이유는 계약에 대한 불충실이다. 고대 세계에서 한 민족의 패배는 자기 신들의 패배로 여겨질 수 있었다. 이스라엘의 경우, 신명기계 역사는 유다 왕국의 패배가 주님의 패배가 아니라, 오히려 계약에서 예고된 바에 따라 백성을 처벌하는 그분의 권능을 확증하는 것임을 이해하게 해 준다. 처벌 도구는 외국 민족이며, 이는 주님이 모든 민족의 역사를 인도하신다는 것을 보여 준다.

그러므로 유배는 계약의 틀 안에서 해석된다. 백성과 임금들의 잘못은 단죄되고, 주님에 대한 믿음은 확증된다. 신명기계 작품의 몇몇 본문들에서 이 믿음은 유배에서의 귀환 선언에서 표현된다.

• 고별사와 그 밖의 담화들

작품의 의미는 신명기와 몇몇 담화들과 신명기계 주해들에서 나타나지만, 특별히 전문적 지식을 갖지 않은 독자도 신명기의 문체와 유사한 문체를 알아본다.

이는 모세가 자신의 생애의 마지막 날 발설한 것으로 그의 유언이 되는 담화들의 수집물이다. 하느님은 무상으로 이스라엘을 선택하신다. 이스라엘에 자격이 있어서가 아니라 작은 백성이기 때문이다. 백성은 지금 들어가려고 하는 땅에서 살기 위하여 주님을 사랑하고 계약에 충실히 머물도록 초대받았다. 이미 모세의 세대가 불충실하였고 주님의 분노와 용서를 경험하였다. 미래에 백성은 땅에서 쫓겨날 정도로 불충실하는 일이 일어날 수 있을 것이다(그러나 회개와 용서도 가능할 것이다).

다른 중요한 유언은 정복 시기 말에 있었던 여호수아의 유언(여호 23)과 판관 시기 말에 있었던 사무엘의 유언이다(1사무 12). 무엇보다도 계약에 충실하라는 경고가 되풀이된다.

정복 초기에 주님은 여호수아에게 땅을 정복하기 위하여 군사 작전을 시작하라고 명하면서(여호 1) 모세의 율법에 충실하라고 권면한다.

왕정이 절정에 이르렀을 때 솔로몬은 예루살렘 성전을 봉헌하면서 하느님께 장대한 기도를 바칠 때에도(1열왕 8) 백성이 죄를 지은 다음 회개하면 용서해 주시기를 청한다.

• 주해

설화자는 사건들과 인물들을 판단하기 위하여 주해를 첨가한다. 판관들과 임금들에 관한 이야기 시작과 끝에는 반복되는 문구들이 있다. 나중에 보게 되겠지만, 이 문구들은 문학적 틀을 구성한다.

더욱 긴 단락들, 특히 판관들 시기의 도입문(판관 2,6~3,6)과 이스라엘 왕국 말기의 주해(2열왕 17)가 있다. 이 도입문은 당시의 특성을 묘사하며, 주해는 사마리아 멸망을 설명하고 예루살렘 멸망을 암시한다.

• 위대한 시기

신명기계 작품은 역사를 시기별로 세분한다. 무엇보다도 여호수아와 사무엘의 고별사는 정복 시기와 판관 시기의 끝을 표시한다. 이를 간략히 표현하면 다음과 같다.

> 기원: 모세 시기(신명기)
> 정복: 여호수아 시기(여호 1 ~ 판관 1)
> 판관 시기(판관 2 ~ 1사무 12)
> 임금 시기:
> 통일 왕국(1사무 13; 1열왕 11)
> 두 왕국(1열왕 12 ~ 2열왕 17)
> 단지 유다 왕국만(2열왕 18~25)

몇몇 단락은 시기와 시기를 연결하거나 또는 시기 내부의 기간을 연결하는 전이 역할을 한다. 즉 여호수아에서 판관으로 넘어감(판관 1), 왕정의 시작(1사무 8~12), 다윗의 말기와 솔로몬의 초기(1열왕 1~2), 통일 왕국에서 분열 왕국으로 넘어감(1열왕 11~13)을 묘사한다. 아래의 또 다른 도표는 여타의 세부 사항을 제공하며 각 책을 읽을 때와 우리의 설명을 위해 필요할 것이다.

시기와 인물	책	중요한 본문
모세	신명	
여호수아에게 맡김	신명 31	
땅에 들어감		
여호수아	여호	여호 1; 23
여호수아가 죽은 다음	판관 1,1~2,5	
판관		
열두 판관	판관 2,6~16,31	판관 2,6~3,6
기타 이야기	판관 17~21(룻)	
엘리, 사무엘과 그의 자녀들	1사무 1~7	
판관에서 임금으로	1사무 8~12	1사무 12
임금		
사울	1사무 13~15	
다윗	1사무 16 ~ 2사무 1 2사무 2~24 1열왕 1~2	
솔로몬	1열왕 3~11	1열왕 8
두 왕국	1열왕 12 ~ 2열왕 17	2열왕 17
유다 왕국 홀로	2열왕 18~25	

• 신명기의 모세 시기에 대한 암시

오경에 헌정된 책에서 모세의 시기를 다루지만, 신명기계 역사에서 신명기로 대표되는 점을 고려하여 우리는 이 자리에서 몇 가지 특성을 환기시키고자 한다. 우리는 구경 안에서 민수기의 마지막 부분이 여호수아기를 향하고 있음을 이미 살펴보았다. 몇 가지 예를 들면서, 신명기가 어떻게 후속 역사 전체의 독서를 이끌고 있는지를 보려고 한다. 다음 장들에서 다른 책들과 다른 시기들을 검토할 것이다.

• 계약

신명기에 들어 있는 모델들 가운데 하나는 대국의 임금과 속국 임금의 고대 동맹 조약이다. 주님은 인간 임금의 위치에 서 계신다.

임금이 나와서 백성에게 베풀어진 은혜, 곧 이집트로부터의 해 방을 기억한다. 더욱 일반적으로 말해, 이야기와 기억은 계약의 수용과 충실성에 본질적이다. 그런 다음 근본적인 조항이 있다. 즉 백성은 다른 신들을 섬겨서는 안 된다. 그러므로 특별한 요구 사항들이 있다(특히 신명 12~26). 제재가 예상된다. 즉 개별 범법자와 연결된 특정한 제재 외에, 전체적으로 볼 때 축복은 충실함을 보상하고, 저주는 불충실을 벌하며 충실한 백성으로 돌아오도록 촉구한다. 계약 조문 문서가 잘 보존되어 있다. 그래서 하느님과의 계약을 글로 기록하고 기록한 본문을 보존한다(신명 31).

고대 조약에서는 신들을 증인으로 호출한다. 유일한 존재로 숭배되기를 원하는 주님과의 조약의 경우, 다른 신들이 호출되지 않고 하늘과 땅 이 호출되었다(신명 4,26; 30,19; 31,28). 모세의 노래(신명 32) 역시 증거로 소용될 것이다.

계약 준수 또는 위반이 신명기계 신학자에게 그의 시기와 인물들과의 역사를 판단하도록 해 준다.

- **선택과 계약: 유일한 하느님**

모세는 자신의 담화에서 주님은 당신 백성을 무상으로 선택하셨다고 기억한다(신명 7,1~9,6). 그것은 당신 백성이 위대한 백성이어서가 아니라 작은 백성이기 때문이다. 그들은 고대 세계에서 대제 국이 아니었다. 하느님이 백성을 사랑하시고 선택하시어 이집트에서 해방하신 사실이 계약을 성립시킨다. 그리하여 하느님은 이스라엘의 하느님이시고 이스라엘은 주님의 백성이라는 상호 유대가 존재한다.

이스라엘 편에서 계약의 기초는 율법 규정을 준수하는 데 집중하면서 "너희는 마음을 다하고 목숨을 다하고 힘을 다하여 주 너희 하느님을 사랑해야 한다"(신명 6)는 계명으로 표현된 배타적 유대이다. 이와 동등한 문구가 십계명에 표현된 "너희는 다른 신들을 섬기지 못한다"(신명 5; 탈출 20)는 계명이다.

백성과 그들의 임금에 관한 근본적 판단은 신명기계 역사에서 오로지 주님만을 흠숭하는가 아니면 다른 신들도 흠숭하는가를 고려하면서 정해질 것이다.

계약은 제재, 곧 축복과 저주를 내다본다(신명 27~28). 잘못에 대해서는 개별 제재(사형과 금전적 보상과 같은)가 있다. 그러므로 계약을 준수할 경우에만 백성이 아니라 하느님의 힘으로 이민족들에 대한 승리가 가능할 것이다. 이것이 바로 가나안 땅의 정복과 다른 승리들, 예컨대 다윗의 승리들을 해석하는 열쇠다. 승리가 있는 곳에 하느님의 호의가 있고, 하느님의 호의가 있으면 백성은 계약에 충실한 것이다.

다른 한편, 이스라엘 백성은 이민족들을 쫓아냄으로써 우상숭배로부터 자유로울 것이다. 이와 같은 전쟁과 폭력의 언어는 무엇보다 먼저 이런 뜻으로, 즉 하느님께 대한 충실성을 완전하게 보존하라는 경고로 이해해야 한다.

계약에 대한 불충실이야말로 먼저 북왕국(2열왕 17)의 멸망과 이어서 유다 왕국의 멸망(2열왕 24~25)이라는 극단적 징벌에 이르기까지 역사의 반전을 설명해 준다. 유배는 신명기에서 매우 어둡게 묘사되면서(신명 28) 귀환 역시 선언되지만(신명 30), 열왕기에서는 선언은 되지만 이야기되지는 않는다.

• 유일한 성전

신명기의 핵심 요구(신명 12)는 유일한 한 장소에서 하느님께 예배를 드리라는 것이다. 계약 궤가 있는 곳, 즉 처음에는 여러 곳에 있었으나, 나중에는 다윗이 궤를 옮겨다 놓은 곳이며 솔로몬이 성전을 지은 바로 그 예루살렘에서 하느님을 숭배하라는 것이다.

이것은 백성과 임금을 판단하는 또 다른 기준이다. 이제 주님만을 숭배하는 것으로 충분하지 않고, 주님이 고정하신 장소에서 숭배해야 한다는 것이다. 설화(narrazione)는 궤를 예루살렘으로 옮겨 모시는 것(2사무 6)과 성전 건축(1열왕 5~9), 그리고 끝으로 백성과 임금의 불충실로 인한 멸망에 대해 주장한다.

• 연속성과 불연속성

모세의 시기는 기원과 기초의 순간이라는 점에서 유일무이하다. 앞에서 우리는 후속 시기들을 판단하는 기준이 이때 설정되었음을 확인하였다. 이때의 기억은 충실하게 머물기 위하여 본질적이다. 즉 하느님이 하신 일과 광야에서의 여정을 기억하고(신명 8) 자기 자식들에게 그 기억을 전달해 줄 필요가 있다(신명 6).

이 밖에도, 본보기 방식으로 몇 가지 사건들이 앞으로 있게 될 사건을 미리 보여 준다. 예를 들어, 역사의 다양한 순간들에 있게 되듯이, 백성은 불충실에 떨어지고 용서를 받는다(신명 4; 9~10). 계약은 모세에 의해 모압 땅에서 다시 체결되었다(신명 28, 69). 그런 것처럼 여호수아도 그렇게 할 것이고(여호 24), 요아스 임금 때에 여호야다가 그렇게 하였고(2열왕 11,17), 요시야 임금도 마찬가지였다(2열왕 23,1~3).

신명기에서는 계승의 문제가 대두되었다. 즉 모세는 땅에 들어가 기 전에 죽고 여호수아가 백성의 인도자로 임명되었다(신명 31; 또한 민수 27). 그는 다른 무엇보다도 요르단 강을 건넌 다음 율법 사본을 기록하라는 명령(신명 27)을 실천하고(여호 8), 모세가 지적한 대로(신명 4,41~43) 도피 성읍의 숫자를 완성한다(여호 20).

가나안 땅 정복과 씨족들에게 실시한 분배는 여호수아 때 있었던 일이지만, 이미 모세 때 요르단 강 동쪽 옥과 시혼의 땅을 정복하여 르우벤인들과 가드인들, 그리고 므나쎄 반쪽 지파에게 분배하였다(신명 2~3; 또한 민수 21; 32).

• 결론

지금까지 우리는 신명기계 작품 전체를 통시적이며 공시적으로 살펴보았고 또 신명기에 대해 언급하였으므로 이제부터는 개별 책들을 분석하겠다.

심화를 위한 참고문헌

_ 구약성서 입문서들 외에

- Römer, T., *Dal Deuteronomio ai libri dei Re. Introduzione storica, letteraria e sociologica*, a cura di D. Garrone, Lasudiana, Trino, 2007(ed. ingl. The So-called Deuteronomiscic History, 2005).
- Ska, J.L., *Introduzione alla lettura del Pentateuco*, Ed. Dehoniane, Roma, 1998(poi EDB, Bologna, 2000) = 『모세오경 입문』, 박요한 영식 옮김, 성바오로, 2000.

| 제 4 장 | 여호수아와 정복의 선물

• 여호수아기의 주요 부분

여호수아기는 가나안 땅 정복과 부족들에게 분배하는 것을 이야기한다. 처음에 판관기는 정복 주제를 다시 언급한다.

"~이 죽은 뒤"라는 문구는 여호수아기의 시작 절(여호 1,1) 외에 판관기의 시작 절에서도 사용된다(판관 1,1). 1사무와 2사무, 1열왕과 2열왕 사이의 이차적 분할에서도 발견된다(2사무 1,1; 2열왕 1,1).

주님은 모세의 후계자로 임명된(신명 31과 민수 27) 여호수아에게 모세의 율법을 준수한다면 백성에게 땅의 선물을 보증한다며 요르단 강을 건너가라고 명하신다. 여호수아는 백성에게 주님의 명령을 전달한다. 두 지파와 반(르우벤인들과 가드인들, 그리고 므나쎄 반쪽 지파)은 요르단 강 동쪽의 땅을 이미 얻었지만, 정복 전쟁에 참여할 것이다. 마지막에 가서 그들은 열두 지파의 단일 백성의 일부로 남으려는 뜻을 가지고 자기 지역으로 돌아갈 것이다. 그것은 군사 작전과 땅의 분배의 끝을 표시한다. 여호수아는 그의 생애 마지막 순간에 이중 담론을 펼치면서 백성에게 계약에 충실하게 머물 것을 권면한다.

책은 크게 두 부분, 곧 땅 정복(여호 1~12)과 분배(여호 13~24)으로 나뉠 수 있다. 처음과 끝에(여호 1; 23~24) 중요한 담론들과 요르단 강 동쪽의 땅을 획득한 지파들에 대한 언급이 있다. 도식으로 표현하면 다음과 같다.

1	도입 담론 요르단 강 건너편의 지파들
2~12	**1부 – 정복 : 주님이 땅을 주신다**
13~21	**2부 – 땅 분배**
22	요르단 강 건너편의 지파들
23~24	**결론적 담론 : 계약**

• 여호수아기, 민수기, 신명기

우리는 육경과 구경을 공부하면서 여호수아기와 앞의 책들 사이의 다양한 연결점들을 부분적으로 검토하였다. 이 장에서 그 연결점들을 다시 보게 될 것이다. 먼저 하나의 도표로 몇 가지 연결점 들을 요약해 보자.

민수	신명		여호	
27,12~23	31,1~8; 3,21~28	여호수아가 모세의 후계자로 임명됨	1,1~9	여호수아가 명령을 내림
32	3,18~20	르우벤, 가드, 므나쎄 반쪽	1,12~18; 22	여호수아가 르우벤, 가드, 므나쎄 반쪽

민수	신명		여호	
		지파가 정복을 위해 다른 지파들과 함께 싸울 것이며 그 후 그들의 땅으로 돌아갈 것이다		지파에게 임무를 기억시키고 그들은 수용하며, 정복 뒤에 그들 땅으로 돌아갈 것이다
	27	율법을 기록하고 제단을 쌓도록 명령	8,30~35	제단 건축과 율법 낭독
21,21~31	2,26~ 3,11	옥과 시혼의 땅 정복	12,1~6; 13,8~33	시혼과 옥 지역 정복과 르우벤, 가드, 므나쎄 반쪽 지파에게 분배한 것을 기억
32	3,12~17	르우벤, 가드, 므나쎄 반쪽 지파가 시혼과 옥의 땅 차지		
32	3,18~20	르우벤, 가드, 므나쎄 반쪽 지파가 정복을 위해 다른 지파들과 함께 싸울 것	1,12~18; 22	여호수아가 르우벤, 가드 므나쎄 반쪽 지파에게 임무를, 상기시키고 그들이 수용하며 정복 후 그들 땅으로 돌아감
26,57~62		레위인들의 인구 조사	13,14.33	레위인들은 땅을 상속받지 않음
26~36		**정복을 위한 사열과 땅 분배 인구 조사**	**13~19**	**땅 분배**
26,1~ 51		레위 외의 지파들		
26,52~56		땅 분배에 관한		

민수	신명		여호
		지시	
26,57~62		레위인들의 인구 조사	
26,63~65		결론	
27,1~11; 36,1~12		딸의 유산 상속권 (므나쎄 지파)	17,3~6
33,50~56		정복 명령과 땅 분배	
34,1~15		가나안 땅의 경계	
34,16~29		소유지 분배 책임자들	
35,1~8		레위인들의 성읍	**21**
35,9~34	4,41~43	도피 성읍	**20**

• 도입 담론: 하느님, 여호수아 그리고 백성

제1장은 책 전체, 특히 정복을 도입하는 데 소용된다. 주님이 여호수아에게 정복 활동을 시작하도록 명령하시고, 여호수아는 백성의 관리들을 통해 백성에게 주님의 명령을 전달하고(여호 1,1~11), 이미 요르단 강 동쪽 지역을 차지하고 있던 르우벤, 가드, 므나쎄 반쪽 지파에게 전쟁에 참여할 것을 요청하고 그들은 이를 수용한다(여호 1,12~18).

- **열두 지파의 단일 백성**

정복은 모든 백성과 관련되며 요르단 건너편의 땅도 이스라엘인들이 사는 곳임을 이 책에서 드러내기 위하여 요르단 건너편 해 뜨는 쪽의 땅을 소유한 두 지파와 반쪽 지파에 이처럼 주의를 집중하는 것은 매우 중요하다. 즉 백성 전체가 땅 전체를 정복하며, 비록 강이 두 지파와 반쪽 지파를 갈라놓는다 하더라도 백성은 단일하다.

군사 작전과 땅 분배가 끝나자 여호 22장에서 두 지파와 반쪽 지파는 그들에게 이미 분배된 요르단 건너편 해 뜨는 쪽의 땅으로 돌아가고(민수 21,21~35; 32; 신명 2,26~3,17), 다른 지파들과의 균열 위험을 피한다. 여호 1장과 여호 22장 사이의 포괄법(inclusione)은 전체 군사 작전과 땅 분배가 백성 전체에게 미친다는 사실을 잘 드러낸다.

이 점에 관한 주장은 책의 중심 부분(여호 12~13)에서 발견된다. 여기에서 중요한 두 부분은 중앙집중식의 구성을 통해 서로 연결되어 있다. 즉 외부에는 르우벤, 가드, 그리고 므나쎄 반쪽 지파의 땅이 자리하고 있고(여호 12,1~6; 13,8~33), 중앙에는 다른 아홉 지파와 반쪽 지파의 땅이 자리 잡고 있다(여호 12,7~24; 13,1~7). 이전 장들과 이후 장들에 주의를 기울이면, 여호수아기는 양극 변에서 바로 이 땅들을 언급한다(여호 1~11; 14~21). 요르단 강을 중심으로 이를 도표로 표시하면 다음과 같다.

요르단 강에서 본 땅

1~11	서쪽(정복)
12,1~6	동쪽(정복과 분배)(후술법)
12,7~24	서쪽(정복)(요약)
13,1~7	서쪽(정복하다, 분배하다)
13,8~33	동쪽(분배)(후술법)
14~21	서쪽(분배)

후술법(後述法, analessi)은 주요 이야기 이전에 있었던 사건들(과 우리가 앞에서 살펴본 것처럼 신명기와 민수기에서 이미 이야기된 사건들)을 서술하는 것을 뜻한다.

• 도입 담론: 하느님과 여호수아

이제 여호 1장으로 다시 돌아가서 주님과 여호수아의 담론을 살펴보도록 하자(여호 1,1~9). 모세의 죽음과 여호수아의 계승이 가져온 획기적 전환점이 있다. 설화자는 그것을 냉정하게 지적하면서 자신의 목소리와 말씀하시는 주님의 목소리로 반복한다(여호 1,1~2). "주님의 종 모세가 죽은 뒤, 주님께서 모세의 시종인 눈의 아들 여호수아에게 말씀하셨다. '나의 종 모세가 죽었다'"(여호 1,1~2). 모세는 다른 때에도 기억된다(여호 1,3.5.7).

주님은 여호수아에게 요르단 강을 건너 하느님께서 이스라엘인들에게 주시는 땅으로 들어가라고 명하신다. 지중해부터 유프라테스 강에 이르기까지 국경은 약속의 땅을 한정하기 위해 성서에서 찾을 수 있는 가장 광범위하며(창세 15에서처럼) 오직 다윗만이 도달할 수 있을 것이다.

> 그러니 이제 너와 이 모든 백성은 일어나 저 요르단을 건너서, 내가 이스라엘 자손들에게 주는 땅으로 가거라. 내가 모세에게 이른 대로, 너희 발바닥이 닿는 곳은 다 너희에게 주었다. 광야에서 레바논을 거쳐 큰 강 유프라테스 강까지, 그리고 히타이트 사람들의 온 땅과 해 지는 쪽 큰 바다까지 모두 너희 영토가 될 것이다. (여호 1,2~4)

주님은 당신의 도움을 보장하신다. 그 조건은 모세의 율법 준수다. 책은 여호수아의 승리를 칭송한다. 그러므로 독자는 그의 순종을 알아볼 수 있으며, 그에게서 신명기에 규정되어 있고(신명 17,14~20) 요시야가 구현한 임금의 본보기를 볼 수 있다(2열왕 22~23).

> 네가 사는 동안 내내 아무도 너에게 맞서지 못할 것이다. 내가 모세와 함께 있어 주었듯이 너와 함께 있어 주며, 너를 떠나지도 버리지도 않겠다. 힘과 용기를 내어라. 내가 이 백성의 조상들에게 주기로 맹세한 땅을 이 백성에게 상속 재산으로 나누어 줄 사람은 바로 너다. 오직 너는 더욱더 힘과 용기를 내어, 나의 종 모세가 너에게 명령한 모든 율법을 명심하여 실천하고, 오른쪽으로도 왼쪽으로도 벗어나서는 안 된다. 그러면 네가 어디를 가든지 성공할 것이다. 이 율법서의 말씀이 네 입에서 떠나지 않도록 그것을 밤낮으로

되뇌어, 거기에 쓰인 것을 모두 명심하여 실천해야 한다. 그러면 네 길이 번창하고 네가 성공할 것이다. 내가 너에게 분명히 명령한다. 힘과 용기를 내어라. 무서워하지도 말고 놀라지도 마라. 네가 어디를 가든지 주 너의 하느님이 너와 함께 있어 주겠다. (여호 1,5~9)

• 정복

설화(narrazione)는 세 성읍(예리코, 아이, 기브온)에 초점을 맞춘 다음, 나머지 땅의 남쪽과 북쪽으로 더 빠르게 이동한다. 더욱 긴 설화는 세 경우, 곧 아무 어려움 없이 예리코를 점령한 것, 복병 들을 제거하고 난 다음의 아이, 기브온이 속임수를 써서 전쟁을 피하고 항복한 것이다.

작전은 예리코에 정탐꾼들을 보내는 것으로 시작하며(여호 2), 주님께 대한 믿음을 고백하는 여자 라합의 도움을 받는다.

나는 주님께서 이 땅을 당신들에게 주셨다는 것을 압니다. 우리는 당신들에 대한 두려움에 싸여 있습니다. 이 땅의 주민들이 모두 당신들 때문에 불안에 떨고 있습니다. 당신들이 이집트에서 나올 때에 주님께서 당신들 앞에서 갈대 바다의 물을 마르게 하신 일이며, 당신들이 요르단 건너편에 있는 아모리족의 두 임금 시혼과 옥에게 한 일, 곧 그들을 전멸시킨 일을 우리가 들었기 때문입니다. 우리는 그 소식을 듣고 마음이 녹아내렸습니다. 당신들 앞에서는 아무도 용기가 나지 않았습니다. 주 당신들의 하느님만이 위로는 하늘에서, 아래로는 땅에서 하느님이십니다. (여호 2,9~11)

• 주님 행적의 명성이 역사를 움직이다

주님이 가나안 땅의 주민들에게 하신 행적의 명성은 이야기를 계속 전개시키는 요소들 가운데 하나이다. 라합은 갈대 바다를 건넌 것과 옥과 시혼에 대한 승리를 기억한다. 그래서 그녀는 정탐꾼들을 돕는다. 요르단을 건넌 뒤에 다음과 같은 일이 일어난다.

> 이스라엘 자손들이 요르단을 다 건널 때까지 주님께서 그들 앞에서 그 물을 마르게 하셨다는 소식을 듣고, 요르단 건너편 서쪽에 있는 아모리족의 모든 임금과 바닷가에 있는 가나안족의 모든 임금의 마음이 녹아내렸다. 그들은 이스라엘 자손들 앞에서 용기가 나지 않았다. (여호 5,1)

기브온에서 있었던 일(여호 9)과 여호수아에 대항하는 임금들의 연합(여호 10~11)은 이전의 행적에 대한 기억 때문이었다.

> 요르단 건너편 산악 지방과 평원 지대, 레바논 앞까지 이르는 큰 바다 연안 전체에 사는, 히타이트족, 아모리족, 가나안족, 프리즈 족, 히위족, 여부스족의 모든 임금이 이 소식을 듣고, 함께 모여서 여호수아와 이스라엘에게 맞서 싸우기로 뜻을 모았다. 그런데 기브온 주민들은 여호수아가 예리코와

아이에 한 일을 듣고서, 그들 나름대로 속임수를 쓰기로 하였다. 그래서 그들은 양식을 싼 다음, 낡아 빠진 자루와 낡고 갈라져서 꿰맨 포도주 부대를 나귀에 싣고서 길을 떠났다.

(여호 9,1~4)

예루살렘 임금 아도니 체덱은, 여호수아가 아이를 점령하여 그곳을 완전 봉헌물로 바쳤다는 소식을 들었다. 여호수아가 예리코와 그 임금에게 한 것처럼 아이와 그 임금에게도 그렇게 하였고, 또 기브온 주민들이 이스라엘과 평화를 이루어 그들 가운데에 살고 있다는 소식을 들은 것이다. 아도니 체덱은 몹시 두려워하였다. 기브온이 왕도만큼이나 큰 성읍으로 아이보다 크고, 그곳의 남자들은 모두 용사였기 때문이다(여호 10,1~2).

하초르 임금 야빈은 이 소식을 듣고 마돈 임금 요밥, 시므론 임금, 악삽 임금에게, 그리고 북부 산악 지방, 킨네렛 남쪽 아라바, 평원 지대, 서쪽의 도르 고지대에 있는 임금들에게 전갈을 보냈다. (여호 11,1~2)

매번 몇몇 사건들과 하느님의 행적이 포괄적으로 기억되었다.

2,9~11	5,1	9,1~3	10,1~2	11,1
갈대 바다 옥과 시혼	요르단	이 소식 예리코 아이	예리코 아이 기브온	이 소식

- **요르단과 예리코의 기적**

예리코에 보낸 정탐꾼들의 임무(여호 2)는 성읍 점령을 준비하는 것인데, 하느님의 놀라운 개입, 곧 주님 군대의 장수 개입으로 이루어진다(5,13~6,26). 먼저 요르단 강을 건너야 한다(여호 3,1~5,1). 할례와 파스카 축제(여호 5,2~12)는 이 순간을 경축한다. 강 횡단과 성읍 탈취는 주님의 궤와 사제들과 함께 이루어진 전례 행위로 제시되었다. 사흘이라는 기간이 표시되어 있다(여호 1,11; 3,2).

요르단 강 횡단은 기적적 방식으로 이루어진다. 즉 홍해를 건널 때처럼 물이 길을 연다(탈출 14~15). 엘리야와 엘리사가 이 기적을 반복할 것이다(2열왕 2). 강은 가나안 땅의 경계다. 즉 홍해(갈대 바다)와 요르단 강 사이의 공간에서 살았던 광야 시기가 이렇게 막을 내린다. 이집트에서 탈출하기 전에(탈출 12~13) 그리고 땅에 들어가고 난 다음에(여호 5,10) 파스카 축제를 지낸다. 그런 다음 즉시(여호 5,11~12) 그 땅의 소출을 먹기 시작하고 광야 여정을 시작할 때 나타난 만나가 멎었다(탈출 16). 파스카 축제를 지내기 전 실시한 할례(여호 5,2~9)는 광야에서의 여정, 이집트, 그리고 이스라엘인들이 진을 치고 거기서 전쟁을 벌이면서 땅을 분배하기 시작하는 길갈과 연결된다(여호 17).

돌 열두 개(이야기에서 다양한 방식으로 제시된)는 열두 부족을 대표하며 요르단 강 건넘을 기억하는 기념비로 남을 것이다. 이는 여호수아에게서 받은 현장의 권위를 확인하는 순간이기도 하다. 사실 주님께서 예고하셨고 그대로 실현된다.

주님께서 여호수아에게 말씀하셨다. "오늘 내가 온 이스라엘이 보는 앞에서 너를 높여 주기 시작하겠다. 그러면 내가 모세와 함께 있어 준 것처럼 너와도 함께 있어 준다는 것을 그들이 알게 될 것이다. (여호 3,7)

그날 주님께서는 온 이스라엘이 보는 앞에서 여호수아를 높여 주셨다. 그리하여 그들은 모세가 살아 있는 동안 내내 그를 경외하였듯이, 여호수아도 경외하게 되었다. (여호 4,14)

예리코 함락은 "주님의 전쟁"의 전형적 사례다. 즉 백성은 싸울 필요가 없고 단지 의식을 치르고 나서 약탈하고 완전 봉헌물(*ḥerem*)로 바치기만 하면 된다. 이 용어는 주님께 거룩한 것을 뜻하며 보석과 철을 성전 창고에 보관하고 사람과 동물을 죽이고 성읍을 불태우는 것을 가리킨다. 이에 대한 적용은 융통성이 있으며 예리코의 경우 정탐꾼들과 맺은 계약에 따라 라합과 그와 함께 있는 사람은 모두 살려 준다(여호 2). 완전 봉헌물은 자주 독자를 불안하게 만드는 이야기의 폭력적 특징의 일부이다.

우리는 이 구절을 아합 임금 시대와 연결하는 저주를 발견한다.

그때에 여호수아가 선언하였다. "이 예리코 성읍을 다시 세우겠다고 나서는 사람은 주님 앞에서 저주를 받으리라. 기초를 놓다가 맏아들을 잃고 성문을 달다가 막내아들을 잃으리라." (여호 6,26)

아합 시대에 베텔의 히엘이 예리코를 세웠다. 눈의 아들 여호수아를 통하여 하신 주님의 말씀대로, 히엘은 예리코

의 기초를 놓다가 맏아들 아비람을 잃더니, 성문을 달다가는 막내아들 스굽을 잃었다. (1열왕 16,34)

• 아이 탈취와 가리짐 산과 에발 산에서 의식 거행

아이 점령(여호 7,1~8,29)은 공격으로 시작하지만 실패한다(여호 7,2~5). 독자는 실패의 원인을 이미 알고 있지만(여호 7,1), 여호수아는 주님과의 대화(여호 7,6~15)와 무작위 추첨 절차(여호 7,16~21)를 통해 한 이스라엘인 아칸이 값진 기물들을 차지함으로써 완전 봉헌물의 법을 어겼음을 밝혀낸다. 가혹한 처벌(여호 7,22~26)을 통해 백성에게서 패배의 원인을 제거한다.

예리코의 경우와 달리, 설화자는 여호수아를 승리로 이끈 전술을 설명한다(여호 8,1~29). 완전 봉헌물은 다른 방식으로 적용된다(여호 8,26~27). "여호수아는 아이의 모든 주민을 완전 봉헌물로 바칠 때까지, 창을 들고 내뻗은 손을 거두지 않았다. 다만 그 성읍의 가축과 전리품은, 여호수아에게 명령하신 주님의 말씀대로 이스라엘이 제 몫으로 차지하였다."

예리코를 점령한 다음 할례를 실시하고 파스카 축제를 지낸다. 아이를 점령한 다음 모세의 규정에 따라(신명 27) 여호수아는 제단을 쌓고 율법을 봉독한다(여호 8,30~35). 사실 우리가 앞에서 이미 살펴보았던 것처럼 예리코 정복 자체가 전례 의식의 성격을 갖는다.

에발 산에 제단을 쌓고 그 위에서 주님께 번제물을 올리고 친교 제물을 바친다(여호 8,30~31). 모세의 율법을 돌들에 새기고 에발 산과 그리짐 산에서 공개적으로 읽어 준다.

> 모세가 명령한 모든 말씀 가운데, 여호수아가 이스라엘의 온 회중과 여자들과 아이들, 그리고 그들 가운데에 사는 이방인들 앞에서 읽어 주지 않은 말씀은 하나도 없었다.
>
> (여호 8,35)

이 산들은 스켐 근처에 있다. 지금까지 서술된 전투 지역들에 비해 우리는 멀리 떨어져 있는 땅, 곧 훨씬 더 후대에나 점령될 지역에 있다. 성서 이야기에서는 사화들이 언제나 일정한 방식으로 전개되는 것은 아니다.

• 저항과 수용

지금까지 여호수아가 행동을 주도했다면, 이제 그는 가나안 땅 사람들의 반응에 응답해야 한다.

> 요르단 건너편 산악 지방과 평원 지대, 레바논 앞까지 이르는 큰 바다 연안 전체에 사는, 히타이트족, 아모리족, 가나안족, 프리즈족, 히위족, 여부스족의 모든 임금이 이 소식을 듣고, 함께 모여서 여호수아와 이스라엘에게 맞서 싸우기로 뜻을 모았다. 그런데 기브온 주민들은 여호수아가 예리코와 아이에 한 일을 듣고서, 그들 나름대로 속임수를 쓰기로 하였다. 그래서 그들은 양식을 싼 다음, 낡아 빠진 자루와 낡

고 갈라져서 꿰맨 포도주 부대를 나귀에 싣고서 길을 떠났다.

(여호 9,1~4)

곧바로 설화자는 항복한 기브온 사람들에게 있었던 일을 전하(여호 9,3~27), 남쪽 지역 임금들(여호 10)과 북쪽 지역 임금들(여호 1,1~15)의 연합이 재개된다. 여호수아는 이 연합의 저항을 쉽게 물리친다.

기브온 주민들은 먼 고장에서 왔다는 속임수 덕분에 완전 봉헌물(가나안 사람들에게 해당되는)이 되는 것을 피한다. 그들의 속임수가 거짓으로 드러났을 때, 이스라엘인들이 이미 결심하였으니 그 맹세를 취소할 수 없다. 그리하여 기브온 사람들은 이스라엘인들 가운데에서 종으로 남는다. 유사한 이야기들이 아시리아 본문들에 서도 발견된다. 거기서 아수르의 군사력에 대한 공포는 싸울 필요도 없이 항복과 복종을 불러일으키기에 충분하다.

예루살렘의 임금은 다른 네 명의 임금과 함께 기브온을 공격하면서 여호수아에게 도움을 청한다. 여호수아는 군사를 이끌고 길갈을 떠나 공격자들을 물리친다(여호 10,1~15). 하느님이 몸소 싸우신다(여호 10,11~15).

> 그들이 이스라엘을 피하여 벳 호론 내리막길로 도망칠 때, 주님께서는 아제카에 이르기까지 하늘에서 큰 우박을 쏟아부어 그들을 죽게 하셨다. 그래서 많은 사람이 죽었다. 우박으로 죽은 자가 이스라엘 자손들의 칼에 맞아 죽은 자보다 더 많았다. 주님께서 아모리족을 이스라엘 자손들 앞으로 넘겨주시던 날, 여호수아가 주님께 아뢰었다. 그는 이스라엘

이 보는 앞에서 외쳤다. "해야, 기브온 위에, 달아, 아얄론 골짜기 위에 그대로 서 있어라." 그러자 백성이 원수들에게 복수할 때까지 해가 그대로 서 있고 달이 멈추어 있었다. 이 사실은 야사르의 책에 쓰여 있지 않은가? 해는 거의 온종일 하늘 한가운데에 멈추어서, 지려고 서두르지 않았다. 주님께서 사람의 말을 그날처럼 들어 주신 때는 전에도 없었고 후에도 없었다. 정녕 주님께서는 이스라엘을 위하여 싸워 주신 것이다. (여호 10,11~14)

태양 중심설에 반대하는 데 사용된 이 단락은 해석 역사에서 유명하다. 만약 태양이 멈추어 선다면, 태양은 지구를 중심으로 움직이는 것이 된다. 적어도 레오 13세의 회칙 *Providentissimus Deus*(1893)에서 볼 때, 성서는 성서가 기록된 시대에 흔히 사용되는 표현 방식을 사용한다는 것이 분명하다. 그러므로 만약 태양이 멈추어 선다고 말한다면, 그는 자연에 관해 아무것도 가르치려고 하지 않는 것이다. 또한 태양이 지구를 중심으로 움직이기라도 하는 것처럼, 오늘날에도 태양이 떠오른다고 말한다. 이는 단지 언어나 문학 유형의 문제가 아니라, 저자들은 그 시대의 지식에 의존하고 있으며 특히 하느님 경험에 있어서 독창적이라는 사실을 가리킨다. 전투에서 도망친 연합군 다섯 임금에 대한 작전은 그들을 포로로 잡고 살해하는 것으로 끝난다(여호 10,16~27). 그런 다음 예리코, 아이, 기브온에 관해 상세하게 서술한 것에 비해 설화는 훨씬 더 빠르게 진행되며, 반복되는 문구로 여러 성읍을 정복하였다고 한다(여호 10,28~38).

끝에 가서 전쟁의 그 순간에 이르기까지 정복 상황을 요약한다.

> 이렇게 여호수아는 온 땅, 곧 산악 지방, 네겝, 평원 지대, 비탈 지대, 그리고 그곳의 임금들을 모조리 쳐서 생존자를 하나도 남기지 않았다. 주 이스라엘의 하느님께서 명령하신 대로 숨쉬는 모든 것을 완전 봉헌물로 바쳤다. 여호수아는 또 카데스 바르네아에서 가자까지, 그리고 고센의 온 땅과 기브온까지 모조리 쳤다. 이렇게 여호수아는 이 모든 임금과 그들의 땅을 단 한 번에 점령하였다. 주 이스라엘의 하느님께서 이스라엘을 위하여 싸워 주셨기 때문이다. 그런 다음에 여호수아와 온 이스라엘은 길갈 진영으로 돌아갔다.
>
> (여호 10,40~43)

메롬 물가에서 북쪽의 임금들을 쳐 죽이고 성읍들을 약탈한 것(여호 11,1~14)이 간략하게 서술된다. 이 경우 완전 봉헌물로 바치는 것은 사람들에게만 적용되며, 이스라엘인들은 전리품을 가질 수 있다.

• 요약하며

가나안 땅 정복이 끝나고(여호 11,15~12,24) 광범위한 요약이 나온다. 몇 가지 소식들이 첨가되기도 하며 땅 분배가 선언된다. 이 본문은 쉽게 두 단락으로 나눌 수 있다(여호 11,15~23; 12). 첫째 단락은 "주님께서 모세에게 명령하신 대로"(여호 11,15.20.23)라는 동일한 결론이 반복되는 데에서 구분되며, 둘째 단락은 동일한 머리글로 구분된다.

> 이스라엘 자손들이 요르단 건너편 해 뜨는 쪽 아르논 강에서 헤르몬 산과 동쪽의 온 아라바에 이르기까지 임금들을 쳐 죽여 땅을 차지하였는데, 그 임금들은 이러하다. (여호 12,1)

> 여호수아와 이스라엘 자손들이 요르단 건너편 서쪽, 레바논 골짜기에 있는 바알 가드에서 세이르 쪽으로 솟은 할락 산에 이르기까지 그 땅의 임금들을 쳐 죽였는데, 그 임금들은 이러하다. (여호 12,7)

새로운 정보는 아낙인들을 제거한 여호수아의 승리에 관한 내용이다(여호 11,21~22ㄱ). 성경은 아낙인들을 우람하고 키 큰 백성으로 기억한다. 주님께서 그들을 멸망시키기로 약속하셨다(신명 9,1~3). 또한 땅을 분배한 다음 평화의 시기를 기억하는데, 이는 이 책 둘째 부분의 주제이다.

> 그러고 나서 여호수아는 지파별 구분에 따라 이스라엘 사람들에게 그 땅을 상속 재산으로 나누어 주었다. 이로써 전쟁은 끝나고 이 땅은 평온해졌다. (여호 11,23ㄴㄷ)

땅 분배는 여호 12,7에서도 이루어진다.

여호수아는 주님의 말씀을 전해 준 모세의 명령을 그대로 실행하였다는 사실을 밝힌다.

주님께서 당신의 종 모세에게 명령하신 대로 모세가 여호수아에게 명령하였고, 여호수아는 또 그대로 실행하였다. 여호수아는 주님께서 모세에게 명령하신 것 가운데에서 하나도 빠뜨리지 않았다. (여호 11,15)

정복한 영토가 확대되었으며 모든 임금을 사로잡아 쳐 죽였다고 주장하면서 전쟁에 대해 요약한다(여호 11,16~20). 기브온에는 예외가 있었음을 기억한다. 주님 자신이 그들의 저항을 불러일으키며 그들의 파멸을 초래하셨다. 주님에 대해 이렇게 말하는 방식은 우리를 당혹스럽게 만들지만, 성경은 그것을 인간사에 대한 그분의 주권을 칭송하는 데 사용한다.

또한 모세 때부터 있었던 요르단 동쪽에서의 승리를 다시 언급하고(여호 12,1~6), 이어서 영토와 요르단 서쪽에서 여호수아에게 패배한 임금 서른한 명을 나열한다(여호 12,7~24).

• 전체적인 그림

그러므로 여호수아기의 제1부의 개요는 다음과 같다.

1	도입 담론
	제1부 - 정복 : 주님이 땅을 주신다
	제1단락: 여호수아가 땅 침투
	시팀에서 예리코까지(전쟁과 의식)
2	예리코 정탐
3,1~5,1	요르단 건넘(궤와 함께)

5,2~9	할례
5,10~12	길갈에서 파스카: 광야 시기의 끝
5,13~6,26	예리코 정복(궤와 함께)
	아이 점령(전쟁과 의식)
7	아이에서 참패
8,1~29	아이 점령
8,30~35	제단과 율법 봉독(에발 산과 그리짐 산)
	제2단락: 여호수아가 땅 전체 점령
9,1~2	ㄱ) 이스라엘에 맞서 연합
9,3~27	ㄴ) 기브온 주민들의 속임수
	ㄱ') 이스라엘에 맞서 연합
10	다섯 임금과 여러 성읍들에 승리(남쪽)
11,1~15	하초르 임금과 다른 임금들에 승리(북쪽)
	결론: 재요약
11,16~23	정복과 분배(요약) (11,21~22 아낙인들 제거)
	패배한 임금들(요약, 묘사 그리고 명단)
12,1~6	요르단 동쪽에서
12,7~24	요르단 서쪽에서

• 땅에 대한 애착

여호수기의 제2부(여호 13~21)는 경계선 묘사와 성읍 명단을 통해 사람들과 땅의 유대를 표현한다. 모든 지파가 하느님께서 주신 상속 재산으로 자신의 땅을 소유하는데, 나봇이 아합 임금에게 증언하게 될 것처럼 그 땅은 아무에게도 양도될 수 없다(1열왕 21). 이상적으로는 한 백성의 모든 지파, 모든 씨족, 모든 가족이 질서 있게 살 땅을 소유하는 것(또는 더 낫게는 하느님에게서 받는 것)이다.

땅의 경계를 묘사하거나 성읍을 나열하는 다양한 본문들의 기원과 연대에 대해서는 논쟁이 있다. 부분적으로는 행정 문서일 수 있을 것이다. 이야기는 틀로 남아 있지만, 설명과 목록으로 거의 지워졌다. 역사의 다양한 순간에 다양한 방식으로 장소와 성읍의 명칭은 땅에 대한 애착을 표현하며 — 유배와 디아스포라 시기에는 — 후회와 돌아갈 희망을 나타낸다.

• 땅 분배 명령

지파들 사이의 땅 분배는 여호수아가 늙고 나이가 많이 들었을 때 이루어진다(여호 13,1). 여호수아기 제1부에서 완전 정복을 서술하지만, 13장으로 시작되는 제2부에서는 아직도 다른 민족들의 손에 남아 있는 땅이 아주 많이 남아 있다고 말한다. 제1부의 서사적 관점은 더 희미해진다.

점령은 하느님의 명령으로 시작하였다(여호 1,1~9). 땅 분배 역시 마찬가지로 여호수아에게 내린 주님의 새로운 명령으로 시작되었다(여호 13,1~7: 어느 구절에서 하느님의 이 말씀이 끝나는가는 명확하지 않다). 주님은 곧바로 "아직도 차지해야 할 땅은 아주 많이 남아 있다"(여호 13,1)라고 말씀하시며 이스라엘 지손들 앞에서 그곳 주민들을 모조리 쫓아내겠다고 설명하신다(여호 13,2~6ㄱ). 그런데 여호수아의 과제는 더 이상 군사적인 것이 아니다.

> 그러니 너는 내가 명령한 대로 이 땅을 이스라엘 사람들에게 분배해 주기만 하여라. 이제 이 땅을 아홉 지파와 므

나쎄 반쪽 지파에게 나누어 주어라. (여호 13,6ㄴ~7)

아홉 지파와 반쪽 지파에 대해 말한다. 왜냐하면 앞에서 이미 기억하였듯이(특히 여호 12장에서) 요르단 강 동쪽의 정복 땅은 르우벤, 가드, 그리고 므나쎄 반쪽 지파에게 나누어 주었기 때문이다. 여기에서 다시 그 땅을 언급하며 모세 시대에 그들에게 분배해 주었다고 이야기한다(여호 13,8~33). 본문은 잘 정리되어 있다. 즉 먼저 도입문이 있은 다음(여호 13,8), 시혼과 옥의 정복지에 대한 묘사(여호 13,9~13)와 예배에 봉사하면서 상속 재산을 갖지 않는 레위 지파에 대한 언급이 있다(레위 13,14). 그런 다음 르우벤 지파(여호 13,15~23), 가드(여호 13,24~28), 므나쎄 반쪽 지파(여호 13,29~31)에게 분배된 땅을 언급하는데, 므나쎄 지파의 경우 도입하는 말과 끝맺는 말("모세가 므나쎄 반쪽 지파에게 상속 재산을 주었다. … 이것이 모세가 상속 재산으로 나누어 준 땅이다")이 있다. 끝으로 끝맺는 말(여호 13,32)과 레위 지파에 대한 언급(여호 13,33)이 있는데, 이는 앞의 구절들에서 이미 밝힌 내용이다(여호 13,8.14).

- **지파들의 상속 재산: 유다와 요셉**

요르단 서쪽 지역은 두 순간에 걸쳐 아홉 지파와 한 지파의 절반에게 상속 재산으로 분배되었다(여호 14~17; 18~19). 처음에는 길갈(요르단을 건넌 다음 군사 작전의 근거지였던)에서 다음에는 실로에서 분배되었다. 이 두 순간을 정당화하기 위하여 설화자는 다른 지파들보다 더 나중에 상속 재산으로 땅을 받는 지파들은 땅을 차지하기를 주저했다고 말한다.

상속 재산 분배에 대한 소개(여호 14,1~5)는 여호수아와 지파들의 가문 우두머리들 외에 엘아자르 사제를 내세운다. 제비뽑기는 하느님의 뜻을 나타낸다. 다시 한번 지파 전체와 하느님의 뜻에 대한 순종을 환기시킨다.

이스라엘 자손들이 가나안 땅에서 상속 재산으로 나누어 받은 땅, 곧 엘아자르 사제와 눈의 아들 여호수아와 이스라엘 자손 지파들의 가문 우두머리들이 그들에게 상속 재산으로 나누어 준 땅은 이러하다. 이 상속 재산은 주님께서 모세를 통하여 명령하신 대로, 아홉 지파와 한 지파의 절반에게 제비를 뽑아 나누어 준 것이다. 두 지파와 한 지파의 절반에게는 모세가 이미 요르단 건너편에 서 상속 재산을 주었고, 레위인들에게는 상속 재산을 주지 않았다.

요셉의 자손들은 므나쎄와 에프라임 두 지파가 되었다. 레위인들에게는 거주할 성읍들, 그리고 소 떼와 양 떼를 기를 목초지 외에는 이 땅에서 어떤 몫도 주지 않았다. 이스라엘 자손들은 주님께서 모세에게 명령하신 그대로 이 땅을 나누었다(여호 14,1~5).

대부분의 이야기와 목록에서 그러하듯이 유다 지파가 첫 자리를 차지한다. 유다 지파와 연결된 칼렙의 그룹이 소개되는데, 칼렙은 여호수아처럼 가나안 땅으로 들어가기를 거부한 사람들과 구별되었다(민수 13~14). 여호수아와 칼렙, 두 사람만이 곧바로 정복하러 나아가는 데 호의적이었다. 설화 문체로 칼렙에 대해 언급하는 단락과 경계들과 성읍 목록을 묘사하는 유다에 관한 단락이 번갈아 나온다.

14,6~15	칼렙(이야기)
15,1~12	유다(경계)
15,13~19	칼렙(이야기)
15,20~63	유다(성읍)

두 번째 자리에 요셉의 자손들이 있다. 유다가 남쪽 부분과 유 다 왕국을 대표하는 데 반해, 요셉의 아들들(창세 48장에서 야곱에 입양된)은 북쪽 지파들과 이스라엘 왕국을 대표한다. 지파는 모두 열두 지파이다. 요셉의 두 아들 에프라임과 므나쎄가 야곱의 아들로 입양되었으므로 모두 열세 지파가 될 수 있을 것이다. 그러나 레위 지파는 여기에 함께 계산되지 않는다. 왜냐하면 자신의 고유한 땅을 갖지 않고 예배에 봉사하며 다른 지파들 안에서 몇몇 성읍들에 살기 때문이다(여호 21). 요셉의 아들들에게 할애된 두 장에서 처음과 끝에 두 지파를 함께 언급하고 중심 부분에서는 분리해서 언급한다.

16,1~4	에프라임과 므타쎄(경계)
16,5~10	에프라임(경계)
17,1~13	므나쎄(계보 이야기 경계)
17,14~18	에프라임과 므나쎄(이야기)

(여호 13,1~7에서 정복하지 못한 지역의 목록과 같은 선상에서) 정복하

지 못한 지역을 상기하고 있는 것을 볼 수 있다(여호 15,63; 16,10; 17,12~13). 판관기의 두 구절과 비교하면서 한 가지 예를 들 수 있다(판관 1,8; 1,21). 이는 그들 사이의 정보의 불일치와 예루살렘 점령을 다윗의 공로로 돌리는 전통(2사무 5)과 관련이 있을 것이다.

> 예루살렘에 사는 여부스족은 유다의 자손들이 쫓아내지 못하였다. 그래서 여부스족은 오늘날까지 유다의 자손들과 함께 예루살렘에 살고 있다. (여호 15,63)

> 유다의 자손들은 예루살렘과 싸워서 그곳을 점령하여, 주민들은 칼로 쳐 죽이고 성읍은 불태워 버렸다. (판관 1,8)

> 그런데 벤야민의 자손들은 예루살렘에 사는 여부스족을 쫓아내 지 않았다. 그래서 여부스족이 오늘날까지 예루살렘에서 벤야민의 자손들과 함께 살고 있다. (판관 1,21)

• 다른 지파들의 상속 재산

새 도입문(여호 18,1~10)이 나머지 지파들에게 상속 재산 분배를 준비한다. 사람들은 지금 실로에 있다(사무엘에 관한 이야기들에서 중요한 곳). 여호수아는 땅을 차지하도록 나머지 일곱 지파를 독려하고, 정찰병을 보내 일곱 부분을 추첨하여 할당할 땅에 대한 설명을 준비하게 한다. 두 지파와 반쪽 지파처럼 유다와 요셉은 이미 그들의 몫을 가지고 있다. 앞에서 상기한 것처럼, 레위 지파는 자기 몫의 땅을 상속 재산으로 가지고 있지 않다.

그리하여 제비를 뽑고(여호 18,11~19,48) 일곱 부분에 대해 설명한다. 벤야민의 경우를 예외로 치면, 지파들의 경계는 암시되어 있을 뿐이다. 그리고 나머지 지파들의 경우 그들의 성읍만 언급된다. 가장 넓은 지역은 벤야민 지파에게 주어졌는데, 그것은 아마 사울의 지파이며 어떤 본문들에서는 유다 왕국과 일치해 있기 때문일 것이다. 여기서 예루살렘은 그 성읍들과 함께 언급된다(여호 18,28). 시메온 지파는 유다의 한 부분으로 제시된다. 단 지파에 대해서는 판관기에서 서술되는 것처럼(판관 17~18) 남쪽 지역에서 북쪽으로 이주한 것을 기억한다.

여호수아에게 한 지역이 분배되었다(여호 19,49~50). 결론(여호 19,51)은 특히 실로에서의 상속 재산 분배에 관한 내용이지만, 전체 작업이 끝났다고 지적하기도 한다.

본문은 매우 명확하게 표현되어 있다.

18,1~10	**도입문**
	일곱 몫
18,11~27	벤야민 지파(경계와 성읍)
19,1~9	시메온 지파(성읍) (지파는 유다 한가운데 거주)
19,10~16	즈불룬 지파(경계와 성읍)
19,17~23	이사카르 지(경계와 성읍)
19,24~31	아세르 지파(경계와 성읍)
19,32~39	납탈리 지파(경계와 성읍)
19,40~48	단 지파(성읍과 이야기)
19,49~50	여호수아
19,51	**결론**

• 도피 성읍과 레위 지파의 상속 재산

도입문에서 레위 지파는 상속 재산으로 땅을 소유하지 않고 화제물로 산다고 선언하였다(여호 13,14.33). 실로에서의 땅 분배도입문에서 레위 지파가 다시 한번 언급된다(여호 18,7). 그들에게 성읍들이 할당되었는데, 그 가운데에는 도피 성읍들도 있다. 우리는 레위인들이 화제물로만 살고 지역을 가지고 있지 않은 전통과 성읍을 가지고 있는 또 다른 전통을 생각할 수 있다. 현재의 책에는 타협안이 발견된다. 즉 그들은 화제물로 생계를 유지하고 성읍들을 가지고 있지만, 다른 지파들처럼 지역을 소유하고 있지 않다.

비자발적 살인을 저지른 사람은 몇몇 성읍들에서 피난처를 찾을 수 있다. 그렇게 함으로써 피해자의 부모가 보복하지 못할 것이다(신명 19,1~13; 민수 35,9~34). 모세는 요르단 동쪽에 세 성읍을 지명하였고(신명 4,41~43), 다른 세 개의 도피 성읍은 여호수아가 설립하였다(여호 20). 비자발적 살인자가 이 도피 성읍에 들어올 때, 준수해야 할 절차도 기억된다. 모든 도피 성읍은 레위 지파의 성읍이기도 하다.

도피 성읍들을 다룬 다음에 레위인들의 성읍(여호 21)이 열거된다. 모세는 레위인들에게 성읍들을 내주게 하였고(민수 35,1~8), 그 성읍들은 레위 지파의 특징 가운데 하나이다. 충만한 백성을 가리키는 열두 지파의 숫자는 때로는 레위를 포함한 야곱(이스라엘이라고도 불린다)의 열두 아들로 대표되기도 한다. 또 때로는 땅이 분배된 부분을 셀 때처럼 레위 지파가 배제되지만, 열둘이라는 숫자는 보존되었다. 왜냐하면 요셉 지파가 두 지파가 되었기 때문이다. 즉 요셉의 두 아들 에프라임과 므나쎄가 야곱의 아들로 받아들여져서(창세 48) 두 지파로 계산되기 때문이다.

도입문에서 상기시키듯이(여호 21,1~3) 이 경우에도 아직 실로에서 제비뽑기 절차를 밟는다. 먼저 레위 지파의 네 씨족과 각 씨족이 자신의 성읍들을 받는 지파들이 요약적으로 열거된다(여호 21,3~8). 그런 다음 씨족별로 또 지파별로 성읍들이 열거된다.

레위의 아들은 셋(크핫, 게르손, 므라리)이지만, 레위 지파는 넷으로 나뉘어졌다. 왜냐하면 레위인들 가운데 아론의 후손인 사제들은 다른 사람들과 구별되기 때문이다. 그래서 크핫의 자손들은 다시 둘로, 곧 아론 사제의 자손들과 크핫의 자손들로 나누어진다.

이러한 구분은 특히 권한을 부여하는 이야기에서 먼저 사제들을 다루고(레위 8~9), 이어서 레위인들을 다루는 데에서 발견되며(민수 8,5~26) 민수기의 첫 인구 조사에서도 나타난다(민수 3~4). 역대기에는 레위 지파의 구분이 더 자세히 나와 있다.

여호수아기 제2부의 다른 목록들처럼 매우 명확한 순서를 보게 된다.

	도피 성읍
20,1~6	하느님의 명령
20,7~8	실행: 목록
20.9	결론
	레위인들의 성읍
21,1~2	도입문
21,3~8	제비뽑기: 요약 세부 목록
21,9~19	크핫 씨족들에게 속한 아론 자손들

	(유다 지파, 시메온 지파, 벤야민 지파에서)
21,20~26	크핫의 나머지 자손들 (에프라임 지파, 단 지파, 므나쎄 반쪽 지파)
21,27~33	게르손의 자손들 (이사카르 지파, 아세르 지파, 납탈리 지파, 바산의 므나쎄 반쪽 지파)
21,34~40	므라리 자손들 (르우벤 지파, 가드 지파, 즈불룬 지파)
21,41~42	결론

- **발문**

여호수아기는 복잡한 결론(또는 다양한 결론들), 즉 저자의 주석(여호 21,43~45), 르우벤, 가드, 그리고 므나쎄 반쪽 지파에 관한 이야기(여호 22), 여호수아의 두 개의 담론(여호 23,1~24,28), 죽음과 안장 소식(여호 24, 29~33)을 가지고 있다.

정복의 끝은 자체의 광범위한 결론(여호 11,15~12,24)을 가지고 있으며 특히 설화자는 다음과 같이 주석을 단다.

> 이렇게 여호수아는 주님께서 모세에게 이르신 그대로 모든 땅을 정복하였다. 그러고 나서 지파별 구분에 따라 이스라엘 사람들에게 그 땅을 상속 재산으로 나누어 주었다. 이로써 전쟁은 끝나고 이 땅은 평온해졌다. (여호 11,23)

모든 일이 마무리된 뒤에 그는 다음과 같이 요약한다.

> 주님께서는 이렇게 이스라엘 백성의 조상들에게 주시겠다고 맹세하신 모든 땅을 그들에게 주셨다. 그래서 그들은 이 땅을 차지하여 살게 되었다. 주님께서는 그들의 조상들에게 맹세하신 대로, 그들을 사방으로부터 평온하게 해 주셨다. 모든 원수 가운데에서 그들에게 대항하는 자는 아무도 없었다. 주님께서 모든 원수를 그들의 손에 넘겨주셨던 것이다. 이리하여 주님께서 이스라엘 집안에 하신 그 모든 좋은 말씀이, 하나도 빠지지 않고 다 이루어졌다. (여호 21,43~45)

주님이 땅을 주시고 백성이 그것을 받아들인다. 또한 주님은 평화를 보증하신다. 조상들에게 하신 약속과 주님이 하신 모든 말씀이 이루어진다. 저자가 생각하고 있는 조상들은 무엇보다 먼저 이집트에서 탈출해 나왔으며 광야에서 죽은 세대일 수 있음을 유의 하자. 그러나 성조 아브라함과 이사악과 야곱을 배제할 것은 아니다. 정복의 성공은 모세의 율법 준수에 달려 있다(여호 1,7~8)고 말한 여호수아기 첫 장을 상기하면서 독자는 여호수아와 그의 세 대가 율법 준수자들이었다고 결론을 내릴 수 있다.

• 두 지파와 반쪽 지파의 하직 인사

우리가 앞에서 살펴본 것처럼, 여호수아기는 두 지파와 반쪽 지파에 관해 주장한다. 모세(민수 32; 신명 3)와 여호수아(여호 1,12~18)의 요청에 따라 르우벤인들과 가드인들, 그리고 므나쎄 반쪽 지파는 땅 정복과 분배에 참여하였다. 그런데 이제 그들은 하직 인사를 하고 요르단 동쪽의 자기들 소유지로 파견된다(여호 22,1~8).

그러나 내전의 위험이 있다(여호 22,9~34). 사실 먼 길을 걸어 요르단에 도착했을 때, 두 지파와 반쪽 지파는 제단을 쌓았다. 다른 이스라엘인들은 그 소식을 접하고 그들과 전쟁을 하기 위해 실로에 모였다. 그들은 그 제단이 우상 숭배를 위한 제단이거나 유일한 합법적 예배 장소와 다른 제단이라고 생각하였다. 이와 반대로, 두 지파와 반쪽 지파는, 비록 요르단 강이 지파들을 갈라놓기는 할지라도, 후손 세대들이 열두 지파의 단일성을 증언하게 될 기념비(희생 제사를 바칠 제단이 아니라)라고 명확히 밝힌다.

• 온 이스라엘 백성 앞에서 담화

여호수아의 두 담화가 이 책을 끝맺는다. 모세가 (신명기에서) 백성에게 하직 인사를 하였듯이, 여호수아 역시 하직 인사를 한다. 병행하는 도입문(여호 23,1~2ㄱ; 24,1~2ㄱ)은 두 담화를 구분하면서 또 연결한다. 즉 담화의 반복은 서로 구별되는 두 집회를 가리키거나 또는 동일한 집회의 중복 서술일 수 있다. 집회 소집은 두 도입문을 통합하지만, 또 다른 관점에서는 서로 구별된다. 즉 첫 번째 도입문은 시간에 대해 말하고, 두 번째 도입문은 장소에 대해 말한다. 곧 여호수아는 늙고 나이가 많이 들었으며(이미 여호 13,1에서 말하듯이), 이스라엘의 모든 지파가 스켐으로 모인다(스켐 근처의 산들은 여호 8,30~35에서 인용된다).

역사-비평적 관점에서 볼 때, 여호 23장의 담화는 명백히 신명기계 담화이며, 여호 24장은 육경을 마감하는 담화이다. 첫 번째 담화는 신명기계 신학자가 시기를 마감하는 담화이며, 이 경우 여호수아 시대와 땅 정복 시대를 마감하는 담화에 속한다. 여호수아기의 마지막 형태에서 볼 때, 두 번째 담화는 성조들부터 정복에 이르기까지 이전 역사를 간추리면서 결론적 음조를 강화한다. 두 담화가 모두 기억에 근거하여 주님께 충실하게 머물도록 권면하며 주님께 불충실할 때의 결과로 위협한다.

• 여호수아의 유언

여호 23장의 신명기계 담화는 책의 사건들을 요약하고, 결론적 기능을 강화하면서 여호 1장과 여호 13장에서 여호수아에게 하신 주님의 담화에 나오는 표현들을 다시 취한다. 사람들이 경험한 것이 주님이 앞으로도 계속해서 그들을 위해 활동하실 것이라는 보장, 충실하게 머물라는 권고, 불충실의 경우 처벌하겠다는 위협의 기초가 된다. 이 담화에서 극단적 처벌, 곧 땅에서 내쫓음에 대해 말한다.

다음의 추론은 신명기계 작품 전체 구성에서 중심이 된다.

> 보라, 오늘 나는 세상 모든 사람이 가는 길을 간다. 주 너희 하느님께서 너희를 두고 이르신 그 모든 좋은 말씀 가운데에서 하나도 빠지지 않고 이루어진 것을, 너희는 온 마음과 온 정신으로 잘 알고 있다. 그 말씀이 하나도 빠지지 않고 너희에게 다 이루어졌다. 그러나 주 너희 하느님께서 너희에게 이르신 그 모든 좋은 말씀이 너희에게 다 이루어

진 것처럼, 주님께서는 그 모든 나쁜 말씀도 너희에게 이루셔서, 마침내 너희에게 주신 이 좋은 땅에서 너희를 없애 버리실 수도 있다. (여호 23,14~15)

고대 세계에서 한 민족의 패배와 파멸은 자기 신들의 파멸이나 그들의 불만의 결과로 해석될 수 있었다. 신명기계 신학자는 유배를 이스라엘 하느님의 불만 표시로 이해한다. 그러므로 그분의 능력은 승리와 축복으로 나타날 뿐만 아니라, 패배와 저주에서도 동일하게 나타난다. 즉 두 가지 반대되는 결과는 계약에 의해 예견되었으며 백성과 백성의 충실 또는 불충실에 달려 있다.

여호수아는 먼저 자신의 노년을 기억하고 그다음에는 죽음이 다가온 것을 기억한다(여호 23,2ㄴ.14). 우리는 두 번째 점을 담화 결론의 시작으로 생각한다. 본문을 읽고 일부 제목을 사용하여 경험에 대한 참조와 권면이 어떻게 반복되는지 보여 주고자 한다. 왼쪽에는 평행문과 담화가 요약하는 장들을 표시하였다. 유배 위협과 외국인들에 대한 언급이 명확히 드러난다. 여호 24장의 중심 주제인 계약 용어가 끝부분에 나타난다.

여호	여호 23
	늙음
13,1	[2]나는 이제 늙고 나이가 많이 들었다.
	경험
2~12	[3]너희는 주 너희 하느님께서 너희를 위하여 **이 모든 민족들**에게 하신 것을 다 보았다. 주 너희 하느님께서는 친히 너희를 위하여 싸워 주신 것이다.

13~19 4보아라, 내가 요르단에서 해 지는 쪽 큰 바다까지, 이미 멸망
시킨 모든 민족들과 아직도 **남아 있는 이 모든 민족들**을 너희
지파들에게 상속 재산으로 나누어 주었다.

약속

13,6 5주 너희 하느님께서는 친히 **그들을** 너희에게서 몰아내시고 너
희 앞에서 내쫓으실 것이다. 그러면 너희는 주 너희 하느님께
서 이르신 대로 **이 땅**을 차지하게 될 것이다.

권면

1,7~8 6그러므로 너희는 아주 굳세어져서 모세의 율법서에 쓰여 있는
모든 것을 명심하여 실천하고, 거기에서 오른쪽으로도 왼쪽으
로도 벗어나는 일이 없도록 하여라.

7그래서 너희 곁에 **남아 있는 이 민족들**과 어울리는 일이 없도
록 하여라. **그들 신들**의 이름을 찬미하여 부르거나 그 이름으
로 맹세해서도 안 되고, 그 신들을 섬기거나 그들에게 경배해
서도 안 된다.

8너희는 오늘날까지 해 온 대로 오직 주 너희 하느님께만 매달
려라.

여호 여호 23

다시 경험

2~12 9주님께서는 **크고 강한 민족들**을 너희 앞에서 쫓아내 주셨다.
그래서 오늘날까지 아무도 너희에게 맞서지 못하였던 것이다.

10주 너희 하느님께서 이르신 대로 너희를 위하여 친히 싸워 주
셨기 때문에, 너희 가운데에서 한 사람이 천 명을 쫓을 수 있
었다.

다시 권면

11그러니 너희는 깊이 명심하여 주 너희 하느님을 사랑해야 한
다.

경고

12그러나 너희가 돌아서서, **너희 곁에 남아 있는 이 나머지 민족
들**에게 달라붙어 **그들**과 혼인 관계를 맺고서 그들과 어울리고
그들이 너희와 어울리면, 13주 너희 하느님께서 다시는 너희
앞에서 **이 민족들**을 쫓아내지 않으시리라는 것을 분명히 알아
두어라. 그러면 **그들이** 너희에게 그물과 올가미가 되고 너희

	옆구리에 채찍이 되고 눈에 가시가 되어, **너희는 마침내 주 너희 하느님께서 주신 이 좋은 땅에서 멸망하고 말 것이다.**
여호	**여호 23**
	죽음에 접근함
	[14]보라, 오늘 나는 세상 모든 사람이 가는 길을 간다.
	계속된 경험: 약속 실현
21,43~45	주 너희 하느님께서 너희를 두고 이르신 그 모든 좋은 말씀 가운데에서 하나도 빠지지 않고 이루어진 것을, 너희는 온 마음과 온 정신으로 잘 알고 있다. 그 말씀이 하나도 빠지지 않고 너희에게 다 이루어졌다.
	경고
	[15]그러나 주 너희 하느님께서 너희에게 이르신 그 모든 좋은 말씀이 너희에게 다 이루어진 것처럼, 주님께서는 그 모든 나쁜 말씀도 너희에게 이루셔서, **마침내 너희에게 주신 이 좋은 땅에서 너희를 없애 버리실 수도 있다.**
	[16]그러므로 주 너희 하느님께서 명령하신 계약을 너희가 어기고 다른 신들에게 가서 그들을 섬기고 경배하면, 주님의 분노가 너희에게 타올라, **너희는 주님께서 주신 이 좋은 땅에서 바로 멸망하게 될 것이다.**

• 계약의 무게

첫 번째 담화가 단지 상황에 대해 지적했다면, 두 번째 담화는 여호수아와 백성의 대화를 시작하며, 이어서 계약 의식이 진행된다. 집회의 소환과 해산의 틀(24,1~2ㄱ.28) 안에서 담화 형태의 대화(24,2ㄴ~15)와 더욱 짤막한 대화(24,16~24), 그리고 의식(24,25~27)이 있다.

담화에서 여호수아는 하느님의 말씀을 그대로 전하며 예언자들과 마찬가지로 "주 이스라엘의 하느님께서 이렇게 말씀하셨다”(여호 24,2)라는 사자 문구를 사용한다. 그는 아브라함의 아버지 테라부터 땅 정복까지의 역사를 제시하고(여호 24,2~13), 여기에 근거해서 주님을 섬길 것인지 아니면 다른 신들을 섬길 것인지 선택하라고 요구한다.

> 그러니 이제 너희는 주님을 경외하며 그분을 온전하고 진실하게 섬겨라. 그리고 너희 조상이 강 건너편과 이집트에서 섬기던 신들을 버리고 주님을 섬겨라. 만일 주님을 섬기는 것이 너희 눈에 거슬리면, 너희 조상들이 강 건너편에서 섬기던 신들이든, 아니면 너희가 살고 있는 이 땅 아모리족의 신들이든, 누구를 섬길 것인지 오늘 선택하여라. 나와 내 집안은 주님을 섬기겠다. (여호 24,14~15)

백성이 주님을 섬기기로 결정하고 그분이 하신 일을 인정한다(여호 24,16~18). 여호수아는 스스로 선택한 것을 분명히 의식하게 한다. 그들은 선택한 결과를 숙고해야 한다. 주님과의 관계는 배타적이어야 한다. 이는 계약의 기본 조항이다.

> 그러자 여호수아가 백성에게 말하였다. “너희는 주님을 섬길 수 없을 것이다. 그분께서는 거룩하신 하느님이시며 질투하시는 하느님으로서, 너희의 잘못과 죄악을 용서하지 않으신다. 너희가 주님을 저버리고 낯선 신들을 섬기면, 그분께서는 너희에게 선을 베푸신 뒤에라도, 돌아서서 너희에게 재앙을 내리시고 너희를 멸망시켜 버리실 것이다.”
>
> (여호 24,19~20)

백성이 스스로 결정한 바를 확인하고(여호 24,21) 여호수아는 백성 자신을 증인으로 선언하며(여호 24,22) 주님만을 섬기기 위하여 다른 신들을 제거하라고 요구한다(여호 24,23~24). 백성은 결론 문구에서 경청하는 근본적 태도를 밝힌다(여호 24,24). "우리는 주 우리 하느님을 섬기고 그분의 말씀을 듣겠습니다."

설화자는 다음과 같이 선언한다(여호 24,25). "그날 여호수아는 스켐에서 백성과 계약을 맺고 그들을 위한 규정과 법규를 세웠다." 그런 다음 두 가지 행위, 곧 계약 문서를 기록하고(여호 24,26: "이 말씀을 모두 하느님의 율법서에 기록하고"), 백성이 한 말의 증인으로 돌을 세웠다(여호 24,27).

그러므로 계약 문구는 역사적 서언, 기본 조항, 문서, 증인으로 되어 있다.

• 죽음과 안장

여호수아기의 끝부분에서 주인공 여호수아(여호 24,29~31)와 땅 분배 때 여호수아 옆에 있었던 사제 엘아자르(여호 24,33)가 무대에서 나간다. 또한 요셉의 유골도 묻었다(여호 24,32).

여호수아기의 시작 부분에서 모세의 조력자로 불린 여호수아가 이제 자신의 사명을 완수하고 주님의 종 칭호를 받는다. 그가 살아 있을 때에 백성은 성실하게 주님을 섬겼다.

> 여호수아가 살아 있는 동안 내내, 그리고 주님께서 이스라엘을 위하여 하신 모든 일을 아는 원로들이 여호수아보다

장수하며 살아 있는 동안 내내, 이스라엘은 주님을 섬겼다.

(여호 24,31)

여호 24의 여호수아의 담화가 그러하듯이 요셉 유골의 안장은 육경을 마감하는 요소이다. 이는 창세기의 마지막 부분(창세 50)과 이집트 탈출(탈출 13)을 가리킨다.

• 제2부의 개요

여호수아기의 제2부는 다음과 같이 구성되어 있다.

	제2부 - 땅 분배
	도입: 땅 분배
13,1~7	하느님의 명령: 요르단 서쪽 땅
13,8~33	재개: 요르단 동쪽 땅
	제1단락 - 길갈에서
14,1~5	도입문
14,6~15,63	유다와 칼렙
16~17	요셉의 두 아들
	제2단락 - 실로에서
	남은 일곱 지파
18,1~10	도입문
18,11~19,48	개별 지파
19,49~50	여호수아
19,51	결론
	성읍(레위 지파)
20	도피 성읍

21,1~42	레위인들의 성읍
	발문
21,43~45	결론(1~21장의)
22	두 지파와 반쪽 지파: 하직 인사와 제단
	백성 앞에 선 여호수아
23	고별 담화
24,1~28	스케 계약
24,29~33	죽음과 안장

심화를 위한 참고문헌

- Auzou, E., *Le don d'un conquête*, Editions de l'Orante, Paris 1964. Butler T.C., Joshua(Word Biblicl Commentary 7), Word Books, Wako, Texas, 1983.
- Dalla Vecchia, F., *Giosuè. Introduzione, traduzione e commento*(NVBTA 6), San Paolo, Cinisello Balsamo(Milano), 2010.
- Hertzberg, H.W., *Giosuè, Giudici, Rut*(Antico Testamento 9), Paideia, Brescia 2001(ed. tedesca, [6]1985).

| 제 5 장 | 하느님의 대행자 판관

• 판관 시대와 판관기

"판관"이라는 용어는 사법 활동(attività giudiziaria)뿐 아니라, 통치 활동과 군 지휘 활동도 뜻하는 히브리어 단어(어근 špṭ)를 번역한 것이다. 판관 시대의 주인공들은 때로는 이야기에서 사법 기능을 행사하지만(드보라와 사무엘), 통상적으로는 적들에게 위협을 받는 백성의 구원자로 기억된다. 작은 판관이라 불리는 몇몇 판 관들의 활동은 묘사되지 않는다. 판관은 임금과 구별된다. 왜냐하면 임금은 왕조 원칙에 따라 계승하지만, 판관은 필요할 때 하느님에 의해 일으켜지기 때문이다. 사무엘의 아들들이 판관이 된다는 사실은 한 시대의 종말을 알리는 신호이다.

판관 시대는 판관기의 범위를 넘어간다. 사실 사제 엘리와 사무엘은 그 일부이며 사무엘이 자신의 직무를 중단하는 담화는 이 시기를 종료한다. 앞에서 이미 지적하였듯이, 룻기는 히브리어 성서에서 성문서들 사이에 있으며, 그리스어와 라틴어 전통에서는 판관기 다음에 위치해 있다. 여하튼 판관기 끝에 나오는 두 이야기에서처럼 판관이 전혀 나타나지 않는다 하더라도 그것은 그 시대를 배경으로 한 이야기이다. 또한 판관기 시작 부분에는 여호수아의 죽음 이후에 일어난 몇 가지 일들(판관 없이)이 나온다. 간략히 간추리면 다음과 같다.

판관 시대

판관기	
1,1~2,5	여호수아가 죽은 다음에 일어난 일
2,6~3,6	판관 시대 도입문
3,7~16,31	열두 판관
17~18; 19~21	판관이 없는 두 사건
(룻기)	(판관 시대 때 또 다른 이야기)
1사무	
1~7	사제이며 판관 엘리(1사무 4,18)
	사제, 예언자, 판관 사무엘
8~12	사무엘과 왕정 시작 1사무 8,1~3: 사무엘의 아들들 요엘과 아비야 판관 1사무 12: 사무엘이 판관 직무를 떠나다

여하튼 판관기는 열두 판관의 이야기를 제시한다(판관 3,7~16,31). 이 이야기 앞에는 공통된 특성을 소개하는 도입문이 있다(판관 2,6~3,6). 처음과 끝에 여호수아가 죽은 다음 땅 정복에 관한 몇 가지 소식들이 있고(판관 1,1~2,5) 판관들이 나타나지 않는 두 이야기가 있다(판관 17~21). 열두 판관의 이야기 앞뒤에는 각기 두 개의 도입문과 두 개의 부록이 있다.

1,1~2,5	첫째 도입문
2,6~3,6	둘째 도입문
3,7~16,31	열두 판관
17~18	첫째 부록
19~21	둘째 부록

판관은 소판관과 대판관 또는 전사로 구분된다. 소판관에 대해서는 정보가 별로 없으며 그와 연관하여 원수들이 인용되지 않는다(톨라에 대해서는 단지 이스라엘을 구원하였다고만 말한다). 다른 판관들은 이스라엘을 위해 싸우며 그들에 대해서는 다양한 폭의 이야기가 있다(삼가르의 경우 짤막한 요약만 있다). 기드온의 아들 아비멜렉은 판관이 아니라 임금이다. 열둘은 지파 숫자를 가리킨다. 물론 모든 지파에서 판관이 나온 것은 아니다. 이야기는 각기 한 지파 또는 여러 지파와 연결되어 있지만, 판관기는 개별 이야기를 전체 이스라엘에 관한 것으로 소개한다(잠시 후에 설명하겠지만, 특히 신명기계 도입문과 이야기 들을 통하여).

기드온 이야기와 입타 이야기 도입문은 비교적 폭넓은 내용으로 다른 판관들 이야기와 구별되며, 백성이 어떻게 처신하고 있는가에 대한 하느님의 심판에 초점을 맞춘다. 아마도 이 저자와 더불어 일련의 판관들을 세 부류로 구별하려고 했는 것 같다. 더 나아가 삼손 이야기는 방대함으로 다른 이야기들과 구별된다. 이야기는 자주 역설적이며 아이러니한 성격이 있다.

간략히 간추리면 다음과 같다.

1,1~2,5	**정복에 관하여**	
	판관	
	판관(전사)	소판관
2,6~3,6	도입문	
3,7~11	1) 오트니엘	
3,12~3~	2) 에홋	
3,31	3) 삼가르	
4~5	4) 드보라와 바락	
6~8	5) 기드온(왕권 거부)	
8,33~9,57	아비멜렉 왕국	
10,1~2		6) 톨라
10,3~5		7) 야이르
10,6~12,7	8) 입타	
12,8~10		9) 입찬
12,11~12		10) 엘론
12,13~15		11) 압돈
13~16	12) 삼손	
	다른 일들	
17~18	땅을 찾아 나선 단 지파	
19~21	벤야민 지파와 전쟁	

• 영과 구원

"판관"과 "심판하다" "구원자"와 "구원하다" "주님의 영"과 같은 몇몇 어휘를 살펴보면, 판관과 판관 시대의 특성을 쉽게 끄

집어낼 수 있다.

"판관"(어근 *špṭ* 에서 파생)이라는 칭호는 도입문에만 나오지만, 주인공(모두는 아니다)의 경우 동사 심판하다(*špṭ*)가 사용된다. "구원하다"와 "구원"은 여러 주인공에게 적용되며 특히 억압자로부터의 해방을 가리키지만, 더욱 일반적으로는 하느님과 올바른 관계를 설정하는 행위를 가리키기도 한다. 어떤 판관에게는 사명을 수행할 때 충만한 힘을 얻도록 주님의 영이 내린다. 첫 번째 판관 오트니엘의 경우 패러다임식으로 중요한 어휘들이 총동원된다. 다음 도표가 이런 상황을 명백하게 한다.

	판관	**심판하다**	**구원자**	**구원하다**	**주님의 영**
도입문	2,16.17 18(3x).19		2,16.18		
오트니엘		3,10	3,9	3,9	3,10
에훗			3,15		
삼가르				3,31	
드보라와 바락		4,4			
기드온				6.14.15.31. 36.37 7,2.7 8,22	6,34
아비멜렉					
톨라		10,2		10,1	
야이르		10,3			
입타		12,7		10,12.13.14. 12,2.3	11,29
입찬		12,8.9.			
엘론		12,11(2x)			
압돈		12,13.14			
삼손		15,20 16,31		13,5	13,25 14,6.19 15,14

• 적과 세월

다양한 적들을 하나의 도표로 나타낼 수 있다. 첫 번째 숫자 열은 적들의 통치 햇수를 가리킨다. 두 번째 숫자 열은 판관의 승리 후에 누린 평화의 햇수를 가리킨다. 아비멜렉의 통치 3년도 포함된다. 전체 410년은 창조에서 시작되는 구경(Enneateuco)의 연대기 체계와 일치한다.

적 들		통치 햇수	평화 햇수
1) 오트니엘	아람 임금 쿠산 리스아타임	8	40
2) 에훗	모압 임금 에글론 모압 암몬 아말렉	18	80
3) 삼가르	필리스티아인		
4) 드보라와 바락	가나안 임금 야빈, 시스라, 가나안인	20	40
5) 기드온	미디안족과 아말렉족과 동방인들	7	40
아비멜렉	(내부 갈등)		3
6) 톨라			23
7) 야이르			22
8) 입타	암몬 자손들	18	6
9) 입찬			7
10) 엘론			10
11) 압돈			8
12) 삼손	필리스티아인	40	20
전체 햇수		**111**	**299**
		410	

• 여호수아 이후 정복

처음에 여호수아의 죽음에 대한 기억은 여호수아기 시작 때 모세의 죽음에 대한 기억과 유사하다. 여호수아가 죽은 다음 각 지파 또는 여러 지파가 가나안 땅 일부를 정복하거나 정복하는 데 실패하였다고 이야기한다. 하느님은 백성에게 실패는 계약에 대한 불충실 때문이라고 알려 주신다. 끝부분(판관 18)에서 단 지파에 관한 이야기도 땅 점유에 대해 이야기한다.

이 이야기들은 여호수아기에 들어 있는 소식, 곧 땅은 아직 완전히 다 점유되지 않았으며 이스라엘인들은 모든 원주민을 다 내쫓지 못하고 있다는 소식을 되풀이한다. 또한 여호수아기의 서사적 설화와 비교할 때 더 이상 승승장구하며 땅에 들어가지 못하고 있음을 드러내고 하는 듯하다.

판관 3을 시작하면서 여호수아기 끝부분을 반복하는 데에서 알 수 있듯이, 본문에는 첨가문이 있는 것 같다. 판관 1,1~2,5이 첨가문인가 하는 물음 외에, 판관기가 여호수아가 죽은 후에 있은 일들을 이야기하는 것으로 시작하여(판관 1,1~2,5), 계속해서 스켐 집회 끝부터 다시 시작하여 여호수아의 죽음을 다시 이야기함으로써(판관 2,6~9) 다른 신들을 숭배하기 시작하는 새로운 세대(판관 2,10)로 이어간다는 것을 관찰하는 게 도움이 된다. 다음 구절들을 주의 깊게 관찰하는 것이 좋겠다.

여호 24	판관 1
	여호수아가 죽은 뒤에 이스라엘 자손들이 주님께 여쭈어 보았다. (…)
	판관 2
[28]여호수아는 백성을 저마다 상속 재산으로 받은 땅으로 돌려보냈다.	[6]여호수아가 백성을 해산시키자, 이스라엘 자손들은 저마다 제 상속 재산이 있는 곳으로 가서 그 땅을 차지하였다.
31절	[7]여호수아가 살아 있는 동안 내내, 그리고 주님께서 이스라엘을 위하여 하신 그 모든 큰일을 본 원로들이 여호수아보다 장수하며 살아 있는 동안 내내, 백성은 주님을 섬겼다.
[29]이런 일들이 있은 뒤에 주님의 종, 눈의 아들 여호수아가 죽었다. 그의 나이는 백열 살이었다. [30]그는 자기가 상속 재산으로 받은 땅, 곧 가이스 산 북쪽, 에프라임 산악 지방에 있는 팀낫 세라에 묻혔다.	[8]주님의 종, 눈의 아들 여호수아는 백열 살에 죽었다. 9사람들은 가아스 산 북쪽, 에프라임 산악 지방의 팀낫 헤레스에 있는 그의 상속 재산 경계 안에 그를 묻었다.
[31]여호수아가 살아 있는 동안 내내, 그리고 주님께서 이스라엘을 위하여 하신 모든 일을 아는 원로들이 여호수아보다 장수하며 살아 있는 동안 내내, 이스라엘은 주님을 섬겼다.	7절
	[10]그의 세대 사람들도 모두 조상들 곁으로 갔다. 그 뒤로 주님도 알지 못하고 주님께서 이스라엘에게 베푸신 업적도 알지 못하는 다른 세대가 나왔다. (…)

• 승리와 패배

이야기 시작 부분에서 주님의 응답은 유다 지파가 먼저 가나안족과 싸우러 올라가야 함을 나타낸다(판관 1,1~3). 유다 지파는 시 메온 지파와 함께 여러 차례 승리를 거둔다(판관 1,4~20). 칼렙과 카인족도 함께 행동한다. 오트니엘(칼렙의 조카)에 대해서도 말하는데, 그는 나중에 일련의 판관을 개시하면서 여호수아기에서 이미 이야기된 사화를 반복한다(여호 15,13~19 = 판관 1,9~15. 약간의 변화가 있다). 업적들 가운데 예루살렘과 싸워서 그곳을 점령한 것을 기억한다(판관 1,8). 조금 뒤에 벤야민의 자손들은 이 예루살렘에 사는 여부스족을 쫓아내지 못한 것을 기억한다(판관 1,21). 우리는 유다 지파가 여부스족을 예루살렘에서 쫓아내지 않았다는 소식과 연관하여 이 구절들을 이미 기억하였다(여호 15,63).

유다 지파 다음에 베텔을 점령한 요셉 지파에 대해서도 말한다(판관 1,22~26). 판관 1,35에서도 요셉 집안에 대해 언급한다. 이어서 므나쎄 지파, 에프라임 지파, 즈불룬 지파, 아세르 지파, 납탈리 지파, 단 지파가 주민들을 쫓아내지 않았다고 지적한다(판관 1,27~36). 이 지파들과 연관하여 "쫓아내지 않았다"라는 문구가 반복되지만(벤야민 지파에 이미 적용되었다), 다시 한번 요셉 지파를 기억하는 단 지파의 경우에는 이 문구를 사용하지 않는다.

주님의 천사(판관 2,1~5)가 앞에서 이야기된 실패에 대해 판결을 내리고 이어지는 이야기들의 큰 주제, 곧 그 땅의 주민들의 위협을 준비한다.

주님의 천사가 길갈에서 보킴으로 올라가 말하였다.

"나는 너희를 이집트에서 데리고 올라왔다. 그리고 이렇게 너희 조상들에게 맹세한 땅으로 너희를 데리고 들어왔다. 그 때에 내가 말하였다. '나는 너희와 맺은 계약을 영원히 깨뜨리지 않겠다. 그러니 너희는 이 땅의 주민들과 계약을 맺지 말고 그들의 제단들을 허물어 버려야 한다.' 그런데 너희는 내 말을 듣지 않았다. 너희가 어찌 이럴 수 있느냐? 그러므로 내가 말해 둔다. '나는 그들을 너희 앞에서 몰아내지 않겠다. 그리하여 그들은 너희의 적대자가 되고 그 신들은 너희에게 올가미가 될 것이다.'" (판관 2,1~3)

그러므로 판관기의 시작 부분의 구성 요소는 다음과 같다.

1,1~3	주님의 응답
1,4~21	유다 지파와 시메온 지파의 승리 (칼렙, 오트니엘, 카인)
1,21	베냐민 지파의 실패
1,22~26	요셉 집안이 베텔을 점령
1,27~36	실패: 므나쎄 지파 에프라임 지파 즈불룬 지파 아세르 지파 납탈리 지파 단 지파(요셉 집안)
2,1~5	실패에 대한 신탁

- **신명기계 도입문**

판관들의 모습은 판관 시대에 대한 신명기계 문체의 도입문에 표현되어 있다(판관 2,6~3,6). 우리는 이 단락을 여호수아 시기 말(판관 2,6~10), 판관들의 시기에 이스라엘의 불충과 징벌(판관 2,11~19), 이민족들이 약속의 땅에 항구하게 남음(판관 2,20~3,6)으로 구분할 수 있다.

무엇보다 먼저(판관 2,6~9) 스켐 집회에서 이야기 줄거리를 다시 받아들여 획기적 변화가 있음을 설명한다(판관 2,10).

> 여호수아가 살아 있는 동안 내내, 그리고 주님께서 이스라엘을 위하여 하신 그 모든 큰일을 본 원로들이 여호수아보다 장수하며 살아 있는 동안 내내, 백성은 주님을 섬겼다. (…) 그의 세대 사람들도 모두 조상들 곁으로 갔다. 그 뒤로 주님도 알지 못하고 주님께서 이스라엘에게 베푸신 업적도 알지 못하는 다른 세대가 나왔다. 이스라엘 자손들은 바알들을 섬겨 주님의 눈에 거슬리는 악한 짓을 저질렀다.
>
> (판관 2,7.10~11)

주님이 베푸신 호의를 경험하지 못했고 이것이 다른 신을 섬기게 만들었다. 이 시기에 여러 차례 반복되는 주기가 시작된다.

1) 백성이 주님을 떠나 다른 신들을 섬긴다(판관 2,11~13);
2) 주님이 그들을 벌하시어 원수들의 손에 넘겨 버리신다(판관 2,14~15);

3) 억압받는 백성이 주님께 호소한다(판관 2,18ㄴ);

4) 주님이 판관 또는 구원자를 세워 적들을 물리치게 하신다(판관 2,16~18ㄱ).

평화로운 시기가 끝나고 나면 백성은 다시 우상 숭배에 떨어지고 그 주기가 다시 시작된다. 본문에서 판관에 대해 말한 후에 하느님께 호소하는 백성의 탄식이 명명되었으며 하느님 개입의 원인으로 제시된다.

- **순환**

본문을 따라가 보자. 백성이 주님을 떠나 다른 신들을 섬긴다. 신들은 다른 민족들의 신이다(판관 2,11~13). 이는 계약의 기본 조항에 어긋나는 것이다. 다른 민족들 주제는 이미 판관 2,1~5의 경고에 나와 있고 여호 23~24장에 더욱 폭넓게 나와 있다. 주님의 반응(여호 2,14~15)은 계약 관계를 표현하는 열정의 어휘로 제시된다. "그리하여 주님께서 이스라엘에게 진노하셨다"(판관 2,14). 이는 무질서한 반응이 아니라, 계약이 예견하고 규제하는 악에 대한 충실한 대응이다. 다른 어떤 것이 개입하지 않고 곧바로(판관 2,16) 주님께서 판관을 세우셨지만 백성은 계속해서 불충실하였다고 말하며(판관 2,17), 억압받는 백성의 부르짖음에 대한 응답으로 판관이 가져온 구원에 대한 말로 돌아간다(판관 2,18).

주님께서는 판관들을 세우시어, 이스라엘 자손들을 약

> 탈자들의 손에서 구원해 주도록 하셨다. 그런데도 그들은 저희 판관들의 말을 듣지 않을뿐더러, 다른 신들을 따르며 불륜을 저지르고 그들에게 경배하였다. 그들은 저희 조상들이 주님의 계명에 순종하며 걸어온 길에서 빨리도 벗어났다. 그들은 조상들의 본을 따르지 않았다. 그러나 주님께서는 그들을 위하여 판관들을 세우실 때마다 그 판관과 함께 계시어, 그가 살아 있는 동안 내내 그들을 원수들의 손에서 구원해 주도록 하셨다. 억압하는 자들과 학대하는 자들 앞에서 터져 나오는 그들의 탄식을 들으시고, 주님께서 그들을 가엾이 여기셨기 때문이다. (판관 2,16~18)

백성이 울부짖으면 주님이 그들의 탄식을 들으신다. 이는 이집트의 종살이에서 솟아난 탄식을 상기시킨다. 그러나 그때에는 죄가 없었지만, 여기서는 억압이 우상 숭배에 대한 형벌이다. 아마 17절은 새로운 주기의 시작을 준비하는 것 같다. 즉 판관이 죽자 백성은 다시 죄를 짓는다(판관 2,19). "그러나 판관이 죽으면 그들은 조 상들보다 더 타락하였다."

반응은 당연히 주님의 진노이지만(판관 2,20), 본문은 전체 주기를 다시 반복하는 것이 아니라, 주님의 말씀만 다시 전하는데(판관 2,20~22), 여기에서 우리는 민족들의 주제를 다시 만나게 된다.

> 그리하여 주님께서는 이스라엘에게 진노하시어 말씀하셨다. "이 민족이 내가 저희 조상들에게 명령한 나의 계약을 거스르고 내 말을 듣지 않는다. 그러므로 나도 여호수아가 남기고 죽은 민족들 가운데에서 그 어떤 민족도 더 이상 쫓

아내지 않겠다." 이는 이스라엘이 저희 조상들처럼 주님의 길을 명심하여 따라 걷는지 따라 걷지 않는지, 그 민족들을 통하여 시험하시려는 것이었다. (판관 2,20~22)

이런 일이 참으로 일어났음을 기억하면서(판관 2,23) 살아남은 민족들의 목록을 제시하는 것 외에(판관 3,3), 그들의 체류는 형벌로(판관 2,20~21), 시험으로(판관 2,22; 3,1.4), 전쟁을 알게 하고 가르치려는 것으로(판관 3,2) 정당화된다. 결론적으로 말해 이스라엘은 민족들과 함께 살고 그들과 섞여 살며 우상 숭배에 떨어진다(판관 3,5~6).

• 도입문과 틀

판관에 관한 시작과 끝부분에서 자주 신명기계 신학자는 도입문에서 설명된 당시의 특성을 반영하는 문학적 틀을 구성하는 문구를 사용하면서 다른 특성들을 첨가한다. 그 예로 거의 모든 것이 문구로 만들어진 오트니엘에 관한 이야기를 읽을 수 있다(판관 3,7~11). 그의 개인적인 사항을 제거하면 다음과 같은 결과를 얻을 수 있다.

이스라엘 자손들은 (…) 주님의 눈에 거슬리는 악한 짓을 저질렀다.

주님께서는 이스라엘에게 진노하시어 (…) 이스라엘 자손들이 (…) 해 동안 (…) 섬겼다.

> 그러나 이스라엘 자손들이 주님께 부르짖자, 주님께서는 이스라엘 자손들을 위하여 구원자를 세우시어 (…)
>
> 주님의 영이 그에게 내리니, 그는 이스라엘의 판관이 되어 (…) 이 땅은 (…) 해 동안 평온하였다.

주기는 반복된다. 그렇지만 상황은 더 나빠지는 것 같다. 입타와 삼손 같은 판관은 드보라나 기드온 같은 판관보다 덜 영웅적 인물이다. 기드온과 입타 이야기에 대한 도입문 역시 이 노선을 확인하는 것 같다.

• 열두 판관 가운데 첫 세 판관

첫 판관(판관 3,7~11)은 칼렙(우리가 유다 지파와 함께 이미 만난 인물)의 조카 오트니엘이다. 그에 대한 정보는 매우 드물며 거의 도입문의 보완, 즉 노출된 원칙의 예시가 된다. 원수는 아람인이다.

판관 에훗(판관 3,12~30)은 베냐민 지파 출신이며 에프라임 산에서 활동을 시작한다. 그의 적은 암몬 사람들과 아말렉 사람들과 동맹을 맺은 모압 임금 에글론이며 풍자적으로 묘사된다. 에훗은 처음에는 교활하게 행동하고, 이어서 전투에서 자신의 가치를 보여 준다. 이야기의 틀은 판관 3,12~15과 3,30로 구성되어 있다.

판관 삼가르(히브리어 발음으로 '샴가르')는 필리스티아인들에 맞서 놀라운 용맹을 드러낸 것으로 기억된다(판관 3,31). 그의 지파는 표시되어 있지 않다. 판관 4,1에서 에훗의 죽음을 기억하는 것을 볼 때, 아마도 편집 과정의 마지막 단계에서 첨가된 것 같다. 그를 일련의 판관들과 연결하는 유일한 요소는 문맥 외에 그 역시 이스라엘을 구원하였다는 설명이다.

• 한 여자가 백성을 이끌다

판관 드보라와 더불어 이 시대의 영웅적 정점에 도달한다. 드보라는 판관들 가운데 유일한 여성이며 그의 경우 사법권도 가지고 있다(판관 4,5). "그가 에프라임 산악 지방의 라마와 베텔 사이에 있는 '드보라 야자나무' 밑에 앉으면, 이스라엘 자손들이 재판을 받으러 그에게 올라가곤 하였다." 드보라는 예언자이기도 했으며 방금 인용한 구절에서 보듯이 에프라임과 연결되어 있다. 군 지휘권은 납탈리의 바락에게 맡겨졌지만, 바락은 드보라가 자신과의 동행을 요구한다(판관 4,8). 적대자도 두 명이다. 곧 하초르를 다스리는 가나안 임금 야빈과 그의 장군 시스라이다. 카인족(판관 1,16과 연관하여 우리 책에서도 인용된)도 시스라를 살해한 또 다른 여성 야엘을 통하여 진군에 참여한다. 잊을 수 없는 싸움이다. 왜냐하면 가나안인들은 당시에 가장 강력한 무기인 많은 병거를 가지고 있기 때문이다. 싸움은 므기또 옆에 있는 에스드렐론 계곡에서 벌어진다. 여행의 어려움에 대한 암시(판관 5,6)는 해안과 내륙 간의 통신에서 이 계곡의 중요성을 가리킬 수 있다. 범람하는 개천(판관 5,21)과 습지는 병거를 조종하는 데 어려움을 겪게 할 것이다.

동일한 성읍과 동일한 이름 야빈이 여호수아기에서도 나타난다(여호 11,1~10). 이야기는 여호수아에 의해 완전히 소실된 성읍이 어떻게 여기서 다시 강력한 성읍이 되었는가를 설명하지 않는다. 역사적 관점에서 볼 때, 같은 기억에 두 개의 서로 다른 이야기가 존재하였다고 생각할 수 있겠다.

또한 판관기에서 이야기는 이중적이다. 즉 판관 4장에서 설화자는 사건들을 산문으로 제시하고 판관 5장(약간의 차이가 있음)에서 그 사건들을 드보라의 입에 담아 시로 표현한다(이처럼 이야기 안에 이야기가 존재한다). 동일한 절차가 탈출기에서 바다를 건너는 데 사용되어 바다를 건넌 일이 이야기된 후에 모세와 미르얌이 노래를 불러 경축하였다(탈출 14; 15). 산문으로 서술된 이야기와 노래는 비슷한 길이로 되어 있다. 토빗기와 유딧기 끝부분에서 주인공의 입에 담긴 노래를 볼 수 있는데, 여기서는 그 비율이 같지 않다(토빗 13; 유딧 16).

가나안인들이 백성을 억압하였고, 판관이며 예언자 드보라(판관 4,1~5)가 바락에게 그들과 맞서 싸우라는 주님의 명령을 전달한다(판관 4,6~10). 이 경우 백성의 부르짖음에 대한 응답으로 판관이 일어난 것이 아니라, 그녀는 이미 직분을 맡고 있으며 예언자로서 하느님의 이름으로 바락을 소환한다. 카인족 헤베르를 소개하기 위하여 이야기에 잠시 멈춤이 있고(판관 4,11), 이어서 사락이 시스라를 물리치지만(판관 4,1~16), 시스라는 한 여자 야엘(판관 4,9에서 드보라가 예견한 것처럼)에게 죽임을 당한다(판관 4,17~22). 카인족 헤베르의 아내 야엘은 보호해 주고 환대해 주는 것처럼 행동한다. 이야기는 이로써 끝나는 듯하지만(판관 4,23~24), 이 시점에서 드보라가 노래를 부르며(판관 5,1~31ㄱ), 그런 다음에 또 다른 결론 문구가 나온다(판관 5,31ㄴ).

시적 언어와 또 어쩌면 오래전에 쓰인 노래여서 이 노래를 해석하는 데에는 많은 어려움이 있다. 노래가 참으로 오래전에 쓰인 것인지, 아니면 고대 언어를 모방하고 있는 것인지에 대한 논란이 있다. 도입문에서 주님의 출현(판관 5,1~5)은 청중에게 주님에게서 승리의 창조자를 즉시 알아보도록 이끈다(산문으로 쓰인 이야기에서 벌써 명백하듯이). 상황은 어렵지만, 드보라가 전환점을 가져온다(판관 5,6~12). 모두가 소집에 응하지는 않는다(판관 5,13~18). 에프라임, 벤야민, 마키르, 즈불룬, 이사카르가 참여하고(판관 4에서는 즈불룬과 납탈리의 자손들에 대해서만 언급한다), 다른 자손들은 주저하고 불참한다. 싸울 때(판관 5,19~23) 피조물의 힘이 움직인다(여호 10,11~15에서처럼).

> 하늘에서는 별들도 싸웠네. 자기들의 궤도에서 시스라와 싸웠네. 키손천이 그들을 휩쓸어 가 버렸네. 태고의 개천, 키손천이. ― 내 영혼아, 힘차게 나아가라. ― (판관 5,20~21)

끝에 가서 야엘의 위업(판관 5,24~27)과 시스라 어머니의 헛된 기다림(판관 5,28~30)이 대비된다. 노래는 기도로 마무리된다(판관 5,31ㄱ).

역사의 순간들을 간략히 간추리면 다음과 같다.

4,1~5	도입문: 상황과 주인공들
4,6~10	드보라가 바락을 소환
4,11	카인족에 관한 정보
4,12~16	전투
4,17~22	시스라의 죽음
4,23~24	첫 번째 결론
5,1~31ㄱ	드보라의 노래
5,31ㄴ	두 번째 결론

• 이스라엘의 임금? 기드온의 거부

기드온(여루빠알이라고도 불린다) 이야기는 방대한 도입문(판관 6,1~10)과 사명 또는 소명의 복잡한 서술(판관 6,11~40)로 시작한다. 적들은 미디안족이며(아말렉족과 동방인들과 함께) 기드온은 므나쎄 지파에 속한다. 통상적 도식(악, 진노, 탄원, 판관)이 변형되었다. 즉 부르짖음에 대한 응답은 즉각적 판관 파견이 아니라 백성을 꾸짖는 예언자를 파견하는 것이고, 그런 다음에 비로소 판관의 사명이 있다.

> 그래서 이스라엘은 미디안 때문에 큰 곤궁에 빠졌다. 마침내 이스라엘 자손들이 주님께 부르짖었다. 이스라엘 자손들이 미디안 때문에 주님께 부르짖자, 주님께서 예언자 한 사람을 이스라엘 자손들에게 보내셨다. 그가 이스라엘 자손들에게 말하였다. "주 이스라엘의 하느님께서 이렇게 말씀하십니다. '내가 너희를 이집트에서 데리고 올라왔다. 너희를 종살이하던 집에서 끌어내었다. 내가 이집트의 손에서, 너희를 억압하는 모든 사람의 손에서 너희를 구하였다. 또 그들을 너희 앞에서 몰아내고 그 땅을 너희에게 주었다. 그러면서 나는 너희에게 말하였다. '나는 주 너희 하느님이다. 너희가 아모리족의 땅에 산다고 해서 그 신들을 경외해서는 안 된다. 그러나 너희는 내 말을 듣지 않았다.'" 주님의 천사가 아비에제르 사람 요아스의 땅 오프라에 있는 향엽나무 아래에 와서 앉았다. 그때에 요아스의 아들 기드온은 미디안족의 눈을 피해 밀을 감추어 두려고, 포도 확에서 밀 이

삭을 떨고 있었다. (판관 6,6~11)

첫 번째 장면(판관 6,11~24)에서 기드온은 주님의 천사와 대화를 하면서 파견을 받는다. 우리는 "사명 이야기" 문학 유형의 전형적 요소들, 곧 파견, 순명, 보증, 표징 요구를 알고 있다.

> 주님께서 기드온에게 돌아서서 말씀하셨다. "너의 그 힘을 지니고 가서 이스라엘을 미디안족의 손아귀에서 구원하여라. 바로 내가 너를 보낸다."
>
> 그러자 기드온이 말하였다. "나리, 외람된 말씀입니다만, 제가 어떻게 이스라엘을 구원할 수 있단 말입니까? 보십시오, 저의 씨족은 므나쎄 지파에서 가장 약합니다. 또 저는 제 아버지 집안에서 가장 보잘것없는 자입니다."
>
> 그러나 주님께서는, "내가 정녕 너와 함께 있겠다. 그리하여 너는 마치 한 사람을 치듯 미디안족을 칠 것이다" 하고 말씀하셨다. 그러자 기드온이 또 말하였다. "참으로 저에게 호의를 베풀어 주신다면, 저와 이 말씀을 하시는 분이 당신이시라는 표징을 보여 주십시오. (판관 6,14~17)

"보잘것없다"는 주제는 나중에 군대의 축소 장면에서 발전된다. 표징은 제물을 기적적으로 삼켜 버린 데에서 이미 알려질 수 있었지만(판관 6,21), 양털 뭉치 장면에서 더욱 발전되었다(판관 6,36~40).

중요한 주제는 하느님을 뵙는 주제이기도 하다. 곧 하느님을 눈으로 뵙고 살아남을 수 없다는 것이 성서의 원칙이다. 그러나 어떤 경우에는 하느님을 뵐 수 있다. 기드온의 경우 주님의 천사의 중재로 하느님을 뵙지만, 여하튼 위험한 일이다. 이것은 사명 이야기일 뿐 아니라, 예배 장소를 창설하는 이야기이기도 하다. 곧 하느님과의 만남은 매우 영속적이다(판관 6,24). "그래서 기드온은 그곳에 주님을 위하여 제단을 쌓고, 그 이름을 '주님은 평화'라고 하였다."

밤의 장면(판관 6,25~27) 역시 제단에 관한 것이다. 곧 기드온은 바알 숭배를 주님 숭배로 대체한다. 기드온이 자기 종들 가운데 열 사람을 데리고, 주님께서 이르신 대로 하였다는 사실은 자신이 보잘것없는 자라는 선언과 반대된다. 이튿날 아침(판관 6,28~32) 기드온은 성읍 사람들 앞에서 자신이 한 행위를 방어한다. 그의 둘째 이름 여루빠알은 바알의 제단을 허문 것으로 설명된다(사실상 바알에 대한 신심을 표현하는 이름일 것이다).

표징 장면이 있기 전에, 전쟁 준비가 보고된다(판관 6,33~35). 므나쎄 지파, 아세르 지파, 즈불룬 지파와 납탈리 지파가 기드온과 함께한다. 주님의 영이 기드온을 사로잡는다.

전쟁 전에(판관 7,1~8,21), 주님이 기드온에게 군사를 축소하라고 요청하시며(판관 7,1~8) 꿈에 이스라엘의 승리를 본 적군의 말을 듣게 해 주신다(판관 7,9~15). 군대를 축소해야 하는 동기는 명확하게 설명된다(판관 7,2). "주님께서 기드온에게 말씀하셨다. "네가 거느린 군사들이 너무 많아, 내가 미디안을 너희 손에 넘겨줄 수가 없다. 이스라엘이 나를 제쳐 놓고, '내 손으로 승리하였다' 하고 자랑할까 염려된다."

진영을 공격하자 적들이 도망쳤다(판관 7,16~22). 처음에 부름을 받지 못했다고 불평하는 에프라임 지파도 적들을 뒤쫓았다. 미디안의 제후 두 사람이 죽었다(판관 7,23~8,3). 기드온은 계속해 서 요르단 동쪽까지 적들을 뒤쫓아가서 두 임금을 사로잡아 죽였다(판관 8,10~13.18~21). 출정할 때 환대를 받지 못한 기드온은 돌아오는 길에 수콧과 프누엘 주민들에게 보복한다(판관 8,4~9.14~17).

전쟁이 끝났지만 모든 일이 다 마무리된 것은 아니었다(판관 8,22~27). 승리를 본 이스라엘 사람들이 기드온에게 왕실을 통해 계승하는 권력을 제안하지만, 기드온은 이를 거부하고 하느님 자신의 왕권을 찬양한다.

> 이스라엘 사람들이 기드온에게 말하였다. "당신께서 우리를 미디안의 손에서 구원해 주셨으니, 당신과 당신의 자자손손이 우리를 다스려 주십시오." 그러자 기드온이 그들에게 대답하였다. "내가 여러분을 다스릴 것도 아니고 내 아들이 여러분을 다스릴 것도 아닙니다. 여러분을 다스리실 분은 주님이십니다." (판관 8,22~23)

그러나 이와 유사한 상황에서 사울은 왕국을 얻을 것이다(1사무 11). 이스라엘 사람들과 기드온이 주고받은 짤막한 대화는 임금들에게서 전형적으로 나타나는 아버지가 아들에게 권력을 계승하는 원칙을 하느님의 왕권과 대비시킨다. 위기의 상황에서 직무를 수행하는 판관은 이 사실을 무시하지 않는다고 생각할 수 있겠다.

그러나 기드온은 사실상 군주 행세를 하며 공물을 요구하고 예배 장소를 창설하는데, 이는 고대 세계(와 우리와 가까운 시대에도)에서 임금의 전형적 활동이다. 이 경우 이스라엘의 임금 여로보함(Geroboamo)이 창설하게 될 숭배처럼 불법적 숭배이다. 이와 달리 솔로몬은 합법적 성전 건축가가 될 것이다. 기드온의 우상 숭배는 다음 장에서 이야기하듯이 그의 후손들에게 영향을 미칠 것이다.

결론(판관 8,28~32)은 승리를 한 다음에 따라오는 평화 시기에 관한 내용이며 기드온과 그의 죽음에 관한 몇 가지 소식을 제공한다. 아비멜렉에 대한 언급은 그다음 이야기를 예고한다.

이야기의 개요는 다음과 같다.

6,1~10	도입문
	기드온의 사명
6,11~24	주님의 천사
6,25~27	제단
6,28~32	성읍 사람들의 반응
6,33~35	군대 소집
6,36~40	표징
	미디안 사람들과 전쟁
7,1~8	사람들의 수를 줄임
7,9~15	꿈
7,16~22	전투
7,23~8,3	추적의 시작과 제후 두 사람을 사로잡음; 에프라임의 항의
	요르단 동쪽까지 추적
8,4~7	수콧
8,8~9	프누엘
8,10~13	전투와 임금들을 사로잡음
8,14~16	수콧
8,17	프누엘
8,18~21	두 임금 살해
8,22~27	발문: 통치 제안
8,28~32	결론

• 이스라엘의 임금? 스켐에서 아비멜렉

아비멜렉 이야기 도입문(판관 8,33~35)은 통상적 도식을 받아들이며 백성의 우상 숭배에 대해 말하지만, 약간 다른 추이로 나아간다. 즉 주님의 진노와 백성의 억압자 대신 기드온의 자손들에게 주의가 집중된다.

> 기드온이 죽자 이스라엘 자손들은 다시 바알들을 따르며 불륜을 저지르고, 바알 브릿을 자기들의 신으로 삼았다. 이스라엘의 자손들은 둘레에 있는 모든 적의 손에서 자기들을 구해 주신 주 저희 하느님을 더 이상 기억하지 않았다. 그리고 여루빠알 곧 기드온이 이스라엘에게 한 그 모든 선행에 합당한 호의를 그의 집안에 베풀지도 않았다. (판관 8,33~35)

명백히 기드온 이야기 끝에 준비된 설화(판관 8,27.30~31)는 권력의 획득과 상실을 두 부분(판관 9,1~22; 9,23~57)으로 나누어 다룬다. 첫째 부분은 요약으로 마감하는데, 이는 우리가 유다와 이스라엘의 임금들에게서 접하게 될 것들을 짤막하게 예고한다(판관 9,22). "아비멜렉은 이스라엘을 세 해 동안 다스렸다." 이 일은 스켐과 연결되어 있지만, 백성 전체의 유산으로 다시 읽혀졌다. 왕실 계승에 대한 기드온의 판단(판관 8,22~23)은 가장 무익한 식물이 왕국을 쟁취하는 요탐의 우화(판관 9,8~15) 외에도 아비멜렉의 운명으로 밝혀졌다. 권력을 쟁취하기 위한 폭력에는 주인공을 파멸시키는 폭력이 상응한다. 아비멜렉에 기대는 스켐의 바로 그 유력자들이 그에게 반기를 들고 그를 파멸하게 만든다.

둘째 부분의 도입문(판관 9,23~25)과 결론(판관 9,56~57)에서 설화자의 판단은 명료하다. 마지막 설명은 이야기의 첫째 부분에서 요탐이 발설한 저주를 되풀이한다(판관 9,19~20).

> 하느님께서는 아비멜렉이 여루빠알의 아들 일흔 명에게 저지른 폭행을 되갚으셔서, 그들이 흘린 피를 자기 형제들을 살해한 아비 멜렉 위로, 그리고 아비멜렉이 자기 형제들을 살해하는 데에 힘을 보탠 스켐의 지주들 위로 되돌리시려는 것이었다. (판관 9,24)

> 이렇게 하느님께서는 아비멜렉이 자기 형제 일흔 명을 죽여 제 아버지에게 저지른 죄악을 되갚으시고, 스켐 사람들의 모든 죄악도 그들 머리 위로 되돌리셨다. 여루빠알의 아들 요탐의 저주가 그들에게 그대로 이루어진 것이다. (판관 9,56~57)

아비멜렉은 가알이 스켐의 지주들의 지지를 받아 성읍에서 권력을 쟁취하였다는 소식을 스켐의 성주 즈불에게서 들었다(판관 9,26~29). 그러자 아비멜렉은 그를 만나 격퇴하고(판관 9,34~41), 다음 날 성읍을 공격하여 함락시키고(판관 9,42~45) 스켐 탑을 차지한다(판관 9,46~49). 아비멜렉은 스켐 전체를 파괴시킨다. 그는 또 다른 성읍을 함락하고 탑을 공략하려고 하다가 살해되었다(판관 9,50~55).

> 그때에 어떤 여자가 맷돌 위짝을 아비멜렉의 머리 위로 던져 그의 두개골을 부수어 버렸다. 아비멜렉은 곧바로 무기

병을 불러 말하였다. "네 칼을 뽑아 나를 죽여라. 사람들이 나를 두고 '여자가 그를 살해하였다' 할까 두렵다." 그리하여 그 시종이 아비멜렉을 찌르니 그가 죽었다. (판관 9,53~55)

이야기의 개요는 다음과 같다.

8,33~35	도입문
	권력 쟁취
9,1~6	임금이 된 아비멜렉
9,7~21	요탐의 우화
9,22	왕국에 대한 요약
	파괴
9,23~25	둘째 부분에 대한 도입문
9,26~29	가알이 스켐에서 권력 장악
9,30~33	아비멜렉의 부관 즈불의 보고
9,34~41	아비멜렉이 가알 격퇴
9,42~45	아비멜렉이 스켐을 함락
9,46~49	아비멜렉이 스켐의 탑을 차지함
9,50~55	테베츠에서 아비멜렉 사망
9,56~57	결론

• 소 판관과 판관 입타

판관 입타 전후에 흔히 "소 판관"이라 불리는 다섯 명의 판관이 있다. 이 사람들에 관해서는 알려진 게 거의 없기 때문에 이들은 문학적 관점과 역사적 관점에서 볼 때 수수께끼 같은 인물들이다. 이들은 판관들의 계승에 삽입되었으며("~다음에"), 이름과 기원을 지적하고, 몇 년 동안 판관이었는지 말하며, 이따금 후손들의 수를 언급하고, 끝으로 죽음과 안장을 기억한다. 더 나아가 판관 톨라의 경우 구원하다 동사와 같이 반복되지 않는 정보들도 있다.

이들의 기원을 보면, 판관 톨라는 이사카르 사람이고, 판관 야이르는 길앗 사람이며, 판관 입찬은 베들레헴 출신이고, 판관 엘론은 즈불룬 사람이며, 판관 압돈은 피르아톤(에프라임 산악 지방) 사람이다. 명단은 다음과 같다.

10,1~2	판관 톨라
10,3~5	판관 야이르

12,8~10	판관 입찬
12,11~12	판관 엘론
12,13~15	판관 압돈

• 판관 입타의 딸

입타 이야기의 도입문(판관 10,6~16)은 신명기계 문구가 확장되어 서술되었다. 즉 주님의 진노와 그로 인한 결과가 통상적 방식으로 다루어지면서 억압을 묘사하지만, 백성이 저지른 악은 크게 발전되어 다양한 민족들의 신들의 명단이 언급된다. 백성의 부르짖음의 경우, 하나의 고백으로만 표현된다(판관 10,10). "저희가 당신께 죄를 지었습니다. 정녕 저희는 저희 하느님을 저버리고 바알들을 섬겼습니다." 백성을 꾸짖으시는 주님과 대화가 발전한다(어떤 방식으로 또는 어떤 중재자를 통해서인지에 대해서는 구체적으로 명시되지 않는다). 백성은 죄를 고백하며 회개 행위를 한다(판관 10,16). "그러고는 자기들 가운데에서 낯선 신들을 치워 버리고 주님을 섬기니, 주님께서는 더 이상 이스라엘의 고통을 보고 계실 수 없었다." 적은 길앗 지역을 차지하고 있던 암몬 자손들이다(판관 10,6에서는 필리스티아인들이기도 하다).

판관은 드보라처럼 이미 직무를 수행하고 있지 않다. 주님이 그를 일으키셨다고 하지도 않는다. 기드온처럼 하느님의 파견을 받았다거나 삼손처럼 예고되었다고 지적되지도 않는다. 그 대신 그는 백성에 의해 선택되었다(판관 10,17~11,11). 즉 원로들과 입타 사이에 합의가 있고 성소 미츠파에서 비준되었다. 입타는 사회에서 배제된 인물로 제시되며 건달들의 대장이 되었다. 이 때문에 싸울 능력이 있는 것으로 여겨졌다. 다윗 역시 임금이 되기 전에 일정 기간 동안 주위에 추방자들과 불만이 많은 사람들을 모아들인다.

입타는 사자들을 보내 먼저 외교적 절충을 모색한다(판관 11, 12~28). 입타와 암몬 자손들의 임금은 각기 자기 땅에 대해 주장한다.

> 그러자 암몬 자손들의 임금이 입타의 사절들에게 대답하였다.
>
> "이스라엘이 이집트에서 올라올 때에 아르논에서 야뽁까지, 또 요르단까지 내 땅을 점령하였기 때문이오. 그러니 이제 그것을 평화롭게 돌려주시오." (판관 11,13)

입타는 길앗이 암몬 자손들이 아니라 이스라엘에게 속한다는 것을 드러내기 위하여 시혼과 옥의 왕국들을 정복하게 된 이야기를 들려준다. 역사를 통해 하느님의 행위를 인정하게 된다.

> 주 이스라엘의 하느님께서 이렇게 당신 백성 이스라엘 앞에서 아모리족을 쫓아내셨는데, 이제 와서 그대가 이 이스라엘을 쫓아내겠다는 것이오? 그대는 그대의 신 크모스가 차지하라고 준 것을 차지하지 않았소? 우리도 주 우리 하느님께서 우리에게 차지하라고 주신 것을 차지해야 하지 않겠소? (판관 11,23~24)

또한 이스라엘이 길앗에 자리 잡은 이후 여러 해가 지났다. 만약 암몬 자손들이 그 땅을 소유할 권한을 가지고 있다고 한다면, 이전에 주장했어야 했다.

담판은 실패로 돌아가고, 입타는 주님의 영을 받아(판관 11,29) 암몬 자손들과 싸워 굴복시킨다(판관 11,29~33). 그러나 독자의 주의는 그의 서원에 집중한다.

> 그때에 입타는 주님께 서원을 하였다. "당신께서 암몬 자손들을 제 손에 넘겨만 주신다면, 제가 암몬 자손들을 이기고 무사히 돌아갈 때, 저를 맞으러 제 집 문을 처음 나오는 사람은 주님의 것이 될 것입니다. 그 사람을 제가 번제물로 바치겠습니다." (판관 11,30~31)

입타는 가장 먼저 딸과 마주친다. 입타는 하느님께 서원한 바를 취소하지 않기 위하여 그녀를 번제물로 바치는데(판관 11,

34~40), 먼저 그녀에게 두 달 동안의 애도 기간을 허락한다. 딸의 고통은 특히 후손 없이 죽는 것이다. 성경은 창조주의 본래 축복에서 출발하여 많은 후손을 보는 것을 높이 평가한다. 성서에서 인간을 번제물로 바치는 것을 비난하지만, 설화자는 입타에 대한 판단을 내리지 않는다. 아브라함이 아들 이사악을 제물로 바치는 일화(창세 22)는 인간을 번제물로 바치는 것을 극적으로 극복한 것을 대표한다.

기드온과 이미 논쟁한 에프라임 사람들(판관 8,1~3)이 입타를 만나(판관 12,1~6) 결국 싸움에서 패한다. 이 일화는 지파들 사이에 발음의 차이를 기억하는 기회가 된다.

그 역사에 대한 간략한 결론이 12,7에 제시된다. 도식은 다음과 같다.

	도입문
10,6~8	길앗의 억압
10,9~16	죄 고백
	입타의 지휘관 추대
10,17~18	지도자를 찾다
11,1~4	입타의 기원
11,5~10	입타의 지휘권 수용
11,11	지휘관
	서원과 전쟁
11,12~28	합의를 위한 담판
11,29~33	입타의 서원과 승리
11,34~38	딸 상봉
11,39~40	서원 실행
	에프라임
12,1~3	이의제기
12,4~6	전쟁
12,7	결론

• 판관 삼손의 머리칼

삼손 이야기에서 신명기계 작품의 틀은 축소되었다.

이스라엘 자손들이 다시 주님의 눈에 거슬리는 악한 짓을 저질렀다. 그리하여 주님께서는 그들을 마흔 해 동안 필리스티아인들의 손에 넘겨 버리셨다. (판관 13,1)

삼손은 필리스티아인들의 시대에 스무 해 동안 이스라엘의 판관으로 일하였다. (판관 15,20)

그는 스무 해 동안 이스라엘의 판관으로 일하였다. (판관 16,31ㄴ)

그러나 부모에게 삼손의 탄생을 예고할 때 그의 사명 제시는 광범위한데(판관 13,2~23), 다음과 같은 과정을 거친다. 임신할 수 없는 여자(판관 13,2), 주님의 천사의 첫 번째 발현(판관 13,3~ 5), 아버지의 의심(판관 13,6~8), 주님의 천사의 두 번째 발현(판관 13,9~23), 삼손의 성장(판관 13,24~25).

기드온의 사명의 경우는 이와 다르지만, 두 이야기 모두에서 주님의 천사가 개입한다는 점에서 공통되는 점들도 있다. 탄생은 예기치 않은 것이다. 곧 사라나 라헬의 경우처럼 임신할 수 없는 여자에게서 탄생한다. 삼손은 태어나기 전에 벌써 나지르인(나지르인에 대해서는 민수 6장에서 언급한다)의 형태로 주님께 봉헌되었다.

보라, 너는 임신할 수 없는 몸이어서 자식을 낳지 못하였지만, 이제 잉태하여 아들을 낳을 것이다. 그러니 앞으로 조심하여 포도주도 독주도 마시지 말고, 부정한 것은 아무것도 먹지 마라. 네가 임신하여 아들을 낳을 것이기 때문이다. 그리고 아기의 머리에 면도칼을 대어서는 안 된다. 그 아이는 모태에서부터 이미 하느님께 바쳐진 나지르인이 될 것이다. 그가 이스라엘을 필리스티아인들의 손에서 구원해 내기 시작할 것이다. (판관 13,3~5)

주님의 천사는 두 번 나타나는데, 첫 번째에는 어머니에게, 두 번째에는 그녀와 남편에게 나타난다. 그녀의 남편은 더 많은 정보를 얻기 위하여 하느님께 하느님을 뵐 수 있게 해 달라고 청한다. 신과의 만남은 두려워해야 할 이유가 된다.

그래서 마노아는 아내에게 말하였다. "하느님을 뵈었으니 우리는 틀림없이 죽을 것이오." 그러자 그의 아내가 그에게, "만일 주님께서 우리를 죽이려 하셨다면, 우리 손에서 번제물과 곡식 제물을 받지 않으셨을 것입니다. 우리에게 이 모든 일을 보여 주지도 않으시고, 이와 같은 것을 들려주지도 않으셨을 것입니다" 하고 말하였다. (판관 13,22~23)

삼손은 단 지파에 속한다. 단 지파는 여전히 필리스티아인들이 점령한 해안 지역에 살며 나중에 북쪽으로 이주할 것이다(판관 17~18). 천사는 "그가 이스라엘을 필리스티아인들의 손에서 구원해 내기 시작할 것"(판관 13,5)이라고 말한다. 왜냐하면 필리스티아인들은 다윗 시대에 와서 비로소 정복될 것이기 때문이다. 요약하는 말에서 그의 탄생(판관 13,24)과 그 위에 머무는 주님의 영이 움직이기 시작하였다고 이야기한다(판관 13,25). 그의 시작은 하느님의 경외로운 현존으로 표시되지만, 그다음에는 기상천외하고 난폭하며 풍자적 행위들이 우세하다. 그리고 그의 승리는 다른 판관들의 경우처럼 전쟁의 결말이 아니라, 그의 개인적인 일들의 결과이다.

첫 번째 모험(판관 14,1~15,8ㄱ)은 삼손이 필리스티아 여자와 결혼하는 것으로 시작된다. 부모는 이스라엘 여자를 원했을 테지만, 설화자는 "이 일이 주님께서 하시는 것인 줄 몰랐다. 그분께서는 필리스티아인들을 치실 구실을 찾고 계셨던 것이다"(판관 14,4)라고 설명한다. 이것이 이야기의 열쇠들 가운데 하나이다. 즉 주님은 옳지 않은 행위를 통해서도 활동하신다. 이는 요셉 이야기와 동일한 윤리이다(창세 45,5~8; 50,20).

주님의 영 덕분에 얻은 그의 힘(판관 14,6)은 사자를 찢어 죽이게 하는데, 그의 시체에 벌 떼가 들어간다. 이것을 보면서 수수께끼를 만들어 낸다(판관 14,14). "먹는 자에게서 먹는 것이 나오고 힘센 자에게서 단것이 나왔다." 그는 잔치 참석자들에게 수수께끼를 풀라고 제안한다. 그는 내기에서 진다. 왜냐하면 아내가 수수께끼를 풀이해 주었기 때문이다. 그는 주님의 영의 힘으로 필리스티아인들을 죽이고 얻은 전리품으로 내기에 건 예복들을 주었다(판관 14,19). 삼손의 비밀을 누설한 아내는 이야기의 마지막 부분에서 들릴라를 예고한다.

끝으로 삼손의 아내는 다른 사람의 아내가 되었고(판관 14,20), 삼손은 필리스티아인들의 수확물에 여우들의 꼬리 사이에 매단 홰로 불을 지르고 닥치는 대로 필리스티아인들을 쳐 죽였다(판관 15,1~8ㄱ).

두 번째 모험(판관 15,8ㄴ~19)은 그 결과로 인한 것이다. 즉 필리스티아인들이 삼손에게 복수하기 위하여 삼손이 머물고 있는 유다를 공격한다. 그러나 삼손은 주님의 영 덕분에 팔을 동여맨 밧줄들을 풀고(판관 15,14) 당나귀 턱뼈로 적들을 쳐 죽인다. 심지어 하느님은 바위에서 터져 나오는 물로 그에게 갈증을 풀게 해 주신다(판관 15,18~19). 이 시점에서 우리는 삼손이 판관이라는 소식을 처음 접한다(판관 15,20).

세 번째 짤막한 모험(판관 16,1~3)에서 삼손은 가자의 어느 창녀 집으로 들어갔다가 밤에 성문의 두 문짝과 양쪽 문설주를 잡고 빗장째 뽑아 어깨에 메고서는 적들을 피해 달아나 버린다.

네 번째 모험(판관 16,4~31ㄱ)에서 삼손은 들릴라와 사랑에 빠지고 그녀는 삼손을 배신한다. 세 번째 시도에서 삼손의 힘이 머리에 있음을 알게 되자 삼손이 잠이 들었을 때 머리털을 깎게 한다.

여자에게 자신의 비밀을 털어놓으면서 비로소 삼손은 자신의 초자연적 힘이 하느님에게서 기원한다고 언급한다.

> 내 머리는 면도칼을 대어 본 적이 없소. 나는 모태에서부터 하느님께 바쳐진 나지르인이기 때문이오. 내 머리털을 깎아 버리면 내 힘이 빠져나가 버릴 것이오. 그러면 내가 약해져서 다른 사람처럼 된다오. (판관 16,17)

필리스티아인들은 그의 눈을 후벼 낸 다음, 감옥에 가두지만, 깎인 머리카락이 다시 자라기 시작하면서 삼손은 자신과 필리스티아 군중들 위로 다곤 성전이 무너져 내리게 한다(판관 16, 30). "삼손이 죽으면서 죽인 사람이, 그가 사는 동안에 죽인 사람보다 더 많았다."

끝에 가서 그가 판관이었음을 다시 한번 기억한다(판관 16, 31ㄴ). 탄생 예고와 이와 같은 자잘한 몇몇 주해가 삼손의 모험을 읽는 방향을 알려 준다. 즉 하느님은 삼손을 통하여 이스라엘을 위하여 필리스티아인들을 거슬러 행동하신다. 나머지는 힘과 망상과 속임수와 사랑의 이야기이며, 여기서 영웅은 여자들의 지배를 받는다. 기적의 힘이 매혹에 지고, 같은 방식으로 날카로운 수수께끼가 무용하게 된다. 행동하게 하는 동력 가운데 하나는 복수이며 불균형하게 적용된다.

> 필리스티아인들이 올라와서 유다에 진을 치고 르히를 습격하였다. 유다 사람들이 "어째서 우리에게 올라왔소?" 하고 묻자, 그들은 "삼손을 묶어 그자가 우리에게 한 그대로 해 주려고 올라왔소" 하고 대답하였다. 그래서 유다 사람 삼천 명이 에탐 바위 틈으로 내려가서 삼손에게 말하였다. "자네는 필리스티아인들이 우리를 지배한다는 것을 알지 않나? 그런데 어째서 우리에게 이런 일을 하였단 말인가?" 삼손이 그들에게, "저들이 나에게 한 대로 나도 저들에게 한 것뿐이오."
>
> (판관 15,9~11)

그러므로 이야기의 개요는 다음과 같다.

13,1	**도입문**
	삼손의 탄생
13,2~23	탄생 예고
13,24~25	탄생과 성장
	첫 번째 여자
14	아내, 사자, 수수께끼
15,1~8	불타는 여우들과 아내의 죽음
	복수와 용맹
15,8ㄴ~20	필리스티아인들에 대한 승리
15,20	요약: 이스라엘의 판관 삼손
16,1~3	뽑아낸 성문의 문짝
16,4~31ㄱ	**두 번째 여자: 삼손과 들릴라**
16,31ㄴ	요약: 이스라엘의 판관 삼손

• 두 이야기

판관기 마지막 부분의 두 이야기는 하느님의 개입에도 불구하고 타락의 악순환이 멈추지 않는 시대의 모습을 확증해 준다. 첫 번째 이야기(판관 17~18)는 단 지파의 이주에 대해 언급하며 단 성읍에 창설한 성소에 부정적인 빛을 던지는데, 여기에 대해서는 왕국의 분열 때 언급하게 될 것이다(1열왕 12~14). 두 번째 이야기(판관 19~21)는 지파들 사이의 전쟁으로 몰고 가는 전대미문의 폭력에 대해 이야기한다. 곧 벤야민 지파는 사라질 위기에 처한다. 두 경우 모두에서 주인공들 사이에 레위인이 있다.

설화자는 두 번에 걸쳐(판관 17,6; 21,25) 그 시대에는 이스라엘에 임금이 없어서 사람들은 저마다 제 눈에 옳게 보이는 대로 하였다고 설명한다. 다른 두 번에 걸쳐서는(판관 18,1; 19,1) 단순하게 "그 시대에는 이스라엘에 임금이 없었다"라고 기억한다. 왕정의 시작은 이 시대의 무질서에 대한 응답으로 이렇게 준비되었던 것이다.

> 그 시대에는 이스라엘에 임금이 없었다. 그래서 사람들은 저마다 제 눈에 옳게 보이는 대로 하였다. (판관 17,6)

> 그 시대에는 이스라엘에 임금이 없었다(판관 18,1). 이스라엘에 임금이 없던 그 시대에(…). (판관 19,1)

> 그 시대에는 이스라엘에 임금이 없었다. 그래서 사람들은 저마다 제 눈에 옳게 보이는 대로 하였다. (판관 21,25)

우리가 앞에서 이미 기억하였던 것처럼, 이 지점에서 그리스어 성서에는 판관 시대의 또 다른 이야기인 룻기가 삽입되어 있다고 덧붙일 수 있겠다. 이 경우 고통으로 점철된 이야기이지만, 기쁜 결말로 끝난다.

• 미카와 레위인과 단 지파의 이주

미카에게 있었던 일은 단 지파에게 일어난 일과 함께 간다(판관 17~18).

에프라임 산악 지방에 사는 미카는 어머니의 은을 훔쳤다가 돌려준다. 그녀는 그 은으로 아들의 집을 위하여 조각 신상과 주조 신상을 만드는 데 사용한다(판관 17,1~4). 미카에게는 신당이 하나 있었는데, 한 아들에게 직무를 맡겼고(판관 17,5), 나중에는 유다 지파에서 와서 미카에게 봉사하며 머문 레위인에게 맡겼다(판관 17,7~13). 미카가 그렇게 할 수 있었던 것은 그 시대에는 이스라엘에 임금이 없었기 때문이다(판관 17,6).

단 지파는 땅을 찾아보도록 정탐꾼들을 파견한다. 정탐꾼들은 땅을 탐지하는 중에 미카 지파에서 봉사하는 레위인의 말을 듣는다. 그들은 라이스 성읍의 땅을 발견하고 돌아가서 그곳을 점령하자고 초대한다(판관 118,1~10). 삼손 이야기에서 단 지파는 남쪽에 자리 잡고 있었는데, 이제 북쪽으로 옮겨 간다. 이러한 움직임은 우리를 땅 정복에 대해 말하는 판관기의 시작 부분(판관 1)으로 데려간다. 단 지파의 이동은 여호수아기에서도 기억된다(여호 9,40~48).

단 씨족들이 행동을 개시하여(판관 18,11~12) 라이스를 점령하고 그곳을 단이라 명명한다(판관 18,27~29). 그 사이에 그들은 사제를 데려가고 미카의 숭배물, 곧 조각 신상과 에폿과 수호신들과 주조 신상을 가져간다. 미카가 항의하고 위협하지만 소용이 없다(판관 18,13~26). 그렇게 하여 단의 자손들은 자신들의 예배 장소를 갖게 된다.

> 단의 자손들은 그 조각 신상을 모셔 놓았다. 그리고 이 땅의 백성이 유배를 갈 때까지, 모세의 손자이며 게르솜의 아들인 요나탄과 그의 자손들이 단 지파의 사제로 일하였다. 그들은 하느님의 집 이 실로에 있는 동안 내내, 미카가 만든

조각 신상을 그곳에 두고 섬겼다. (판관 18,30~31)

요나탄이 이야기에서 말하는 레위인인지 아닌지는 명료하지 않다. 게르솜과 모세(마소라 수사본들에서는 므나쎄로 정정되었다)에 대한 언급은 숭배에 일정한 합법성을 부여할 수 있겠지만, 전체 이야기의 가치를 신뢰하기는 쉽지 않다. 왜냐하면 미카의 집에서 숭배가 시작된다고 하고, 단의 자손들이 무력으로 신상을 옮기기 때문이다. 레위인은 신상의 이전을 처우 개선의 기회로 받아들인다. 단의 자손들을 비난하는 미카의 말에도 주의를 기울일 필요가 있다(판관 18,24). "당신들은 내가 만든 나의 신을 가져갔소." 우상에 대한 논쟁(예컨대 지혜 13)은 인간의 손으로 제작되었다는 바로 그 비난에 있다. 이야기는 베텔의 성소와 더불어 왕국 분열 때 예로보암에 의해 창설된 단에서의 예배를 나쁜 것으로 부각시킨다(1열왕 12,26~30). 신명기계 신학자의 판단에서 그것은 이스라엘 왕국의 본래의 죄를 가리킨다.

단에서의 예배에 대해 시간을 가리키는 두 개의 용어가 언급된다. 즉 북쪽 지파의 유배(2열왕 15,29; 17)와 이해하기가 쉽지 않은 실로의 성전 파괴(1사무 4)가 언급된다.

이야기는 다음과 같이 간추릴 수 있다.

	미카의 신당
17,1~8	미카와 그의 예배(17,6: 임금이 없었다…)
17,9~12	레위인이 미카에게 봉사
	단 지파의 이주
18,1~10	단 씨족이 땅과 성소 발견(18,1: 임금이 없었다…)
18,11~12	새 땅을 향하여

18,13~21	단 지파가 레위인을 받아들이고 숭배물을 가져가다
18,22~26	미카가 항의하지만 성과는 없다
18,27~29	라이스 정복(단으로 개명)
18,30~31	단의 성소

• 능욕당한 소실과 여자들의 강탈

한 레위인이 두 번째 이야기에서도 등장한다. 그는 에프라임에 살며 베들레헴 여자를 소실(또는 더 낮은 수준의 아내)로 맞아들이는데, 그녀는 그를 버리고 친정아버지에게 돌아간다(판관 19,1~2). 레위인은 그 여자의 마음을 달래어 도로 데려오려고 그 여자 뒤를 따라 길을 나섰다. 그는 장인의 집에서 며칠 머물다가 저녁에 출발한다(판관 19,3~10ㄱ). 그는 이방인들(여부스족)이 살고 있는 여부스(예루살렘)에서 묵고 싶지 않았으므로 벤야민 지파에 속한 기브아에 들어가 하룻밤을 묵으려고 했지만(판관 19,10ㄴ~15ㄱ), 하룻밤 묵으라고 집으로 맞아들이는 사람이 하나도 없었다. 다만 에프라임 산악 지방 출신으로 기브아에서 나그네살이하는 벤 야민 사람만이 그를 맞아들였다(판관 19,15ㄴ~21). 성읍의 사람들 이 그에게 레위인을 데리고 재미를 보겠다고 요구하지만, 집주인은 요구에 응하지 않고 레위인 자신이 자기 소실을 내보낸다(판관 19,22~25).

> 그러자 집주인이 밖으로 나가 그들에게 말하였다. "형제들, 안 되오. 제발 나쁜 짓 하지들 마시오. 저 사람이 내 집에 들어온 이상, 그런 추잡한 짓을 해서는 안 되오. 자, 나의 처

녀 딸과 저 사람의 소실을 내보낼 터이니, 그들을 욕보이면서 당신들 좋을 대로 하시오. 그렇지만 저 사람에게만은 그런 추잡한 짓을 해서는 안 되오." 그러나 그 남자들은 그의 말을 들으려 하지 않았다. 그러자 안에 있던 그 사람이 자기 소실을 붙잡아 밖에 있는 그들에게 내보냈다. 그들은 아침이 될 때까지 밤새도록 그 여자와 관계하며 능욕하였다. 그러다가 동이 틀 때에야 그 여자를 놓아 보냈다. (판관 19,23~25)

이야기는 소돔에서 하느님의 천사들을 손님으로 환대하고, 천사들을 보호하기 위하여 — 만약 천사들이 소돔 사내들의 눈이 멀게 하지 않았다면, — 딸들을 내주려고 한 롯의 경우를 기억한다(창세 19,1~11). 롯과 레위인의 손님에게 가장 중요한 것은 접대를 안전하게 지키는 것이다. 그들 집에 들어온 사람에게 욕을 보이는 것에 동의할 수 없다. 두 이야기 모두에서(롯의 경우에는 의향에서만) 여자들이 남자들에게 농락을 당한다. 레위인 소실의 경우, 그녀에게는 손님 보호가 적용되지 않았다. 그녀는 밖으로 버려졌고 아침 무렵에 죽은 채로 발견되었다(판관 19,26~28).

고향에 돌아온 레위인은 지파 사람들을 소집하고 소실을 붙잡아, 그 몸을 열두 토막으로 잘라 낸 다음에 이스라엘의 온 영토로 보낸다(판관 19,29~30). 이스라엘 자손들이 미츠파로 모여 기브아를 징벌하기로 결정하고(판관 20,1~10) 하나로 뭉쳐서 그 성읍으로 모여들었다(판관 20,11). 벤야민의 자손들은 죄를 지은 불량한 사람들을 넘겨주려 하지 않는다(판관 20,12~13). 그래서 전쟁이 일어난다. 이스라엘 자손들은 베텔로 올라가서 세 번에 걸쳐 주님께 여쭈어 보고, 싸우러 나간다. 세 번째에는 복병들을 통해 벤야민 지파 사람들을 모두 죽인다(판관 20,14~48).

아무도 벤야민 사람에게 자기 딸을 아내로 내주지 않기로 맹세하였고, 또 벤야민 지파의 여자들이 살해되었기 때문에, 다른 이스라엘 사람들은 베텔로 가서 지파 하나가 없어진 것을 두고 통곡한다(판관 21,1~3). 벤야민 지파에게 여자을 주기 위하여, 야베스 길앗 사람들이 집회에 한 사람도 오지 않은 사실이 드러났기 때문에 남자와 잠자리를 같이하지 않아 사내를 모르는 어린 처녀들을 제외하고 야베스 길앗의 주민들을 여자와 어린아이까지 칼로 쳐 죽이기로 결정한다. 그리고 살아남은 벤야민 사람들과 화해하고 그들에게 그 처녀들을 아내로 내준다(판관 21,4~14). 아직도 여자들이 부족하다. 즉 벤야민 사람들에게 실로에서 축제가 열리는 기회에 여자들을 납치하도록 허락한다(판관 21,15~23).

여호수아기에서처럼 백성은 열두 지파로 이루어져야 한다는 이상을 다시 만나게 된다. 몰락하는 것도 본다. 모두가 함께 싸운 정복 전쟁에서부터 소름 끼치는 범죄로 인해 하나의 지파가 사라질 위험과 더불어 형제를 살해하는 전쟁에 이르게 된다.

마지막으로(판관 21,24~25) 위기의 순간에 하나로 통합된 지파들은 분리되어 저마다 제 상속 재산이 있는 곳으로 돌아간다(판관기의 시작 부분, 곧 2,6에서처럼).

> 그제야 이스라엘 자손들도 저마다 자기 지파와 자기 씨족에 따라 그곳을 떠나 흩어져 갔다. 저마다 그곳을 떠나 자기 상속지로 간 것이다. 그 시대에는 이스라엘에 임금이 없었다. 그래서 사람들은 저마다 제 눈에 옳게 보이는 대로 하였다. (판관 21,24~25)

성경에서 가장 잔인한 이야기들 가운데 하나인 이 이야기는 남자들이 여자들을 어떻게 농락하는지 증언하며, (어쩌면 편집자들 가운데 누군가의 의도 안에서 이미) 일반적으로 또한 특히 여자들에 대한 폭력을 포기하는 것으로 읽혔어야 할 것이다.

간략히 간추리면 다음과 같다.

	레위인 이야기, 한 여자 이야기
19,1~10ㄱ	레위인이 여자를 되찾다(19,1: 임금이 없었다…)
19,10ㄴ~13	레위인이 여부스에서 묵지 않는다
19,14~21	벤야민 지파에 속한 기브아에 도착
19,16~28	밤새도록 폭력
	벤야민 사람들 징벌
19,29~30	레위인이 지파들을 소집하다
20,1~10	미츠파에 집결
20,12~13	벤야민 사람들이 죄인들을 내주지 않는다
20,14~17	전장에 무장 병력
20,18~48	베텔에서 세 번 하느님의 뜻 문의와 세 전투: 벤야민 지파의 패배
	벤야민 지파의 생존
21,1~3	이스라엘이 베텔에서 벤야민 지파가 사라지는 것을 애도
21,4~14	첫 번째 협의와 첫 번째 행동: 벤야민 남자들을 위한 야베스의 여자들
21,15~23	두 번째 협의와 실로에서 여자들 납치
21,24~25	결론(21,25: 임금이 없었다…)

심화를 위한 참고문헌

- Hertzberg, W.W., *Giosuè, Giudici, Rut*(Antico Testamento 9), Paideia, Brescia, 2001(ed. tedesca, ^{6}1985).

- Rizzi, G., *Giudici* (LBPT 7), Paoline, Milano, 2012.
- Soggin, J.A., *Judges* (Old Testament Library), SCM, London, ^{2}1987.

| 제 6 장 | 사무엘기 상권
:사무엘, 사울, 다윗 그리고 왕정의 시작

• 사무엘, 사울 그리고 다윗

우리가 구경과 신명기계 역사 작품에 대해 언급하면서 다양한 책들을 서로 연결하는 큰 줄기들을 이미 검토하였지만, 사무엘기 상권의 독서에 들어가기 전에 이 책의 일부를 능가하는 설화군을 언급할 필요가 있다.

판관 시대 말과 왕정 초기 사이에 세 명의 주인공, 곧 사무엘, 사울 그리고 다윗에게 있었던 일이 겹친다. 사무엘은 예언자로 남고 판관으로서의 기능을 포기한다(1사무 12). 그는 첫 번째 임금 사울(1사무 8~12)과 두 번째 임금 다윗(1사무 16)의 선택에 함께한다. 그는 예언자로서 죽을 때까지 첫 두 임금 옆에 남아 있으며(1사무 25,1), 사울에게는 죽은 다음에도 나타난다(1사무 28). 사울은 다윗을 왕실로 끌어들이지만, 곧바로 고칠 수 없는 분쟁에 들어간다.

세 인물이 모두 등장하는 장들을 도표로 표시하면 다음과 같다.

사무엘	1사무 1~25(28)					
사울		1사무 9~31				
다윗			1사무 16 ~ 1열왕 2			

앞에서 언급한 바와 같이 사울의 역사는 처음에는 판관 시대에서 임금들의 시대로 넘어가는 전이 과정에(1사무 8~12), 이어서 2사무 1장에서 영웅적 죽음을 애도하는 다윗에게 있었던 일에(1사무 16~31) 위치해 있다. 아들 요나탄과 함께 1사무 13~15에서 주인공이다. 그리고 다윗에 대해서는 1열왕 2장까지 이야기한다. 일반적 구성을 도표로 제시하면 다음과 같다.

• 사무엘과 첫 두 임금

제1부(1사무 1~12)

사무엘과 왕국의 초기

1) 사무엘, 엘리 그리고 궤(1사무 1~7)

2) 사울과 사무엘: 단일 왕정의 시작

제2부(1사무 13~15)

승리하는 임금, 그러나 하느님이 거부한 임금 사울

제3부(1사무 116 ~ 1열왕 2)

다윗 역사

• 사제, 판관 그리고 예언자 사무엘

사무엘은 성전에서 봉사하는 젊은이로, 예언자요 판관으로 탁월하다. 다른 판관 중에는 드보라만이 예언자이기도 하다. 탄생 이야기(1사무 1,1~2,11)는 사무엘을 실로의 성전과 연결한다. 당시 실로에는 계약 궤가 있었다. 주님의 부르심이 그를 예언자로 만들고(1사무 3) 드보라처럼 사법권을 행사하고 전쟁에서 백성을 이끈다(판관 7).

그러므로 판관 시대는 사무엘에 이르기까지 판관기 이후에도 계 속되며(1사무 7,6.15~16), 사무엘은 자기 아들들을 이스라엘의 판관으로 내세운 뒤에(1사무 8,1) 장엄한 고별사로 이와 같은 자신의 직무를 내려놓는다(1사무 12). 그러나 "사무엘은 살아 있는 동안 내내 이스라엘을 위하여 판관으로 일하였다"(1사무 7,15)는 주장도 주목할 필요가 있다. 엘시 사제 역시 사무엘 이전에 판관으로 여겨졌다(1사무 4,18).

판관 삼손의 경우처럼, 그의 탄생은 상세하게 이야기된다(1사무 1,1~2,11). 판관 기드온처럼, 그의 부르심을 이야기하는데, 이 경우 예언자로 부르심을 받는다(1사무 3). 판관 드보라와 같은 예언자로서 그는 드보라처럼 통상적으로 판관으로 일한다(1사무 7,15~17). 전사 판관들의 경우에서처럼 필리스티아인들의 억압이 있고(판관 4) 승리를 예고하는 백성의 탄식이 있다(1사무 7,2). 판관 입타 시대처럼 백성이 회개한다(1사무 7,3~6). 사무엘은 전투에 참여하지 않고 희생 제물을 바치지만, 주님이 필리스티아인들을 패배시키신다(1사무 7,7~14).

판관기의 역사와 사무엘의 (더욱 광범위한) 역사 사이에 유사성을 확인하는 데에는 이러한 관찰로 충분하다. 그러나 이번에는 제도가 계속 이어지지 않는다. 사무엘의 자녀들은 부적절하고, 이전 판관의 자녀들이라는 사실은 직무의 성격에 반대된다. 우리가 살펴본 것처럼 왕조의 원칙은 바로 임금들의 경우이며 매번 위기의 순간에 권한을 받는 것은 판관들의 경우이다. 사무엘 자신이 왕권으로 나아가는 데 주도적 역할을 한다(1사무 8~12).

사무엘의 역사를 다음과 같이 세분할 수 있다.

	1사무 1~12
	판관들의 끝, 왕국의 시작
	1) 사무엘, 엘리 그리고 궤
	사무엘의 기원
1,1~2,11	사무엘의 탄생
2,12~36	사무엘과 엘리의 아들들
3	사무엘이 예언자가 되다
	패배에서 승리로
4	이스라엘의 패배와 궤를 빼앗김
5,1~7,1	승리. 판관 사무엘
	2) 사울과 사무엘: 단일 왕정의 시작
8	라마에서 임금을 요구하다
9,1~10,16	암나귀들을 찾아나선 사울이 임금으로 도유되다
10,17~27	미츠파에서 사울이 임금으로 뽑혀 선언되다
11	암몬족과 싸워 승리한 사울이 길갈에서 왕위에 오르다
12	사무엘의 고별사

• 불임 여자가 아기를 낳다

이사악(창세 17; 18)이나 삼손에게서 볼 수 있는 것처럼 설화자는 탄생 예고의 문학 유형을 사용하지 않는다. 그러나 설화자는 정교한 방식으로 완전히 재작업하면서 아기를 낳지 못하는 어머니의 기도와 사제 엘리의 개입을 이야기한다. 엘리는 자각하지 못하는 하느님의 도구로서 그녀에게 확신을 준다. 불임의 극복은 사무엘의 어머니(삼손의 어머니처럼)를 성조 사라와 라헬과 르베카와 나란히 놓으며 하느님의 개입을 드러낸다.

사무엘의 아버지에게는 아내가 둘 있었다. 한 아내의 이름은 한나이고 임신을 하지 못하는 여자였고, 다른 아내에게는 아이들이 있었다. 그는 실로로 순례를 갔다. 이야기는 해마다 실로에 가서 예배와 제사를 드리는 이러한 관습을 기억하면서 점진적으로(1사무 1,1~8) 아기를 갖게 해 달라는 한나의 기도가 승낙되는 것을 보는 저 특별한 해로 나아간다(1사무 1,9~18). 아들이 태어나자 젖을 뗀 다음 아들을 성전 봉사에 맡긴다(1사무 1,19~2,11). 히브리어에 서는 사무엘이라는 이름과 우리말에서 "청하다"로 번역한 동사 사이에 어원학적 언어유희가 있다.

> 제가 기도한 것은 이 아이 때문입니다. 주님께서는 제가 드린 청을 들어 주셨습니다. 그래서 저도 아이를 주님께 바치기로 하였습니다. 이 아이는 평생을 주님께 바친 아이입니다." (1사무 1,27~28)[10)]

10) 〔옮긴이 주〕 우리말 『성경』 대신, 지은이의 의도를 존중하여 이탈리아어 문장을 직역하면 다음과 같다. "제가 기도한 것은 이 아이 때문입니다. 주님께서는 제가 드린

이러한 언어유희는 사울이라는 이름에 더 잘 어울린다. 그러면 두 인물 사이에 있을 긴장을 예고한다(그리고 어쩌면 본디 사울의 탄생에 관한 이야기가 있었을 것이다).

한나는 자신의 노래(1사무 2,1~10)로 주님을 찬양한다. 주님께서 그녀의 불임을 낫게 해 주셨고 모두의 운명을 바꿀 능력을 지니고 계시며 겸손한 이들을 높이시기 때문이다. 끝에 가서 임금에 대해 말하면서 이 책의 중심 주제를 예고한다(1사무 2,10). "주님께서는 당신 임금에게 힘을 주시며 기름부음받은이의 뿔을 높이신다." 임금은 기름부음을 받는 의식을 통해 직무를 받는다. 히브리어에서 "기름부음받은이"라는 이 히브리어 용어는 "메시아"로 들리며 그리스어에서는 "그리스도"이다.

• 사제들의 솥

엘리의 아들들은 비난받아 마땅한 방식으로 사제직을 이용하며(1사무 2,12~17), 아버지가 그들을 꾸짖지만 소용이 없다(1사무 2,22~25). 이에 반해 사무엘(1사무 2,18~21.26)은 "주님과 사람들에게 총애를 받으며" 무럭무럭 자라났다(1사무 2,26).

하느님의 사람이 엘리를 찾아와서 무시무시한 징벌(1사무 2,27~36)과 사제직이 새로운 집안에 맡겨질 것이라고 예고한다. "나는 믿음직한 사제 하나를 일으키리니, 그가 내 마음과 생각에 따라 행동할 것이다. 내가 믿음직한 집안을 그에게 일으켜 주고,

청을 들어 주셨습니다. 그래서 저도 주님께서 아이를 청하게 합니다. 이 아이는 평생 주님께서 청하신 아이입니다"(1사무 1,27~28).

그가 나의 기름부음받은이 앞에서 언제나 살아가게 하겠다"(1사무 2,35). 이 신탁은 극히 중요한 것은 아니라 하더라도 적어도 다윗에 대한 2사무 7장의 신탁에 버금간다. 왕족이 있듯이 사제 집안이 있다. 익명의 이 하느님의 사람의 신탁은 사무엘이 예언자로 정해질 때 받은 신탁으로 확인된다(1사무 3).

엘리의 후손에게 선언된 이 신탁들의 실현을 보기 위해서는 솔로몬을 기다려야 한다. 이 장들(1사무 1~4)과 다른 구절들(1사무 14,3; 22,10~20)에서 출발하여 엘리의 후손을 재구성할 수 있다. 즉 엘리는 두 아들, 곧 호프니와 피느하스를 두었다. 피느하스에게는 두 아들, 곧 이카봇(1사무 4,21)과 아히툽(1사무 14,3)이 있다. 아히툽의 아들들 가운데 하나가 에브야타르라는 이름의 아들을 둔 아히멜렉이다(1사무 22,10~20). 사울은 엘리의 자손을 전멸시키는데, 이 에브야타르가 살아남아 다윗의 추종자가 된다. 왕위 계승의 순간(1열왕 1) 에브야타르는 아도니야를 지지하고, 차독 사제는 솔로몬을 지지한다. 그래서 솔로몬은 에브야타르를 주님의 사제직에서 내쫓는다(1열왕 2,26~27). 이렇게 해서 차독 계열이 인정을 받는다(여기서 차독인들과 사두가이인들을 상기한다). 이야기는 명백히 1사무 2~3장을 가리킨다. "그런 다음 솔로몬은 에브야타르를 주님의 사제직에서 내쫓았다. 그리하여 주님께서 실로에 있는 엘리 집안을 두고 하신 말씀이 그대로 이루어졌다"(1열왕 2,27).

한나가 사무엘의 탄생을 기원할 때 함께 있었던 엘리는 사무엘이 주님의 목소리를 알아듣도록 도와준다. 주님은 엘리 집안을 거슬러 신탁을 주시면서 동시에 사무엘을 예언자로 만드신다(1사무 3).

• 필리스티아인들과 하느님의 궤

계약 궤를 갖는 것은 자기들의 손에 주님을 소유하는 것을 뜻한다는 잘못된 믿음으로 현혹된 이스라엘인들은 필리스티아인들에게 패배하고 궤를 빼앗긴다(1사무 4). 이 소식을 듣고 엘리는 죽는다. 20년 후 사무엘이 판관으로서 이스라엘에 승리를 가져다줄 때 패배는 역전된다(1사무 7,2~14). 패배와 승리는 에벤 에제르와 연결되어 있다.

그동안 계약 궤를 소유하고 있다는 환상에 빠진 필리스티아인들은 질병으로 고통을 받으며 궤를 이스라엘로 돌려보낼 수밖에 없었다. 궤는 이야기의 주인공이며 키르얏 여아림에 도착할 때까지 스스로 움직이는 것 같다(1사무 5,1~7,1).

실로의 성전과 엘리의 사제 가문은 마지막에 이른다. 사무엘의 활동에 관한 요약(1사무 7,15~17)은 왕정으로의 이행을 준비한다.

• 사무엘과 왕정의 시작

사무엘의 아들들이 판관이 되었지만 그들의 결점과 다른 민족들처럼 되고 싶은 염원은 이스라엘 자손들로 하여금 임금을 요구하게 한다(이미 기드온 시대에 그러했던 것처럼). 주님은 마지못해 사울을 통해 임금을 주신다(1사무 8~12). 이야기는 어떤 부분에서는 왕국에 호의적이지만, 비호의적 부분도 있다.

사화	I	II	III	IV
	임금 요구	도유된 임금 사울	임금으로 뽑힌 사울	사울이 임금으로 선언되고 사무엘 고별사
반왕정 계층	8		10,17~27	12
친왕정 계층		9,1~10,16		11

최종 이야기는 다양한 자료들과 다양한 목소리들을 어느 정도 자연스럽게 배열한다. 즉 백성이 임금을 요구하고, 사무엘이 은밀하게 사울에게 기름을 붓고, 그런 다음 뽑기를 통해 사울을 공적으로 제시하며, 끝으로 암몬족을 물리치고 승리한 사울을 진영에서 새 임금으로 환호한다. 이 기회에 사무엘은 고별사를 내놓는다(1사무 11,14~15에서 그 맥락이 제공된다). 그러나 여러 시대와 군중의 경향(또한 어쩌면 신명기계 신학자들 사이에 논쟁으로 인하여)으로 인해 긴장이 남아 있다. 왕정에 비호의적 본문들도 있고(1사무 8; 12; 10,17~27의 일부), 호의적 본문들도 있는데, 더욱 황당한 예언 형태로(1사무 9,1~10,16) 또는 더욱 실제적이며 판관들에 관한 이야기 문체로 되어 있다(1사무 11). 이 밖에도 기름부음, 뽑기, 환호는 사울의 왕위 즉위에 관한 세 개의 전통이라고 생각할 수 있다. 더욱 간략하면서도 사실적 방식으로 "사울은 이스라엘의 왕권을 차지하고 나서"(1사무 14,47)라고 말하기도 한다.

• 왕정에 반대하여

왕정을 부정하는 본문들에서 백성의 요구는 하느님의 왕권을 거부하는 것으로 여겨졌다. 그래서 주님께서 사무엘에게 말씀하셨다. "백성이 너에게 하는 말을 다 들어 주어라. 그들은 사실 너를 배척한 것이 아니라 나를 배척하여, 더 이상 나를 자기네 임금으로 삼지 않으려는 것이다"(1사무 8,7). 임금의 권한은 특히 사물과 사람을 사용하고 부리는 권한이며(1사무 8,11~18) 그의 권력의 무게는 원수들의 그것과 같을 것이다. "그제야 여러분은 스스로 뽑은 임금 때문에 울부짖겠지만, 그때에 주님께서는 응답하지 않으실 것이오"(1사무 8,18). 이와 반대로 사무엘은 자신을 위해 아무것도 취하지 않았음을 자랑할 것이다(1사무 12,3~5). 뽑기 이야기(1사무 10,17~27)는 몇몇 표현을 제외하면 명백히 8장과 12장과 연결된다.

고별사를 한 사무엘은 금방 죽는 것이 아니라, 중재자요 예언자로 남으면서도 임금에게 백성의 인도를 맡기는 시간에 함께한다. "나 또한 여러분을 위하여 기도하기를 그치거나 하여 주님께 죄를 짓지는 않을 것이오. 그리고 나는 여러분에게 좋고 바른 길을 가르쳐 주겠소"(1사무 12,23).

이집트 탈출부터 오늘에 이르기까지 주님이 베풀어 주신 은혜를 이야기하는 것(1사무 12,6~12)은 배은망덕한 백성에 대한 심판을 선언하는 것이기도 하다. 문학적 관점에서 볼 때, 몇몇 사건들을 요약하면서 판관 시대를 적절하게 마감한다.

임금을 요구한 죄에도 불구하고 주님은 당신 백성이 만약 사랑으로 당신을 섬긴다면 그들을 버리지 않으신다(1사무 12,10~25),

미래를 위해 두 가지 결과를 지닌 계약 규정이 유효하다(1사무 12, 14~15.24~25).

> 만일 여러분이 주님을 경외하여 그분을 섬기고 그분의 말씀에 순종하며 주님의 명령을 거역하지 않으면, 여러분뿐 아니라 여러분을 다스리는 임금도 주 여러분의 하느님을 따르게 될 것이오. 그러나 여러분이 주님의 말씀에 순종하지 않고 주님의 명령을 거역하면, 주님의 손이 여러분과 여러분의 임금을 치실 것이오. (1사무 12,14~15)

마지막 말은 중차대한 경고이다. "그러나 만일 여러분이 여전히 악행을 일삼는다면, 여러분도 여러분의 임금도 모두 쫓겨날 것이오"(1사무 12,25).

• 사울이 아버지의 암나귀들을 찾다가 왕국을 발견하다

암나귀 이야기는 족보로 시작한다(1사무 9,1: 1사무 1,1에서 사무엘의 족보와 같이). 잃어버린 암나귀를 찾는 일상사가 예기치 않은 방향으로 나아간다. 즉 사울이 사무엘을 만나고, 사무엘은 기름부음을 통해 그를 임금으로 세운다. "사무엘은 기름병을 가져다가, 사울의 머리에 붓고 입을 맞춘 다음 이렇게 말하였다. '주님께서 당신에게 기름을 부으시어, 그분의 소유인 이스라엘의 영도자로 세우셨소'"(1사무 10,1).

역사는 말과 만남과 표징을 통해 하느님의 지시로 풍부하다.

이미 판관들에게 그러했던 것처럼 주님의 영이 사울에게 들이닥친다(1사무 10,6.10). 왕권에 대한 단죄가 전혀 없다.

기드온과 다윗처럼, 사울은 아주 작은 것도 위대한 것도 가지고 있다. 다윗처럼, 사울은 또한 빼어난 용모로 다른 사람들과 구별되지만(1사무 9,2), 다음과 같이 선언한다. "그렇지만 저는 이스라엘의 지파 가운데에서도 가장 작은 벤야민 지파 사람이 아닙니까? 그리고 저의 가문은 벤야민 지파의 씨족들 가운데에서도 가장 보잘것없습니다"(1사무 9,21). 사울은 암몬족의 사화에서도 밭에서 오며(1사무 11,5), 다윗은 목자이다.

암몬족의 공격(1사무 11,1)은 판관 시대의 대표적 상황으로 우리를 데려간다. 무엇보다도 그들 가운데 몇 사람처럼 사울에게 주님의 영이 들이닥친다(1사무 11,6). 그러나 승리는 이 경우 왕정의 시작을 가져다준다.

• 왕국의 형세와 왕조의 원칙

이야기로 계속 이어가기 전에, 앞에서 지적한 바와 같이 여러 시대로 세분되는 임금 시대를 제시하고자 한다. 즉 사울과 다윗과 솔로몬의 통일 왕국 시대와 유다 왕국과 이스라엘 왕국이 나란히 공존하는 역사의 분열 왕국 시대를 지적할 수 있다. 살아남은 왕국은 유다 왕국이다.

- **통일 왕국**(1사무 13 ~ 1열왕 11): 사울, 다윗, 솔로몬
- **두 왕국**(1열왕 12 ~ 2열왕 17): 유다 임금과 이스라엘 임금

• 유다 왕국만 존재(2열왕 18~25): 유다 임금

판관과 임금의 차이는 특히 선택 기준에서 주어진다. 곧 판관은 위험의 순간에 하느님에 의해 세워지고, 임금은 계승 권한으로 왕위에 오른다. 명백히 왕조의 시작은 또 다른 원칙을 가지고 있다. 즉 사울과 다윗의 경우처럼 하느님의 선택으로 시작되거나 또는 이스라엘 왕국 임금들의 여러 경우처럼 권력 장악으로 시작된다.

앞에서 우리는 사울의 선택이 여러 목소리로 이야기되며 어느 정도 군주제에 호의적이라는 것을 살펴보았다. 여하튼 사울은 하느님에 의해 선택되었다. 그렇지만, 나중에 보게 되겠지만, 하느님께서 사울을 내치시고 다윗으로 대체하시는 일이 일어난다. 이와 달리 솔로몬은 아무런 갈등 없이 다윗의 아들로 왕위에 오른다.

솔로몬 이후에 왕국이 분단된다. 즉 북쪽에는 이스라엘 왕국이, 남쪽에는 유다 왕국이 들어선다. 북 왕국에는 다양한 왕조가 번갈아 일어나며, 남 왕국에는 항상 다윗 왕조가 그대로 유지된다.

• 왕국의 문학적 틀

거의 모든 임금의 경우, 왕국 이야기는 도입문과 결어를 틀로 삼고 있다. 그것은 임금에 관해 정보를 제공하는 처음 요약과 마지막 요약이다. 이러한 문학적 틀을 통하여 신명기계 신학자는 왕실 기록물이나 다른 원천들에서 가져온 자료들에서 출발하여 임금의 역사를 구성하였고, 임금에 관해 계약 신학에서 영감을 받은 평가를 표현한다.

분단 왕국 시대를 위해 사용된 도식을 보도록 하자. 여기서 요약하는 말은 북 왕국과 남 왕국의 연대기를 연결하는 데에도 소용이 된다. 틀은 흔히 이러한 정보들을 제공한다.

도입적 요약
이름과 아버지 이름
왕위 즉위 연대: 다른 왕국과 동시에
왕위 즉위 때 임금의 나이(단지 유다 임금들의 경우)
왕국의 지속 시간
어머니 이름(단지 유다 임금들의 경우)
신학적 판단

결론적 요약
이름
임금에 관한 다른 본문을 지적(다른 일들에 대한 암시)
임금에 관한 다른 정보(가끔)
죽음 소식
무덤 소식(더욱 빈번하게 유다 임금들의 경우)
계승 소식: 계승자 이름(흔히 "그의 아들" 첨가)

• 왕국의 문학적 틀의 시작

도입적 요약의 첫 번째 소식은 임금의 이름과 그의 아버지 이름에 덧붙여 유다(또는 이스라엘) 임금이 왕위에 오르는 해이다. 그 해는 이스라엘(또는 유다) 통치 임금의 왕국 햇수를 계산하여 산정된다. 예를 들어, 유다 임금 아사에 대하여 그 당시 이스라엘 임금 예로보암의 통치 연도를 바탕으로 계산하면서 처음에 왕위에 오른 해를 지적한다. "이스라엘 임금 예로보암 제이십년에 아사가 유다의 임금이 되어"(1열왕 15,9). 이처럼 예로보암이 죽을 때까지 유다 임금들로 계속 나아가며, 그런 다음 유다 임금의 해들을 계산하면서 이스라엘 임금들의 통치 시작을 계산한다. 그리고 때로는 한 왕국에 대해, 또 때로는 다른 왕국에 대해 이야기를 번갈아 바꾸어가면서 계속 나아간다. 이스라엘 임금에게서 뽑은 또 다른 예는 다음과 같다. "유다 임금 아사 제삼십팔년에 오므리의 아들 아합이 이스라엘의 임금이 되었다"(1열왕 16,29). 다음의 예들을 참조하라.

이스라엘 임금	유다 임금
예로보암 제십팔년	아비얌이 임금이 되다
예로보암 제이십년	아사가 임금이 되다
나답이 임금이 되다	아사 제이년
바사가 임금이 되다	아사 제삼년
엘라가 임금이 되다	아사 제이십육년
찌므리가 임금이 되다	아사 제이십칠년
오므리가 임금이 되다	아사 제삼십일년
아합이 임금이 되다	아사 제삼십팔년
아합 제사년	요사팟이 임금이 되다
아하즈야가 임금이 되다	요사팟 제십칠년

왕국 제일년 다음에 왕국의 지속 연도를 언급하며 유다 임금에 대해서만 어머니의 이름을 언급한다. 끝으로, 도입적 요약

의 결론으로 임금에 대한 신학적 평가를 제시한다. 왕국의 지속 기간에 대해서는 햇수를 지적하거나 또는 왕국이 일 년 이내로 끝이 나면, 지속 날 또는 달을 지적한다.

유다의 여호람과 이스라엘의 아합의 예를 보도록 하자. 요약의 요소들을 별표로 표시한다.

> [16]이스라엘 임금, 아합의 아들 요람 제오년에* 여호사팟
> 이 유다의 임금으로 있을 때, 유다 임금 여호사팟의 아들 여
> 호람이 임금이 되었다.* [17]여호람은 서른두 살에 임금이 되
> 어*, 예루살렘에서 여덟 해 동안 다스렸다. [18]여호람은 아합
> 의 딸을 아내로 맞아들였기 때문에, 아합 집안이 하던 대로
> 이스라엘 임금들이 간 길을 걸어, 주님의 눈에 거슬리는 악
> 한 짓을 저질렀다. [19]그러나 주님께서는 당신 종 다윗을 생
> 각하시어, 유다를 멸망시키려고 하지는 않으셨다. 일찍이 다
> 윗과 그 자손들에게 영원히 등불을 주시겠다고 말씀하셨기
> 때문이다. (2열왕 8,16~19)

> [29]유다 임금 아사 제삼십팔년에 오므리의 아들 아합*이
> 이스라엘의 임금이 되었다. *오므리의 아들 아합은 사마리아
> 에서 스물두 해 동안 다스렸다. *[30]오므리의 아들 아합은 그
> 이전의 어떤 임금보다 더 주님의 눈에 거슬리는 악한 짓을
> 저질렀다. [31]아합은 느밧의 아들 예로보암의 죄를 따라 걷는
> 것만으로는 모자랐던지, 시돈 인들의 임금 엣바알의 딸 이제
> 벨을 아내로 맞아들였을 뿐만 아니라, 바알에게 가서 그것을
> 섬기고 예배하기까지 하였다. [32]그는 사 마리아에 세운 바알

신전에 바알을 위하여 제단을 세웠다. [33]또 아합은 아세라 목상도 만들고 그보다 더한 짓을 하여, 그 이전의 어떤 이스라엘 임금보다 더 주 이스라엘의 하느님의 분노를 돋우었다.

(1열왕 16,29~33)

• 왕국의 문학적 틀의 결론

결론적 요약은 독자에게 임금에 대해 언급하는 다른 본문들을 읽게 한다. 아마 열왕기의 바로 그 원천들일(적어도 부분적으로는) 것이다. "유다 임금들의 연대기"와 "이스라엘 임금들의 연대기"에 대해 언급하지만, 이는 성서 안에 들어 있는 역대기가 아니라 왕실의 공적 기록물이다. 임금의 다른 일들에 대해서도 언급한다. 때로는 임금에 관한 이야기에 들어 있는 소식들에 어떤 소식을 덧붙인다(예를 들어 아사 임금의 경우 질병에 대해 기억한다).

그런 다음 임금의 죽음에 대해 기억하고 유다의 임금들에 대해서는 무덤을 기억한다. 끝으로, 계승자의 이름(과 죽은 임금의 아들의)을 언급한다.

아사 임금과 아합 임금에 관한 이야기에서 뽑은 두 가지 예를 살펴보도록 하자. 별표와 함께 다양한 요소들을 분리할 수 있다.

[23]아사의 나머지 모든 행적과 모든 무용, 그리고 그가 한 모든 일과 그가 세운 성읍들에 관한 것은 유다 임금들의 실록에 쓰여 있지 않은가? *그런데 그는 늘그막에 발에 병이 났다. *[24]아사는 조상들과 함께 잠들어, *자기 조상 다윗의 성에

조상들과 함께 묻히고, 그의 아들 여호사팟이 *그 뒤를 이어 임금이 되었다. (1열왕 15,23~24)

39아합의 나머지 행적과 그가 한 모든 일, 그가 세운 상
아 궁과 그가 세운 모든 성읍에 관한 것은 이스라엘 임금들
의 실록에 쓰여 있지 않은가?* 40아합이 자기 조상들과 함께
잠들자*, 그의 아들 아하즈야가 그 뒤를 이어 임금이 되었다.
(1열왕 22,39~40)

• 사울

우리가 앞에서 살펴본 바와 같이 사울 역사의 시작(1사무 9,1~10,16)은 암몬족과 싸워 이긴 그의 승리와 함께(1사무 11) 왕국의 기원에 관한 신명기계 틀 안에 들어 있다(1사무 8; 10,17~27; 12). 그런 다음 그는 다윗에 비해 이차적 인물이 된다(1사무 16부터).

그러므로 나머지 부분에서 더욱 엄밀한 의미에서 주인공이다(1사무 13~15).

사울의 역사

1사무 8~12	주님이 사울을 임금으로 선택
13,1 13,2~14,46 14,47~52	왕국에 대한 도입적 요약 필리스티아인들과 싸운 사울과 요나탄: 주님이 사울 거부 요약과 명단

15	아말렉과 싸운 사울: 주님이 사울 거부
16~31 2사무 1	다윗과의 분쟁 그리고 죽음 다윗이 사울과 요나탄에 대해 애도

시작 부분(1사무 13,1)은 왕국에 대한 요약이며 우리가 열왕기에서 발견하게 될 것들보다 더 짧다. 무엇보다도 본문에 약간의 어려움이 있다. 좀 더 뒤에서(1사무 14,47~52) 그의 승리와 가족에 관한 짤막한 다른 소식들도 보게 되는데, 이는 왕실 조직(군대의 장수와 함께)의 시작도 된다. 사울은 실패로 인해 하느님에게 거부되었다는 사실이 두 번 서술된다. 이것이 전쟁 이야기들에서 공통되는 점이며 군주제의 계승 역사 발전을 위한 핵심적인 점이다.

필리스티아인들과의 전쟁(1사무 13,2~14,46)은 암나귀 이야기와 연결되어 있다. 사무엘이 정한 약속(1사무 10,8)을 사울이 정확하게 지키지 않았다(1사무 13,7ㄴ~15). 그래서 사무엘을 통해 하느님이 꾸짖으시며 벌써 다른 임금이 예고된다.

> 임금님은 어리석은 일을 하셨고, 주 임금님의 하느님께서 내리신 명령을 지키지 않으셨습니다. 그것을 지키셨더라면 지금쯤 주님께서 이스라엘을 다스리는 임금님의 왕국을 영원히 굳세 세워 주셨을 터인데, 이제는 임금님의 왕국이 더 이상 서 있지 못할 것입니다. 주님께서 명령하신 것을 임금님이 지키지 않으셨으므로, 주님께서는 당신 마음에 드는 사람을 찾으시어, 당신 백성을 다스릴 영도자로 임명하셨습니다. (1사무 13,13~14)

설화자는 승리를 거두고 또 아버지보다 더 슬기로운 것 같은 사울의 아들 요나탄을 선호한다.

아말렉족과의 전쟁(1사무 15)은 사무엘을 통해 주님이 명하셨다. 사울은 완전 봉헌물(우리가 여호수아기에서 만났던)로 바치라는 명령을 정확하게 실행하지 않는다. 앞의 경우와 마찬가지로 의도적 불순종이 아니라, 하느님의 뜻을 부정확하게 실행한 것이다. 사무엘은 성서 예언의 기초를 상기시킨다.

> 주님의 말씀을 듣는 것보다 번제물이나 희생 제물 바치는 것을 주님께서 더 좋아하실 것 같습니까? 진정 말씀을 듣는 것이 제사드리는 것보다 낫고 말씀을 명심하는 것이 숫양의 굳기름보다 낫습니다. (…) 임금님이 주님의 말씀을 배척하셨기에 주님께서도 임금님을 왕위에서 배척하셨습니다.
>
> (1사무 15,22~23)

하느님의 거부와 그 이후에 발생하는 다윗과의 분쟁은 사울로 하여금 비극적 인물이 되게 한다. 왜냐하면 그것은 선택된 뒤에 곧바로 취소되었기 때문이기도 하다. 그에게 일어난 사건에서 백성의 역사의 몇몇 순간들을 돌아보게 된다. 예컨대 계약 체결 뒤에 즉시 계약 파기(탈출 32~34)와 판관 시대에 백성이 다시 악에 떨어지는 주기를 반성하게 된다.

하느님의 뜻을 실은 다음의 두 분문 사이의 긴장에 주의를 기울이자.

> 주님의 말씀이 사무엘에게 내렸다. "나는 사울을 임금

으로 삼은 것을 후회한다. 그는 나를 따르지 않고 돌아섰으며 내 말을 이행하지 않았다." (1사무 15,10~11)

이스라엘의 영광이신 분은 거짓말을 하시거나 뜻을 바꾸시는 분이 아니십니다. 그분은 사람이 아니시기에 뜻을 바꾸지 않으십니다. (1사무 15,29)

- **다윗의 역사**

다윗은 성서의 위대한 주인공이며 성서는 그에게 많은 지면을 할애하고 역대기에서도 그에 대해 언급한다. 구경에서 모세에 이어 두 번째로 중요한 인물이다. 모세의 역사를 서술하지 않는 역대기에서 한층 더 중요한 인물이다. 1사무 16장에서 1열왕 2장에 이르기까지 그의 역사는 두 개의 큰 대목으로 나눌 수 있다.

첫 번째 대목은 어떻게 사울을 대신하여 왕좌에 오르게 되었는가를 이야기한다. 우리는 하느님이 그를 선택하셨음을 즉시 알게 되고 따라서 독자는 다음과 같이 묻는다. 즉 다윗이 어떻게 임금이 되는가? 설화자는 다윗에게 한결같이 호의적이며, 어떻게 원수들을 죽이지 않는지, 필리스티아인들과 협정을 맺을 때 이스라엘과 한 번도 싸우지 않는 이유는 무엇인가? 우리는 이 단락의 제목을 "사울 왕좌에 오른 다윗의 계승 역사"라고 붙일 수 있겠다. 이 단락은 1사무 16장부터 2사무 8장까지 포함한다. 그러나 2사무 5장부터 2사무 8장까지의 장들은 두 단락을 연결하는 다리로 생각할 수 있다. 즉 첫 번째 단락을 마감하고 두 번째 단락을 도입한다.

두 번째 단락(2사무 9장부터 1열왕 2장까지)은 "자녀들 가운데 누가 다윗을 계승할 것인가?"라는 질문에 대답한다. 이 단락은 "다윗 왕좌 계승 역사"라고 제목을 붙일 수 있다. 첫 번째 단락에서 다윗은 숙련된 사람으로 나약함을 보이지 않고 활동하지만, 두 번째 단락에서는 더욱 어려움에 처한 것으로 보인다. 첫 번째 단락에서 설화자는 사울의 감정과 혼란을 우리에게 보여 주지만, 다윗은 언제나 자신을 통제하는 인물로 제시한다. 그러나 두 번째 단락에서는 다윗의 감정과 망설임을 드러낸다.

다윗의 역사

첫 번째 단락(1사무 16 ~ 2사무 8)
사울 왕좌에 오르는 다윗의 계승 역사
두 번째 단락(2사무 9 ~ 1열왕 2)
다윗 왕좌에 오르는 계승 역사

• 다윗과 사울

다윗은 사무엘에게 기름부음을 받은 임금이지만(1사무 16,1~13), 많은 일이 있고 나서 비로소 유다 왕좌(2사무 2)와 이스라엘 왕좌(2사무 5)에 오른다. 사울은 다윗을 왕실로 맞아들이지만, 그런 다음 그를 미워하여 도망갈 수밖에 없도록 하여 처음에는 왕국 안에서(필리스티아인들 곁에서 갓과 모압에 있을 때의 단계를 예외로 하면), 그리고 다음에는 필리스티아인들에게 피신한다. 다음 도표는 이러한 단계를 요약한 것이다.

1사무 16,1 ~ 19,17	1) 사울 왕실의 다윗
1사무 19,18 ~ 26,25	2) 다윗이 사울을 피해 왕국의 변방에 피신
1사무 27 ~ 2사무 1	3) 다윗은 사울이 죽을 때까지 필리스티아인들에게 피신

• **목자에게 기름을 붓다**

다윗의 도유(1사무 16,1~13)는 그가 왕좌에 오르는 이야기뿐 아니라, 그의 역사 전체의 서막으로 여겨질 수 있다. 독자는 즉시 누가 새 임금이 될 것인지 안다. 사무엘은 사울을 화나게 하지 않으려고 은밀하게 움직인다. 주님의 선택은 성경의 일반적 기준에 따라 이사이의 아들들 가운데 가장 어린 아들에게 떨어진다. 예를 들어, 이스라엘은 모든 민족들 가운데에서 그 인구가 가장 적은 백성이며(신명 7,7), 야곱은 에사우 동생이다. 우리가 앞에서 살펴본 것처럼, 기드온과 사울 역시 직무를 시작하는 순간 가장 보잘것없는 사람이라고 선언한다. 사울은 암나귀들을 찾기 위하여 "소를 몰고 밭에서 오다가"(1사무 11,5) 암몬을 공격하기 전에 기름부음을 받았다. 다윗은 목자로서 기름부음을 받고 골리앗을 상대한다. 즉 하느님은 일상적 조건에서 선발된 사람을 일으키신다. 또한 목자의 표상은 백성의 목자인 임금을 상기시킨다는 점을 잊지 말아야 한다.

그러나 사울의 경우처럼 그의 미모에 대한 언급이 있다. "그는 볼이 불그레하고 눈매가 아름다운 잘생긴 아이였다"(1사무 16,12). 생김새에 대한 묘사는 성서에서 흔히 있는 일이 아니며, 이 사화에 서도 다음과 같이 말한다.

> 그러나 주님께서는 사무엘에게 말씀하셨다. "겉모습이나 키 큰 것만 보아서는 안 된다. 나는 이미 그를 배척하였다. 나는 사람들처럼 보지 않는다. 사람들은 눈에 들어오는 대로 보지만 주님은 마음을 본다." (1사무 16,7)

판관들과 사울에게 그러했던 것처럼, 주님의 영이 다윗에게 내리지만, 이제야 비로소 항구하게 머문다고 말한다. 그다음의 사화는 바로 영으로 시작한다.

> 사무엘은 기름이 담긴 뿔을 들고 형들 한가운데에서 그에게 기름을 부었다. 그러자 주님의 영이 다윗에게 들이닥쳐 그날부터 줄곧 그에게 머물렀다. (…)
>
> 주님의 영이 사울을 떠나고, 주님께서 보내신 악령이 그를 괴롭혔다. (1사무 16,23~24)

• 사랑받는 사람, 미움받는 사람

왕실에 입성한 것을 두 가지 방식으로 서술한다. 즉 다윗은 사울 옆에 있기 위하여 음악가요 궁정 관리로 또는 골리앗을 죽인 군대의 장수로 왕실에 들어간다. 사울은 다윗을 시기하여 그를 죽이려고 하며 자신의 딸 미칼을 아내로 주는 대가로 위험천만한 결혼 지참금을 요구하기도 한다. 다윗은 백성에 대한 경탄과 사랑을 지니고 있으며, 대신 중에는 사울의 딸 미칼 외에도 그의 아들 요나탄에 대해 그러하였다. 사울의 이 자녀들이 아버지에게서 다윗을 방어한다.

사랑의 어휘는 열정적 의미뿐 아니라, 정치적 의미도 지니고 있다. 즉 사랑은 권력을 위해 유익한 충성심의 연대성을 표현하고, 하느님과 백성 사이에 또 백성의 구성원들 사이에 연대성을 가리키는 계약 본문들을 생각하게 한다.

사울과 다윗의 만남 이야기에는 정확히 일치하지 않는 점이 더러 있다(그리스어 사본의 몇몇 수사본들은 현저한 차이를 보인다). 즉 젊은 시종 가운데 하나가 다윗을 두고 "그는 비파를 잘 탈 뿐만 아니라 힘센 장사이며 전사로서, 말도 잘하고 풍채도 좋은 데다 주님께서 그와 함께 계십니다"(1사무 16,18)라고 말한다. 그러나 조금 뒤에는 다윗이 무기를 다루는 데 서툰 사람인 듯하다. "그러자 사울은 다윗을 말렸다. '너는 저 필리스티아 사람에게 마주 나가 싸우지 못한단다. 저자는 어렸을 때부터 전사였지만, 너는 아직도 소년이 아니냐?'"(1사무 17,33). 또 다른 상반되는 점은 사울이 골리앗을 대적하는 다윗을 알지 못한다고 고백하지만(1사무 17,55), 사실상 다윗을 이미 왕실에 받아들였다(1사무 16,14~23)는 것이다. 무기에 대해 말하자면, 무릿매는 단지 목자의 무기일 뿐 아니라, 전쟁에서 사용되기도 하였다.

이 사화들을 구분하여 요약할 수 있겠다.

왕실의 다윗

1사무	
16,1~13	다윗에게 기름을 붓다
16,14~23	다윗이 비파를 타는 사람이요 궁정 관리로 왕실에 들어가다
17,1~18,9	다윗이 골리앗을 죽이고 왕실에 들어가다. 다윗과 요나탄
18,10~16	사울이 다윗을 죽이려 하다. 사울과 다윗의 관계에 대한 소식
18,17~29	다윗과 사울의 딸들
18,30~19,7	요나탄이 사울에게서 다윗을 구하다
19,8~17	미칼이 사울(아직도 다윗을 죽이려고 하는)에게서 다윗을 구하다

• 피신하는 다윗

미칼의 도움을 받은 다윗은 왕실에서 피신하여 처음에는 왕국의 영토를 벗어나지 않다가, 결국 필리스티아인들의 신하가 된다. 다윗은 불만에 찬 사람들을 모아 자신의 힘을 강화한다. 필리스티아인들과 협약을 맺었으나 절대로 이스라엘과 싸우지 않으며, 그 자신이 나중에는 그들을 패배시킬 것이다. 그 동안 주님에게 버림을 받은 사울은 다윗을 제거하려고 하며, 필리스티아인들과 부딪친다. 사울은 전쟁에서 패하고 전장에서 죽는다. 요나탄도 죽는다. 마지막이 오기 전에, 그는 절망적으로 하느님의 대답을 들으려 하는 가운데 사무엘의 발현을 본다. 사무엘은 사울에게 끝이 가까이 왔다고 알려 준다. 다윗은 사울과 요나탄의 죽음을 애도한다.

• 만남과 추격

다윗이 왕국에 머물러 있을 때, 다윗이 사무엘과 만나 일정 기간 동안 함께 있은 것을 기억한다. 사울은 다윗을 잡으려고 전령들을 보냈고, 결국 사울 자신이 라마를 향해 나섰다. 그런데 이제 그의 왕국의 시작을 알렸던 하느님의 예언의 영(1사무 10,10~12)이 다윗을 보호한다.

엄중한 사화는 사제들의 살해이다(엘리에 관해 언급하면서 이에 대해 말하였다). 그것은 사울과 주님을 더욱 멀어지게 한다. 그 대신 다윗은 사제들과 예언자들을 자기 곁에 두고, 그 지침을 따른다. 사무엘 외에, 가드 예언자(1사무 22,5)와 에브야타르 사제(1사무 22,20~23부터)가 있다. 사울의 왕권을 존중하여 사울을 살해할 수 있는 기회를 가지고 있으면서도 두 차례 폭력을 행사하지 않는다.

요나탄 역시 다윗에게서 미래의 임금을 알아보며, 자기 후손들에게도 의리를 끊지 말기를 청한다(1사무 20,14~16.42). 다윗과 대화하면서 다음과 같이 말한다. "결국은 자네가 이스라엘을 다스리는 임금이 되고, 나는 자네 다음 자리에 있게 될 것일세"(1사무 23,17).

다윗은 불평이 많은 자들을 모아들여 군대를 만들고, 그들과 함께 권력을 행사한다. 아비가일의 사화에서도 이를 볼 수 있다. 그녀는 여러 아내 가운데 하나가 된다.

다윗이 사울을 피해 변방으로 간다

1사무	
19,18~24	다윗이 라마의 나욧에서 사무엘과 함께 지내다
20,1~21,1	다윗이 요나탄을 만나다
21,2~10	놉의 사제 아히멜렉을 찾아가다
21,11~22,5	이동: 갓, 아둘람의 굴, 모압, 유다 지방
22,6~23	사울이 놉의 사제들을 학살하다
23,1~13	크일라에서
23,14~28	지프 광야에서: 요나탄; 사울이 다윗을 추격하다
24	엔 게디 광야에서 다윗이 사울을 살려 주다
25,1	사무엘이 죽다
25,1ㄴ~44	파란 광야에서: 아비가일
26	지프 광야에서 다윗이 사울을 다시 살려 주다

- **필리스티아인들의 동맹 다윗**

다윗의 장소 이동에는 하나의 반전이 있다.

> 다윗이 마음속으로 생각하였다. '내가 이러다가 언젠가는 사울의 손에 망할 것이다. 그러니 필리스티아인들의 땅으로 가 목숨을 건지는 것보다 더 좋은 방법이 없다. 사울은 나를 이스라엘 영토 안에서만 찾다가 마침내 단념하고 말겠지. 그러면 나는 그 손에서 목숨을 건지게 될 것이다.'
>
> (1사무 27,1)

설화자는 다윗이 필리스티아인들을 섬기면서도 이스라엘과 싸우지 않고 다른 민족들(특히 아말렉족)과 싸운다는 사실을 보여 준다. 이와 나란히, 그는 사울과 요나탄의 패배와 죽음을 가져다 주는 전쟁에 이르기까지 필리스티아인들과 이스라엘 군대의 결집을 서술한다. 다윗은 아말렉족에게서 빼앗은 전리품의 일부를 유다에 보내면서 자신의 귀향을 준비한다. 일어난 사건들에 대한 그의 애도는 사무엘기 제2권을 시작한다.

죽기 전에 하느님에게서 버림을 받은 사울의 비극적 정점은 점쟁이가 불러온 사무엘의 영을 만나는 것이다. 사무엘이 대답하였다.

> 주님께서는 나를 통하여 말씀하신 그대로 너에게 하시어, 이미 이 나라를 네 손에서 빼앗아 네 이웃 다윗에게 주셨다. (…) 주님께서는 너와 더불어 이스라엘도 필리스티아인들의 손에 넘기시어, 내 일이면 너와 네 아들들이 나와 함께 있게 될 것이다. 또한 주님께서는 이스라엘 진영도 필리스티아인들의 손에 넘기실 것이다. (1사무 28,17.19)

다윗과 필리스티아인들

1사무	
27,1~28,2	갓에 있는 아키스와 더불어 살다 (28,1: 필리스티아인들과 이스라엘의 전쟁)
28,3~5	사울이 사무엘을 소환하다
29	다윗이 필리스티아인들에게 배척당하다 (29,1: 필리스티아인들과 이스라엘의 전쟁)
30	다윗이 아말레족을 치다
31	이스라엘의 패배. 사울과 요나탄의 죽음
2사무 1	다윗의 반응과 사울과 요나탄의 죽음에 대한 애도

심화를 위한 참고문헌

- Brueggmann, W., *I e II Samuele*, Claudiana, Trono, 2005(ed. ingl., 1990).
- Gargiulo, M., *Samuele*(NVBTA 8), San Paolo, Cinisello Balsamo (Milano), 2016.
- McCarter, P.K.Jr., *I Samuel*(AB 8), doubleday, New York, 1980.

| 제 7 장 | 사무엘기 하권 :다윗 왕국

• 유다와 이스라엘의 임금 다윗

사무엘기 하권은 사울의 죽음에 관한 소식과 사울과 사랑하는 친구 요나탄의 죽음에 대한 애도로 시작한다. 사울의 뒤를 잇는 다윗의 계승 역사가 계속 서술된다. 우리가 앞 장에서 제시한 도식을 완성하면 다음과 같다.

사울의 왕좌에 오른 다윗의 계승 역사

1사무 16,1~19,17	1) 사울 왕실의 다윗
1사무 19,18~26,25	2) 다윗이 사울을 피해 변방으로 달아나다
1사무 27~2사무 1	3) 다윗이 필리스티아인들 곁에서 피신
2사무 2,1~5,15	4) 다윗이 유다와 이스라엘의 임금이 되다
2사무 516~8,18	5) 승리, 궤, 왕조

줄거리의 다른 요소들을 강조하기 위하여 약간 다르게 구분할 수도 있을 것이다. 예컨대 예루살렘 점령을 5)의 도입으로 생각할 수도 있을 것이다.

2사무 2,1~5,15	4) 다윗이 유다와 이스라엘의 임금이 되다
2사무 516~8,18	5) 예루살렘의 다윗

사울이 죽고 다윗이 유다 지파의 임금이 되며, 이스 보셋(사울 통치 때 이미 군대의 장수인 아브네르가 데리고 있던)은 북쪽 지파들의 임금이 된다. 원수들을 죽이지 않으면서 다윗은 두 왕국의 싸움에서 우세하며 이스라엘의 임금도 된다. 우리는 이스라엘이라는 말이 어떤 경우에는 열두 지파 전체를 가리키기도 하지만, 때로는 유다 지파의 적대자로서 북쪽 지파를 가리킨다는 것을 기억한다. 그러므로 우리는 열두 지파의 통일 왕국이라는 뜻으로 이스라엘 왕국이라고 할 수 있거나, 아니면 유다(남쪽) 왕국과 명확히 구분되는 이스라엘(북쪽) 왕국이라고 말할 수도 있을 것이다. 이야기들 외에, 다윗(과 이스 보셋)의 왕국에 관한 요약적 소식과 목록이 존재한다.

다윗은 예루살렘은 아직 유다의 일부가 아니었던 예루살렘을 정복하고 예루살렘을 수도로 삼으면서 권력 쟁취를 완성한다. 이제 계약 궤를 어떻게 예루살렘으로 옮겨 모시는지에 대해 바로 살펴보도록 하자.

• 두 왕관

다윗은 헤브론에 정착하고 거기서 기름부음을 받는다. "그러자 유다 사람들이 와, 거기에서 다윗에게 기름을 붓고 그를 유다 집안의 임금으로 세웠다"(2사무 2,4). 본문은 짧고 장엄하며 두 번째 기름부음보다 조금 더 풍부하다.

> 이스라엘의 모든 지파가 헤브론에 있는 다윗에게 몰려가서 말하였다. "우리는 임금님의 골육입니다. 전에 사울이 우리의 임금이었을 때에도, 이스라엘을 거느리고 출전하신 이는 임금님이셨습니다. 또한 주님께서는 '너는 내 백성 이스라엘의 목자가 되고 이스라엘의 영도자가 될 것이다' 하고 임금님께 말씀하셨습니다." 그리하여 이스라엘의 원로들이 모두 헤브론으로 임금을 찾아가자, 다윗 임금은 헤브론에서 주님 앞으로 나아가 그들과 계약을 맺었다. 그리고 그들은 다윗에게 기름을 부어 이스라엘의 임금으로 세웠다.
>
> (2사무 5,1~3)

하느님 편에서 왕국을 합법화하는 예언자요 사제의 모습과 함께 우리는 이 단락에서 하느님의 뜻을 받아들이고 계약 형태로 왕국에 사법적 근거를 제공하는 백성의 원로들을 만난다.

다윗의 즉위가 이루어진다. 요새, 왕궁, 티로 임금과의 관계는 하느님의 호의의 표지이다.

> 다윗은 그 산성에 살면서, 그곳을 '다윗 성'이라고 하였다. 다윗은 밀로 안쪽으로 성곽을 둘러쌓았다. 다윗은 세력이 점점 커졌다. 주 만군의 하느님께서 그와 함께 계셨기 때문이다. 티로 임금 히람이 다윗에게 사절단과 함께 향백나무와 목수와 석수들을 보내어, 다윗에게 궁을 지어 주게 하였

다. 그리하여 다윗은 주님께서 자기를 이스라엘의 임금으로 튼튼히 세우시고, 당신 백성 이스라엘을 위하여 자기 왕권을 높여 주신 것을 알게 되었다. (2사무 5,9~12)

다윗이 유다와 이스라엘의 임금이 되다

2사무	
2,1~11	사울을 계승
	다윗이 유다 임금으로 기름부음을 받다(2,1~4ㄱ)
	야베스 길앗 사람들에게 주는 다윗의 메시지(2,4ㄴ~7)
	이스 보셋이 이스라엘의 임금이 되다(2,8~9)
	왕국의 요약: 이스 보셋과 다윗(2,10~11)
2,12~3,1	이스라엘과 유다의 전쟁(3,1 이스라엘과 유다의 관계)
	명단: 헤브론에서 다윗의 아들들
3,2~5	이스 보셋 군대의 장수 아브네르 살해
3,6~39	이스 보셋 살해
4	다윗이 이스라엘의 임금이기도 하다
5,1~5	다윗이 이스라엘의 임금으로 기름부음을 받다(5,1~3)
	다윗 왕국의 요약(5,4~5)
	예루살렘
5,6~16	예루살렘 점령(5,6~8)
	다윗의 건축과 세력 증강(5,9~12)
	명단: 예루살렘에서 낳은 다윗의 아들들(5,13~16)

• 전쟁과 예배

예루살렘을 점령한 다윗은 필리스티아인들과 싸워 이긴다. 필리스티아인들과는 동맹이었으나 이제는 위협으로 보고 공격한다. 다윗은 여러 민족과 싸워 승리하고 그들을 점령하거나 조공을 바치는 민족으로 약화시킨다. 이집트 국경에서부터 유프라테스 강에 이르기까지 아브라함에게 주어진 약속(창세 15)을 실현한다. 왕실 관리인들도 기억하자.

다윗은 왕궁을 지은 다음에 계약 궤를 예루살렘으로 가져오고 궤를 보호하기 위하여 성전을 짓기로 결정한다. 그러나 주님은 예언자 나탄을 통하여 성전은 그의 후손 가운데 한 사람이 세울 것이라고 알려 주시고 그의 왕조가 영원할 것을 보증하신다.

성전이 아직 건축되기 전에 사무엘기 하권의 이 장들은 주님과 예루살렘과 다윗 왕조의 영구한 결합을 제시한다. 다윗의 왕위 즉위를 마무리하는데, 그것은 하느님의 완전한 인정을 받지만, 다윗의 후계자로 이어지는 역사를 개시하기도 한다. 사울의 딸 미칼에게는 아이가 없으며(2사무 6,23) 나탄의 신탁은 후계자가 끊어지는 일이 결코 없을 것이라고 보증한다.

궤, 승리, 왕조

2사무	
5,17~25	필리스티아인들이 임금이 된 다윗과 싸우다
6	궤를 예루살렘으로 옮김
7	나탄의 신탁과 다윗의 기도
8,1~14	전쟁 요약
8,15~18	명단: 임금과 대신들

• 궤와 신탁

궤를 옮기는 것(2사무 6)은 첫 번째는 전례 의식의 사고로 인해 실패하고, 두 번째는 성공하여 축제로 경축한다. 미칼은 다윗을 질책하고 아이를 갖지 못하는 벌을 받는다(임금에게서 아니면 하느님에게서?). 시나이에서 약속의 땅 입구까지 백성과 함께한(여호 3~4) 궤는 여호수아 시대부터(여호 6; 7; 8; 판관 20) 사무엘의 성전이 있는 실로(1사무 3)에 도착할 때까지 여러 장소에 머물렀다. 전장으로 가져간 궤는 필리스티아인들에게 빼앗겼다가 이스라엘로 돌아왔는데(1사무 4,1~7,1) 이제 예루살렘에 자리를 잡게 된다. 정복하여 수도로 선택한 성읍이 이렇게 이스라엘의 예배 중심지가 되기도 한다.

다윗은 이미 왕궁을 가지고 있다. 다윗은 성전을 지으려고 한다. 예언자 나탄이 이 뜻에 동의한다(2사무 7,1~3). 그러나 예언자는 하느님의 말씀을 내놓지 않으며 이 경우 그의 생각은 주님이 그날 밤에 그에게 전해 주신 신탁에 의해 완전히 뒤집힌다(2사무 7,4~17). 그런 다음 다윗은 기도로 응답한다(2사무 7,18~29).

나탄의 신탁은 "집"을 뜻하는 단어의 세 가지 의미, 즉 왕궁(임금의 집), 성전(하느님의 집), 왕조(왕의 가계/집)와 관계된다. 주님이 질문을 던지신다. "내가 살 집을 네가 짓겠다는 말이냐?"(2사무 7,5). 다윗과 이스라엘을 위해 행한 것을 기억하시면서, 당신 자신이 삼중의 응답을 주신다. 즉 주님은 성전을 필요로 하시지 않는다. 주님은 당신 백성과 함께 자유롭게 움직이신다. 다윗이 하느님께 집을 지어 드리지 않을 것이며, 오히려 하느님이 다윗에게 집을 지어 주실 것이다. "주님이 너에게 한 집안을 일으켜 주리라고 선언한다"(2사무 7,11). 다윗이 아니라 그의 후손이 주님의 이름을 위하여 "집을 지을 것"이다(2사무 7,13).

다윗의 계승자인 솔로몬이 성전을 지을 때에도 하느님은 어느 한 곳에 제한적으로 머무시지 않는다는 것이 사실로 남을 것이다.

> 그러나 어찌 하느님께서 땅 위에 계시겠습니까? 저 하늘, 하늘 위의 하늘도 당신을 모시지 못할 터인데, 제가 지은 이 집이야 오죽하겠습니까? (…) 그리하여 당신의 눈을 뜨시고 밤낮으로 이 집을, 곧 당신께서 '내 이름이 거기에 머무를 것이다' 하고 말씀하신 이곳을 살피시어, 당신 종이 이곳을 향하여 드리는 기도를 들어 주십시오. 또한 당신 종과 당신 백성 이스라엘이 이곳을 향하여 드리는 간청을 들어 주십시오. 부디 당신께서는 계시는 곳 하늘에서 들어 주십시오. 들으시고 용서해 주십시오. (1열왕 8,27; 29~30)

열왕기는 신탁의 진실을 드러낸다. 즉 솔로몬이 성전을 짓는다. 다윗의 왕조는 늘 예루살렘에서 통치하며 열왕기 하권의 마지막 소식이 드러내듯이 나라가 멸망해도 살아남는다. 이와 달리 이스라엘 왕국에서는 여러 왕조가 다스릴 것이다.

- **다윗의 계승 역사**

다윗에 관한 이야기의 둘째 부분은 "누가 그의 왕좌에서 다스릴 것인가?"라는 질문을 거쳤다. 그가 죽은 뒤에 승계가 이루어질 것인가, 아니면 그의 왕국이 무력으로 깨질 것인가? 계승 주제는 여러 요소에 의해 이미 준비되었다. 즉 다윗과 요나탄의 관계, 아들들의 명단, 미칼에게 아이가 없다는 사실, 나탄의 신탁에서 한 후손의 약속에 의해 준비되었다.

다윗을 승계

2사무	9	1) 요나탄의 아들에게 호의를 베풀다
	10~12	2) 전쟁. 밧 세바와 솔로몬
	13~20	3) 압살롬
	20,23~25	대신 명단
	21~24	간주: 여러 사화, 명단과 노래 (21,1~14: 사울 후손들)
1열왕	1~2	4) 솔로몬이 다윗을 승계

사울의 아들 요나탄의 후손은 왕좌를 자기 것으로 생각할 수 있을 것이다(처음에는 이스 보셋이 가졌지만, 다윗은 헤브론에서 통치하였다). 그러나 다윗은 요나탄에게 한 약속에 충실히 머물며 그를 제거하지 않는다. 동시에 다윗은 요나탄의 아들에게 자신의 식탁에서 음식을 먹도록 허락하면서 그를 감시할 수 있다(2사무 9). 사울의 후손은 2사무 21장에 다시 나타난다.

전쟁은 다윗 왕좌의 안정성에 위협이 되지 않는다. 오히려 일련의 놀라운 승리로 강화된다. 그러나 다윗(2사무 10~12)은 밧세바와 죄를 지음으로써 자기 스스로 위험에 빠진다. 물론 그로 인해 나탄의 신탁의 하느님 약속을 취소하지 않고, 그의 아들 압살롬의 반역으로 대표되는 하느님의 징벌을 불러일으킨다(2사무 13~

20). 밧 세바에게서 솔로몬이 태어난다. 솔로몬이 다윗 승계자가 될 것이다(2사무 12). 다윗의 죄를 단죄하는 신탁을 발설하기 전에 나탄은 비유를 들려주면서 자신의 잘못을 인정하게 한다(2사무 12, 1~4).

압살롬은 암논 형과 심각한 분쟁 후에 형을 죽게 하고, 아버지 와 함께(2사무 13~14) 왕좌를 차지하려고 시도하며 다윗으로 하여금 예루살렘에서 도망가도록 강제한다. 그러나 압살롬은 싸움에 지고 살해되며, 다윗은 성읍으로 돌아올 수 있게 된다(2사무 15~19). 반란 결과로 유다와 이스라엘이 분리되는 위험을 겪는다(2사무 20). 아들에 대한 다윗의 사랑은 그의 능력을 어둡게 한다. 이야기의 주인공들 가운데에는 임금의 지혜로운 조언자들이 있다. 어쩌면 다윗이 권력을 되찾았음을 가리키기 위하여 2사무 8 끝에서 이미 제시된 그의 대신들의 명단이 반복된다(약간의 차이는 있다. 2사무 20,23~25).

독자는 이 요약에는 나타나지 않는 다른 인물들의 사건들도 살펴보면서 1사무 1장부터 1열왕 2장까지에서 사무엘, 사울, 그리고 다윗 역사의 풍부하고 통일된 줄거리를 맛볼 수 있을 것이다.

다윗과 압살롬

2사무	타마르 문제
13,1~22	암논이 동생 타마르 성폭행
13,23~37	압살롬의 보복과 도피
13,38~14,33	귀환과 화해
	압살롬의 반란
15,1~12	반역
15,13~16,14	다윗의 도피
16,15~17,23	현인들과 스파이

17,24~19,9ㄱ	무장 충돌과 압살롬의 죽음
19,9ㄴ~20,3	다윗의 귀환과 세바의 반란 시작
	반란 결과
20,4~22	세바의 반란이 진정되다
20,23~25	명단: 대신들

• 간주

계승 이야기는 사무엘기 하권을 마감하는 단락들에 의해 중단된다. 내용과 문학 유형이 중앙집중식 구조로 배열되어 있다(이야기, 명단, 시, 시, 명단, 이야기). 그것은 (외부에서 내부로 들어가는) 하느님의 징벌, 용맹한 전사들, 다윗이 발설한 시 본문들로 되어 있다. 2사무 23,1~7에는 다윗의 생애 마지막 순간에 마지막 말이 있다. 또 다른 마지막 말은 1열왕 2에서 보게 될 것이다. 사울 후손은 첫 번째 이야기(2사무 21,1~14)에서 언급된다.

2사무 21~24

21,1~14	기근(하느님의 징벌)	A		
21,15~22	용맹		B	
22	다윗 시편			C
23,1~7	다윗의 고별사			C’
23,8~29	용사		B’	
24	인구 조사(하느님의 징벌)	A’		

심화를 위한 참고문헌

- Brueggmann, W., *I e II Samuele*, Claudiana, Trono, 2005(ed. ingl., 1990).
- Gargiulo, M, *Samuele*(NVBTA 8), San Paolo, Cinisello Balsamo (Milano), 2016.
- McCarter, P.K.Jr., *II Samuel*(AB 9), Doubleday, New York, 1984.
- Ska, J.L., "Davide e Assalonne, la ragion di stato e il cuore del padre", in *Parola spirito e vita* 39(1999), pp.45~55.

| 제 8 장 | 열왕기 상권
: 임금, 현인, 예언자

열왕기 시작 부분에서 다윗의 역사를 솔로몬의 역사와 연결하는 이야기로 계승 역사를 다시 언급한다(1열왕 1~2). 다윗은 이제 거의 무능력하고, 왕실에서는 아도니야와 솔로몬이 왕좌를 갈망한다. 솔로몬이 어머니 밧 세바와 나탄의 지지를 받아 우세하다. 다윗은 자신의 유언 또는 고별사(1열왕 2,1~9)를 말하는데, 그의 마지막 말을 모세(신명기)와 여호수아(여호 23)와 사무엘(1사무 12)의 고별사와 연결하는 신명기계 요소들이 더러 있다. 솔로몬은 아버지의 유언에서 요구하는 것들을 실행하면서도 자신의 왕권을 안 정적으로 강화한다. 그동안 미해결로 남아 있던 다윗 역사의 몇몇 설화 줄기들이 마무리된다.

다윗의 죽음. 솔로몬이 임금이 되다

1	솔로몬이 임금이 되다
2,1~9	다윗의 유언
2,10~12	다윗 왕국의 결론적 요약
2,12~46	솔로몬이 왕국을 튼튼히 하다

• 두 시기의 왕국

솔로몬

1~2	솔로몬이 다윗 계승
	솔로몬 왕국의 영화
3,1~3	도입적 요약
3,4~5,14	A) 지혜와 부
5,15~9,25	B) 건축. 성전
9,26~10,29	A') 지혜와 부
11,1~40	**솔로몬의 쇠퇴**
11,41~43	결론적 요약

솔로몬에 관한 이야기(1열왕 1~2에서 왕권을 쟁취한 후)는 그의 지혜와 부, 그리고 성전과 궁전 건축으로 놀라운 경탄을 자아내게 한다. 그러나 눈부신 모습 다음에는(1열왕 3~10) 죄와 쇠퇴가 와서(1열왕 11) 결국 왕국이 남북으로 갈라지게 될 것이다(1열왕 12). 1열왕 9장에서 이미 주님이 두 번째로 나타나셔서 불충실할 수 있음을 말씀하셨다.

첫 번째 부분은 중앙집중식 구조로 제시된다. 즉 처음과 끝에서 솔로몬의 지혜와 부에 대해 말하고, 중앙에서 성전 건축과 간략하게 궁전에 대해 말한다.

• 부와 지혜

주님은 솔로몬에게 원하는 것을 청할 수 있게 하셨다. 즉 솔로몬은 통치하는 데 필요한 지혜를 청하는데, 그에 덧붙여 부와 장수를 덤으로 얻는다(1열왕 3,4~15). 이는 사화와 명단과 찬사로 설명되었다. 물론 본문에는 경탄이 우세하지만, 신명기에 의해 몇몇 요소들이 위험한 것으로 판단되었다(특히 임금에 대해 말할 때: 신명 17,14~20). 예를 들어, 말들의 수와 이집트와의 관계(솔로몬은 파라오의 딸과 결혼한다)가 위험한 것으로 여겨졌다.

스바 여왕과의 만남(1열왕 10,1~13)은 솔로몬의 지혜와 부가 다른 왕국들의 그것들보다 낫다는 것뿐만 아니라, 지혜는 이스라엘의 유산인 동시에 민족들의 유산이기도 하다는 것도 보여 준다. 솔로몬과 스바 여왕의 만남은 지혜의 공유, 그리고 재화와 생산물의 교환을 포괄하는 대화의 순간이다.

솔로몬의 지혜와 부

3,4~15	기브온에서 기도와 하느님의 발현
3,16~28	판결
4,1~5,8	기록부와 소식(5,6.8: 병거와 말)
5,9~14	솔로몬의 찬사
9,26~28	해군 상선대, 금
10,1~13	스바 여왕
10,14~22	금, 다른 물품들, 해군 상선대
10,23~25	요약: 부, 명성, 지혜, 조공
10,26~29	은과 목재. 병거와 말

• 성전과 궁전 건축

솔로몬의 부와 지혜는 성전(과 덜 중요한 궁전)을 건축하게 한다. 신명기계 역사의 중심점이다. 이제 모세가 (신명기에서) 주님이 선택하셨다고 말한 장소가 있다. 예루살렘에 성전이 건축되었다. 그곳은 유일한 주님을 숭배할 수 있는 유일한 장소이다. 8장에는 성전 봉헌 예식을 거행하는 중에 신명기계 문체로 쓰인 솔로몬의 긴 기도가 그 순간의 중요성을 드러낸다. 집을 짓기 시작한 날짜는 이집트 탈출과 연결된다. "이스라엘 자손들이 이집트 땅에서 나온 지 사백팔십 년, 솔로몬이 이스라엘을 다스린 지 사 년째 되던 해 지우 달, 곧 둘째 달에 솔로몬은 주님의 집을 짓기 시작하였다"(1열왕 6,1).

궤를 성전에 모셨을 때(1열왕 8,1~9), 주님의 영광이 성전을 가득 채우고 솔로몬은 장엄한 선언을 한다(1열왕 8,10~13). 그런 다음(1열왕 8,14~21) 임금은 회중을 축복하고 나탄의 신탁을 완성하신 주님을 찬양하며(2사무 7) 기도를 바친다. 솔로몬은 다윗을 언급하는 것(계속해서 2사무 7을 가리키며)으로 시작하여(1열왕 8,22~27) 주님께 기도에 귀를 기울여 주실 것을 청하고(1열왕 8,27~30), 미래에 올릴 수 있을 일곱 가지 기도를 말한다(1열왕 8,31~32.33~34.35~36.37~40.41~43.44~45.46~51). 귀를 기울여 들어 주실 것을 청하는 또 다른 일반적 청원으로 끝을 맺는다(1열왕 8,52~53). 솔로몬은 다시 한번 회중을 축복하고 주님을 찬양한다(1열왕 8,54~61). 화려한 축제가 팔 일 동안 계속된다(1열왕 8,62~66). 미래의 기도자들 가운데 이방인들(1열왕 8,41~43)과 유배간 백성(1열왕 8,46~51)이 있을 것으로 예견된다.

성전은 매우 상세하게 묘사된다. 이러한 묘사와 2역대 2~7장의 평행문 외에, 모세 성전의 이동식 성소(탈출 25~31; 35~40)와 에제키엘의 미래 성전(에제 40~48)에 대한 묘사를 보게 된다.

성전(과 궁전)

5,15~26	건축 자재. 티로 임금 히람
5,27~32	강제 부역
6,1~38	성전
7,1~12	궁전
7,13~51	성전 기물
8	궤를 성전에 모시다. 솔로몬의 기도
9,1~9	주님이 기브온에서 솔로몬에게 다시 나타나시다
9,10~14	티로 임금 히람
9,15~25	기타 작품들과 성전에 관한 소식 (부역. 파라오의 딸. 기병대와 말)

• 솔로몬의 우상 숭배

노년에 이른 솔로몬은 외국인 아내들로 인해 우상 숭배에 빠진다(1열왕 11,1~13). 주님은 외부의 적들(1열왕 14~25)과 내부의 적들(1열왕 11,26~40)로 그를 벌하신다. 예로보암의 반란은 왕국의 분열을 예고한다. 주님이 솔로몬과 또 예언자를 통해 예로보암에게 선언하신다.

> 그리하여 주님께서 솔로몬에게 이렇게 말씀하셨다. "네가 이런 뜻을 품고, 내 계약과 내가 너에게 명령한 규정들을 지키지 않았으니, 내가 반드시 이 나라를 너에게서 떼어 내어 너의 신하에게 주겠다. 다만 네 아버지 다윗을 보아서 네 생전에는 그렇게 하지 않고, 네 아들의 손에서 이 나라를 떼어 내겠다. 그러나 이 나라 전체를 떼어 내지는 않고, 나의

종 다윗과 내가 뽑은 예루살렘을 생각 하여 한 지파만은 네 아들에게 주겠다." (1열왕 11,11~13)

• 왕국 분열: 르하브암과 예로보암

솔로몬이 죽은 후 왕국은 남쪽의 유다 왕국과 북쪽의 이스라엘 왕국으로 나뉘어진다. 유다 왕국은 유다 지파(어떤 본문들에서는 벤야민 지파도 포함된다)만으로 형성되고, 예루살렘을 수도로 항상 다윗 왕조가 통치한다. 이스라엘 왕국은 다른 지파들도 포함하며 여러 왕조를 갖고 오므리 임금부터는 사마리아가 수도이다.

여러 예언자의 개입이 얼마나 중요한 순간이었는가를 말해준다(솔로몬 왕국의 끝에 1열왕 13장과 이미 1열왕 11장에서). 1열왕 13,2에서는 요시야 임금의 미래 업적 예고가 주목할 만하다(2열왕 22~23). 예로보암은 베텔과 단에 예루살렘 성전과 경쟁하는 성소를 세운다. 신명기계 신학자에게는 이스라엘 왕국의 항구한 잘못이며 예로보암의 죄라 불린다. 몇몇 임금들은 우상 숭배에도 떨어진다.

솔로몬의 아들 르하브암은 유다의 임금이 되고 예로보암은 이스라엘의 임금이 된다. 어떻게 단절에 이르게 되었는가를 이야기한 후에 설화자는 예로보암에 대해 더 많이 언급한다.

르하브암과 예로보암

	유다 왕국	이스라엘 왕국
12,1~24	왕국이 남과 북으로 갈라지다	
12,25~32		예로보암 예로보암의 건축
12,33~13,34		베텔 제단에 대한 예언
14,1~18		예로보암에 대한 예언
14,19~20		왕국에 대한 결론적 요약
14,21~31	르하브암	

• 엘리아 이전의 다른 임금들

유다는 아비얌과 아사가 통치하는데, 여기에 대해서는 이스라엘 왕국과 분쟁을 기억한다. 이스라엘 왕국은 예로보암 이후에 오므리와 그 후손들에 이르기까지 왕조의 모반과 변화들로 어려움을 겪는다.

아래 도표에서 이스라엘 왕국에 표시한 별표는 임금이 전 임금의 아들임을 가리킨다. 유다 왕국에 대해서는 이를 표시하지 않았다. 왜냐하면 유다의 모든 임금은 선임 임금의 아들이기 때문이다.

오므리까지의 임금(1열왕 15~16)

	유다 왕국	이스라엘 왕국
	르하브암	예로보암
15,1~8	아비얌	
15,9~24	아사	

	유다 왕국	이스라엘 왕국
15,25~32		나답*
15,33~16,7		바아사
16,8~14		엘라*
16,15~20		지므리
16,21~22		공백 기간: 티브니와 오므리의 대결
16,23~28		오므리

역대기에서 아비야라고 불리는 아비얌의 유다 왕국은 간략하게 소개되며(1열왕 15,1~8), 도입(1열왕 15,1~5)과 결론(1열왕 15,7~8)의 틀로만 구성되어 있을 뿐이다. 판단은 부정적이지만, 다윗에 대한 하느님의 사랑이 왕조의 지속 기간을 보증한다.

> 그런데 임금은 제 아버지가 앞서 지은 죄를 모두 따라 걸었다. 그의 마음은 자기 조상 다윗의 마음과는 달리 주 하느님께 한결같지 못하였다. 그러나 주 다윗의 하느님께서는 다윗을 생각하시어 예루살렘에서 그에게 등불을 주시고, 그의 뒤를 이을 아들을 일으키시어 예루살렘을 굳게 해 주셨다. 다윗은 히타이트 사람 우리야 사건 말고는, 주님의 눈에 드는 옳은 일만 하였으며, 살아 있는 동안 내내 주님께서 명령하신 것을 하나도 어기지 않았다. (1열왕 15,3~5)

틀 밖의 유일한 소식은 아비얌의 전임 임금에 관한 내용이다. "르하브암과 예로보암 사이에는 늘 전쟁이 있었다"(1열왕 15,6). 어떤 수사본들에서는 르하브암을 아비얌으로 바꾼다. 그리고 여기에 결론에 포함된 주석을 첨가한다. "아비얌과 예로보암 사이에 전쟁이 있었다"(1열왕 15,7).

유다 임금 아사(1열왕 15,9~24)는 비록 다른 숭배 장소들이 남아 있기는 해도, 우상 숭배에 반대하는 그의 행위와 성전에 대한 호의로 인해 비교적 좋은 평판을 얻는다(1열왕 15,9~15). 이스라엘의 임금 바아사의 공격을 받았으나(1열왕 15,16~22), 다마스쿠스에 사는 아람 임금과 맺은 계약 덕분에 바아사보다 우세하다. 아사는 몇몇 성읍들을 보강하는데, 그 가운데 바아사가 세우다 중단한 라마가 있다. 결론(1열왕 15,23~24)에서 그의 발에 병이 났다고 기억한다.

이스라엘에는 단명하는 두 개의 왕조, 곧 예로보암과 나답, 바아사와 엘라가 이어진다. 예로보암의 아들 나답(1열왕 15,25~32)은 아버지처럼 불경한 사람으로 평가되었고 바아사가 그 왕조를 뒤엎고 그와 함께 예로보암의 후손을 전멸시켰다. 바아사(1열왕 15,33~16,7)는 똑같은 방식으로 계속해서 죄를 지으며 예언자 예후를 통해 비난을 받았다. 바아사의 아들 엘라(1열왕 16,8~14)는 지므리에 의해 제거되었다(1열왕 16,15~20). 지므리는 바아사의 가족을 모두 죽였고, 며칠 후에는 그 자신이 오므리에게 권력을 빼앗겼다. 백성은 오므리를 따르는 사람들과 티브니를 따르는 사람들로 나뉘었는데(1열왕 16,21~22) 오므리를 따르는 백성이 우세하였다.

• 오므리 왕조 시대

오므리 왕조는 우상 숭배의 죄를 지은 것으로 평가되었다.

시돈인들의 임금 엣바알의 딸 이제벨을 아내로 맞아들이고 바알 숭배에 빠지게 되었다. 유다 임금들도 이스라엘 임금들과 동맹을 맺고 인척 관계를 맺음으로써 같은 죄에 떨어졌다. 이스라엘 왕국의 예언자 엘리야와 엘리사는 이방인들의 숭배와 싸운다. 오므리 왕조(오므리, 아합, 아하즈야, 요람: 1열왕 16,23 ~ 2열왕 9,26)는 예후가 권력을 장악하면서 중단된다. 예후는 바알 숭배를 난폭하게 제거한다.

이스라엘의 임금 오므리(1열왕 16,23~28)는 사마리아를 세운다. 사마리아는 티르차를 대체하며 마지막까지 왕국의 수도로 남는다. 오므리는 그 이전의 어떤 임금보다 더 악한 짓을 한 것으로 평가된다.

예후까지의 임금들

	유다 왕국	이스라엘 왕국
	아사	
		오므리
1열왕 16,29~22,40		아합*
		엘리야
1열왕 22,41~51	여호사팟	
1열왕 22,52 ~ 2열왕 1,18		아하즈야*
2열왕 2		엘리야부터 엘리사까지
2열왕 3,1~8,15		아합의 아들 요람
2열왕 8,16~24	여호람	
2열왕 8,25~9,29	아하즈야	
	예후가 유다의 아하즈야와 이스라엘의 요람을 죽이고 권력을 쟁취한다.	
2열왕 9,30~10,36		예후

*이스라엘 왕국 임금에 표시한 별표는 전 임금의 아들임을 가리킨다.

• 예언자 엘리야

이스라엘 임금 아합(1열왕 16,29~22,40)은 시돈인들의 임금 엣바알의 딸 이제벨을 아내로 맞아들임으로써 그 이전의 어떤 임금보다 더 주님의 눈에 거슬리는 악한 짓을 저질렀다(1열왕 16,29~31). 그의 통치 기간 중에 예리코에 대해 발설한 여호수아의 저주가 실현된다(1열왕 16,34). 그러나 역사의 주인공은 예언자 엘리야다. 그는 주님께 대한 신의를 온 힘을 다해 지킨다. 오랜 기간의 가뭄은 삶이 주님의 선물이며 바알의 선물이 아님을 드러낸다.

엘리야는 격렬한 예언자이지만, 어느 시점에 공포를 체험하고 죽기를 염원한다. 그러나 주님이 다시금 사명을 맡기시고 그 다음에 엘리사와 예후 임금이 바알 숭배와 맞서 계속 싸우게 될 것이라고 선언하신다(1열왕 19,1~18). 호렙 산으로 간 것은 엘리야의 모습을 모세의 모습과 연결한다. 산 위에서 주님은 세 사람, 곧 다마스쿠스에서 아람 임금 하자엘(2열왕 8,7~15), 예후(2열왕 9~10), 그리고 (즉시 엘리야의 뒤를 이을) 엘리사(1열왕 2,19~21)가 엘리야의 일을 지속하는 사명을 받을 것이라고 예고하신다.

> 주님께서 그에게 말씀하셨다. "길을 돌려 다마스쿠스 광야로 가거라. 거기에 들어가거든 하자엘에게 기름을 부어 아람의 임금으로 세우고, 님시의 손자 예후에게 기름을 부어 이스라엘의 임금으로 세워라. 그리고 아벨 므홀라 출신 사팟의 아들 엘리사에게 기름을 부어 네 뒤를 이을 예언자로 세워라. 하자엘의 칼에서 빠져나간 자는 예후가 죽일 것이고, 예후의 칼에서 빠져나간 자는 엘리사가 죽일 것이다. (1열왕 19,15~17)

이는 예언 예고와 그 실현이 거리가 먼 역사 단락들을 연결하는 경우이다. 독자는 기름부음은 예후의 경우에만 있게 되고, 엘리야는 엘리사에게만 직접 사명을 준다는 것을 알게 될 것이다. 즉 하자엘은 엘리사가 만났고, 예후는 엘리사의 제자에게 기름부음을 받았다. 끝에 가서 불 병거와 불 말이 나타나서 엘리야를 데려갔고, 그의 자리에는 엘리사만 남아 있다(2열왕 2).

나봇이 자기 포도원에 집착하는 것(1열왕 21)은 땅과 백성의 결속을 상기시킨다. 여호수아기가 이야기하듯이, 모든 지파와 가문은 자기 몫의 땅을 얻으며 세세 대대로 유산으로 전달해야 한다.

이 시기에 이스라엘과 유다는 아람인들과 부딪친다. 세 개의 전쟁 사화에서 엘리야의 이름은 거명되지 않으며, 세 번째 사화에서 유다 임금과 이스라엘 임금 앞에서 거짓 예언자들과 예언자 미카야가 부딪친다(1열왕 22,1~38). 이 미카야 예언자는 미카서로 불리는 예언서의 미카와 다른 인물이다.

엘리야

1열왕	
16,29~34	아합의 이스라엘 통치 도입
	가뭄과 호렙 산 등산
17,1~16	가뭄 예언과 시작: 엘리야가 목숨을 받고 주다
17,17~24	엘리야와 과부의 아들
18	엘리야가 바알 예언자들과 대결하고, 가뭄이 끝나다
19,1~18	호렙 산의 엘리야
19,19~21	엘리야가 엘리사에게 자신의 시중을 들게 하다
	다른 예언 역사: 아람 전쟁과 나봇에게 있은 일

20,1~25	아람: 첫째 사화(엘리야는 거명되지 않았다)
20,26~4	아람: 둘째 사화(엘리야는 거명되지 않았다)
21	아합, 엘리야 그리고 나봇의 포도원
22,1~38	아람: 셋째 사화: 미카야와 거짓 예언자들 (엘리야는 거명되지 않았다; 유다 임금 여호사팟 등장)
22,39~40	아합 통치의 결론
22,41~51	여호사팟의 유다 통치
1열왕 22,52~ 2열왕 1,18	아하즈야의 이스라엘 통치
2열왕 1,2~17	엘리야, 임금, 하늘에서 불
2열왕 2	엘리야와 불 병거: 엘리사가 그의 자리를 차지하다

유다 임금 여호사팟은 거짓 예언자들 사화에서 이스라엘 임금 옆에 나타나며(1열왕 22,1~38), 그에게 할애된 단락(1열왕 22,41~45)은 짧다. 틀의 자료들을 빼면, 이스라엘 임금과 화평을 기억한다(1열왕 22,45). 도입문(1열왕 22,41~44)에서 대체로 좋은 평가를 내린다. 그는 옳은 임금이지만, 성전과 다른 여러 예배 장소들은 그대로 남아 있다. 결론(1열왕 22,46~51)에서 신전 남창들을 그 땅에서 쓸어버린 행위와 상선들을 만들어 오피르에서 금을 가져오려고 하였으나 실패한 사실도 기억한다.

열왕기 상권은 아하즈야의 통치를 소개하는 것으로 끝나며, 열왕기 하권 시작 부분에서 "~이 죽은 뒤에"라는 문구가 사용되게 하는 방식으로 중단된다.

심화를 위한 참고문헌

- Long, B.O., *I Kings*(The Forms of Old Testament Literautre 9), Eerdmans, Grand Rapids, 1984.
- Merlo, P., *Re*(NVBTA 9), San Paolo, Cinisello Balsamo (Milano), 2020.
- Nelson, R.D., *I e II Re*, Claudiana, Torino, 2010(ed. ing. 1988). Nobile, M., *1~2 Re*(LBPT 9), Paoline, Milano, 2010.

| 제 9 장 | 열왕기 하권
:왕국의 최후까지

• 오므리 왕조의 계속

이스라엘의 임금 아합의 아들 아하즈야 왕국(1열왕 22,51 ~ 2열왕 1,18)은 열왕기 상권 끝에 도입되어 열왕기 하권까지 계속된다. 그는 아버지처럼 주님의 눈에 거슬리는 악한 짓을 저질렀다. 엘리야는 그를 질책하며 죽을 것이라고 예고한다. 그가 파견한 사람들에게 하늘에서 불이 떨어지게 한다.

예후까지의 임금들

	유다 왕국	이스라엘 왕국
		오므리
		아합*
	여호사팟	
1열왕 22,52 ~ 2열왈 1,18		아하즈야*
2열왕 2		엘리야에서 엘리사로
2열왕 3,1~8,15		아합의 아들 요람
2열왕 8,16~24	여호람	
2열왕 8,25~9,29	아하즈야	

	유다 왕국	이스라엘 왕국
	예후가 유다의 아하즈야, 이스라엘의 임금 요람을 죽이고 권력을 손에 넣는다.	
2열왕 9,30~10,36		예후

*이스라엘 왕국 임금에 표시한 별표는 전 임금의 아들임을 가리킨다.

• 예언 계승

엘리야의 승천 사화(2열왕 2)는 왕국 틀 밖에 위치해 있다. 엘리사는 그의 유산을 이어받는다. 두 예언자의 위대함은 요르단 강을 건너는 기적을 통해 드러난다. 그들은 모세와 여호수아와 비슷한 인물이 되게 한다. 여정의 형태는 성조들과 백성, 그리고 호렙에서 엘리야가 걸은 길을 생각하게 한다. 사무엘처럼 엘리사는 이른바 "예언자들의 자녀"라 불리는 다른 예언자들 무리를 두고 있다. 엘리야도 엘리사를 두고 있다.

다양한 이야기들이 두 예언자의 닮은 점을 보여 준다. 즉 엘리야처럼 엘리사는 왕국의 일들에 얽혀들고 기적들을 일으키는데, 훨씬 더 경이로운 것으로 칭송을 받는다. 예를 들어 전쟁 포로들을 석방할 때 볼 수 있는 것처럼, 그는 엘리야보다 더욱 온화한 것으로 보인다(2열왕 6,21~23). 엘리사는 단지 이야기를 통해서만이라도 은혜를 베풀며(2열왕 8,1~6), 죽은 후에는 자신의 뼈를 통해서도 은혜를 베푼다(2열왕 13,20ㄴ~21).

엘리사

1열왕 19,19~21	엘리사가 엘리야를 섬기기 시작한다
2열왕 2	엘리야와 불 병거: 엘리사가 그의 자리를 차지하다
3,1~3	이스라엘 임금 아합의 아들 요람 왕국 도입
3,4~27	모압과 싸우는 전쟁에서 엘리사
	엘리사의 은혜
4,1~7	과부
4,8~37	수넴 여자
4,38~41	솥
4,42~44	빵
5	아람의 군대 장수 나아만
6,1~7	도끼
	엘리사와 아람인들
6,8~23	아람: 첫째 사화
6,24~7,20	아람: 둘째 사화: 포위된 사마리아
8.1~6	수넴 여자와 엘리사에 관한 이야기
8,7~15	아람: 셋째 사화: 하자엘
9,1~10	엘리사의 제자가 예후에게 기름을 부어 임금으로 세우다
13,14~25	엘리사의 죽음과 무덤
13,20ㄴ~21	엘리사의 뼈
13,22~25	아람과 이스라엘

엘리사에 관한 이야기를 시작할 때(2열왕 3,1~3) 이스라엘의 임금 아합의 아들 요람의 왕국을 소개하였다(2열왕 3,1~8,15; 9,14~29). 그러나 이 임금은, 아합이 엘리야의 적대자였던 것과 같은 그런 돌출 행동은 하지 않는다. 바알에 맞서는 엘리야와 엘리사의 행위는 예후를 통해서도 계속된다.

• **예후**

개별 왕국들을 감싸고 있는 외부 틀과 함께 역사의 리듬은 예 후의 난폭한 행위로 깨진다. 이스라엘의 임금 요람이 소개되는데(2열왕 3,1~3), 나중에는 유다의 임금 여호람을 언급하고(2열왕 8,16~24) 이어서 유다의 임금 아하즈야를 소개한다(2열왕 8,25~27). 통상적 결론 대신에 그들의 죽음에 관한 이야기가 나온다(2열왕 9,14~28). 아하즈야 임금(2열왕 9,29)의 경우, 도입문에 나오는 즉위 연도를 반복한다. 다른 한편, 예후의 경우, 통상적 도입으로 소개되지 않고 결론에서만 소개되는데, 흔히 처음에 소개되는 신학적 평가와 통치 기간으로 확대되어 있다(2열왕 10,28~34).

	유다 왕국	이스라엘 왕국
3,1~8; 15; 9,14~28		아합의 아들 **요람**
		3,1~3 도입문
		엘리사와 임금의 추이
8,16~24	**여호람**	
8,25~9,29	**아하즈야**	
	8,25~27 도입문	
	8,28~29 아람과 맞서는 아하즈야와 요람	
	9,1~10 예후에게 기름을 부음	
	9,11~13 군사들이 예후를 보호하다	
	9,14~28 예후가 요람과 아하즈야 살해	
	9,29 아하즈야에 관한 설명	
9,30~10,36		**예후**
9,30~37		이제벨을 죽이다

	유다 왕국	이스라엘 왕국
10,1~11		아합의 아들들을 죽이다
10,12~14		아하즈야의 형제들을 죽이다
10,15~17		여호나답을 만나다
10,18		아합 집안을 없애다
10,19~27		바알 추종자들의 전략
10,28~36		결론과 하느님의 신탁

도입문(2열왕 8,16~19)에 소개된 유다 임금 여호람(2열왕 8,16~24)은 아합의 딸을 아내로 맞아들였기 때문에, 가장 못된 짓을 한 임금으로 평가되지만, 다윗에 대한 사랑 때문에 왕조는 보존된다. "주님께서는 당신 종 다윗을 생각하시어, 유다를 멸망시키려고 하지는 않으셨다. 일찍이 다윗과 그 자손들에게 영원히 등불을 주시겠다고 말씀하셨기 때문이다"(19절). 그의 왕국에 대해(20~22절) 에돔과 성읍 리브나의 반란을 기억한다. 결론에서는 통상적 문구가 나타난다(23~24절).

유다 임금 여호람의 아들 아하즈야에 대해 말할 때(2열왕 8,26) 아합의 딸(2열왕 8,18)을 오므리의 딸이라고 하는 것을 볼 수 있다. 혹은 두 개의 서로 다른 정보이거나 또는 "오므리의 딸"은 일반적으로 "오므리의 후손"을 가리키는 것일 수 있다. 두 구절을 그대로 옮기면 다음과 같다.

> 여호람은 아합의 딸을 아내로 맞아들였기 때문에, 아합 집안이 하던 대로 이스라엘 임금들이 간 길을 걸어, 주님의 눈에 거슬리는 악한 짓을 저질렀다. (2열왕 8,18)

아하즈야는 스물두 살에 임금이 되어, 예루살렘에서 한 해 동안 다스렸다. 그의 어머니 이름은 아탈야인데 이스라엘 임금 오므리의 딸이었다. (2열왕 8,26)

유다 임금 아하즈야(2열왕 8,25~9,29)는 매우 부정적 평가로 도입된다(2열왕 8,25~27). 왜냐하면 아합 집안의 사위가 되어 아합 집안처럼 주님의 눈에 거슬리는 악한 짓을 저질렀기 때문이다. 이야기는 더 나아가 아하즈야가 이스라엘 임금 요람을 만났다고 언급한다(2열왕 8,28~29). 그들의 운명은 그들이 모두 예후의 손에 죽을 때까지 연결되어 있었다. 아하즈야의 최후는 2열왕 9,27~29에서 찾아볼 수 있다.

그동안 엘리사는 군대의 장수 예후에게 바알 숭배를 제거할 과제와 함께 기름을 부어 이스라엘을 다스릴 임금으로 세우도록 예언자를 파견한다(2열왕 9,1~10). 예후는 곧바로 장교들의 지지를 얻으며(2열왕 9,11~13), 아람인들에게 맞서 전쟁에서 동맹을 맺고 함께 있던 유다의 아하즈야와 이스라엘의 요람에게 접근해 죽인다. 요람은 부상을 입었고 유다 임금 아하즈야가 요람을 보러 내려와 있었다(2열왕 9,14~28). 끝으로 아하즈야의 즉위 연도를 다시 언급한다(2열왕 9,29).

예후는 아합의 집안과 바알 추종자들을 모조리 제거하면서 그들에 반대하는 엘리야의 예언을 언급한다. 독자는 이처럼 주님의 신탁이 실현되는 것을 보지만, 예후의 눈을 통해서만이 아니다. 여기에 덧붙여 호렙에서 엘리야에게 전달된 신탁을 기억한다(1열왕 19,15~18). 요람의 경우, 누구나 알 수 있을 만큼 예후가 신탁들에 순명하는 것이 특히 명백하다.

> 예후는 활을 당겨 요람의 두 어깨 사이를 겨누고 쏘았다. 화살이 요람의 심장을 뚫고 나오자, 그는 병거 바닥에 쓰러졌다. 예후는 자기 무관 빗카르에게 말하였다. "그를 들어 이즈르엘 사람 나봇의 밭에 내던져라. 나와 네가 요람의 아버지 아합의 뒤에서 나란히 병거를 타고 다닐 때, 주님께서 그를 두고 하신 이 신탁을 기억해 보아라. '나는 어제 나봇의 피와 그 아들들의 피를 분명히 보았다. 주님의 말이다. 내가 바로 이 밭에서 너에게 그대로 갚을 것이다. 주님의 말이다.' 그러니 주님의 말씀대로 이제 그를 들어 그 밭에 내던져라."
>
> (2열왕 9,24~26)

오므리 왕조는 이스라엘에 바알 숭배를 들여왔고 혼인을 통해 유다도 더럽혔다. 엘리야, 엘리사 그리고 예후는 불법 숭배를 제거하였다. 아직 유다의 왕비 아탈야가 위협으로 남아 있다. 바알 숭배에 맞서는 행위로 인해 예후는 긍정적 평가와 안정된 왕조를 얻는다. 그렇지만 예후는 예로보암의 죄, 곧 베텔과 단에 있는 금송아지 숭배에서는 돌아서지 않았다(2열왕 10,28~31).

• 다윗 왕조가 중단되는가?

즈카르야의 이스라엘 통치까지 임금

	유다 왕국	이스라엘 왕국
	아하즈야	
		예후

	유다 왕국	이스라엘 왕국
11	아탈야 왕비	
12	요아스	
13,1~9		여호아하즈*
13,10~13		여호아스*
13,14~25		엘리사의 죽음
14,1~22	아마츠야	
14,23~29		예로보암 2세*
15,1~7	아자르야	
15,8~12		즈카르야*

* 이스라엘의 임금으로 전임 임금의 아들

다윗 가문이 예후의 살해와 아탈야 왕비로 인해 없어질 위험에 처한다. 아탈야는 유다에서 왕비로 통치하며 다윗 왕조를 없애려고 왕족을 다 죽이기 시작한다. 극단적 위협은 아합의 혈통으로 다윗의 혈통을 더럽히는 데에서 유래한다. 그러나 아하즈야의 아들 요아스가 살아남아 숨어 지낸다(2열왕 11,1~3). 칠 년째 되던 해에(2열왕 11,4~20) 여호야다 사제가 판세를 뒤집고 아탈야를 죽이게 하며 군대의 도움과 "땅의 백성"(여기서는 대지주들을 가리키지만, 다른 본문들에서는 가난한 주민들을 가리킨다)의 지지를 받아 요아스를 임금으로 세운다. 모든 일이 성전과 왕궁 사이에서 벌어지며 끝에 가서 법적 과제가 설정되었다. "여호야다는 주님과 임금과 백성 사이에, 그들이 주님의 백성이 되는 계약을 맺게 하였다. 또한 임금과 백성 사이에도 계약을 맺게 하였다"(2열왕 11,17). 계약은 신명기계 신학자에게 핵심 주제다. 아탈야의 죽음과 바알 성소의 파괴로 이스라엘과 유다에서의 우상 숭배에 맞서는 엘리야와 엘리사와 예후의 일이 완성되었다.

유다 임금 요아스(2열왕 12)는 도입문(2열왕 12,1~4)에서 그를 가르친 여호야다 사제 덕분에 좋게 평가를 받았으나 "산당들"(성전과는 다른 예배 장소)은 여전히 남아 있었다. 임금은 성전 보수에 힘을 쏟았고(2열왕 12,5~17) 사제들에게 필요한 일을 수행하도록 박차를 가한다. 여기에 덧붙여, 조공을 바침으로써 아람인들이 예루살렘을 공격하지 않게 하였고(2열왕 12,18~19) 결론에서는 신하들의 음모로 인해 살해되었다고 한다(2열왕 12,20~22).

• 예후 통치 때 유다 임금과 이스라엘 임금

이스라엘의 임금 예후의 아들 여호아하즈(2열왕 13,1~9)는 예로보암의 죄를 따라 걸으며 그의 왕국은 아람인들에게 패한다. 몇몇 표현은 판관기를 생각하게 한다. "그러자 주님의 분노가 이스라엘을 거슬러 타오르게 되었고, 그분께서는 이스라엘을 잇따라 아람 임금 하자엘과 하자엘의 아들 벤 하닷의 손에 넘기셨다. (…) 주님께서 이스라엘에 구원자를 보내셨다"(2열왕 13,3~5).

이스라엘의 임금 여호아하즈의 아들 여호아스에 대해서는 처음에는 틀만 발견되며, 그의 아버지 경우처럼 부정적 평가로 언급된다. 그러나 그다음에는 여호아스 임금은 엘리사의 죽음 이야기에 등장하는데(2열왕 13,14~21), 여기서 예언자는 아람인들과 싸워 승리할 것을 예고한다. 여호아하즈와 여호아스 시대에 아람인들과 이스라엘인들의 분쟁에 관한 요약이 있다(2열왕 13,22~25). 여호아스 왕국의 결론적 요약은 아마츠야의 왕국 끝에서 되풀이 된다(2열왕 14,15~16).

유다 임금 아마츠야(2열왕 14,1~22)는 도입문(2열왕 14,1~4)에서 좋은 평가를 받지만, 불법 숭배 장소들은 없애지 않았다. 자기 아버지를 살해한 공모자들을 처벌하지만, 율법에 따라(신명 24,16) 그들의 자손들은 죽이지 않았다.

> 그는 자기 손에서 왕권이 튼튼해지자 부왕을 시해한 신하들을 쳐 죽였다. 그러나 그 시해자들의 자손들은 모세의 율법서에 쓰인 대로 죽이지 않았다. 거기에서 주님께서는 "아버지가 아들 때문에 처형되어서는 안 되고, 아들도 아버지 때문에 처형되어서는 안 된다. 사람은 저마다 자기 죄 때문에 처형되어야 한다"고 명령하셨다. (2열왕 14,5~6)

이는 여호수아기에서 열왕기 하권에 이르기까지 신명기계 특성이 나타나는 가장 명백한 예들 가운데 하나이다.

아마츠야는 에돔인들을 공격하여 승리하며(2열왕 14,7) 이스라엘 임금 여호아스에게 도전하지만(2열왕 14,8~14), 완전히 패배한다. 여호아스는 아마츠야를 사로잡았고 예루살렘을 약탈하였다. 결론(2열왕 14,15~22)은 장황하며 "나머지 행적"이라는 문구가 반복된다(15절과 18절). 이스라엘의 여호아스의 죽음에 관한 소식을 언급하는 것은, 아마 그가 죽은 뒤에도 아마츠야가 열다섯 해를 더 살았다는 사실을 기억하기 때문일 것이다. 아마츠야는 아버지처럼 음모로 살해되고 백성은 그의 자리에 그의 아들 아자르야를 앉힌다.

이스라엘 임금 여호아스의 아들 예로보암(2열왕 14,23~29)은 왕국의 창시자에 이어 같은 이름을 가진 두 번째 임금이다. 그의 시대에 이스라엘은 영토를 되찾으며 화려하게 복구된다. 2열왕 13장에서처럼 판관 시대의 전형적 표현들이 되살아난다. 요나서는 그의 시대에 설교한 요나 예언자에게서 영감을 받은 것이다. 예로보암 2세 다음에는 왕국이 아시리아의 권력 아래 놓이게 될 것이다.

아자르야(2역대기와 이사야서에서는 우찌야로 불린다)는 간단하게 소개된다(2열왕 15,1~7). 아자르야를 임금으로 세웠다는 소식은 아마츠야 통치 말에 언급되었으며, 여기서 엘랏을 재건하여 유다에 복귀시켰다고도 한다(2열왕 14,21~22). 도입문과 결론(1~4절과 6~7절)을 빼면, 5절에는 주님이 임금을 나병으로 치셨으며 그의 아들 요탐이 나라를 다스렸다는 소식이 언급된다. 레위기에서는 나병이 징벌이 아니라 부정으로 여겨졌다. 그러나 이와 같은 본문들에서 나병은 하느님에 의해 주어진 것이다. 아자르야에 관한 평가(2열왕 15,3~4)는 대체로 긍정적이다. 임금은 옳은 일을 하였지만, 불법 숭배 장소, 곧 산당들은 없애지 않았다.

이스라엘 임금 예로보암의 아들 즈카르야(2열왕 15,8~12)는 예후 왕조의 마지막 임금이다. 그의 왕국은 모반으로 전복되었다. 설화자는 "주님께서 예후에게 '너의 사 대 자손까지 이스라엘의 왕좌에 앉을 것이다' 하고 말씀하셨는데, 그 말씀이 그대로 이루어진 것이다"(2열왕 15,12)라고 설명한다.

• 종말을 향하는 이스라엘 왕국

사마리아 함락까지의 임금

	유다 왕국	이스라엘 왕국
	아자르야	
		즈카르야*
15,13~16		살룸
15,17~22		므나헴
15,23~26		프카흐야*
15,27~31		페카
		1차 유배
15,32~38	요탐	
16	아하즈	
17		호세아
		2차 유배 사마리아 함락에 대한 해석 사마리아인들의 숭배
	히즈키야	

* 이스라엘의 임금으로 전임 임금의 아들

예후 왕조 이후 이스라엘 왕국은 내부의 불안정과 아시리아인들의 증대하는 압력으로 심하게 흔들렸다. 아시리아의 압력은 순차적 단계를 거치며 조공 부과, 국토 일부 점령과 유배, 국토 전체 점령과 새로운 유배로 이어졌다. 유배로 아시리아인들은 제국의 인구를 혼합하였다.

역사 이야기는 아시리아 임금에게 조공을 바치는 므나헴(2열왕 15,17~22)에 의해 폐위된 살룸을 빠르게 소개한다(2열왕 15,13~16). 므나헴의 아들 프카흐야(2열왕 15,23~26)는 페카에 의해 왕좌에서 물러나고(2열왕 15,27~31), 페카는 엘라의 아들 호세아에 의해 살해되었다. 그 뒤 아시리아인들이 왕국의 일부를 점령하였다.

• 침공받는 유다 왕국

아시리아의 압력은 전에 이스라엘과 아람에 의해 위협을 받은 유다 왕국도 휘말리게 한다.

유다 임금 요탐(2열왕 15,32~38)에 대해서는 많은 말을 하지 않는다. 우리에게 전해진 것은 거의 도입문과 결론뿐이다. 아버지 아자르야가 나병을 앓았기 때문에(2열왕 15,5), 요탐이 궁전을 관리하며 나라의 백성을 다스렸다는 것을 독자는 이미 알고 있다. 도입문(2열왕 15,32~35ㄱ)에서 불법 숭배 장소들, 곧 산당들이 그대로 존속하였기 때문에 그에 대한 평가는 대체적으로만 긍정적이다. 결론을 내리기 전에 "바로 그가 주님의 집 '윗대문'을 세웠다"라고 기억한다(2열왕 15,35ㄴ). 결론(2열왕 15,36~38)에서는 이스라엘 임금과 다마스쿠스의 아람 임금이 유다 왕국을 공격하기 시작하였다는 소식을 전한다. 그것이 "시로~에프라임" 전쟁이다("시로"는 시리아의 아람인들을 가리키고, "에프라임"은 이스라엘 왕국을 가리키는데, 에프라임은 주요한 부분 가운데 하나이다). 이사야서에서도 이에 대해 언급한다(이사 7).

유다의 임금 아하즈(2열왕 16)는 도입문(2열왕 16,1~4)에서 아주 가혹하게 평가되었다. 왜냐하면 그는 이스라엘 임금들의 우상 숭배를 따라 했기 때문이다. 요탐의 유다 통치 때 유다를 치기 시작한 이스라엘과 다마스쿠스(2열왕 15,37)가 계속해서 유다를 치러 올라왔지만, 아무런 성과도 얻지 못하였다. "그때에 아람 임금 르친과 이스라엘 임금 르말야의 아들 페카가 예루살렘을 치러 올라와서, 아하즈를 포위하였지만 정복하지는 못하였다"(2열왕 16,5). 그러나 아람 임금 르친이 엘랏을 정복하여 아람에 복귀시킴으로써 에돔인들이 엘랏으로 가서 오늘날까지도 그곳에 살고 있다고 한다(2열왕 16,6). 아하즈는 아시리아 임금에게 도움을 요청하면서 그에게 뇌물을 바쳤고, 아시리아인들이 아람인들을 격퇴하였다(2열왕 16,7~9). 아하즈는 다마스쿠스에서 아시리아 임금을 만난다. 아하즈는 거기에서 마음에 드는 제단을 발견하고 예루살렘 성전에 제단을 세우게 하였다(2열왕 16,10~12). 다마스쿠스에서 돌아온 그는 예배를 바치고 성전 기물 배치를 명령한다(2열왕 16,13~18). 결론(2열왕 16,19~20)은 통상적 모델을 따른다.

• 이스라엘 왕국의 최후

이스라엘의 마지막 임금은 호세아다(2열왕 17,1~6). 그는 아시리아에 굴복하지만, 이집트와 계약을 맺으려 시도하고, 이로 인해 아시리아 임금 살만에세르에게 벌을 받는다. 그는 이스라엘 왕국을 점령하고 사마리아를 포위한다(아마 그의 후계자 사르곤에게 굴복하였을 것이다).

이 지점에서 우리는 신명기계 신학자의 마지막 엄중한 개입을 본다. 그는 왕국의 패망을 설명하며(2열왕 17,7~23), 사마리아 지역의 상황을 묘사한다(2열왕 17,24~41).

백성과 임금의 우상 숭배가 이스라엘 왕국의 종말의 원인이다(2열왕 17,7~12).

이는 이스라엘 자손들이 자기들을 이집트 임금 파라오의 손에서 빼내시어 이집트 땅에서 데리고 올라오신 주 저희 하느님께 죄를 짓고, 다른 신들을 경외하였기 때문이다. 또한 주님께서 이스라엘 자손들 앞에서 쫓아내신 민족들의 풍속과 이스라엘 임금들이 만들어 낸 것에 따라 걸어갔기 때문이다. (2열왕 17,7~8)

예언자들의 경고에도 불구하고 죄가 계속되었다. "주님께서는 모든 예언자와 선견자들을 통하여 이스라엘과 유다에 경고하셨다. '너희의 악한 길에서 돌아서라'"(2열왕 17,13). 다시 한번 광범위하게 묘사되는 지속적 죄(2열왕 17,14~17)는 주님의 진노를 불러일으킨다. "주님께서 이스라엘에게 크게 노하시어 그들을 당신 앞에서 물리치시니, 남은 것은 유다 지파뿐이었다"(2열왕 17,18). 유다에 대한 언급은 종말을 예고하게 하는 주해의 기회가 된다. "그러나 유다도 주 저희 하느님의 계명을 지키지 않고, 이스라엘이 만들어 낸 풍속을 따랐다"(2열왕 17,19). 모든 것이 예로보암의 죄로 다시 요약된다. 이 점에 있어서는 이스라엘 임금들의 역사에서 여러 차례에 걸쳐 이미 언급하였었다.

주님께서 이스라엘을 다윗 집안에서 떼어 내실 때, 이스라엘은 느밧의 아들 예로보암을 임금으로 세웠다. 그런데 예로보암은 주님을 따르지 못하게 이스라엘을 주님에게서 떼어 놓고, 큰 죄를 짓게 만들었다. 이스라엘 자손들은 예로보암이 지은 온갖 죄를 따라 걷고, 그 죄에서 돌아서지 않았다. 마침내 주님께서는 당신 종 예언자들을 통하여 말씀하신 대로, 그들을 당신 앞에서 물리치셨다. 그래서 이스라엘은 자기들의 땅에서 아시리아로 유배를 떠나 오늘에 이르렀다.

(2열왕 17,21~23)

민족들을 뒤섞는 아시리아의 방법은 종교 혼합주의 상황을 불러일으킨다(2열왕 17,24~41). 즉 새로 도착한 사람들은 자신들의 신을 그대로 보존하면서 이스라엘의 하느님을 숭배한다. "이처럼 이 민족들은 주님을 경외하면서도, 그들이 새겨 만든 우상들을 함께 섬겼다. 그들의 자손과 그 대대 자손들도 오늘날까지 자기 조상들이 한 짓을 그대로 따라 하고 있다"(2열왕 17,41). 본문은 사마리아 지역의 주민들을 나쁘게 묘사하며, 에즈라-느헤미야가 증언한 것처럼, 아마도 유배에서 돌아온 사람들과 본국에 머물던 사람들, 특히 사마리아 사람들 사이에 있었던 알력을 반영하는 것일 수 있다. 사마리아 사람들은 우리가 신약성서에서도 알고 있듯이 자체의 종교 전통을 가지고 있는 집단으로서 훨씬 더 후대, 곧 아마 헬레니즘 시대에 발전하며 유다인들의 주님과 같은 주님을 숭배한다.

- **유다의 마지막 위대한 임금들: 히즈키야**

이제는 겨우 유다 왕국만 남아 있다. 마지막 임금들의 명단에서 우리는 부모의 이름을 명시한다. 즉 지금까지 유다의 모든 임금은 전임자의 아들이었으나, 마지막에 가서 이와 다른 경우가 있다. 마지막의 그달야는 임금이 아니라, 바빌론 통치 아래 총독이며, 마지막 전 임금 여호야킨은 유배에서 살아남는다.

히즈키야부터 마지막까지 유다 왕국

18~20	히즈키야
21,1~18	므나쎄
21,19~26	아몬
2,1~23,30	요시야
23,31~35	요시야와 하무탈의 아들 여호아하즈
23,36~24,6	요시야와 즈비다의 아들 여호야킴
24,7	이집트 임금에 관한 소식
24,8~17	여호야킴의 아들 여호야킨
	첫 번째 유배(여호야킨의 유배살이)
24,18~25,21	요시야와 하무탈의 아들 치드키야
	두 번째 유배
25,22~26	그달야(바빌론 통치 아래 총독)
25,27~30	여호야킨에 관한 소식

주님과 성전의 단일성에 충실히 머문 임금 히즈키야(2열왕 18~20)는 다윗, 솔로몬(우상 숭배에 빠지기 전의), 그리고 요시야에 비교될 수 있다. 히즈키야의 품행은 그의 임금 제사년의 놀라운 일로 기억되는 사마리아 함락을 초래한 것과 반대된다. 임금에 대해서는 세 가지 사화가 기억된다. 가장 중요한 사화는 아시리아 임금의 원정이며 유다 지역을 황폐하게 만들었으나 예루살렘을 점령하지는 않았다. 중대한 병에서 치유된 것과 유다 왕국의 종말을 예고 하는 기회가 된 바빌론 임금의 사절단이 기억된다.

히즈키야

18,1~8	왕국의 도입적 요약
18,9~12	제4년: 사마리아 함락
18,13~19,37	제14년: 산헤립이 예루살렘 포위
20,1~11	병
20,12~19	사절단
20,20~21	왕국의 결론적 요약

도입문에서 히즈키야 예찬(2열왕 18,1~7ㄱ)은 그를 전후의 모든 임금보다 더 높이 평가한다. 불법 숭배에 맞서는 행위 외에 주님께 온전히 투신한 것을 기억한다. 하느님의 호의를 보증하는 것으로서 아시리아로부터 독립과 필리스티아인들에 대한 승리를 언급한다(2열왕 18,7ㄴ~8).

첫째 부분의 이야기는 연대기 형태로 되어 있다. 통치 기간 중에 있었던 두 해(제4년과 제14년)의 사건을 기억하며(2열왕 18,9.13), 두 번 다 주어는 아시리아 임금이다. 둘째 부분에서 다른 두 개의 사화를 이야기하지만, 왕국의 통치 해를 정확하게 지적하지는 않는다(2열왕 20,1.12).

히즈키야 통치 제4년에(2열왕 18,9~12) 사마리아 함락을 기억하면서 2열왕 17장을 간략하게 다시 언급한다. 통치 제14년에 대해서는(2열왕 18,13~19,37) 산헤립이 유다를 침공한 것을 기억한다. 그는 요새 성읍들을 점령하고(2열왕 18,13) 히즈키야에게서 조공을 받는다(2열왕 18,14~16). 그리고 그는 예루살렘을 위협하는 사절들을 보낸다(2열왕 18,17~37). 히즈키야는 이사야에게 문의하고, 이사야는 히즈키야를 안심시킨다(2열왕 19,1~7). 산헤립은 편지와 함께 또 다른 사신들을 보내고(2열왕 19,8~13), 히즈키야는 성전에서 주님께 기도하고(2열왕 19,14~19), 이사야는 다시 한번 히즈키야를 안심시킨다(2열왕 19,20~34). 밤에 주님이 아시리아 군대가 도망치게 하신다(2열왕 19,35~37).

고대 세계에서 그러했던 것처럼(오늘날까지 다른 방식으로) 이 사화에서 전쟁은 군대뿐 아니라 신과의 격돌이라는 것이 매우 뚜렷하다. 아시리아 임금은 스스로 자랑한다. 즉 어떤 신도 굴복시킨 민족들을 보호하지 못했던 것처럼, 유다의 경우도 마찬가지라는 것이다. 아니, 주님 자신이 그에게 사명을 주셨다는 것이다. "그리고 내가 주님의 분부도 없이 이곳을 멸망시키려고 올라왔겠느냐? 바로 주님께서 나에게 '저 땅으로 올라가서 그곳을 멸망시켜라' 하고 분부하셨다"(2열왕 18,25).

우리는 언어에 관한 정보도 가지고 있다. 아시리아 임금의 사절은 유다 언어(당시의 히브리어)로 말함으로써 사람들이 위협을 이해할 수 있게 한다. 이와 달리 히즈키야의 관료들은 아람어로 말하라고 요청한다. 아람어는 당시 국제 외교 언어였다. "저희가 아람 말을 알아들으니, 제발 이 종들에게 아람 말로 말씀해 주십시오. 성벽 위에 있는 백성이 듣고 있으니, 저희에게 유다 말로는 말씀하지 말아 주십시오"(2열왕 18,26).

히즈키야는 병이 들었고, 이사야로부터 회복하지 못하고 죽을 것이라는 말을 듣는다(2열왕 20,1~11). 그러나 히즈키야가 기도하자 주님이 그의 기도를 들어 주신다. 이사야는 그에게 치유될 것임을 선언하고 하느님의 말씀을 확인하는 표징을 선택하게 해 준다. 바빌론인들의 사절단은 임금에게는 자신의 부를 보여 주고, 이사야에게는 폐허가 될 미래의 예루살렘을 예고하게 하는 기회가 된다(2열왕 20,12~19).

결론에서 고대의 기념 비문과 함께 아직도 존재하는 저수지와 수로도 기억한다. "히즈키야의 나머지 행적과 그의 모든 무용, 그리고 그가 저수지와 수로를 만들어 도성 안으로 물을 끌어들인 일에 관해서는 유다 임금들의 실록에 쓰여 있지 않은가?"(2열왕 20,20).

• 왕국의 운명을 결정하는 불경죄

결론을 제쳐 두면(2열왕 21,17~18), 므나세 왕국은 도입문의 전형적인 신학적 평가를 확대하여 작성되었다고 말할 수 있다(2열왕 21,1~18). 나이와 통치 기간과 어머니에 관한 정보들을 제시한 후에(2열왕 21,1) "악한 짓을 저질렀다"(2열왕 21,2)는 일반적 평가는 일련의 우상 숭배 행위들로 설명된다(2열왕 21,3~8). 성전에 관한 주님의 뜻을 언급하고(2열왕 21,4.7~8) 끝에 가서 다시 한번 일반적 방식으로 이스라엘 자손들 앞에서 므나쎄 임금이 악한 짓을 저질렀다고 언급한다(2열왕 21,9). 예언자들을 통하여(2열왕 21,10~15) 주님은 당신의 심판, 곧 예루살렘은 사마리아처럼 파괴될 것임을 알려 주신다. 임금의 또 다른 죄는 무죄한 피를 너무 많이 흘렸다는 것이다(2열왕 21,6). 종말이 거의 결정되었다.

간략하게 다루어진 아몬에 관한 평가(2열왕 21,19~26)는 아버지 므나쎄처럼 부정적이다. 도입문과 결론(2열왕 21,19~22.25~26) 외에, 신하들의 모반에 관한 정보가 있는데, 백성이 모반한 그들을 모두 쳐 죽인다(2열왕 21,23~24).

• 유다의 마지막 위대한 임금들: 요시야

요시야(2열왕 22,1~23,30)는 주님과 성전과 책에 결부되어 있는 임금으로 잘 드러난다. 다윗과 솔로몬과 히즈키야와 함께 요시야는 비난받아 마땅하거나 아니면 단지 부분적으로만 덕이 높은 임금들 사이에서 선의로 두드러진 임금이다. 솔로몬 자신은 말년에 타락하였다. 처음과 끝에서 평가는 짤막하고 비교할 수 없이 우수하다.

> 그는 주님의 눈에 드는 옳은 일을 하였으며, 자기 조상 다윗의 길을 그대로 걸어 오른쪽으로도 왼쪽으로도 벗어나지 않았다. (2열왕 22,2)

> 요시야처럼 모세의 모든 율법에 따라, 마음을 다하고 목숨을 다하고 힘을 다하여 주님께 돌아온 임금은, 그 앞에도 없었고 그 뒤에도 다시 나오지 않았다. (2열왕 23,25)

신명기계 역사 작품을 다룬 이 책의 제3장에서 요시야 시대의 중요성을 이미 다루었다.

계약에 대한 요시야의 충실성에도 불구하고 므나쎄의 죄는 예루살렘을 파괴하려는 하느님의 결심을 거의 결정하였다. 하나의 그림자가 이집트 임금 파라오 느코에게 살해된 요시야 자신의 종말을 가리고 있다.

요시야는 성전 재건 중에 발견된 책, 이른바 "율법서"(2열왕 22,8.11; 23,24)와 "계약 책"(2열왕 23,2.3.21)이라 불리는 책의 지침을 따른다. 이와 같은 명칭은 교차 대구법의 순서로 나온다(율법, 계약, 계약, 율법). 이야기는 이 책을 신명기와 동일시하게 한다. 여기서 임금의 행위는 일치한다.

요시야는 책과 예언 말씀을 경청하면서 하느님의 말씀을 실천한 임금이다. 그는 책을 읽고 백성에게 책을 읽게 하면서 책에서 지시하는 것을 따른다. 그는 쓰인 말씀을 선포한다. 되찾은 책은 살아 있는 말씀으로 돌아온다. 훌다 여예언자의 말씀이 해석을 명확하게 해 준다. 책 주위에 임금, 사제, 서기관, 여예언자가 있다. 책 안에 있는 책의 문학적 면모는 백성을 이끄는 사람과 모든 독자를 위하여 독서의 모범을 제공한다.

종교 개혁 활동은 이스라엘 왕국에 속하는 지역들에도 미친다. 그리고 베텔에서(2열왕 23,15~18) 임금은 예로보암 시대의 신탁(1열왕 13,1~2)을 실현하고, 이미 예고한(1열왕 13) 하느님의 사람의 무덤을 본다.

요시야

22,1~2	**도입적 요약**
	책의 발견과 독서
22,3~7	성전 재건과 책의 발견
22,8~13	임금 앞에서 **율법서** 낭독
22,14~20	훌다 여예언자에게 문의
23,1~3	백성 앞에서 **계약 책** 낭독
	책의 요구를 실행
	불법 숭배 장소와 기물 파괴
23,4~14	— 예루살렘과 유다에서
23,15~18	— 베텔에서
23,19~20	— 사마리아에서

23,21~23	**계약 책**에 따라 파스카 축제 거행
23,24	율법서에 따라 온갖 혐오스러운 것들을 치워 버림
23,25~30	**결론**

• 마지막 임금들과 왕국의 종말

23,31~35	요시야와 하무탈의 아들 여호아하즈
23,36~24,6	요시야와 즈비다의 아들 여호야킴
24,7	이집트 임금에 대한 정보
24,8~17	여호야킴의 아들 여호야킨
	첫 번째 유배(여호야킨의 유배살이)
24,18~25,21	요시야와 하무탈의 아들 치드키야
	두 번째 유배
25,22~26	그달야(바빌론 지배 하의 총독)
25,27~30	여호야킨에 관한 소식

이야기는 빠르게 결론으로 나아간다. 마지막 임금들이 이집트 권력, 특히 바빌론 권력의 지배를 받는다. 바빌론 임금 네부카드네자르가 쳐 올라와서 유다 왕국을 점령하고 첫 번째 유배에 이어 두 번째이자 결정적 유배를 단행한다.

파라오 느코는 여호아하즈(2열왕 23,31~35)를 잡아 가두어 예루살렘에서 다스리지 못하게 하고 여호야킴(2열왕 23,36~24,6)을 임금으로 세운다. 여호야킴은 바빌론 임금 네부카드네자르의 신하가 된다. 이집트에 관한 한 가지 소식(2열왕 24,7)은 바빌론인들이 권력을 잡았음을 가리킨다. 여호야킨이 다스릴 때(2열왕 24,8~17) 유다인들의 첫 번째 바빌론 유배가 실시된다. 임금 자신이 유배지로 끌려가며 네부카드네자르는 치드키야를 임금으로 임명한다(2열왕 24,18~25,21). 그가 통치할 때 예루살렘이 함락되었다.

신명기계 역사는 성전 건축과 그 중요성에 대해 많은 지면을 할애했던 것처럼 성전 파괴에 대해서도 강하게 주장한다. 또한 유배에 대해서도 주장하며, 고향을 떠나 유배를 간 사람들은 생산 능력이 있는 이들과 지도자들이다. 그러나 인구가 줄어든 땅 이미지를 주려고 한다. 실제로는 주민들이 살고 있었지만, 유배를 간 사람들이 유배 중과 귀환할 때 사람들에 대한 기억을 보존하고 자신들이 참된 이스라엘인이라고 주장한다.

바빌론인들은 유다인 그달야를 제국의 영토로 전락된 유다의 총독으로 임명한다. 그달야는 마지막 반역의 시도로 살해된다(2열왕 25,22~26). 반역자들이 이집트로 도망갔다는 소식은 상징적 의미도 가지고 있다. 즉 이집트에서 빠져나와 약속의 땅으로 들어가는 것이 역사의 장을 여는 것인데, 이것이 이집트에서 돌아올 때에는 역전되었다.

마지막 정보는 첫 번째 유배 때 감옥에 갇힌 여호야킨(2열왕 25,27~30)에 관한 내용이다. 여호야킨이 바빌론 임금의 호의를 입는다. 이는 왕국 종말의 파국을 지우는 데에 충분하지 않지만, 그래도 다윗 왕조가 취소되지 않았으며 유배 중에도 살아갈 수 있음을 드러낸다.

독자는 왕국의 폐허 앞에 서 있다. 그러나 독자는 그것이 주님의 패배가 아님을 안다. 그것은 주님이 계약에 불충실한 백성에게 선언한 것이었다. 역사는 하느님의 손안에 남아 있다.

복잡한 역사에 새로운 눈을 뜰 수 있도록 지금까지 우리가 살펴본 책들의 또 다른 도식을 제시하면 다음과 같다.

신명기부터 열왕기까지 책들의 또 다른 도식

A) 모세 : 고별사와 죽음(신명기)

B) 정복과 땅 분배

- 1) 여호수아
  - (1) 도입문(여호 1)
  - (2) 정복(여호 2~12)
  - (3) 땅 분배(여호 13~21)
  - (4) 발문(여호 22~24)
- 2) 다른 정복 이야기들(판관 1,1~2,5)

C) 판관

- 1) 판관들(과 아비멜렉)(판관 2,6~16,31)
- 2) 다른 이야기들(판관 17~21[과 룻기])
- 3) 판관 시대 끝, 왕국 시작(1사무 1~12)
  - (1) 사무엘, 엘리, 궤(1사무 1~7)
  - (2) 사울과 사무엘: 이스라엘이 임금 요청(1사무 8~12)

D) 임금

- 1) 통일 왕국
  - (1) 사울(1사무 13~15)
  - (2) 다윗(1사무 16 ~ 1열왕 2)
    - ㄱ) 사울 왕좌에 다윗 계승 역사(1사무 16 ~ 2사무 5)
    - ㄴ) 전쟁 - 예루살렘에 궤 - 다윗에게 약속(2사무 5~8)
    - ㄷ) 다윗 왕좌에 계승 역사(2사무 9 ~ 1열왕 2)
  - (3) 솔로몬(1열왕 3~11)
- 2) 분단 왕국(1열왕 12 ~ 2열왕 17)
- 3) 홀로 유다(2열왕 18~25)

심화를 위한 참고문헌

- Long, B.O., *2 Kings* (The Forms of Old Testament Literautre 10), Eerdmans, Grand Rapids, 1991.
- Merlo, P., *Re* (NVBTA 9), San Paolo, Cinisello Balsamo, Milano, 2020.
- Nelson, R.D., *I e II Re*, Claudiana, Torino, 2010(ed. ing., 1988).
  Nobile, M., *1-2 Re* (LBPT 9), Paoline, Milano, 2010.

| 제 10 장 | 아담부터 유배에서 귀환까지
: 역대기와 에즈라-느헤미야기

• 책들과 그 제목

역대기 상하권은 본디 한 권의 단일 책이었다. 에즈라기와 느헤미야기도 마찬가지였다. 에즈라-느헤미야기는 자신의 이야기로 역대기가 끝나는 곳(과 또한 열왕기 하권이 끝나는 곳)에서 역사를 계속한다. 라틴어 불가타 성서를 본보기로 삼아 역대기는 히브리어 제목 *divre hajjamim*을 번역하는데, 우리말로 "연대기"라고 옮길 수 있을 것이다. 에즈라-느헤미야기는 두 사람의 대표적 주인공 이름에서 유래한다. 그 두 사람은 책의 일부 저자, 또는 적어도 증인으로도 제시된다.

이 성서 책들은 명확히 구분되는 책들이며 히브리어 성서에서는 성문서들 가운데 들어 있는데, 목록과 수사본들에 따라 그 위치가 조금씩 다르다. 흔히 역대기는 마지막 자리에 위치해 있다. 이렇게 해서 창세기부터 열왕기까지, 창조에서 유배까지 이야기로 시작하는 정경이 아담부터 유배에서 귀환까지 역사의 새로운 이야기로 끝난다.

그리스어 성서에서 역대기의 제목은 *Paralipomeni*이다. 열왕기 상하권(그리스어 성서에서 열왕기 3~4권) 다음에 역사서들 사이에 위치한 역대기는 열왕기의 보완물(complementi)로 제시된다. 그러나 우리는 역대기가 독창적인 성서 책이며 다른 책들에서 이야기된 역사에 덧붙이는 소식들의 모음이 아님을 보게 될 것이다.

그리스어 칠십인역 성서에서 에즈라-느헤미야기는 여전히 단일한 한 권의 책이며 에즈라 2서라는 제목으로 되어 있는데, 이는 정경에 속하지 않는 책, 곧 에즈라 1서 다음에 위치해 있기 때문이다. 에즈라 1서는 요시야 임금의 파스카부터 에즈라-느헤미야기에서 이야기되는 사건들의 일부까지 역사를 이야기한다. 여기에는 다리오 궁전에서 세 명의 시종이 모든 것 중에서 어느 것이 가장 강력한 것인지를 드러내기 위하여 겨루는 사화가 첨가되어 있다. 이때 진리의 힘을 역설한 즈루빠벨이 승리한다. 또한 「예언자 에즈라」 또는 「에즈라 묵시록」이라 불리는 또 다른 외경 책이 존재한다.

라틴어 불가타 성서에서는 다음과 같은 상황을 본다. 곧 에즈라-느헤미야기는 에즈라 1서(히브리어 에즈라기)와 에즈라 2서(히브리어 느헤미야기)로 나뉘어져 있고, 이어서 그리스어 외경 에즈라 1서에 상응하는 에즈라 3서가 있으며, 끝으로 그리스어 「예언자 에즈라」에 상응하는 또 다른 외경 에즈라 4서가 있다. 에즈라라는 제목으로 되어 있는 다른 책들을 제쳐 두고 자료를 요약하여 하나의 도표로 표시하면 다음과 같다.

에즈라-느헤미야기와 에즈라의 다른 책들

애초에는 에즈라기와 느헤미야기가 단일한 한 권의 책이다.

히브리어 성서		에즈라	느헤미야	
그리스어 성서	1에즈라	2에즈라		「예언자 에즈라」 또는 「에즈라 묵시록」
라틴어 불가타 성서	3에즈라	1에즈라	2에즈라	4에즈라

• 역대기와 에즈라-느헤미야기 편찬에 관한 다양한 가설들

에즈라-느헤미야기와 역대기는, 히브리어 발전 단계도 가리키는 것처럼, 같은 시기에 속하며 여러 요소를 공통으로 가지고 있지만, 차이점도 드러낸다. 공통되는 점들 가운데에는 목록과 족보, 그리고 숭배와 레위인들의 기능에 주목하는 것이 있다. 차이점 중에서는 다음과 같은 점들을 지적할 수 있다. 곧 역대기에서는 강조되고 에즈라-느헤미야기에서는 그늘에 가려져 있는 다윗 왕실의 위치; 역대기에서 담화들의 사용과 에즈라-느헤미야기에서 공식 문서들의 사용; 혼종혼이 역대기에서는 단죄되지 않았다; 역대기에서 이집트 탈출은 주변적인 사건이다; 역대기에서 보상은 즉각적이다; 사마리아는 역대기에서 더 수용되었다; 유다 임금들만 고려되었다 하더라도 이상적인 것은 열두 지파의 임금들이다; 에즈라-느헤미야기는 최근의 현존하는 실재와 더 연결되어 있고, 역대기는 종말론과 유토피아에 열려 있다.

과거에 호평을 받았으나 지금은 많이 받아들여지고 있지 않는 주장은 역대기 1~2권과 에즈라-느헤미야기로 구성된 단일 작품으로 생각하는 역대기 작품(Opera del Cronista) 또는 역대기 역사 작품(Opera storica cronistica) 가설이다. 지금은 일반적으로 역대기와 에즈라-느헤미야기가 서로 연결되어 있으며 광범위한 동일 문맥에 속한다고 하더라도 이들은 명확히 구분되는 두 작품으로 보는 것을 선호한다. 우리는 이 작품이 여러 저자들의 결과물일 수 있는 가능성을 열어 두면서 역대기를 집필한 사람을 가리킬 때 "역대기 저자"(Cronista)라는 용어를 사용할 것이다.

역대기, 에즈라-느헤미야기, 또는 역대기 역사 작품의 형성에 대한 다양한 가설들이 만들어졌다. 오경, 육경, 구경(문서, 단편, 보충물)을 위해 사용된 모델들 가운데에서 단일 작품에 지속으로 합성된 문서 모델을 따르기보다는 단편(또는 덩어리) 모델 또는 보충물 모델, 또는 이 둘의 결합 모델을 따른다.

3에즈라기를 에즈라-느헤미야기와 역대기가 편찬되기 이전 단계의 증언으로 평가하면서 3에즈라기도 고려하는 저자들도 있다. 그렇지만 3에즈라기를 두 권의 정경 작품과 다른 원천들에서 가져온 자료들로 나중에 편찬한 것으로 생각하는 학자들도 있다.

덩어리들 가운데에는 예를 들어 1역대 1~9장의 족보, 또는 느헤미야(느헤 1~7; 11~13)와 에즈라(에즈 7~10)의 기억, 느헤 7장에서 반복되는 에즈 2장의 목록을 가려낼 수 있다. 에즈라-느헤미야기에서 아람어로 쓰인 부분의 존재는 문학적 고안물, 또는 여러 단층의 사용이나 다양한 원천들의 사용 흔적일 수 있다. 언젠가 덩어리들의 결합으로 더욱 방대한 작품이 만들어지면, 편집층을 형성하면서 서로 연결되어 있을 경우, 이는 재작업과 첨부 대상일 수 있다. 때로 에즈라-느헤미야기에서 다양한 덩어리들을 구별하기 위하여 이야기에서 일인칭 사용을 관찰한다. 그러나 일인칭과 삼인칭의 교차 사용은 다양한 기원을 가리키는 것 외에 문학 수단일 수 있다.

보충물 가설은 어느 정도 확장된 첨가문들(앞에서 인용한 덩어리들과 동일한 것일 수 있을 것이다)이 가미된 편찬, 예컨대 역대기에서 음악가들에 관한 단락들을 가정한다.

다양한 이런 모델들은 물론, 본래 단일 작품 가설도 계속적 개입을 예상할 수 있다. 즉 최근 이론들에서 으레 서기관들의 활동이 중요하다. 그들은 어느 정도 확대된 연속적 손질로 개입한다.

에즈라-느헤미야기와 역대기가 신명기계 역사 작품과 갖는 관계를 고려하는 논제(1981년 A.H.J. Gunneweg가 제기한)가 생각난다. 에즈라-느헤미야기는 신명기계 역사 작품을 완성하기 위하여 생겨났을 것이고, 이어서 역대기는 대안적 도입문으로 쓰였을 것이다. 일반적으로 말해, 성서 문학의 발전을 정경에 합류되지 않는 것들을 포함하여 다양한 경향들이 얽혀 있는 과정이라고 생각하는 것이 흥미롭다.

이러한 가설들 외에 역대기에 대해서는 자료도 존재한다. 즉 구경은 명백히 하나의 원천을 구성한다. 나중에 더욱 정확한 비교를 보게 되겠지만, 지금으로서는 역대기 저자가 사용하는 몇 가지 절차들을 지적할 수 있을 것이다. 때로 역대기 저자는 몇몇 단락들이나 자료들, 예컨대 창세기에서 몇 가지 족보들을 취한다. 때로는 단락들을 취해 다윗 역사에서처럼 다른 방식으로 배열한다. 때로는 긴 내용일 경우 단락들을 삭제하거나 삽입하면서(다른 원천들에서 가져오는 것인지에 대해서는 우리가 알 수 없다), 또는 작은 손질을 가하면서 원천을 따라간다. 전체적으로 볼 때, 다시 쓰는 과정이라고 말할 수 있다. 몇몇 차이들은 역대기 저자에 의해 사용된 본문이 마소라 본문에서 합류된 것과 다른 본문이었다는 사실 때문일 수 있음을 알 필요가 있다. 예컨대 우리는 쿰란에서 발견된 사무엘 기의 수사본들을 연구하면서 이러한 예를 볼 수 있다.

저자에 관해 말하자면(고대 세계의 저자 생각이 오늘날과 다를 수 있음을 언제나 고려하면서), 에즈라-느헤미야기의 일부 단락들을 에즈라와 느헤미야의 작품으로 생각하는 사람들이 있다. 역대기의 경우, 익명의 저자를 생각하는 사람들이 있는가 하면, 복수의 저자들, 어쩌면 하나의 "학파"까지도 강하게 주장하는 사람들도 있다. 에즈라-느헤미야기와 역대기의 기원 환경은 유사해야 하며, 유배 이후 예루살렘 성전과 연결된 서기관들(과 레위인들)을 생각할 수 있다.

• 역대기와 에즈라-느헤미야기 시대

의심할 여지 없이 두 작품은 유배 이후 예루살렘에서 쓰인 작품이며 유다 이후 유다 공동체 재건 책임을 맡은 서기관들과 레위인들의 환경과 연결되어 있다. 재건은 특히 귀환한 사람들이 해야 할 일이었다. 물론 두 작품은 부분적으로는 다른 입장을 반영하고 있으며, 각 작품의 내부에는 차이들이 존재한다. 이 작품들은 기원전 6세기 말부터 2세기 사이에 생겨난다. 여러 학자가 기원전 4세기 페르시아 시기로 기울어지는 경향이 있지만, 그리스 문화와 마주하면서 이스라엘 정체성의 재확인과 같이, 문서

작성이나 중요한 재작업이 헬레니즘 시기에 있었음을 배제할 수 없다. 역대기가 성서 역사 전체를 다시 쓴 것으로 제시된다는 사실은 구경의 본문들 이 이미 권위 있는 본문으로 여겨졌을 때인 늦은 시기로 기울어지게 한다. 헬레니즘을 명백하게 가리키지 않는다는 사실은 더 고대의 연대를 가리키는 단서로, 아니면 그리스 문화에 대한 의도적 반응으로 읽을 수 있다. 이 경우 에즈라-느헤미야기는 역대기보다 먼저 편찬되었을 것이며, 하나의 원천일 수 있을 것이다. 명백히 서기관들의 개입은 더 나중에 두 작품을 눈앞에 가지고 있었을 것이고 두 작품에 동시에 손을 댔을 것이다.

역대기를 정경의 결론이며 요약으로 생각하게 만드는 단서들이 있다. 복음서들은 아벨부터 즈카르야에 이르기까지 흘린 무죄한 피의 역사 전체를 가리키기 위하여 역대기에서 이야기된 최종 범죄를 기억하였다(마태 23,35와 평행문 루카 11,51). 더 나아가 수사본 전통은 거의 항상 역대기를 마지막 자리에 놓는다. 이는 바빌론 탈무드의 고대 목록에서도 마찬가지다(*bBaba Batra* 14b).

에즈라-느헤미야기는 최근에 있었던 일들을 이야기하며 몇몇 원천들은 사건들이 실제 일어난 시대까지 거슬러 올라갈 수 있을 것이다. 역대기는 과거 역사를 이야기하면서 현재에 대해 말한다. 유배 간 임금 여콘야 후손들의 역대기 족보(1역대 3,17~24)는 책의 마지막 형태를 볼 때 적어도 기원전 400년 이후를 생각하게 한다. 에즈라-느헤미야기에는 단서가 되는 연대를 가리키는 자료들이 있으며 세부 사항들은 이스라엘 역사에서 찾아볼 수 있다.

유배자들은 기원전 538년 페르시아 임금 키루스 통치 때 귀환하기 시작하였다. 성전 재건은 515년 다리우스 1세 때 끝난다. 느헤미야의 사명은 두 단계에 걸쳐 이루어진다. 첫째 단계는 아르타 크세르크세스 1세 통치 때 445년부터 10년 동안, 그러고 나서 둘째 단계는 일정한 시간이 흐른 뒤에 이루어지는데, 책은 정확하게 언급하지 않는다. 에즈라의 경우, 의견이 갈라진다(심지어 역사적 존재에 대해서마저 다툼이 있다). 많은 학자에 따르면, 인물들의 문학적 순서(먼저 에즈라를 언급하고, 이어서 느헤미야를 언급하는 순서)는 역사적 순서(먼저 느헤미야, 그리고 이어서 에즈라)를 반영하지 않는다. 작품이 주제의 순서를 따르는 것이지, 연대순을 따르는 것이 아닐 수 있다. 또는 동일한 이름의 임금을 혼동한 것일 수 있다. 즉 에즈라가 예루살렘에 도착한 것은 아르타크세르크세스 1세(458년) 때가 아니라 아르타크세르크세스 2세(398년) 때일 수 있을 것이다. 만약 기원전 400년경 오경이 "마감"된 것을 생각한다면, 에즈라-느헤미야기와 역대기는 그 이후에 편찬되었어야 한다.

• 역대기와 에즈라-느헤미야기의 원천

이 책들의 형성에 관해 어떤 이론을 인정하든지 원천들이 사용되었다는 사실은 분명하다. 역대기가 더 후대의 것이라는 가설에서 그 원천 중에는 에즈라-느헤미야기도 포함되어야 한다.

역대기는 구경을 다시 쓴 것으로 제시된다. 더욱 정확히 말하면, 역대기는 모세의 토라(오경)와 전기 예언서들을 전제하며, 이들의 일부, 곧 사무엘기 상권 31장부터 열왕기 하권 마지막까지를 다시 쓴 것이다. 모세의 율법이 여러 차례 지적되지만, 단지 족보

부분에서 극소수의 단락들만이 다시 쓰였다(1역대 1~2). 여호수아기, 판관기, 그리고 1사무 1~30(1역대 2~9)에 대해서도 마찬가지이다. 에즈라-느헤미야기는 1역대 9장의 기초일 수 있다. 그러나 1사무 31장, 2사무, 1열왕, 2열왕은 우리가 기억한 기교들에 따라 생략과 첨가와 위치 이동을 하면서 광범위하게 다시 쓰였다.

작품은 이렇게 해서 다윗에 관해 불균형을 초래하게 되었다. 그러나 구경에는 시나이 산 또는 호렙 산과 연결되어 있으며 누구와도 비교할 수 없는 모세, 시온과 연결되어 있는 다윗과 같은 주인 공들이 있는데, 다윗은 역대기에서 탁월한 인물로 부각된다. 탈출기가 중요성을 갖지 않는다는 사실이 놀랍다. 이러한 상황은 분명히 역대기 저자가 다윗과 예루살렘에 주의를 집중한 때문인 것으로 설명된다. 그러나 우리가 앞에서 기억한 것처럼 여러 차례 인용된 모세가 부재한 것은 어쩌면 오경은 이미 권위 있는 작품으로 여겨졌고, 전기 예언서들과 달리, 다시 쓰기가 그리 쉽지 않았기 때문일 것이다. 유다이즘 전체를 위한 정경에 대해 말하기에는 아직 때가 무르익지 않았을 것이다. 우리는 단지 역대기 저자의 전통에서 오경은 권위가 있었지만, 당시에 창세기와 오경의 다른 책들을 다시 쓴 것들이나 평행 이야기들이 유포되어 있었다고 말할 수 있겠다. 역대기 저자가 이전의 책들을 대체하려고 했던 것이 아니라, 그 것들을 다시 쓰면서 주석하고자 했던 것 같다.

일반적으로 말해, 역대기 저자는 자신의 오경 주석과 나중에 정경에 합류된 다른 책들 주석을 제공한다고 말할 수 있다. 예를 들어, 그는 여러 인물을 통해 예언에 대한 자신의 표상을 제공한다거나, 또는 레위인들과 숭배에 관한 오경의 규정들을 발전시킨다. 룻기와 토빗기의 경우에서처럼 미드라쉬(midrash)에 해당한다고 말할 수 있다.

이미 잘 알려져 있는 본문들 외에, 역대기 저자는 다른 원천들도 사용했을 수 있다. 다른 단락들에 대해서는 그 자신의 생산물이라고 생각해야 한다. 여하튼 역대기는 왕정에 관한 역사적 원천으로서가 아니라, 신학적 작품이며 편찬된 시대의 역사를 알기 위한 원천으로 읽어야 할 것이다.

역대기 저자 자신이 원천들을 인용하는데, 우리는 그것들을 상 상적인 것으로 생각해야 한다. 그러나 때로는 우리에게 알려져 있지 않은 위경 작품을 가리키거나, 구경의 부분들을 암시하는 것일 수 있다. 이야기 서술은 예언자들의 권위에 근거한다.

> 다윗 임금의 행적은 처음부터 끝까지 사무엘 선견자의 기록과 나탄 예언자의 기록과 가드 환시가의 기록에 쓰여 있는데, 거기에는 그의 모든 통치와 무용, 그리고 그와 이스라엘과 세상의 모든 나라가 겪은 사건들도 실려 있다.
>
> (1역대 29,29~30)

솔로몬의 나머지 행적은 처음부터 끝까지 나탄 예언자의 기록과 실로 사람 아히야의 예언서에, 그리고 느밧의 아들 예로보암에 관한 이또 환시가의 환시록에 쓰여 있지 않은가?(2역대 9,29).

스마야 예언자와 이또 환시가(르하브암의 행적: 2역대 12,15)도 기억되며, 이또 환시가만 기억되기도 한다(아비야의 행적: 2역대 13,22). 때로는 이와 달리 "유다와 이스라엘 임금들의 실록"에 대해 언급하거나(아사의 행적: 2역대 16,11; 아마츠야의 행적: 2역대 25,26; 요탐

의 행적: 2역대 27,7; 아하즈의 행적: 2역대 28,26; 요시야의 행적: 2역대 35, 26~27; 여호야킴의 행적: 2영ㄱ대 36,8), 또는 "이스라엘 임금들의 실록"(여호사팟의 행적: 2역대 20,3~4), 또는 "임금들의 실록 주석서(memoria)"(요아스의 행적: 2역대 24,27)에 대해 언급한다.

히즈키야와 우찌야에 대해서는 다음과 같이 말한다.

> 히즈키야의 나머지 행적과 그의 충직한 행실은 아모츠의 아들 이사야 예언자의 환시록에, 유다와 이스라엘 임금들의 실록에 쓰여 있다. (2역대 32,32)

> 우찌야의 나머지 행적은 처음부터 끝까지 아모츠의 아들 이사야 예언자가 써 두었다. (2역대 26,22)

므나쎄에 대해서는 다음과 같은 문구로 말한다.

> 므나쎄의 나머지 행적과 그가 하느님께 드린 기도와 주 이스라엘의 하느님의 이름으로 환시가들이 그에게 한 말들은 이스라엘 임금 들의 실록에 들어 있다. (2역대 33,18)

에즈라-느헤미야기는 오경과 성서의 다른 책들을 분명히 알고 있다. 우리는 원천들이 사용되었는가에 대해 알지 못한다. 에즈 2장과 느헤 7장에 반복된 명단은 책 편찬 이전에 이미 존재했을 수 있다. 게다가 작품을 생산한 것과 동일한 저작 환경에서 유래할 수도 있다.

느헤미야에 대한 기억(느헤 1~7; 11~13)과 에즈라에 대한 기억

(에즈 7,12~26의 핵심과 함께)이 존재하였다고 상상할 수 있다. 다양한 층들을 구별하는 데 사용된 단서는 일인칭 또는 삼인칭을 사용하는 단락들의 존재이다. 그것은 단순히 문체적 변화일 수 있다. 그 외에 저자들에게까지 거슬러 올라가는 원천들이기보다는 오히려 우리에게는 알려져 있지 않은 원천들에 기초한 위경 본문들일 수 있다.

아람어로 쓰인 공식 문헌들의 진정성(에즈 4,11~16.17~22; 5,7~17; 6,6~12)에 대해서는 의견이 엇갈린다. 몇몇 학자들에 따르면, 문구 형식은 페르시아의 공식 기록소가 아니라 헬레니즘 시대의 문헌들(에스테르기의 허구 본문들과 1마카와 2마카의 토론이 되는 신빙성과 같은)이다.

• 역대기의 개요

개별 부분을 제시하기 전에 먼저 역대기의 전체 구조를 보는 것이 좋겠다. 역대기는 네 부분으로 나눌 수 있다. 자주 "족보로비"라고 불리는 첫째 부분(1역대 1~9)은 하나의 족보 도표에 아담부터 다윗까지의 역사를 압착하고 있다. 둘째 부분(1역대 10~29)과 셋째 부분(2역대 1~9)은 다윗과 솔로몬과 성전 건축에 대해 말하며, 넷째 부분(2역대 10~36)은 다른 유다 임금들에 대해 언급한다.

1역대 1~9	1) 아담부터 사울까지 족보
1역대 10~29	2) 다윗
2역대 1~9	3) 솔로몬
2역대 10~36	4) 다른 유다 임금들

• 대 공관

이제 네 개의 큰 부분을 고려하면서 역대기와 구경을 공관한다. 그런 다음 때로는 단락 전체를 다시 만들어 내면서, 때로는 실마리를 찾아 내면서 이 책들이 참고하고 있는 본문들과 역대기 1~2권, 특히 각 부분을 대조할 것이다.

창세기부터 1사무 30장에 이르는 전체가 1역대 1~9장의 족보에 축소되어 있다(극소수의 다른 소식들 또는 짤막한 이야기들과 함께). 세대들의 일람은 원역사(창세 1~11 ‖ 1역대 1)를 포괄하며, 이스라엘의 열두 지파(1역대 2~9)와 예루살렘 주민(1역대 9)을 대표한다.

1사무 1~30장의 다윗 역사는 거의 모두 생략되었으나, 1사무 31장부터 1열왕 2장까지는 현저한 생략과 첨가와 함께 광범위하게 다시 받아들인다. 이때 특히 다윗의 올바름과 성전 건축을 위한 그의 중요성을 강조한다. 솔로몬의 경우, 2역대 1~9장은 1열왕 3~10장을 더욱 가까이 따라가지만, 그의 퇴락을 다루는 1열왕 11장은 생략한다. 유다 임금들과 이스라엘 임금들의 역사(1열왕 12~2열왕 25)는 첨가하거나 생략하면서 다시 작업되었다. 무엇보다도 이스라엘 임금들이 생략되었다(2역대 10~36). 유배에서의 귀환에 관한 소식이 2역대 36장에 들어 있지만, 2열왕은 유배 소식과 바빌론 임금이 유배살이를 하는 임금 여호야킨에게 호의를 베푸는 것으로 끝난다.

창세 1 ~ 1사무 15	창조부터 사울까지	1역대 1~9	아담부터 사울까지 족보
1사무 16~30	다윗		
1사무 31 ~ 1열왕 2	다윗	1역대 10~29	다윗
1열왕 3~10	솔로몬	2역대 1~9	솔로몬
1열왕 11	솔로몬		
1열왕 12 ~ 2열왕 25	유다와 이스라엘 임금	2역대 10~36	유다 임금
		2역대 36*	유배에서 귀환

심화를 위한 참고문헌

_ 이 장에 대해서는 구약성서 입문서를 보라. 예를 들어

- Zenger, E.(a cura di), *Introduzione all'Antico Testamento, Queriniana*, Brescia, [3]2013.

_ 에즈라-느헤미야기와 2에즈라기(또는 1에즈라기)에 대해서는 다음의 연구도 보라

- Mazzinghi, L. / Sacchi, P., "I II Esdra. Introduzione", in *Bibbia dei Settanta*, II/I, pp.951~966.
- Sacchi P., "I Esdra", in *Bibbia dei Settanta*, II/I, pp.967~1027.

_ 역대기와 열왕기 공관

- Kegler, J. / Augustin, M., *Synopse zum Chronistischen Geschichtswerk*(Beiträge zur Erforschung des Alten Testament und des Antiken Judentums 1), Lang, Frankfurt a.M. ^{2}1991.
- Vannutelli, P., *Libri synoptici Veteris Testamenti. Librorum Regum et Chronicorum Loci Paralleli*, Pontificio Istituto Biblico, Roma, 1931.

| 제 11 장 | 역대기 상권
:아담부터 다윗까지

• 족보

족보는 다양한 기능을 가지고 있다. 예를 들어 토빗기를 시작할 때처럼 인물을 소개하는 데 소용된다. 역대기에서 족보는 부분적으로는 다윗과 그 후손을 소개하려고 하지만, 더욱 넓게는 전체 백성을 소개하려고 한다. 사실 친족 언어를 통해서 다양한 민족들의 관계를 대표하고 정체성을 정의한다. 지리를 묘사하기도 한다(민족들의 고유명사학 형태로). 세대의 흐름과 더불어 역사를 대표하면서 이야기하는 방식이기도 하다. 에즈라-느헤미야기에서 자신의 기원을 드러낼 수 없는 사람들의 경우가 보여 주듯이 적법성의 원천이기도 하다(에즈 2,59~62). 창세기에서 족보는 시간과 장소 안에서 퍼져 나가는 인간에 대한 본래의 축복의 효력을 드러내기도 한다. 동시에 탈출기 시작 부분에서 아브라함에 대한 축복이 어떻게 큰 백성이 되게 하는지를 보여 준다.

족보에는 기본적인 두 가지 형태가 있다. 직선 형태의 족보는 세대마다 이름을 밝히며, 몇 개로 나누어지는 형태의 족보는 각 세대마다 여러 명의 자녀를 밝힌다.

역대기에서 직선 형태의 족보는 때로 매우 드물며, 이름을 기재 한 명단으로 축소되고 명단의 각 이름은 다음 사람의 아버지이다. 예를 들어 1역대 1,1~4에서 "아담, 셋, 에노스, 케난, 마할랄엘, 예렛, 에녹, 므투셀라, 라멕, 노아, 셈, 함, 야펫"이라고만 기록한다. 저자는 표시를 하지 않은 채 끝에서 기준을 바꾼다는 사실도 관찰할 필요가 있다. 즉 마지막 세 명의 이름은 서로 다른 세 세대에 속하는 이름이 아니라, 노아의 세 아들 이름이다. 독자가 이미 정보를 가지고 있음을 전제하는 것이 분명하다. 또 다른 예는 세대마다 이름을 가지고 있는 1역대 1,24~27이다. "셈, 아르팍삿, 셀라흐, 에베르, 펠렉, 르우, 스룩, 나호르, 테라, 아브람 곧 아브라함."

직선 형태의 족보는 더욱 복잡한 문구를 사용하기도 한다. 창세기에서 아담부터 노아에 이르는 족보(창세 5)와 셈부터 테라에 이르는 족보(창세 11,10~26)에서 이를 볼 수 있다. 이 두 번째 경우, 마지막에 노아의 세 아들이 거명된다. 우리는 역대기에서 임금들의 명단을 읽을 수 있다.

> 솔로몬의 아들은 르하브암, 르하브암의 아들은 아비야, 아비야의 아들은 아사, 아사의 아들은 여호사팟, 여호사팟의 아들은 요람, 요람의 아들은 아하즈야, 아하즈야의 아들은 요아스, 요아스의 아들은 아마츠야, 아마츠야의 아들은 아자르야, 아자르야의 아들은 요탐, 요탐의 아들은 아하즈, 아하즈의 아들은 히즈키야, 히즈키야의 아들은 므나쎄, 므나쎄의 아들은 아몬, 아몬의 아들은 요시야이다." (1역대 3,10~14)

그런 다음 족보가 가지치기를 한다. "요시야의 아들은 맏아들이 요하난, 둘째가 여호야킴, 셋째가 치드키야, 넷째가 살룸이다. 여호야킴의 아들은 여콘야이고 여콘야의 아들은 치드키야이다"(1역대 3,15~16).

가지친 족보의 예로 창세기에서 노아의 아들들의 후손을 읽을 수 있다(창세 10). 역대기의 경우, 레위의 후손의 시작을 본다. 즉 먼저(1역대 5,27) 레위의 세 아들 게르손, 크핫, 므라리를 열거한다. 그런 다음 크핫의 아들들을 열거한다. 곧 "크핫의 아들은 아므람, 이츠하르, 헤브론, 우찌엘이다"(1역대 5,28부터). 이들 가운데 아므람의 아들들을 언급하고 이어서 아론의 아들들을 언급한다. 그러고 나서 족보는 직선 형태가 된다. "엘아자르는 피느하스를 낳고 피느하스는 아비수아를 낳았다. 아비수아는 부키를 낳고 부키는 우찌를 낳았다"(1역대 5,30부터).

족보에는 소식과 주석도 삽입되었다.

> 유다의 아들은 에르, 오난, 셀라인데, 이 셋은 그가 가나안 여자 수아의 딸에게서 얻은 아들들이다. 유다의 맏아들 에르는 주님 보시기에 악하였으므로, 주님께서 그를 죽게 하셨다. 유다의 며느리 타마르는 그에게 페레츠와 제라를 낳아 주었다. 이렇게 유다의 아들은 모두 다섯이다. (1역대 2,3~4)

이스라엘의 맏아들 르우벤의 자손들은 이러하다. 르우벤은 맏아들이면서도 아버지의 잠자리를 더럽혔기 때문에, 그의 맏아들 권리가 이스라엘의 아들 요셉의 아들들에게 넘어가고, 족보에 맏아들로 오르지 못하였다. 유다가 형제들 가운데에서 세력이 컸으므로 그에게서 영도자가 났으나, 맏아들 권리는 요셉에게 있었다(1역대 5,1~2).

역대기 상권 1장의 족보는 창세기의 족보처럼 배열되어 있다. 때때로 주요 선 중에서 계속 따라가려고 하는 선을 마지막에 배치한다. 예컨대 노아의 아들 셈, 함, 야펫 중에서 반대 순서에 따라 야펫의 후손, 함의 후손, 셈의 후손을 열거한다. 마지막에 배열한 셈의 선을 따라간다. 이스마엘과 이사악 중에서 먼저 이스마엘을 지적하고, 이어서 이사악을 지적한다. 이사악의 후손이 열거된다.

• 기원부터 열두 지파까지

아담부터 아브라함까지 빠르게 진행되며(1역대 1,1~27), 더 많은 자료와 함께 아브라함부터 이스라엘까지 진행된다(1역대 1,28~2,3). 이스라엘의 아들들의 명단(1역대 2,1~2)은 이전 족보에서 열두 지파 족보(1역대 2,3~8,40)로 넘어가는 전이 역할을 한다. 족보에 오른 것과 유배에 관한 소식(1역대 9,1)은 족보를 마감한다. 그러고 나서 일반적으로 주민들(1역대 9,2)과 특히 예루살렘과 기브온 주민들(1역대 9,3~44)에 대해 말한다. 큰 줄기는 다음과 같다.

1,1~2,2	아담부터 이스라엘의 아들들까지
	2,1~2 이스라엘의 아들들의 명단
2,3~8,40	이스라엘의 아들들
9,1	족보에 올리고 유배를 감
9,2~44	주민들, 특히 예루살렘과 기브온 주민들

역대기 1장에서 직선 형태의 빈약한 첫 번째 족보는 아담부터 노아의 아들들로 내려가며(1역대 1,1~4), 그런 다음(1역대 1,5~23) 야펫과 함과 셈의 후손이 제시된다. 직선 형태의 빈약한 두 번째 족보(1역대 1,24~27)는 셈부터 아브라함으로 내려가고, 그런 다음 아브라함의 아들들의 후손이 제시되며(1역대 1,28~2,2), 이스라엘의 아들들의 명단으로 마감된다(1역대 2,1~2).

1,1~4	아담부터 노아의 아들들까지
	노아의 아들들: 명단
1,5~7	야펫의 아들들
1,8~13	함의 아들들
1,14~23	셈의 아들들
1,24~27	셈부터 아브라함까지
1,28	아브라함의 아들들: 명단
1,29~31	이스마엘의 후손
1,32~33	크투라의 아들들
1,34	이사악의 아들들: 명단
1,35~54	에사우의 아들들
2,1~2	이스라엘의 아들들: 명단

우리가 "명단"이라고 지적한 곳에는 조상들이 열거되고, 이어서 족보가 발전된다. 마지막 명단은 열두 지파에 할애된 방대한 단락을 도입한다(1역대 2~8). 1역대 1,28에는 아브라함의 세 번째 아내 크투라의 아들들이 인용되지 않지만, 1역대 1,32~33에서 명단과 후손이 소개된다.

아래 도표에서 볼 수 있듯이, 역대기 저자는 창세기(와 탈출기)를 참고한다. 때로는 밀접한 평행문들이 있고, 또 때로는 소식들이 여러 구절에서 발견된다(예를 들어 이사악이 아브라함의 아들이라는). 창세기 이야기들이 생략된 것을 본다.

평행문과 원천	1역대기	
창세 5	1,1~4	아담부터 노아의 아들들까지
창세 10	1,5~23	노아 아들들의 후손
창세 11,10~26	1,24~27	셈부터 아브라함까지
창세 17,5 등	1,27	아브람, 아브라함
창세 16; 21 등	1,28	이사악과 이스마엘
창세 25,13~16	1,29~31	이스마엘의 후손
창세 25,1~4	1,32~33	크투라의 아들들
창세 25,19 등	1,34	아브라함은 이사악을 낳았다
창세 25,19~26 등	1,34	이사악의 아들들
창세 36	1,35~54	에사우의 아들들
창세 35,22~26 등 탈출 1,1~5	2,1~2	이스라엘의 아들들

- **열두 지파**

열두 지파의 족보를 관찰하면서 역대기 저자가 선호하는 신학적 관점이 있음에 주목하게 된다. 유다 지파의 최초의 위치와 차지하는 공간은 전체 작품에서 그 중심성에 상응한다. 왕국은 예루살렘과 성전을 가지고 있으며 다윗 왕실이 속하는 이 지파에 제한될 것이다. 레위 지파에 부여된 공간은 성전과 예배에 대한 역대기 저자의 주의를 드러낸다. 세 번째 위치는 벤야민 지파이다. 벤야민 지파에는 첫 번째 임금 사울이 속하며 유다 지파와 연결되어 있다(왕국이 갈라지는 순간 명확히 규정되듯이: 2역대 11,1~12). 벤야민 지파는 두 번 다루어지며(1역대 7,6~12와 8) 그 내부에는 기브온과 연결된 사울의 족보가 반복되면서(1역대 8,29~40; 9,35~44) 예루살렘에 관한 장(1역대 9,1~34)의 틀을 형성하고 사울의 죽음에 관한 이야기를 도입한다(1역대 10).

단 지파는 이스라엘의 아들들 명단에 들어 있지만(1역대 2,1~2), 족보 명단에는 들어 있지 않다. 어쩌면 단 지파에 관한 하나의 단편이 1역대 7,12에 들어 있었으며 본문의 파손으로 소실된 것 같다. 르우벤 다음에 즉시 요엘의 자손들에 대해 말하면서 르우벤과의 관계에 대해서는 구체적으로 밝히지 않는다(1역대 5,4). 족보에 여러 가지 소식들을 첨가하면서 루우벤, 가드, 므나쎄 반쪽 지파를 다룬 것을 하나의 단일체로 생각할 수 있을 것이다(1역대 5,1~26). 이 지파들은 이스라엘 왕국의 주된 지파들이며(북쪽 왕국이라는 뜻에서), 무엇보다도 그들의 유배를 기억한다.

> 그러나 그들은 자기 조상들의 하느님을 배신하고, 하느님께서 그들 앞에서 멸망시키신 그 땅 민족들의 신들을 따르며 불륜을 저질렀다. 그래서 이스라엘의 하느님께서는 아시리아 임금 풀의 마음과 아시리아 임금 티글랏 필에세르의 마음을 부추기셔서, 르우벤인과 가드인과 므나쎄 반쪽 지파를 유배 보내, 할라, 하보르, 하라 그리고 고잔 강으로 데려가게 하셨다. 그들은 오늘날까지 거기에서 살고 있다. (1역대 5,25~26)

역대기는 유다 왕국 역사만 다루면서도 이런 방식으로 북 왕국의 유배를 기억한다(2열왕 17).

역대기 상권

2,3~4,23	유다의 자손
4,24~27	시메온의 자손

5,1~10		르우벤의 자손
5,11~17		가드의 자손
5,18~22		르우벤, 가드, 므나쎄 반쪽 지파의 자손
5,23~26		므나쎄 반쪽 지파의 자손
5,27~6,66		레위의 자손
7,1~5		이사카르의 자손
7,6~12		벤야민의 자손
7,13		납탈리의 자손
7,14~19		므나쎄의 자손
7,20~29		에프라임의 자손
7,30~40		아세르의 자손
8,1~40		벤야민의 자손
	8,29~40	기브온에서: 사울
9,1~44		**예루살렘**
	9,35~44	기브온에서: 사울

유다에 관한 자료(1역대 2,3~4,23)는 복잡하며 역대기 저자는 광범위한 단락을 만들려고 한다. 제1장에서처럼 출처가 된 책들의 이야기들을 가져오지 않는다. 첫째 단락(1역대 2,3~55)은 유다 자손의 다양한 가지들이 제시된다. 헤츠론, 여라흐므엘, 칼렙에게 특별한 주의가 집중된다. 이사이의 아들 다윗도 헤츠론의 자손이다(1역대 2,13~16). 그런 다음(1역대 3,1~9) 다윗의 자손, 유다 임금들(1역대 3,10~16), 그리고 유배 이후의 그들의 자손이 열거된다(1역대 3,17~24). 그리고 1역대 4,1에서 1역대 2,3의 제목인 "유다의 자손"을 다시 사용하며 이 지파의 다른 명단들을 소개한다(1역대 4,1~23). 솔로몬 자손의 명단은 역대기 하권에서 이야기되는 유다 임금들의 계승에 상응한다. 아래 도표에서 모든 자료의 평행문을 검토하지 않고 몇 가지 예들만 제시한다.

평행문과 원천	역대기 상권		역대기의 내적 평행문
창세 38; 46,12 민수 26,19~22 룻 4,18	1역대 2,3~5	유다의 자손	1역대 4,1~2
(1열왕 5,11)	1역대 2,6		
(여호 7,1)	1역대 2,7		
	1역대 2,8		
민수 1,7 룻 4,18~22 1사무 16,6~10; 17,13~14	1역대 2,9~15		
(2사무 17,25)	1역대 2,16~17		
	1역대 2,18~55		
민수 32,41~42	1역대 2,23		
여호 15,16~19	1역대 2,49		
2사무 3,2~5	1역대 3,1~4	헤브론에서 태어난 다윗의 자손	
2사무 5,5	1역대 3,4	다윗 왕국	1역대 29,27
2사무 5,14~16 (2사무 13,1)	1역대 3,5~9	예루살렘에서 태어난 다윗의 자손	1역대 14,3~7
1~2열왕	1역대 3,10~16	솔로몬의 자손	2역대
	1역대 3,17~24	여콘야의 자손	
창세 38; 46,12 민수 26,19~22	1역대 4,1~2	유다의 자손	1역대 2,3~5
	1역대 4,3~23		
판관 1,13	1역대 4,13		
민수 13,6	1역대 4,15		

시메온과 루우벤, 가드, 므나쎄 반족 지파에세 할애된 단락은 엄밀히 족보가 아닌 자료들의 존재로 구별된다. 몇 가지 평행문을 보면 다음과 같다.

평행문과 원천	역대기	
창세 46,10 = 탈출 6,15	1역대 4,24~27	시메온의 자손
여호 19,2~8 (여호 15,21~32; 느헤 11,25~30)	1역대 4,28~33	정착
	1역대 4,34~38	씨족의 수장 명단
	1역대 4,39~43	소식
탈출 6,14; 창세 46,9	1역대 5,1~3	르우벤의 자손
민수 26,5~7		
	1역대 5,4~8	요엘의 자손
	1역대 5,8~10	소식
창세 46,16	1역대 5,11~17	가드의 자손과 소식
	1역대 5,18~26	르우벤, 가드, 므나세 반쪽 지파에 대한 소식

역대기 저자는 유다 지파의 경우처럼, 레위 지파의 경우에도 몇몇 자료들을 반복한다. 레위인들의 기능 가운데, 아론의 자손들 외에 성가대원들을 기억한다. 다양한 기능들에 따른 레위인들의 구분은 1역대 6장에서 잘 발전되어 있지만, 다윗이 미래의 성전 체계를 마무리한 뒤에 1역대 23~29에서는 훨씬 더 발전되어 있다. 성가대에 대해 다음과 같이 말한다.

계약 궤가 주님의 집에 자리 잡은 뒤에 다윗이 그곳에서 부르는 성가를 책임지라고 임명한 사람들은 이러하다. 이들은 솔로몬이 예루살렘에 주님의 집을 지을 때까지 성막, 곧 '만남의 천막' 앞에서 부르는 성가를 관장하였다. 그들은 절차에 따라 직무를 수행하였다. (1역대 6,16~17)

아론의 자손들을 다른 레위인들과 구분하면서 다음과 같이 말한다.

그들의 형제인 다른 레위인들에게는 성막, 곧 하느님의 집에서 하는 모든 일이 맡겨졌다. 그 가운데에서 번제 제단과 분향 제단에서 제물을 살라 연기로 바치는 일, 지성소의 모든 일, 이스라엘을 위하여 속죄하는 일은 아론과 그의 자손들이 하느님의 종 모세가 명령한 대로 다 하였다. (1역대 6,33~34)

여호수아기를 참고하여 땅을 유산으로 차지하지 않은 레위인들에게 주어진 성읍에 대해서도 말한다.

평행문과 원천	1역대기		역대기의 내적 평행문
창세 46,11	1역대 5,27~30	레위의 자손	1역대 6,1~4
탈출 6,16~25; 민수 3,2 민수 3,17~37; 26,57~60	1역대 5,31~41		

평행문과 원천	1역대기		역대기의 내적 평행문
민수 3,17~20	1역대 6,1~4	레위의 자손	1역대 5,27~30
1사무 8,2	1역대 6,5~15		
	1역대 6,16~38		1역대 15,16~ 24
여호 21	1역대 6,39~66	살던 지역	

다른 지파들의 족보는 더 단순하며 주로 민수기를 참조한다. 사울의 경우, 그 원천은 사무엘기 상권이다.

역대기 상권 9장의 시작은 처음 여덟 장의 결론으로 생각할 수 있다. "이렇게 온 이스라엘이 족보에 오르고 이스라엘과 유다 임금들의 실록에 기록되었다. 그들은 배신한 탓으로 바빌론에 유배를 갔다"(1역대 9,1).[11] 예루살렘 주민들에 관한 1역대 9장의 이 지점에서 언어의 기준은 지리적 기준을 따라간다. 일반적으로는 "그 뒤에 처음으로 자기들의 성읍에 있는 소유지에 돌아와 자리를 잡은 이들은 이스라엘 백성과 사제들과 레위인들과 성전 막일꾼들이다"(1역대 9,2)라고 단언하였다. 그런 다음 특별히 예루살렘에 대해 언급하면서(1역대 9,3~34) 포괄법의 기교로 단락을 한정 짓는다.

> 3절: 예루살렘에 자리를 잡은 이들은 이러하다. (…)
> 34절: 이들은 예루살렘에 자리를 잡았다

11) 〔옮긴이 주〕 우리말 『성경』에서는 "이렇게 온 이스라엘이 족보에 오르고 이스라엘 임금들의 실록에 기록되었다. 유다는 배신한 탓으로 바빌론에 유배를 갔다"라고 옮긴다.

이탈리아 주교회의 공인 성서(CEI, 2008년)에서 "자기들의 소유지에 다시 자리를 잡은 첫 주민들"(1역대 9,2)이라고 번역한 것은 "자기들의 소유지에 자리를 잡은 첫 주민들"(Sara Japhet에 따라)로 옮겨야 할 것이다. 달리 말해, 유배지에서 돌아온 것을 생각하지 않고 본래 정착한 것을 생각해야 할 것이다.

또한 사람들을 다양한 범주로 구분한 것(계속해서 1역대 9,2에서)에도 주의를 기울일 필요가 있다. "자리를 잡은 이들은 이스라엘 백성과 사제들과 레위인들과 성전 막일꾼들이다." 예루살렘 주민들을 열거하면서 몇몇 지파들과 레위인들의 다양한 기능, 곧 사제, 레위인, 문지기, 성가대를 기억한다.

평행문과 원천	1역대기		역대기의 내적 평행문
창세 46,13	1역대 7,1~5	이사카르	
민수 26,23~25			
창세 46,21	1역대 7,6~12	벤야민	1역대 8,1~40
민수 26,38~41			
창세 46,24	1역대 7,13	납탈리	
민수 26,48~50			
민수 26,29~34	1역대 7,14~19	므나쎄	
민수 26,35~37	1역대 7,20~29	에프라임	
창세 46,17	1역대 7,30~40	아세르	
민수 26,44~47			
창세 46,21	1역대 8,1~40	벤야민	1역대 7,6~12
민수 26,38~41			
1사무 14,49~51	8,29~40	사울, 기브온	1역대 9,35~44
(느헤 11,3~19)	1역대 9	예루살렘	
1사무 14,49~51	9,35~44	사울, 기브온	1역대 8,29~40

• 다윗 임금

역대기 저자는 다윗 임금에 관한 자료를 네 단락으로 나눈다. 첫째 단락에서 다윗이 임금이 되고, 둘째 단락에서 궤를 예루살렘으로 모셔 오며, 셋째 단락에서 전쟁을 하고, 넷째 단락에서 성전 건축을 준비하고 솔로몬을 왕좌에 앉힌다. 역대기는 사울 왕좌의 계승 역사와 다윗 왕좌의 계승 역사에 대해서는 대부분 빼놓으며, 주인공의 됨됨이는 더욱 완전하고 인간의 일상사에 덜 관여하는 것으로 제시된다. 그렇지만 많은 새 자료가 첨가되었다.

다윗

1역대 10~12	1) 사울의 종말과 다윗의 즉위
1역대 13~17	2) 궤
1역대 18~20	3) 전쟁
1역대 21~29	4) 성전을 준비하며. 솔로몬 임금

• 다윗이 임금이 되다

왕좌의 계승 역사를 빼놓은 역대기 저자는 다윗의 기름부음받음에 대한 전제로 사울의 죽음에 대한 언급으로 시작한다(우리는 이따금 우리의 어휘로 "즉위"를 가리키기 위하여 "대관식" 또는 다른 유사 용어들을 사용하지만, 성서에서는 기름부음받음이라는 어휘를 사용한다). 사무엘기에서 유다 임금과 이스라엘 임금에게 차례로 기름을 붓는 것 중에서 이스라엘의 임금에게 기름을 붓는 것만 언급된다(2사무 2; 5). 즉 다윗은 곧바로 온 이스라엘의 임금이 된다.

명단(2사무에서 가져왔거나, 또는 역대기 저자의 자료)은 다윗이 이런 방식으로 임금이 되는 순간과 연결되어 있다. 곧 첫 번째 명단은 취임식 때 함께했던 전사들을 열거하기 위하여 사용되었다. 여기에서부터 필리스티아인들 앞에서 다윗과 함께 있었던 사람들과 이보다 더 먼저 광야에서 함께 있었던 사람들의 시간으로 거슬러 올라간다. 그러고 나서 반대 의미로 필리스티아인들의 시간과 대관식 시간으로 돌아간다. 이렇게 해서 여섯 개의 명단이 중앙집중식으로 배열되어 있으며, 다윗의 과거 일들, 사무엘기 상권에 광범위하게 이야기된 일들을 암시한다.

평행문	1역대기	1) 사울의 종말과 다윗의 취임
		도입문
1사무 31	10,1~12	사울의 죽음
	10,13~14	다윗에게 왕권 이양
		다윗의 대관식
2사무 5,1~3	11,1~3	다윗의 대관식 +
2사무 5,6~9	11,4~8	다윗이 예루살렘을 점령하다
2사무 5,10	11,9	요약: 다윗의 좋은 평판
2사무 23,8~39	11,10~47	ㄱ) 명단: 대관식의 전사들
	12,1~8	ㄴ) 명단: 치클락에서 다윗과 함께한 전사들
	12,9~16	ㄷ) 명단: 광야에서 다윗과 함께한 가드 지파의 전사들
	12,17~19	ㄷ') 명단: 광야에서 다윗과 함께한 유다와

평행문	1역대기	1) 사울의 종말과 다윗의 취임
		도입문
		벤야민의 전사들
	12,20~23	ㄴ') 명단: 치클락에서 다윗과 함께한 전사들
	12,20	다윗은 필리스티아인들을 돕지 않는다
	12,24~38	ㄱ') 명단: 취임식에 함께한 전사들
	12,39~41	다윗의 취임식 +

• 다윗, 궤 그리고 성전

궤를 예루살렘으로 옮기는 것은 첫 순간에는 실패하지만 나중에는 성공한다. 사무엘기 하권에는 두 순간이 연이어 이야기된다. 이와 달리 역대기 저자는 두 순간을 구분하면서 다윗에 대한 하느님의 호의를 드러내는 다양한 자료들을 사무엘기 하권에서 가져와 첨가한다. 이렇게 해서 궤 이전이 실패한 것은 부족한 예식 때문이었지 도덕적 흠결이 있어서가 아님이 분명해진다. 또한 역대기는 의식과 레위인들에 대한 주장도 펼친다.

나탄의 신탁과 다윗의 기도는 약간 변형된 형태로 언급한다.

평행문	역대기의 내적 평행문	1역대기	2) 궤와 신탁
			궤 이전: 시도
		13,1~4	결정
2사무 6,1~11		13,5~14	이전 실패

평행문	역대기의 내적 평행문	1역대기	2) 궤와 신탁
			휴식: 다윗이 임금으로 인정: 왕궁, 후손, 승리
2사무 5,11		14,1	히람의 도움
2사무 5,12		14,2	다윗이 하느님의 인정을 인식
2사무 5,13~16	1역대 3,3~7	14,3~7	예루살렘의 다윗 자손
2사무 5,17~25		14,8~16	필리스티아인들에 승리
		14,17	다윗이 명성
			궤 이전: 성공
		15,1~24	준비
	1역대 5,27~30; 6,1~4	15,4~10	레위인들
	6,16~38	15,16~24	
2사무 6,12~19		15,25~16,3	이전
		16,4~7	레위인들의 봉사
시편 105,1~15		16,8~22	찬양
시편 96,1~13		16,23~33	
시편 106,1.46.48		16,34~36	
		16,37~42	전례에 관한 다른 소식들
2사무 6,19		16,43	결론
2사무 7		17	**나탄의 신탁과 다윗의 기도**

• 다윗의 전쟁

역대기 저자는 전쟁에 관한 여러 본문을 한데 합치지만, 사무엘기 하권에서는 나뉘어져 있다. 아람인들과의 전쟁에서 밧세바와의 죄 이야기가 생략되어 있음을 볼 수 있다. 다윗은 더욱 완전한 인물이 된다.

2사무	1역대	3) 전쟁
8,1~14	18,1~14	여러 승리 요약
8,15~18	18,15~17	다윗 왕실의 관리들
10,1~14	19,1~15	암몬과 첫 번째 전쟁
10,15~19	19,16~19	아람인들에 대한 승리
11,1	20,1	암몬인들과 두 번째 전쟁
12,26~31	20,2~3	
21,18~22	20,4~8	필리스티아인들과 싸움

• 다윗, 성전, 그리고 솔로몬의 즉위

평행문	역대기 내적 평행문	1역대기	4) 성전을 준비하며, 솔로몬 임금
			성전 장소
2사무 24		21	인구 조사, 하느님의 징벌
		22,1	성전 장소
(1열왕 5,17~18.31~32)	1역대 17 1역대	22,2~19	**다윗의 자재 준비와 지침**

평행문	역대기 내적 평행문	1역대기	4) 성전을 준비하며. 솔로몬 임금
	28,1~10		
2사무 7			
		23,1~ 29,25	다윗이 솔로몬에게 왕국 이양 성전 건축과 제도
			23,1~5 도입문
(1열왕 1~2)			23,1 계승
			23,4~5 소집
	1역대 5,27 ~6,66	23~26	명단: 성전과 백성의 정리
	24.26		23,6~32 레위인
민수 3,2~4			24,1~19 아론 자손
	23		24,20~31 레위인
	16,37~43		25 레위인: 성가대
	9,17~27		26,1~19 레위인: 성전 문지기
민수 31,48~ 54	18,11		26,20~28 레위인: 창고 관리인 26,29~32 레위인: 서기관, 판관
2사무 2,18~ 23			27 백성의 영도자와 임금의 관리
2사무 15,31~ 32			
2사무 16~17			
			성전 건축에 관한 다윗의 지침
(1열왕 2,1~9)	22,17		28 성전 건축 지침 29,1~9 다른 자재 수집 축복
1열왕 1~2	23,1		29,21~25 솔로몬 임금(그다음 날)
1열왕 2,10~ 12	1역대 3,4	29,26~30	다윗 왕국의 결론적 요약

역대기 저자는 성전이 세워질 장소를 가리키기 위하여 인구 조사 이야기(2사무 24)를 사용한다(1역대 21,1~22,1). 다윗은 성전 건축과 생활을 위하여 두 순간, 즉 두 개의 하위 단락인 1역대 22,2~19과 1역대 23,1~29,25(22장과 28장을 참조한다)로 나누어 모든 것을 미리 기획한다. 다윗은 전쟁을 하였으므로 성전을 건축할 수 없다고 설명하지만(1역대 22,8; 28,3), 역대기에서는 성전의 참된 창시자는 다윗이며, 솔로몬은 시행자이다. 모든 부분을 다 건축한 사실과 다음과 같은 표현이 이를 드러내고 있다.

> 그러고 나서 다윗은 현관과 거기에 이어지는 건물과 창고와 옥상 방과 안쪽 방들과 속죄소의 모형을 아들 솔로몬에게 주었다. 그 밖에 마음에 떠오른 모든 것의 모형도 주었다. 그 모형은 주님의 집 뜰과 둘레의 모든 방, 하느님의 집 창고와 성물 창고에 관한 것이었다. 또 사제와 레위인들의 조, 주님의 집에서 예배드리는 모든 일, 주님의 집에서 드리는 예배에 쓸 모든 기물에 관해서도 알려 주었다. (1역대 28,11~13)

하위 단락(1역대 23,1~29,25)은 단일체로 여겨져야 한다(Sara Japhet가 이를 잘 드러낸다). 즉 다윗이 솔로몬을 임금으로 임명할 때에 여러 명단과 장면들이 포함되어 있다. 1역대 23,1~5의 구절들은 이어지는 다음 장들의 자료들의 대부분을 도입하는 분할 기능을 가진 요약이다. 즉 1역대 23,1은 솔로몬의 즉위(1역대 29,21~25)를 예고하며, 포괄법으로 이 장들을 둘러싼다. 1역대 23,2은 27장에 열거된 대신, 사제, 레위인을 예고한다. 아론의 후손으로 이해되는 사제들은 1역대 24,1~19에 열거된다. 레위인들은

1역대 23,4~5에서 다양한 범주로 구별된다. 어떤 이들은 성전에서 다양한 활동을 맡아 하는 기능을 가지고 있으며, 1역대 23,6~23에 그들의 이름이 열거되며, 1역대 23,24~32에서는 특별히 그들의 과제와 같은 정보들을 제공한다. 여기에 1역대 24,20~31의 명단을 첨가한다. 다른 레위인들은 1역대 26,29~32에 열거된 서기관과 판관의 과제를 가지고 있다. 다른 이들은 문지기들이며 1역대 26,1~19에 열거되어 있다. 다른 이들은 주님을 찬양하는 이들이며 25장에 열거된 성가대원들이다. 1역대 26,20~28에 열거된 창고 관리인들은 1역대 23,1~5에서 예고되지 않았다. 예고된 주제들이 전개된 단락들을 1역대 23,1~5과 함께 생각하면서 이와 같은 자료를 모을 수 있다.

23,1 다윗은 늙고 나이가 다 차자, 아들	
솔로몬을 이스라엘의 임금으로	
세웠다.	29,21~25 솔로몬 임금
2 그러고 나서 이스라엘의 모든 대신과	27 대신
사제들과 레위인들을 불러 모았다.	24,1~19 아론의 자손
3 레위인으로서 서른 살 이상 되는	
사람들을 세어 보니, 전체 장정의	
수가 삼만 팔천이었다.	
4 그 가운데에서 이만 사천 명이 주님의	
성전 일을 책임지고,	23,6~32; 24,20~31 레위인: 성전 활동
육천 명은 행정과 재판을,	26,29~32 레위인: 서기관과 판관
5 사천 명은 문지기 일을, 사천 명은	26,1~19 레위인: 문지기
다윗이 만든 찬양 악기들에 맞추어	25 레위인: 성가대
주님을 찬양하는 일을 책임졌다.	
	26,20~28 레위인: 창고 관리인

설화자가 성전과 온 백성의 정리는 집회에서 정해졌다고 생각한다는 사실에서도 단락의 단일성이 부여되었다. 1역대 23,2이 지적하는 것처럼 솔로몬의 즉위식도 그 집회에서 있었다. 이 사실이 1역대 28,1에서 언급된다. 1역대 29,21에서는 그다음 날 솔로몬의 즉위식으로 집회가 계속되었다고 언급한다.

다윗은 주님을 찬미하면서(1역대 29,10~20) 이는 은혜로운 순간이라고 인식한다.

> 제가 무엇이며 제 백성이 무엇이기에, 이 같은 예물을 바칠 수 있었겠습니까? 모든 것은 당신에게서 오기에, 저희가 당신 손에서 받아 당신께 바쳤을 따름입니다. 당신 앞에서 저희는 저희의 모든 조상처럼 이방인이고 거류민입니다. 저희의 나날은 이 땅 위에서 그림자와 같고 아무 희망도 없습니다. 주 저희 하느님, 당신의 거룩하신 이름을 위한 집을 지어 드리려고 저희가 준비한 이 많은 것은 다 당신 손에서 받은 것으로 모두 당신의 것입니다. 저의 하느님, 당신께서 사람의 마음을 살피시고 정직함을 좋아하시는 것을 잘 압니다. 그래서 저는 정직한 마음으로 이 모든 예물을 바쳤습니다. 이제 여기에 있는 당신 백성도 당신께 예물을 바치는 것을 보니 기쁩니다. 저희 조상 아브라함과 이사악과 이스라엘의 하느님이신 주님, 당신 백성이 마음에 품은 이 같은 생각을 그들이 언제까지나 지니게 해 주시고, 당신을 향한 그들의 마음을 굳게 해 주십시오. (1역대 29,14~18)

심화를 위한 참고문헌

- Balzaretti, C., *Cronache*(NVBTA 28), San Paolo, Cinisello Balsamo(MI), 2013.
- Japhet, S., *I & II Chronicles. A Commentary*(Old Testament Library), SCM, London, 1993.
- Lorenzin, T., *1~2 Chronache*(LBPT 28), Paoline, Milano, 2011.

| 제 12 장 | 역대기 하권
:임금과 성전

• 솔로몬 임금

열왕기 상권에 비교할 때, 솔로몬 왕국 이야기에서 역대기의 가장 주목할 만한 차이는 계승 이야기(1열왕 1~2)와 우상 숭배 이야기(1열왕 11)를 생략한 것이다. 다윗의 경우처럼, 역대기 저자는 이렇게 해서 왕실 투쟁과 거리가 먼 완전한 임금의 표상을 만들고 있다.

나머지의 경우, 변화가 있지만, 그 구조는 동일하게 순환 형태로 남아 있다. 즉 양쪽 끝부분에 부와 지혜가 있고, 중심 부분에 성전이 있다.

2역대	솔로몬
1,1~17	ㄱ) 지혜와 부
1,18~8,16	ㄴ) 성전과 다른 건축들
8,17~9,28	ㄱ') 지혜와 부
9,29~31	결론적 요약

평행문들을 검토하면 역대기 저자가 한 일이 드러난다. 무엇보다도 시작 부분, 특히 왕국의 행정에 관해 단순화시킨다(1열왕 3~5). 성전 봉헌 이야기에서는 전례의 세부 사항들이 풍부해졌다.

평행문	2역대	내적 평행문	솔로몬
	1,1~17		**1) 지혜와 부**
1열왕 2,46	1,1		자기 왕위를 튼튼히 한 솔로몬
1열왕 3,4~15	1,2~13		기브온에서 지혜를 청한 솔로몬
1열왕 10,26~29	1,14~17	2역대 9,25~28	병거, 군마, 부
	1,18~8,16		**2) 성전과 다른 건축들**
	1,18~5,1		성전 건축
	1,18		결정
(1열왕 5,29~30)	2,1	2역대 2,17	일꾼
1열왕 5,15~26	2,2~15		티로 임금
1열왕 7,13~14	12~13절		
1열왕 5,27~32	2,16~17	2역대 2,1	일꾼 건축
1열왕 6,1~28	3,1~13 3,14		
1열왕 7,15~22	3,15~17		
1열왕 7,23~26.38~39.48~50	4,1~10		
1열왕 7,40~51	4,11~5,1		
	5,2~7,10		성전 봉헌
1열왕 8,1~10	5,2~11		
	5,12~13		

평행문	2역대	내적 평행문	솔로몬
1열왕 8,11~53	5,14~6,39		
시편 132,8~10	6,40~42		
	7,1~3		
1열왕 8,62~9,1	7,4~11		
1열왕 9,2	7,11		하느님 발현
	7,12~15		
1열왕 9,3~9	7,16~22		
			계속 건축에 대해
(1열왕 9,10~14)	8,1~2		티로 임금의 성읍들
	8,3		다른 성읍들
1열왕 9,17~19	8,4~6		
1열왕 9,20~23	8,7~10		일꾼
1열왕 9,24	8,11		파라오 딸의 집
1열왕 9,25	8,12~16		숭배
	8,1~16		
	8,17~9,28		**3) 지혜와 부**
1열왕 9,26~28	8,17~18		상선대
1열왕 10,1~13	9,1~12		스바 여왕
1열왕 10,14~22	9,13~21		부
1열왕 10,23~25	9,22~24		지혜와 부
1열왕 10,26	9,25	2역대 1,14	병거와 군마
1열왕 5,1	9,26		통치 영역 확대
1열왕 10,27	9,27	2역대 1,15	보석
1열왕 10,28~29	9,28	2역대 1,15~16	말 통상
1열왕 11,41~43	9,29~31		결론적 요약

• 유다 임금들의 승계

역대기는 유다 임금들만 다루며 습관적으로 화려하게 제시한다. 솔로몬의 경우 열왕기 상권에 존재하는 두 양상(화려함과 쇠퇴)을 제거한다. 다른 임금들의 경우 왕국을 두 양상(열왕기에는 존재하지 않는다)으로 나눈다. 한 양상은 주님께 충실하는 것이며, 다른 한 양상은 불충실 또는 그 반대이다. 다윗과 솔로몬의 경우처럼, 여기에서 우리는 신명기계 신학자에 비해 차이가 나는 점들에 주의를 기울이겠다. 명백히 사무엘기와 열왕기를 다루면서도 이런 대조를 할 수 있었다.

르하브암의 부패(2역대 10~12)는 파라오의 침공을 정당화하기 위하여 첨가되었을 수 있다. 스마야 예언자의 개입도 열왕기에는 나오지 않는다. 왕국 분열은 신명기계 신학자(1열왕 12~13)에 비해 더욱 짧게 이야기되며, 더 이상 솔로몬의 죄 때문인 것으로 제시되지 않는다(1열왕 11).

평행문	2역대	르하브암
1열왕 12,1~24	10,1~11,4	이스라엘이 유다에서 분리
	11,5~12	요새 성읍들
(1열왕 12,25~33)	11,13~17	레위인
	11,18~23	아내와 자녀
	12,1	르하브암의 부패
1열왕 14,25	12,2	파라오 시삭의 침공과 예언자 스마야
	12,3~8	
1열왕 14,26~28	12,9~12	
1열왕 14,21~22.	12,13~16	왕국 소식

열왕기 상권에서 아비얌이라 불리는 아비야는 역대기 저자가 바꾼 이름이다(2역대 13). 설화는 확대되었고 부정적 평가는 제거되었다. 1열왕 15,7에서 언급하는 아비야와 예로보암의 전쟁은 "하느님께서 아비야와 유다 앞에서 예로보암과 온 이스라엘을 치시니"(2역대 13,15)라는 언급으로 "주님의 전쟁"인 것처럼 확대되어 이야기된다. 전투를 시작하기 전에 아비야는 왕국 분열과 특히 불법 숭배와 사제직을 두고 예로보암과 이스라엘을 비난하는 담론을 펼친다(2역대 13,4~12). 그러나 유다는 다윗의 후손 임금과 아론의 후손 사제 등 합법적 인물을 가지고 있다(다시 한번 족보가 본질적이다). 다윗을 지적하는 표현이 나온다. "너희는 주 이스라엘의 하느님께서 파기할 수 없는 계약으로, 다윗과 그 자손들에게 이스라엘을 다스릴 왕권을 영원히 주신 것을 알지 않느냐?"(2역대 13,5). 이처럼 역대기 저자는 다윗에 대한 하느님의 사랑 주제를 다시 받아들이는데, 열왕기 상권에서는 아비야의 악행에도 불구하고 왕조의 영속성을 정당화한다(1열왕 15,3~5). 결론 전에(2역대 13,21~23), 아비야의 세력과 예로보암의 무력함이 대비된다(2역대 13,20~21).

1열왕	2역대	아비야 (1열왕: 아비얌)
15,1~2,7	13,1~2	도입문
	13,3~19	예로보암과 전쟁
	13,20~21	아비야의 강력한 세력
15,7~8	13,21~23	결론

역대기 저자는 아사 임금(2역대 14~16)에 대해 열왕기 하권보다 더 많은 지면을 할애한다. 열왕기보다 더욱 부드러워진 첫 평가는 매우 긍정적이지만(2역대 14,1 ‖ 1열왕 15,11), 끝에 가서 역대기 저자는 이스라엘 왕국과의 전쟁 이야기(2역대 15,19~16,6 ‖ 1열왕 15,16~22)에 예언적 비난을 덧붙인다. 즉 주님은 다마스쿠스의 아람인들과 계약을 인가하시지 않으며(2역대 16,7~10), 더욱 중대한 것은 임금이 비난을 거부하고 하나니 선견자를 감옥에 가둔 것이다. 더 나아가 1열왕 15,23에 언급된 병에 관한 소식은 아사 임금이 그렇게 아픈데도 주님을 찾지 않고 의사들을 찾았다는 것을 말하기 위하여 발전되고 있다는 점이다(2역대 16,12). 여하튼 다른 경우들보다 덜 단호하다고는 할지라도 왕국은 좋은 시대(14~15장)와 나쁜 시대(16장)에 분단된다.

제1부에서 우리는 "주 자기 하느님의 눈에 드는 좋은 일과 옳은 일을 하였다"(2역대 14,1)는 주장 외에, 우상들과의 싸움에 관한 소식(1열왕 15,12보다 더 확장된 2역대 14,2~4)과 (역대기 고유의 요소들인) 평화와 군사력에 관한 정보(2역대 14,4~7)를 임금에 관한 평가로 여길 수 있다. 이러한 군사력은 하느님께 대한 충실성에 기반하고 있으며 에티오피아 침략자들과 싸워 이긴 승리에 의해 실증되었다(2역대 14,8~14). 그것은 "주님의 전쟁"이다. 주님께서 몸소 수없이 많은 군대를 격퇴하셨다("주님께서 치셨다": 2역대 14,11). 임금의 선한 행위는 이야기를 이어가는 데에서도 계속 드러난다(2역대 15,1~18). 여기서 역대기 저자는 자기 자신의 자료를 덧붙이고(2역대 15,1~15) 열왕기 상권의 방향을 다시 받아들인다(2역대 15,16~18 ‖ 1열왕 15,16~22). 아자르야의 예언에 화답하여 임금은 우상 숭배와 전쟁에 들어가는데, 자기 어머니를 모후 자리에서 물러나

게도 한다. 그 밖에도 큰 축제에서 백성과 함께 주님을 찾겠다는 계약을 맺는다. 끝으로, 성전에 봉헌 예물을 갖다 바친다. 평화가 지속된 기간에 대한 언급(2역대 15,19)은 임금의 행위가 옳다는 것을 실증하고 이스라엘과의 전쟁 주제를 도입한다.

제2부(2역대 16,1~10)에서 이스라엘 임금 바아사가 유다를 치러 올라온 공격을 다마스쿠스의 아람인들과 계약 덕분에 물리친다. 이야기는 열왕기 상권에서 가져온 것이다(1열왕 15,16~22 ‖ 2역대 16,1~6). 역대기 저자는 예언적 비난을 첨가한다. 임금은 이를 거부하며 예언자를 감옥에 가두고 백성을 괴롭히기에 이르렀다(2역대 16,7~10). 결론(2역대 16,11~14)은 앞에서 우리가 이미 기억했던 것처럼 무엇보다도 임금이 나쁜 행실을 고치지 않았음을 드러낸다.

이야기의 두 부분에는 아사 임금의 변화를 강조하는 평행 요소들이 있다. 즉 주님 덕분에 에티오피아인들과 싸워 이긴 승리는 아람 임금 덕분에 바아사와 싸워 이긴 승리에 상응한다. 아자르야의 예언에는 하나니의 예언이 상응하는데, 아자르야의 예언에는 귀를 기울였으나 하나니의 예언은 거부하였다.

1열왕	2역대	이사
		임금과 백성이 주님을 찾다
		14,1~7 아사에 대한 평가: 숭배, 평화, 군사력
15,11	14,1	"아사는 좋은 일을 하였다"
15,12	14,2~4	이교 숭배를 반대하여
	14,5~7	요새와 군사
	14,8~14	14,8~14 에티오피아 사람 제라의 공격과 패배
		15,1~18 계약: 주님을 찾으려는 노력

1열왕	2역대	이사
		임금과 백성이 주님을 찾다
	15,1~15	아자르야 예언자의 권면과 새롭게 하느님께 밀착
15,13~15	15,16~18	우상 숭배를 반대하고 성전을 위한 다른 행위들
	15,19	평화 지속 기간
		임금이 주님에게서 멀어지다
		16,1~10 이스라엘와 유다의 전쟁
15,16~22	16,1~6	이스라엘이 유다와 전쟁. 아사 임금이 아람인들과 동맹
	16,7~10	선견자 하나니가 아사 임금을 질책. 아사가 하나니를 감옥에 가둠
15,23~24	16,11~13	16,11~14 결론
	16,14	

여호사팟(2역대 17~20)이 왕국의 요새 성읍들을 점령한다(2역대 17,1~2; 1열왕 15,24와 22,41에서 계승 소식만 가져온다). 그는 주님을 찾고 우상 숭배와 맞서 싸우며, 부자가 되고 권력자가 된다(2역대 17,3~6). 그에 대한 처음의 평가는 완전히 긍정적이다(1열왕 22,43~44의 평가는 부분적으로만 좋다. 2역대 20,32~33의 결론에서 언급된다). 역대기 저자 자신의 몇몇 소식들은 다음과 같은 측면들을 발전시킨다. 즉 임금이 관리들과 레위인들을 파견하여 백성에게 율법을 가르치게 하고(2역대 17,7~9), 주님 덕분에 군사력을 갖게 되고 주변 민족들로부터 조공을 받는다(2역대 17,10~19).

여호사팟은 이스라엘 임금 아합과 함께 아람인들과 전쟁을 벌인다(2역대 18,1~19,3). 이스라엘 임금과 평화 소식(1열왕 22,45)을 언급하며 여호사팟이 아합과 혼인 관계를 맺었다고 말한다(2역대 18,1). 이 시점에서 역대기 저자는 거짓 예언자들과 아람인들의 승리 사화를 언급하는데, 열왕기 상권은 이를 아합 통치 말에 배치하며(2역대 18,2~34 ∥ 1열왕 22,2~38), 예후 선견자의 질책으로 완성하는데(2역대 19,1~3), 예후 선견자는 저 사악한 임금과 협력한 여호사팟을 단죄하지만, 여호사팟이 주님을 찾기도 하였음을 인정한다.

여호사팟 임금의 후속 활동(2역대 19,4~11)은 아마도 예언 말씀에 대한 하나의 응답일 수 있다. 이 단락은 열왕기 상권에는 없다. 여호사팟은 백성 가운데를 돌아다니며 그들을 주님께 돌아오게 하였으며(2열왕 19,4) 요새 성읍들과 예루살렘에 판관들을 세우고(2역대 19,5~11) 그들을 권면하고 가르친다. 무엇보다도 임금과 관련된 모든 문제와 주님과 관련된 모든 문제를 분리시킨다.

새로운 전쟁(2역대 20,1~30)은 여호사팟에게 주님을 찾고 아합과 함께 저지른 잘못을 반복하지 않게 해 준다. 이는 역대기 저자 고유의 단락이다. 주변 민족들이 공격해 왔다. "그 뒤에 모압 자손들과 암몬 자손들이 므운 사람들과 함께 여호사팟에게 싸움을 걸어왔다"(2역대 20,1). 므운 사람들은 에돔인들을 가리키는 것 같다(2역대 20,2.10.22~23). 이는 주님 전쟁의 예다. 즉 침략 소식을 접한 임금은 성전에서 백성과 함께 기도하며, 영감을 받은 말씀으로 안심하였다(2역대 20,2~19). 레위인들이 유다 군대 앞에 서서 나아갔으며, 유다 군대는 싸워서는 안 되며 단지 전리품들을 거두고(2역대 20,20~25) 마지막으로 성읍 밖과 예루살렘에서 주님을 찬미하면 된다(2역대 20,26~28). 주님의 승리 소식이 유다 왕국에 평화를 보증한다(2역대 20,29~30).

결론(2역대 20,31~37)에서 역대기는 열왕기 상권의 도입문과 결론을 하나로(차이가 있다) 합친다(2역대 22,41~44.46.49~50). 여기에는 왕국에 대한 소식과 2역대 17장에 비해 덜 긍정적인 임금에 관한 평가가 있다(1열왕 22,41~44 ‖ 2역대 20,31~33). 다른 원천들도 있다(1열왕 22,46 ‖ 2역대 20,34). 상선들을 만들려는 시도는 실패하고 만다(1열왕 22,49~50 ‖ 2역대 20,35~37). 역대기는 예언 요소들도 첨가한다. 즉 2역대 19,1~3에서 이미 나타난 것처럼 그 원천들은 예후 선견자의 예언이다. 다른 예언자 엘리에제르가 항해에 대해 개입하는데, 열왕기 상권에는 없는 자료이다. 이 밖에도, 무역에 관해 말하자면, 열왕기 상권에서 여호사팟이 상선 운영이 실패한 후 이스라엘 임금 아하즈야와 협력하기를 거부하지만, 역대기에서는 아하즈야와의 동맹이 상선이 실패로 돌아간 원인이며 엘리에제르 예언자의 질책이 정당함을 드러낸다. 왕위 계승에 대한 소식(2역대 21,1 ‖ 1열왕 22,51)은 여호사팟에서 여호람으로 넘어가는 과정을 설명하는 데 소용된다.

1열왕	2역대	여호사팟
		17 군사력과 주님을 찾음
(15,41)	17,1~2	군사 방어
	17,3~6	주님께 충실
	17,7~9	백성에게 율법서를 확산
	17,10~19	군사력과 조공
		18,1~19,3 아합과 함께 아람인들과 전투
(22,45)	18,1	여호사팟이 아합과 혼인 관계를 맺다
22,2~38	18,2~34	거짓 예언자들 그리고 라못 길앗에서 패배하다
	19,1~3	선견자 예후가 여호사팟 비판
		19,4~11 판관들을 세우다

1열왕	2역대	여호사팟
	19,4	여호사팟이 백성을 주님께 돌아오게 하다
	19,5~11	여호사팟이 유다 성읍들과 예루살렘에 판관들을 세우다
	20,1~30	20,1~30 주님의 승리
22,41~44	20,31~33	20,31~21,1 결론
22,46	20,34	
22,49~50	20,35~37	
22,51	21,1	

여호람(2역대 21)이 여호사팟(2역대 21,1 ∥ 1열왕 22,51)의 왕위를 계승한 소식은 여호사팟이 아들들에게 막대한 유산을 선물로 주고, 왕권은 여호람에게 넘겨주었다는 정보(이 정보는 역대기 저자 자신의 것이다)와 곧바로 연결된다. 여호람은 아우들을 모두 칼로 쳐 죽인다(2역대 21,2~4). 왕위에 오른 나이와 통치 기간이 반복된다(2역대 21,5 = 21,5 ∥ 2열왕 8,17). 역대기 저자의 평가는 신명기 저자의 평가처럼 가혹하다(2역대 21,6~7 ∥ 2열왕 8,18~19). 역대기 저자는 다윗을 언급하며 "계약"이라는 용어를 첨가한다.

2열왕 8	2역대 21
18여호람은 아합의 딸을 아내로 맞아들였기 때문에, 아합 집안이 하던 대로 이스라엘 임금들이 간 길을 길을 걸어, 주님의 눈에 거슬리는 악한 짓을 저질렀다. 악한 짓을 저질렀다. 19그러나 주님께서는 당신 종 다윗을 생	6여호람은 아합의 딸을 아내로 맞아들였기 때문에, 아합 집안이 하던 대로 이스라엘 임금들의 길을 따라 걸어, 주님의 눈에 거슬리는 악한 짓을 저질렀다. 악한 짓을 저질렀다. 7그러나 주님께서는 다윗과 맺으신 계약

2열왕 8	2역대 21
각하시어, 유다를 멸망시키려고 하지는 않으셨다. 일찍이 다윗과 그 자손들에게 영원히 등불을 주시겠다고 말씀하셨기 때문이다.	때문에, 또 일찍이 다윗과 그 자손들에게 영원히 등불을 주시겠다고 말씀하셨기 때문에, 다윗의 집안을 멸망시키려고 하지는 않으셨다.

에돔과 리브나 성읍들의 반란 소식에(2역대 21,8~10 ‖ 2열왕 8,20~22) 역대기 저자는 "여호람이 주 자기 조상들의 하느님을 저버렸기 때문이다"(2역대 21,10ㄴ)라는 주석을 첨가한다. 또한 그는 여호람이 우상 숭배를 저질렀다고 덧붙인다(2역대 21,11). 그러나 가장 긴 첨가문은 글로 보낸 엘리야의 예언으로 되어 있다. 엘리야는 임금과 백성에게 있을 재난과 임금의 병을 예고한다(2역대 21,12~15). 곧바로 다음과 같이 이야기한다. 즉 필리스티아인들과 아라비아인들이 왕국을 공격하고 왕궁을 약탈하며 임금의 아들들과 여자들도 데려간다. 다만 막내아들 여호아하즈는 데려가지 않는다(2역대 21,16~17). 임금은 불치병을 앓게 되고(2역대 21,18~19) 통상적인 장엄한 장례 절차 없이 무덤에 묻힌다(2역대 21,19~20. 이 구절들은 2열왕 8,23~24의 평행문과 다르며 앞에서 지적한 바와 같이 2역대 21,5을 반복한다).

열왕	2역대	여호람
1열왕 22,51	21,1	여호사팟 왕국의 끝
		21,2~7 여호람 왕국 시작
	21,2~3	여호사팟의 유산
	21,4	여호람이 아우들 살해
2열왕 8,17	21,5=21,20ㄱ	왕위에 오른 나이와 왕국 지속 기간

열왕	2역대	여호람
8,18~19	21,6~7	설화자의 평가
		21,8~19 왕국와 임금의 재난
8,20~22	21,8~10	에돔과 리브나 성읍들의 반란
	21,11	임금이 불법 숭배를 퍼뜨리다
	21,12~15	임금에게 보내는 엘리야 예언자의 편지
	21,16~17	필리스티아인들과 아라비아인들의 침략
	21,18~19ㄱ	임금의 불치병
		21,19~20 결론
	21,19ㄴ	향료 없이 장례 의식
8,17	21,20ㄱ=21,5	임금이 된 나이와 통치 기간(21,5에서 가져옴)
8,24	21,20ㄴ	불명예스러운 매장

2열왕 8,25과 비교하여 약간 변화를 주면서 2역대 22,1은 아하즈야 왕국을 소개하고(2역대 22,1~9ㄱ) 그의 형들의 죽음을 상기시키지만(2역3대 21,16~17에서 이야기되었다), 변화를 덜 주면서(2역대 22,2~3 ‖ 2열왕 8,26~28) 왕국에 관한 다른 자료들과 매우 부정적인 평가를 반복하면서 어머니 아탈야와 아합 집안의 의견에 대해 주장한다.

약간의 변화와 더불어, 역대기는 이스라엘 임금 요람과의 만남을 언급하며(2역대 22,5~6 ‖ 2열왕 8,28~29), 그것을 하느님의 뜻으로 돌리지만, 이스라엘의 임금이 되고 유다 임금 아하즈야와 이스라엘의 임금 요람을 살해한 예후에게 있은 일을 요약한다(2역대 22,7~ 9ㄱ. 이 단락은 2열왕 9~10, 특히 아하즈야의 죽음에 관한 9,27~28을 요약한다). 죽은 장소는 열왕기 하권에서는 므기또이고 역대기 하권에서는 사마리아이다. 아하즈야 형제들 살해에 관한 2열왕 10,

12~14는 22,8에서 다시 받아들여 변경하였다.

2열왕	2역대	아하즈야
		22,1~4 도입문
8,25	22,1	왕국의 시작
8,26~27	22,2~3	왕국에 대한 소식과 평가
	22,4	평가의 발전
		22,5~9ㄱ 예후가 아하즈야 살해
8,28~29	22,5~6	이스라엘 임금 요람과 만남
	22,7~9ㄱ	예후가 아하즈야 살해

아탈야 왕비(2역대 22,9ㄴ~20)가 유다를 다스리지만, 다윗 왕조를 제거하는 데에는 성공하지 못한다. 즉 아하즈야의 아들 요아스는 목숨을 건지고 숨어 지낸다. 역대기는 약간의 변화를 주면서 열왕기 하권을 따른다(2역대 22,9ㄴ~12 ‖ 2열왕 11,1~3). 이어서 여호야다 사제가 아탈야를 전복하고 요아스가 취임한다. 이야기는 열왕기 하권을 따르지만(2역대 23,1~21 ‖ 2열왕 11,4~21), 역대기 저자는 레위인들, 성전 정결, 유다의 온 백성의 참여를 더욱 강조한다.

2열왕	2역대	아탈야 왕비
11,1~3	22,9ㄴ~12	다윗 집안 제거 시도
11,4~21	23,1~21	아탈야의 최후와 여호아스의 취임

처음에(2역대 24,1~3 ‖ 2열왕 12,1~4) 요아스에 대한 평가는 좋지만, 시간이 지나면서 열왕기 하권과 차이가 난다(2열왕 12,3~4 ‖ 2역대 24,2~3). 역대기에서 번성은 하느님의 축복의 표지이다.

2열왕 12	2역대 24
3 요아스는 여호야다 사제가 가르쳐 준 대로 살아 있는 동안 내내, 주님의 눈에 드는 옳은 일을 하였다. 4 그러나 산당들은 없애지 않아, 백성은 여전히 산당에서 제물을 바치고 향을 피웠다.	2 요아스는 여호야다 사제가 가르쳐 준 대로 살아 있는 동안 내내, 주님의 눈에 드는 옳은 일을 하였다. 3 여호야다가 그에게 두 아내를 얻어 주어, 그가 그들에게서 아들딸들을 얻었다.

다른 경우들과 마찬가지로, 역대기는 왕국을 두 순간, 곧 좋은 시기와 나쁜 시기로 나눈다. 요아스의 경우, 좋은 시기에서 나쁜 시기로 전환은 여호야다가 죽고 악한 조언자들이 들어섰기 때문이다. 제1부에서 요아스는 성전 재건에 힘을 쏟는다(2역대 24,4~14 ‖ 2열왕 12,5~17). 제2부에서 역대기는 자신의 고유한 첨가문으로 여호야다의 죽음(2역대 24,15~16)과 예언자들이 단죄한 우상숭배의 확산에 대해 말한다(2역대 24,17~22). 이들 가운데 여호야다의 아들이며 임금의 명령으로 살해된 즈카르야가 있다. 그는 아마 마태 23,35("그리하여 의인 아벨의 피부터, 너희가 성소와 제단 사이에서 살해한 베레크야의 아들 즈카르야의 피에 이르기까지, 땅에 쏟아진 무죄한 피의 값이 모두 너희에게 돌아갈 것이다")과 루카 11,51("아벨의 피부터, 제단과 성소 사이에서 죽어 간 즈카르야의 피에 이르기까지 그렇게 해야 할 것이다. 그렇다, 내가 너희에게 말한다. 이 세대가 그 책임을 져야 할 것이다")에서 기억된 바로 그 즈카르야일 것이다. 역대기 저자는 벌을 주기

전에 하느님이 예언자들을 통하여 알려 주시고 회개할 수 있게 해 주신다는 것을 항상 주의를 기울여 드러낸다. 아람인들의 공격(1역대 24,23~24 ∥ 2열왕 12,18~19)은 역대기 하권과 열왕기 하권에서 서로 다르게 이야기된다. 역대기에서는 적들이 예루살렘을 약탈하였다고 하며, 열왕기에서는 이와 달리 임금에게서 조공을 받았다고 말한다.

결론(2역대 24,25~27 ∥ 2열왕 12,20~22)에서 역대기와 열왕기는 약간의 차이를 보이고 있지만, 임금이 모반자들에게 살해되었다고 말하는 데에는 일치한다. 역대기는 "임금들의 실록 주석서"를 원천으로 제시한다.

2열왕	2역대	요아스
		올바른 임금 요아스
12,1~4	24,1~3	도입문
12,5~17	24,4~14	성전 복구
		불경건한 임금 요아스
	24,15~16	사제 여호야다의 죽음
	24,17~22	우상 숭배의 확산과 예언자들의 단죄
12,18~19	24,23~24	아람인들의 공격
12,20~22	24,25~27	결론. 임금을 거슬러 음모

다른 임금들의 경우처럼, 역대기 저자는 아마츠야 왕국(2역대 25)을 두 부분으로 나눈다. 곧 처음에 아마츠야는 하느님의 말씀을 경청하지만, 다음에는 거부한다. 에돔에 대한 승리와 이스라엘에 대한 패배가 이런 식으로 설명된다. 그는 열왕기보다 더 짧

은 도입문(2역대 25,1~2 ‖ 2열왕 14,1~4)에서 대체로 호의적 평가를 받는다. 자기 부왕을 시해한 신하들을 죽이지만(2열왕 14,5~6), 그 시해자들의 자손들은 모세의 율법서(신명 24,16)에 쓰인 대로 죽이지 않는다(역대기는 열왕기와 거의 같다: 2역대 25,3~4 ‖ 2 열왕 14,5~6).

역대기 저자 자신의 한 단락에서 임금이 군대를 준비하고 이스라엘인들을 용사로 고용하지만, 하느님의 사람에게 순명하면서 그들을 돌려보낸다(2역대 25,5~10). 그런 다음 아마츠야 임금은 에돔인들을 무찌른다(2역대 25,11~12 ‖ 2열왕 14,7). 역대기는 열왕기에 비교할 때 다른 입장이지만, 호전적 폭력을 강조한다. 그런 다음 역대기 저자는 돌려보낸 이스라엘 병사들의 소식을 발전시켜 전하는데, 열왕기 하권에는 없는 내용이다. 그들은 유다를 공경한다(2역대 25,13). 역대기는 또 다른 정보를 첨가한다(2역대 25,14~16). 즉 임금이 에돔인들의 신상들을 가져와서 예배하며 예언자의 경고를 거부한다.

역대기 저자는 열왕기 하권을 따르면서(2역대 25,17~24 ‖ 2열왕 14,8~14) 유다 임금 아마츠야가 이스라엘 임금 여호아스에게 싸움을 걸어 심각하게 패배한다. 아마츠야는 사로잡히고 예루살렘은 약탈을 당하며 성벽의 일부가 파괴된다. 여호아스의 말도 하느님이 주시는 경고 말씀으로 받아들여야 한다. 역대기 저자와 신명기계 신학자 사이의 차이 가운데 역대기 저자 자신의 주석에 주목할 수 있겠다(2열왕 14,11 ‖ 2역대 25,20). 여호아스는 아마츠야에게 다음과 같이 말한다.

2열왕 14	2역대 25
[11]그러나 아마츠야가 듣지 않자	[20]그러나 아마츠야는 그 말을 들으려 하지 않았다. 이는 하느님의 뜻이었다. 유다 사람들이 에돔의 신들을 찾았기 때문에, 하느님께서 그들을 적의 손에 넘기시려는 것이었다.

역대기 저자의 결론은 열왕기 하권의 결론보다 더 단순하다 (2역대 25,25~28 ‖ 2열왕 14,15~22). 아마츠야는 모반자들에게 살해당한다. 열왕기 하권의 결론 마지막 부분은 역대기 하권에서 우찌야 왕국(열왕기 하권에서는 아자르야라 불린다)을 도입하는 데 소용된다.

2열왕	2역대	아마츠야
		아마츠야가 하느님 말씀을 듣다
14,1~4	25,1~2	도입문
14,5~6	25,3~4	요아스를 시해한 신하들 징벌
	25,5~10	군대: 아마츠야가 이스라엘 군대를 돌려보냄
		아마츠야가 하느님 말씀을 듣지 않다
14,7	25,11	에돔에 승리
	25,12	
	25,13	이스라엘 군사들이 유다 공격
	25,14~16	우상 숭배
14,8~14	25,17~24	이스라엘이 유다를 격퇴하다
14,15~22	25,25~28	결론

열왕기에서 아자르야라고 불리는 우찌야 왕국(2역대 26)의 초기에(2역대 26,1~5) 역대기 저자는 아마츠야 왕국의 결론(2열왕 14,21~22)과 아자르야 왕국의 도입문(2열왕 15,1~4)을 언급한다. 우찌야 왕국 역시 두 부분으로 나뉘어지며, 요아스의 경우와 마찬가지로 삶의 스승의 죽음이 선에서 악으로 넘어가는 원인이다. "우찌야는, 하느님을 경외하도록 가르쳐 준 즈카르야가 살아 있는 동안에는 하느님을 찾았다. 그리고 그가 주님을 찾는 동안, 하느님께서는 그가 성공하도록 해 주셨다"(2역대 26,5). 군사력, 승리, 그리고 부가 그를 유명한 위대한 임금이 되게 한다(2역대 26,6~15. 이 단락은 열왕기 하권에는 없는 부분이다).

그러나 우찌야 임금은 강해지면서 교만해져 하느님의 벌을 받는다(2역대 26,16~21). 역대기 저자는 우찌야의 나병 소식(2열왕 15,52; 2역대 26,20ㄴ~21)을 통해 정의가 실현되는 것이라고 본다. 임금은 사제들의 직능을 침해하여 분향 제단 위에서 향을 피우려고 한다. 대사제 아자르야와 다른 사제들이 임금에게 간언하지만, 임금은 순종하기를 거부하여 벌을 받는다. 항상 그러하듯이 벌이 있기 전에 먼저 경고가 있었다. 경고는 회개할 기회를 주거나 그 잘못이 완전히 인지되게 한다. 임금은 자신의 기능을 수행할 수 없고 그의 아들 요탐이 왕궁을 관리하며 나라의 백성을 다스린다.

결론(2열왕 15,6~7 ∥ 2역대 26,22~23. 두 본문에 차이가 있다)에서 역대기 저자는 우찌야에 대한 원천으로 이사야 예언자를 가리킨다.

2열왕	2역대	우찌야 (열왕기에서 아자르야)
		위대함
		도입문

2열왕	2역대	우찌야 (열왕기에서 아자르야)
14,21~22	26,1~2	
15,2~3	26,3~4	
15,4	26,5	
	26,6~15	권력, 승리, 부
		교만과 몰락
	26,16~21	임금이 분향을 원하다
15,5	26,20~21	
15,6~7	26,22~23	결론

역대기 저자는 요탐 임금(2역대 27)에 대해 열왕기 하권보다 더 많은 소식을 제공한다. 도입문(2역대 27,1~2 ‖ 2열왕 15,32~ 35ㄱ. 두 본문에는 차이가 있다)에서 임금에 대해 부분적으로 좋은 평가를 준다. 열왕기 하권(2열왕 15,35ㄴ ‖ 2역대 27,3ㄱ)에서 기억되는 건축에 다른 건축들도 첨가하고, 이어서 암몬인들과 싸워 승리한 것을 기억하고, 그에 대한 평가를 반복한다(2역대 27,3ㄴ~6). 결론(2역대 27,7~9 ‖ 2열왕 15,36~38)은 열왕기 하권의 결론보다 짧지만, 왕국의 지속 기간과 임금이 되었을 때의 나이에 관한 정보를 되풀이한다(2역대 27,1 = 27,8).

2열왕	2역대	요탐
15,32~35ㄱ	27,1~2 (27,1 =27,8)	도입문
15,35ㄴ	27,3ㄱ 27,3ㄴ~6	성과와 사업
15,36~38	27,7~9 (27,8 = 27,1)	결론

아하즈(2역대 28)는 불경건한 임금으로 평가된다. 왜냐하면 그는 이스라엘 임금들의 우상 숭배를 따르기 때문이다. 역대기는 열왕기 하권(2역대 28,1~4 ∥ 2열왕 16,1~4)에 비해 세세한 사항을 덧붙이기도 한다. 아람 임금 르친과 이스라엘 임금 페카가 예루살렘을 치러 올라와서, 아하즈를 포위하였지만 정복하지는 못하였다는 소식 대신(2역대 16,5), 역대기 저자는 아하즈를 치고 많은 유다인을 포로로 잡아갔다고 이야기하면서 알마에 대해서는 조금 언급하고(2역대 28,5ㄱ) 이스라엘에 대해서는 길게 언급한다(2역대 28,5ㄴ~15). 아람인들이 엘랏을 정복하였다는 열왕기 하권(2열왕 16,6)의 소식을 생략한다.

이스라엘인들은 대학살을 자행하고 많은 포로들을 데려가고 전리품도 가져갔다(2역대 28,5ㄴ~8). 역대기 저자는 포로들의 운명에 대해 좋은 뜻으로 이야기한다(2역대 28,9~15). 예언자 오뎃이 군대를 타이른다.

> 그때에 사마리아에는 오뎃이라고 하는 주님의 예언자가 있었다. 그가 사마리아로 들어오는 군대 앞에 나가 말하였다. “주 여러분의 조상들의 하느님께서 유다에게 진노하시어 그들을 여러분의 손에 넘겨주셨습니다. 그런데 여러분은 하늘까지 닿는 분노를 터뜨리며 그들을 학살하였습니다. 더구나 이제 유다 자손들과 예루살렘 주민들을 남종과 여종으로 삼으려 하고 있습니다. 그러니 여러분 자신이 주 여러분의 하느님께 죄를 지은 것이 아닙니까? 이제 내 말을 들으십시오. 여러분이 형제들 가운데에서 사로잡아 온 포로들을 돌려보내십시오. 주님의 타오르는 분노가 이미 여러분에게 내

렸습니다." (2역대 28,9~11)

백성의 우두머리들 가운데에도 같은 뜻으로 말하기도 한다. "여러분은 포로들을 이곳에 끌고 들어올 수 없습니다. 여러분은 주님께 죄가 되는 일을 우리에게 끌어들이려고 하는데, 그런 행위는 우리 죄악과 허물에 또 다른 죄를 보태는 것입니다. 그렇지 않아도 우리의 허물이 이미 많고 이스라엘에 대한 주님의 진노가 큽니다"(2역대 28,13). 군사들이 포로들을 석방하라는 요청을 받아들이는 방식(좋은 사마리아 사람이 되어)이 놀랍다.

> 그러자 군사들이 포로들과 노획품을 대신들과 지도자들과 온 회 중에게 넘기고, 지명을 받은 사람들이 나서서 포로들을 돌보는 일을 맡았다. 그들은 전리품에서 옷을 가져다가 벌거벗은 이들에게 모두 입혀 주었다. 이렇게 그들은 포로들에게 옷을 입혀 주고 신을 신겨 주었으며, 먹을 것과 마실 것을 주고 기름을 발라 주었다. 그리고 걷지 못하는 이들은 모두 나귀에 태워 '야자나무 성읍' 예리코에 있는 그들의 형제들에게 데려다 준 다음, 사마리아로 돌아갔다. (2역대 28,14~15)

이야기는 다른 왕국들과의 관계에 대한 언급으로 계속된다. 아하즈는 아시리아 임금 티글랏 필에세르에게 도움을 청한다(2역대 28,16 ‖ 2열왕 16,7: 열왕기 하권에 비해 역대기는 단순하게 표현한다). 신명기계 신학자는 아람인들이 엘랏을 점령하였다는 소식이 있은 뒤에(역대기에서는 생략하였다), 성읍은 나중에 에돔인들에게 점령당했다고 전한다(2열왕 16,6). 이와 달리 역대기 하권은 유다를 쳐서 패배시켰음을 말하기 위하여 에돔인들을 언급한다(2역대 28,17). 필리스티아인들도 여러 성읍을 점령하면서 똑같이 행동하였다(2역대 28,18). 역대기 저자는 아하즈의 불충실 때문에 패배하였다고 주석한다. 아시리아 임금 티글랏 필에세르는 아하즈를 돕는 대신, 조공을 받았음에도 오히려 아하즈를 공격한다(2역대 28,20~21). 이와 달리 열왕기 하권에서는 아하즈의 조공을 받은(2열왕 16,8 ‖ 2역대 28,21) 티글랏 필에세르가 유다를 위협하는 아람 임금을 공격하였다(2열왕 16,9).

역대기 저자(2역대 28,22~25)는, 아하즈가 곤경에 처했음에도 불구하고 여전히 주님께 불충실하고 아람 신들에게 다가가며 예루살렘 성전을 훼손하고 문을 닫으며, 성읍 전체에서 다른 신들 숭배를 조장한다고 지적한다. 아하즈는 아람의 승리를 확신하며 이렇게 말한다.

> 그는 자기를 친 다마스쿠스의 신들에게 제물을 바치며, "아람 임금들의 신들이 그들을 도와주었으니, 나도 이 신들에게 제물을 바치면 이 신들이 나를 도와주겠지" 하고 말하였다. 그러나 그 신들이 오히려 아하즈와 온 이스라엘을 망하게 만들었다. (2역대 28,23)

역대기 저자는 아하즈가 다마스쿠스에 있는 제단을 보고 영감을 받아 예루살렘 성전을 바꾼 것으로 이야기하는 열왕기 하권과 거리를 둔다(2열왕 16,10~18).

결론(2역대 28,26~27 ‖ 2열왕 16,19~20)에서 역대기 저자는 열왕기 하권과 비교할 때 "사람들은 그를 이스라엘 임금들의 무덤에 매장하지 않고 예루살렘 성안에 묻었다"(2역대 28,17)라는 말을 덧붙인다.

2열왕	2역대	아하즈
16,1~4	28,1~4	도입문
(16,5)	28,5ㄱ	아람인들의 승리
(16,5)		이스라엘인들
	28,5ㄴ~8	이스라엘인들의 승리
	28,9~15	유다의 포로들 운명 다른 적들
16,7	28,16	아하즈가 아시리아 임금에게 도움을 요청
(16,6)	28,17	에돔인들의 승리
	28,18	필리스티아인들의 승리
	28,19	주석 아시리아 임금이 아하즈를 억압
	28,20	티글랏 필에세르의 공격
16,8	28,21	조공 곤경 중에도 주님을 배신
	28,22	아하즈가 불충실하게 남다
	28,23	아람 신들에게 예배
	28,24~25	아하즈가 성전의 문을 닫고 다른 예배를 장려
16,19~20	28,26~27	결론

역대기 저자는 신명기계 신학자에 비해 히즈키야(2역대 29~32)의 활동을 확대하며, 어쩌면 이런 이유 때문에 도입문의 칭송에서 더 짧게 말한다(2역대 29,1~2 ∥ 2열왕 18,2~3). 열왕기 하권은 18,3~7ㄱ에서 임금을 칭송하고, 역대기 하권은 29,2과 더 나중에

31,20~21에서 임금을 칭송한다. 자료를 첨가하는 것 외에, 역대기 저자는 열왕기 하권에 나오는 사화들을 요약한다.

역대기 저자는 열왕기 하권에는 존재하지 않는 자료를 가지고 이야기를 시작한다. 히즈키야 임금은 통치 제1년(2역대 29,3~36) 성전 정화를 사제들과 레위인들에게 맡기고 그들은 임금의 명령을 잘 실행한다(2역대 29,3~19). 그런 다음 임금은 장엄한 전례에 참여하고, 다윗의 명령에 따라 예배 순서를 지키게 한다(2역대 29,20~36).

> 그는 또 다윗과 임금의 선견자 가드와 나탄 예언자의 명령에 따라 자바라와 수금과 비파를 든 레위인들을 주님의 집에 배치하였다. 이 명령은 주님께서 예언자들을 통하여 내리신 것이다. (…) 번 제물을 바치기 시작하자, 주님을 찬양하는 노래도 시작되고, 이스라엘 임금 다윗의 악기들에 맞추어 나팔 소리도 울려 퍼졌다. (…) 그런 다음에 히즈키야 임금과 대신들이 레위인들에게 다윗과 아삽 선견자가 지은 노랫말로 주님을 찬양하라고 이르니, 레위인들은 몹시 기뻐하며 찬양하고 무릎 꿇어 경배하였다. (2역대 29,25.27.30)

열왕기 하권에서는 파스카 대축제(2역대 30,1~31,1)도 이야기하지 않는다. 임금은 두 번째 달에(첫 번째 달에는 준비가 되어 있지 않으므로) 파스카 축제를 결정할 집회를 소집하고 보발꾼들이 유다와 이스라엘에 축제를 알린다(2역대 30,1~12). 이스라엘에서는 소수의 사람만 참석한다. 파스카 축제는 성대하게 거행된다(2역대 30,13~27). 역대기 저자는 사제들과 레위인들을 항상 드러낸다. 축제는 예루살렘에서 불법 숭배를 제거하는 기회가 된다. 이 일은 축제가 끝난 후에도 유다와 이스라엘 땅 전체에서 계속된다(2역대 30,14; 31,1. 참조: 2열왕 18,4).

이어지는 단락은 계속해서 역대기 저자 고유 부분이다(2역대 31,2~19). 여기서 역대기 저자는 히즈키야 임금이 예배 순서를 다시 설정하고 사제들과 레위인들을 위한 십일조를 모아들여 분배하도록 분부한다고 이야기한다, 임금 자신이 자신의 예물을 가지고 예배에 참여한다.

이 부분의 이야기를 마치면서(2역대 31,20~21. 참조: 2열왕 18,5~7) 임금에 관해 칭송하는 평가를 되풀이한다.

> 히즈키야는 이런 일을 온 유다에서 하였다. 그는 주 자기 하느님 앞에서 착하고 바르고 진실한 일을 하였다. 그는 하느님의 집과 관련된 일이든 율법이나 계명과 관련된 일이든, 자기가 시작한 모든 일에서 하느님을 찾으며 마음을 다하여 그 일을 수행하였다. 그래서 그는 성공을 거두었다.
>
> (2역대 31,20~21)

2역대 32장에는 열왕기 하권에서도 이야기되는 사화, 즉 아시리아 임금 산헤립의 침공, 히즈키야의 병, 바빌론 사절과 같은 사화들이 있다.

산헤립이 유다에 쳐들어왔을 때, 신명기계 저자에 따르면 산헤립이 성채를 점령하고 히즈키야는 그에게 조공을 바치지만(2열왕 18,13~16), 역대기 저자에 따르면 산헤립은 성읍을 포위하고 히즈키야는 방어를 준비한다(2역대 32,1~8). 열왕기 하권에서 이야기되는 아시리아 임금의 사절단, 히즈키야의 반응, 이사야의 말이 역대기에는 요약되어 있다(2역대 32,9~19 ‖ 2열왕 18,17~19,34). 약간의 차이가 있지만, 두 작품 모두에서 아시리아 임금은 주님의 개입 덕분에 후퇴한다(2역대 32,20~23 ‖ 2열왕 19,35~37). 고대 세계에서 전쟁은 신들 사이의 싸움이기도 하였음이 아주 명확하다.

신명기계 신학자의 마지막 두 사화, 곧 질병과 바빌론 사절단(2열왕 10,1~11.12~19)은 역대기 저자에 의해 완전히 개작되었으며 무엇보다도 이사야의 모습을 제거하였다(2역대 32,24~26.27~31). 이야기 끝에서 역대기 저자는 임금의 부와 영광(주님께 밀착해 있음을 확증하는 것으로서)에 대해 말하지만, 그의 어두운 면에 대해서도 간략하게 언급한다(2역대 32,24~26.31).

> 그 무렵에 히즈키야가 병이 들어 죽게 되었는데, 그가 주님께 기도하자, 주님께서 그에게 응답하시고 표징을 주셨다. 히즈키야는 마음이 교만하였던 것을 뉘우치고 예루살렘 주민들과 함께 자신을 낮추었다. 그래서 히즈키야가 살아 있는 동안에는 주님의 진노가 그들에게 닥치지 않았다.
>
> (2역대 32,24~26)

> 이 나라에서 일어난 표징을 알아보러 바빌론 대신들이 그에게 사절단을 보냈을 때에도, 하느님께서는 히즈키야를 시험하시고 그의 마음을 다 알아보시려고 그가 하는 대로 두셨다. (2역대 32,31)

결론(2역대 32,32~33 ‖ 2열왕 20,20~21)에서 역대기에는 원천으로 이사야가 지적된다. 열왕기 하권에서 수로에 관한 소식이 결론에 있지만, 역대기 하권에서는 임금의 부와 영광을 묘사하는 32,30에 있다.

2열왕	2역대	히즈키야
18,1~7ㄴ	29,1~2	도입문
	29,3~36	첫 번째 해: 성전 정화
	30,1~31,3	성대한 축제
	31,2~19	십일조
18,5~7ㄴ	31,20~21	히즈키야 칭송
		산헤립의 침공
18,13	32,1	침공
	32,2~8	방어 준비
18,17~19,34	32,9~19	아시리아 임금의 위협과 히즈키야와 이사야의 반응
19,35~37	32,20~23	주님이 아시리아 군대를 후퇴하게 하시다
(20,1~11)	32,24~26	병과 치유
(20,12~19)	32,27~31	히즈키야의 부와 시험
20,20~21	32,32~33	결론

신명기계 신학자에게 므나쎄(2역대 33,1~20)는 모든 임금 가운데 가장 불경건한 유다의 임금이다. 그러나 역대기 저자는 그의 왕국을 두 단계로 구분한다. 즉 악을 저지른 뒤에 임금은 회개한다.

도입문(2역대 33,1 ∥ 2열왕 21,1) 다음에 역대기 저자는 임금의 우상 숭배에 관한 평가에서 열왕기 하권을 따른다(2역대 33,2~10 ∥ 2열왕 21,2~10). 그러나 예루살렘 파괴 예고는 생략한다. 예루살렘 파괴는 므나쎄의 삶에서 너무 멀리 떨어져 있는 것이 될 것이고, 그의 회개를 고려하지 않는 것이 될 것이기 때문이다. 사실 역대기에는 잘못, 하느님의 경고, 징벌(경고 말씀을 듣지 않았을 때) 또는 회개(경고 말씀을 들었을 때)가 짧은 시간을 두고 이어진다.

열왕기 하권에는 없는 자료에서 그의 포로 생활과 회개를 이야기한다.

> 그래서 주님께서 그들에게 아시리아 임금 군대의 장수들을 끌어들이시자, 그 장수들은 므나쎄를 갈고리로 잡아서 청동 사슬로 묶어 바빌론으로 끌고 갔다. 이렇게 곤경에 빠진 므나쎄는 주 자기 하느님께 자비를 간청하였다. 자기 조상들의 하느님 앞에서 자신을 한껏 낮추고 그분께 기도를 드리니, 그분께서는 그의 호소를 받아 주시고 그의 간청을 들어 주시어, 그가 다시 예루살렘으로 돌아와 나라를 다스리게 하셨다. 그제서야 므나쎄는 주님께서 하느님이심을 알게 되었다. (2역대 33,11~13)

> 왕국의 둘째 부분에서 므나쎄 임금은 건축 분야를 개선하는 일 외에 우상 숭배와 싸우고 주님께 예배를 드린다. 물론 백성은 하느님께 제물을 바치기는 하였지만 여전히 성전이 아닌 산당에서 바친다. (2역대 33,14~17)

결론적 요약은 열왕기 하권에 비해 확장되고 변경되었다(2역대 33,18~20 ‖ 2열왕 21,17~18).

2열왕	2역대	므나쎄
21,1	33,1	도입문
21,2~10	33,2~10	므나쎄의 악행
	33,11~13	패배와 회개
	33,14~17	므나쎄의 선행
21,17~18	33,18~20	결론

열왕기 하권에서처럼 역대기 하권에서 아몬 임금(2역대 33,21~25 ‖ 2열왕 21,19~26)은 간략하게 언급된다. 그는 불경건한 임금이며 모반자들에 의해 제거되었다.

2열왕	2역대	아몬
21,19	33,21	도입문
21,20~22	33,22~23	평가
21,23~24	33,24~25	모반과 승계

신명기계 신학자는 의로운 임금 히즈키야와 요시아, 불경건한 임금 므나쎄와 아몬의 대비가 훨씬 더 현저하다고 생각한다. 왜냐하면 므나쎄는 뉘우칠 줄 모르기 때문이다.

역대기 저자는 요시야 임금에 대하여 도입문(2역대 34,1~1 ‖ 2열왕 22,1~2) 후에, 통치 제십팔년 율법서를 발견한 것으로 이야기를 시작하지 않고, 통치 제팔년부터 하느님을 찾는 임금의 훌륭한 자세로 시작하면서(2역대 34,3ㄱ), 통치 제십이년에는 불법 숭배를 치우고 유다 왕국과 북쪽 지파 지역들을 정화하기 시작한다고 말한다(2역대 34,3ㄴ~7 ‖ 2열왕 22,4~20). 임금은 발견한 책에 의해 움직인 것이 아니라, 이미 하느님을 찾은 다음에 책을 발견한다. 한마디로 말해, 신명기계 신학자에게는 불법 숭배를 제거하는 행위가 책의 독서에서 기인하는 것이지만, 역대기 저자에게는 예루살렘을 정화한 후에 책이 발견되었다. 또한 역대기 하권은 열왕기 하권이 더욱 상세하게 보도하는 것을 요약한다.

열왕기 하권에서처럼 역대기에서도 요시야 임금은 통치 제 십팔년 성전 보수 작업을 시작한다(2역대 34,8~13 ‖ 2열왕 22,3~7). 역대기 저자는 레위인들을 중요하게 생각한다. 일을 진행하는 과정 중에 율법서가 발견된다. 일의 진척 상황을 임금에게 보고하는 동안 서기관 사판이 율법서의 한 부분을 읽어 준다(2역대 34,14~21 ‖ 2열왕 22,8~13). 임금은 하느님의 뜻이 실천되지 않았음을 알고 훌다 여예언자에게 묻게 한다. 훌다 여예언자(2역대 34,22~28 ‖ 2열왕 22,14~20)는 미래에 유다와 예루살렘이 파괴될 것이라고 예고하는데, 요시아가 죽은 후 그 일이 일어날 것이다.

그 후 임금은 책에 쓰인 내용에 따라 주님 앞에서 계약을 체결한다(2역대 34,29~33 ‖ 2열왕 23,1~13). 열왕기 하권에 비해, 역대기 하권은 어떤 것을 덧붙인다. 즉 주님께 봉사하도록 백성을 이끌어야 할 임금의 과제에 대해 주장하고 불법 숭배를 제거하는 활동에 대해 말한다(이미 34,3ㄴ~7에서 그랬던 것처럼). 요시야 통치 제 십팔년 파스카 축제 거행(2역대 35,1~9 ‖ 2열왕 23,21~23)은 신명기계 신학자와 비교할 때 매우 상세하게 묘사된다. 그러면서 사제들과 레위인들의 활동과 요시야가 개인 재산으로 희생 제물을 관대하게 제공하는 것을 강조한다.

역대기는 점쟁이들 제거(2열왕 23,24)와 유다와 예루살렘 파괴의 원인을 므나쎄 탓으로 돌리는 마지막 칭송(2열광 23,25~27)을 생략한다.

결론에서 신명기계 신학자(2열왕 23,28~31)는 파라오와 충돌을 기억한다. 역대기 저자는 이 사화(2역대 35,20~25)를 결론(2역대 35, 26~27)과 분리하고 독창적으로 발전시킨다. 역대기 하권에서는 요시야가 전투에서 죽었다고 하지만, 열왕기 하권에서는 그가 전투에서 죽은 것인지 명확하지 않다. 신학적 해석이 흥미롭다. 즉 이집트 파라오 느코는 하느님의 대변인이며, 요시야는 그의 말에 귀를 기울이지 않은 잘못이 있고, 따라서 살해되었다는 것이다.

2열왕 23	2역대 35
28 요시야의 나머지 행적과 그가 한 모든 일은 유다 임금들의 실록에 쓰여 있지 않은가?	
	20 이런 일이 모두 일어난 다음, 곧 요시야가 주님의 집을 다시 정비한 뒤에, 이집트 임금 느코가 유프라테스 강 가에 있는 카르크미스에서 싸우려고 올라왔다.
29 요시야 시대에 이집트 임금 파라오 느코가 아시리아 임금을 도우려고 유프라테스 강을 향하여 올라갔다.	
요시야 임금이 그와 맞서 싸우러 나가자, 파라오 느코는 므기또에서 요시야를 보고 그를 죽여 버렸다.	요시야가 그에게 맞서 싸우러 나가자 21 그가 요시야에게 사절들을 보내어 말하였다. "유다 임금이여, 그대가 나와 무슨 상관이 있소? 나는 오늘 그대를 치러 온 것이 아니라, 나와 싸움을 벌이는 왕실을 치러 온 것이오. 하느님께서는 나에게 서두르라고 하셨소. 그러니 나와 함께 계시는 하느님을 거스르지 마시오. 그러지 않으면 하느님께서 그대를 멸망시키실 것이오." 22 그러나 요시야는 그에게서 물러서지 않고, 그와 싸우려고 변장까지 하였다. 이렇게

2열왕 23	2역대 35
	요시야는 하느님의 입에서 나온 느코의 말 을 듣지 않고, 그와 싸우려고 므기또 평원 으로 진군하였다. 23그때에 궁수들이 요시야 임금을 쏘아 맞 혔다. 임금은 부하들에게 일렀다. "나를 여 기에서 옮겨라. 내가 크게 다쳤다."
30신하들은 죽은 요시야를 병거에 실어 므기또에서 예루살렘으로 옮겨 와서, 그 의 무덤에 묻었다. 그 뒤에 나라 백성이 요시야의 아들 여호아하즈를 데려다가 기름을 붓고, 그의 아버지 뒤를 이어 임 금으로 세웠다.	24그의 부하들은 그를 병거에서 옮겨 그의 두 번째 병거에 태우고는 예루살렘으로 데 려갔다. 그러나 요시야는 죽고 말았다. 요 시야가 자기 조상들의 무덤에 묻히자, 온 유다와 예루살렘이 그의 죽음을 애도하였 다. 25예레미야도 요시야를 위하여 애가를 지었다. 그래서 요시야를 애도할 때에는 오늘날까지도 노래하는 남녀들이 모두 그 애가를 부른다. 그리고 사람들은 그것을 이스라엘의 규정으로 삼았다. 그 애가는 애가집에 실려 있다. 26요시야의 나머지 행적과 주님의 율법에 쓰인 대로 한 그의 충직한 행실과 그의 업 적은 처음부터 끝까지 이스라엘과 유다 임 금들의 실록에 쓰여 있다.

2열왕	2역대	요시야
22,1~2	34,1~2	도입문
	34,3ㄱ	제팔년: 하느님을 찾음
23,4~20	34,3ㄴ~7	제십이년: 불법 숭배에서 정화
		제십팔년: 책 발견과 낭독
22,3~7	34,8~13	성전 재건과 책 발견

2열왕	2역대	요시야
22,8~13	34,14~21	임금 앞에서 율법서 낭독
22,14~20	34,22~28	훌다 여예언자에게 묻다
23,1~3	34,29~33	백성 앞에서 계약 책 낭독
23,21~23	35,1~19	계약 책에 따라 파스카 축제 거행
23,29~30	35,20~25	느코와 싸우고 죽다
23,28	35,26~27	결론

• 끝과 새로운 시작

끝에 가서 역대기는 이야기를 빠르게 진행하며 열왕기보다 더 빠르게 결론을 향해 나아간다. 유배와 예루살렘 함락과 성전 파괴에 할애하는 공간은 더 적다.

여호아하즈 임금(2역대 36,1~4 ‖ 2열왕 23,30~35)은 이집트에 복종하고 이집트로 끌려갔다. 여호야킴(2역대 36,5~8 ‖ 2열왕 23,36~24,6)은 바빌론 임금 네부카드네자르에 의해 바빌론으로 끌려갔다(열왕기 하권에는 없는 자료이다). 여호야킨(2역대 36,9~ 10 ‖ 2열왕 24,7~17)도 바빌론으로 끌려갔다. 열왕기 하권이 이 사건에 대해 주장하는 데 반해, 역대기는 이를 간략하게 다룬다. 두 전임 임금이 바빌론으로 끌려간 것도 그 사실을 더 중요하게 한다. 여호야킴과 여호야킨의 경우 바빌론 임금이 성전 기물들을 가져갔다.

유배는 예언자들의 경고에 귀를 막은 치드키야(2역대 36,11~21 ‖ 2열왕 24,18~25,21)와 그의 세대의 잘못으로 여겨졌다. 역대기 저자는 유배를 역사 전체의 결말로 보지 않고, 그 당시의 잘못에 대한 엄중한 벌로 보며 페르시아 왕국의 출현으로 종식될 것을 지적한다. 신명기계 신학자에게서처럼, 참된 이스라엘은 유배를 갔다가 돌아오는 귀환자들에 의해 구성된다. 열왕기 하권에는 없는 예언자 예레미야의 이름이 등장한다(2역대 36,12.21).

그의 예언은 유배의 끝을 예고한다. 즉 키루스 덕분에 유배의 종말이 도래한다. 키루스의 말이 역대기를 마감한다(2역대 36, 22~23).

2열왕	2역대	
23,30~35	36,1~4	여호아하즈
23,36~24,6	36,5~8	여호야킴
24,8~17	36,9~10	여호야킨
24,18~25,21	36,11~19	치드키야. 유배
	36,20~21	유배 기간
	36,22~23	키루스의 선포

예레미야의 인용문에 대해 잠시 살펴보자. 아래 본문들에서 보듯이, 그 인용문은 예언자의 말과 레위기의 말이 합성되어 있다.

예레미야 25

11이 땅은 온통 황무지와 폐허가 될 것이다. 그리고 이 땅의 민족들은 일흔 해 동안 바빌론 임금을 섬길 것이다. 12그러나 그 일흔 해가 끝난 뒤에는 내가 바빌론 임금과 저 민족도 그들의 잘못을 물어 칼데아인들의 땅과 함께 벌하고, 그들을 영원한 폐허로 만들겠다. 주님의 말씀이다.

예레미야 29
[8]만군의 주 이스라엘의 하느님께서 이렇게 말씀하신다. "너희 가운데에 있는 예언자
들과 점쟁이들이 너희를 속이도록 내버려두지 말고, 너희가 꾼 꿈을 풀이하려고 하지
마라. [9]그들이 너희에게 내 이름으로 하는 예언은 거짓이다. 나는 그들을 보내지 않았
다. 주님의 말씀이다." [10]주님께서 이렇게 말씀하신다. "너희가 바빌론에서 일흔 해를
다 채우면 내가 너희를 찾아, 너희를 이곳에 다시 데려오리라는 은혜로운 나의 약속을
너희에게 이루어 주겠다.

레위기 26
[43]그들이 죗값을 치르는 동안, 그들이 버리고 떠난 그 땅은 그들 없이 황폐한 채 남아
제 안식년들을 누릴 것이다. 그들이 나의 법규들을 업신여기고 나의 규칙들을 혐오하
였기 때문이다.

2역대기 36
[20]그리고 칼데아 임금은 칼을 피하여 살아남은 자들을 바빌론으로 유배시켜, 그와 그
자손들의 종이 되게 하였는데, 이는 페르시아 제국이 통치할 때까지 계속되었다. [21]그
리하여 주님께서 예레미야의 입을 통하여 하신 말씀이 이루어졌다. "이 땅은 밀린 안
식년을 다 갚을 때까지 줄곧 황폐해진 채 안식년을 지내며 일흔 해를 채울 것이다."

유배는 이처럼 땅의 안식년 규정으로 되돌려진다(레위 25). 주님은 땅에 백성이 거부한 안식을 칠십 주기(안식년과 희년)에 따라 계산된 시간 동안 주신다. 외국 임금의 입에 담겨 있는 역대기의 마지막 말은 마지막을 열린 결론으로 남겨 두며 예루살렘으로 올라가게 하는 초대이다. 이는 역사를 넘어가는 독서를 하게 한다(2역대 36,23). "그들을 올라가게 하여라!"

심화를 위한 참고문헌

- Balzaretti, C., *Cronache* (NVBTA 28), San Paolo, Cinisello Balsamo(MI), 2013.
- Japhet, S., *I & II Chronicles. A Commentary* (Old Testament Library), SCM, London, 1993.
- Lorenzin, T., *1~2 Chronache* (LBPT 28), Paoline, Milano, 2011.

| 제 13 장 | 유배에서 귀환
:에즈라-느헤미야기

- **언어와 인물**

에즈라기와 느헤미야기는 다니엘서처럼 일부는 히브리어로, 일부는 아람어로 쓰였다(에즈 4,8~6,18; 7,12~26). 히브리어와 가까운 아람어는 기원전 천년기 공식 기록소의 국제어였다. 에즈 4,8~6,18에는 공식 문서들이 들어 있다. 그렇기 때문에 단락 전체가 행정 관계의 측면을 가지고 있다. 이와 달리 에즈 7,12~26은 아르타 크세르크세스의 서신인데, 당연히 공식 기록 언어로 쓰여 있다. 우리는 앞의 제10장에서 이 자료들의 역사적 신빙성에 대해 검토하였다.

다른 부분은 단수 일인칭으로 쓰여 있다. 즉 이야기하는 주체는 에즈 7,27~9,15에서는 에즈라이고, 느헤 1,1~7,5과 12,27~13,32에서는 느헤미야이다. 이 부분은 주인공들의 추모비로 제시되며, 이는 아람어로 쓰인 공식 서신과 같이 또 다른 형태의 문헌이다. 우리는 앞의 제10장에서 이 자료들에 대해서도 검토하며 그 역사적 신빙성에 관하여 언급하였다. 사도행전의 복수 일인칭으로 쓰인 단락들과 비교해 볼 수 있을 것이다.

공동체의 "우리"라는 표현으로 동일하게 만들어진 9장의 기도 다음에, 공동체가 다양한 과제를 수행하는 느헤 10장의 문서가 복수 일인칭으로 쓰였다.

• 연대

우리는 이 책의 제10장에서 책의 연대에 관해 다양한 제안들을 언급하였다. 특히 에즈라기가 느헤미야기 이후의 책일 수 있는 가능성에 관해 언급하였다. 이제 페르시아 임금 통치 연도에 근거해 계산된 연도로 책에 지적된 날짜에 관해 고찰하고자 한다. 몇몇 임금들이 동일한 이름(다리우스, 아르타크세르크세스)을 가지고 있다는 사실에서 어려움이 야기된다.

시작은 귀환의 가능성을 여는 키루스의 첫째 해(에즈 1,1)이다. 이제 에즈 4,5에서는 돌아온 유배자들이 겪는 재건의 어려움이 키루스 시대부터 다리우스(다리우스 1세를 가리킨다) 시대까지 계속되고 있다고 기억한다. 특히 크세르크세스 시대의 사화를 언급하며(에즈 4,6), 무엇보다도 에즈 4,7~24에서 아르타크세르크세스(아르타크세르크세스 1세를 가리킨다) 시대의 공식 서신을 싣고 있는데, 이 서신에서 다리우스 통치 제이년까지 하느님의 집 공사를 중지시켰다(에즈 4,24). 그는 일을 다시 시작하도록 허락하여 그의 통치 제육년에 이루어진다.

에즈라가 예루살렘에 도착한 것이 아르타크세르크세스 임금 제칠년이라고 말한다(에즈 7,7). 이 경우 그가 아르타크세르크세스 임금 1세인지 아니면 아르타크세르크세스 임금 2세인지 묻게 된다. 만약 아르타크세르크세스 임금 2세라고 한다면, 에즈라는 느헤미야보다 나중에 도착하였을 것이다.

느헤 2,1에서 언급하듯이(이미 1,1에서 제이십년에 대해 언급한다), 느헤미야는 아르타크세르크세스 임금(아르타크세르크세스 임금 1세) 제이십년에 도착한다. 느헤 5,14에서는 느헤미야가 아르타 크세르크세스 임금 제이십년부터 제삼십이년까지 지방관이었던 기간에 대해 말한다. 느헤 13,6~7에서는 예루살렘에 없었던 느헤미야가 일정 기간이 지난 뒤에 예루살렘으로 돌아왔다고 이야기하는데, 그 기간은 정확하게 규정되어 있지 않다.

• 책의 개요

책의 배치는 단지 연대를 따를 뿐 아니라 주제를 따르기도 한다. 여러 주인공이 행동에 나선다. 즉 먼저 유다 제후 세스바차르인데, 그는 제이선에 머문다(에즈 1. 그런 다음 에즈 5,15~16에서 인용된다). 그다음에는 하까이 예언자와 즈카르야 예언자와 함께 예수아와 즈루빠벨이다(에즈 3~6에서). 이어서 에즈라(에즈 7~10)와 느헤미야(느헤미야기에서)가 있다. 에즈라와 느헤미야는 느헤 8장과 느헤 12장에서 동시에 등장한다.

이 작품의 제1부(에즈 1~6)는 성전 재건을 다루는데, 떠나는 사람들의 본질적 목표이다(에즈 1~2). 제2부(에즈 7~10)는 에즈라의 여행과 유다인들과 이민족들 사이의 결혼을 반대하는 행동을 이야기한다. 제3부(느헤 1~13)는 가장 광범위한 부분이며 성벽 건축을 주로 다룬다.

에즈 1~6	제1부: 성전 재건
에즈 7~10	제2부: 에즈라
느헤 1~13	제3부: 느헤미야

각 부분은 여러 단락으로 나눌 수 있다. 느헤미야기에서 첫 다섯 단락은 중앙집중식 구조로 되어 있는 것 같다. 양극단에 첫째 단락과 다섯째 단락이 있다. 첫째 단락(느헤 1,1~7,4)은 성벽 건축에 대해 이야기하지만, 가난 문제에 대해서도 이야기한다(느헤 5). 다섯째 단락(느헤 12,27~43)은 성벽 주제를 그 봉헌 축제로 마무리한다. 우리는 중앙을 향하여 나아가면서 명단을 발견한다. 둘째 단락(느헤 7,5~72)에는 일차 귀환자들의 명단, 넷째 단락(느헤 11,1~12,26)에는 주민들과 레위인들의 명단이 있다. 중앙에 있는 셋째 단락(느헤 8~10)은 율법 봉독과 율법 실천 다짐과 율법 준수 과제를 제시한다. 마지막으로 여섯째 단락(느헤 12,44~13,3)은 잘 정비된 삶에 대해 말하는데, 느헤미야의 사명에 관한 결론으로 생각할 수 있다. 즉 그가 한 일은 결실을 냈다는 것이다. 그러나 느헤미야의 두 번째 사명에 관한 일곱째 단락(느헤 13,4~21)은 남용을 방지하기 위하여 새로운 조종의 필요성을 드러낸다.

에즈 1~6 제1부: 성전 재건	
1~2 첫째 단락: 성전 재건을 위한 귀환(세스바차르)	1,1: 키루스 제일년
3~6 둘째 단락: 성전(예수아와 즈루빠벨)	
3,1~6 제단	
3,7~13 성전 기초	4,8~6,18: 아람어
4,1~6 크세르크세스 시대까지 장애물 4,7~23 성벽에 대한 장애물	키루스, 다리우스, 크세르크세스 아르타크세르크세스
4,24~6,22 공사 재개와 완공	4,24: 다리우스 제이년

파스카 축제	6,15: 다리우스 제육년
에즈 7~10 제2부: 에즈라	일인칭: 7,27~9,15
7~8 첫째 단락: 바빌론에서 예루살렘으로	7,12~26: 아람어
9~10 둘째 단락: 결혼 문제	7,7: 아르타크세르크세스 제칠년
느헤 1~13 제3부: 느헤미야	일인칭: 1,1~7,5
1,1~7,3 첫째 단락: 예루살렘 성벽 +	
1,1~2,8 페르시아 궁정에서	2,1: 아르타크세르크세스 제이십년
2,9~4,17 공사와 장애물	
5 사회적 무질서	5,14: 아르타크세르크세스 제이십년부터 삼십이년까지
6,1~7,3 공사와 장애물. 공사 완공	
7,4~73 둘째 단락 명단: 예루살렘에 다시 정착 =	
8~10 셋째 단락: 율법 봉독(에즈라와 느헤미야)	
8,1~12 율법 봉독	
8,13~18 초막절 축제	
9~10 전례와 문서 서명	일인칭: 10(문서)
11,1~12,26 넷째 단락: 명단 =	
12,27~43 다섯째 단락: 성벽 봉헌 +	일인칭: 12,27~13,32
12,44~13,3 여섯째 단락: 결론	
13,4~32 일곱째 단락 : 느헤미야의 두 번째 도착	아르타크세르크세스 제삼십이년 이후?

- **예언자와 임금**

역대기가 끝나는 지점에서 행위가 시작되며 예레미야의 예언 덕분에 하느님 계획의 일부로 봉독된 페르시아 임금의 결정으로 착수된다(에즈 1,1~4). 에즈라는 역대기의 결론에서 다시 출발한다. 제1부의 첫째 단락은 유배자들의 출발과 도착을 단순하게 이야기하지만, 다양한 명단으로 확대되었다.

에즈라

1,1~4	키루스의 칙서
1,5	출발
1,6~11	성전을 위한 예물과 집기 반환
2,1~67	돌아온 유배자들의 명단과 다른 정보들
2,68~69	도착과 성전을 위한 예물
2,70	자리를 잡다

역대기 하권 마지막 부분과 에즈라-느헤미야기 시작 부분을 공관으로 제시하면 다음과 같다.

2역대 36	에즈 1
[20]그리고 칼데아 임금은 칼을 피하여 살아남은 자들을 바빌론으로 유배시켜, 그와 그 자손들의 종이 되게 하였는데, 이는 페르시아 제국이 통치할 때까지 계속되었다. [21]그리하여 주님께서 예레미야의 입을 통하여 하신 말씀이 이루어졌다. "이 땅은 밀린 안식년을 다 갚을 때까지 줄곧 황폐해진 채 안식년을 지내며 일흔 해를 채울 것이다."	
[22]페르시아 임금 키루스 제일년이었다. 주님께서는 예레미야의 입을 통하여 하신 말씀을 이루시려고, 페르시아 임금 키루스의 마음을 움직이셨다. 그리하여 키루스는 온 나라에 어명을 내리고 칙서도 반포하였다.	[1]페르시아 임금 키루스 제일년이었다. 주님께서는 예레미야의 입을 하신 말씀을 이루시려고, 페르시아 임금 키루스의 마음을 움직이셨다. 그리하여 키루스는 온 나라에 어명을 내리고 칙서도 반포하였다.
[23]"페르시아 임금 키루스는 이렇게 선포한다. 주 하늘의 하느님께서 세상의 모든 나라를 나에게 주셨다. 그리고 유다의 예루살렘에 당신을 위한 집을 지을 임무를 나에게 맡기셨다. 나는 너희	[2]"페르시아 임금 키루스는 이렇게 선포한다. 주 하늘의 하느님께서 세상의 모든 나라를 나에게 주셨다. 그리고 유다의 예루살렘에 당신을 위한 집을 지을 임무를 나에게 맡기셨다. [3]나는

2역대 36	에즈 1
가운데 그분 백성에 속한 이들에게는 누구나 주 그들의 하느님께서 함께 계시기를 빈다. 그들을 올라가게 하여라."	너희 가운데 그분 백성에 속한 이들에게는 누구나 그들의 하느님께서 함께 계시기를 빈다. 이제 그들이 유다의 예루살렘으로 올라가서, 주 이스라엘의 하느님 집을 짓게 하여라. 그분은 예루살렘에 계시는 하느님이시다. [4]이 백성의 남은 자들이 머무르고 있는 모든 지방의 사람들은, 예루살렘에 계시는 하느님의 집을 위한 자원 예물과 함께, 은과 금과 물품과 짐승으로 그들 모두를 후원하여라."

역대기는 유배에서 귀환 주제로 끝나지만, 에즈라-느헤미야기는 책에 이야기된 본질적 행위들 가운데 하나인 성전 건축 주제를 발전시키는 것을 잘 볼 수 있다. 예언은 다시 언급되지 않는다. 그렇지만 독자가 예레미야서와 역대기를 통해 그것을 이미 알고 있음을 전제한다. 역대기의 끝과 에즈라-느헤미야기의 시작은 진일보한 편집 단계에서 조정되었다고 생각할 수 있다. 또한 만약 역대기가 에즈라-느헤미야기 이후의 작품이라고 한다면, 예레미야 예언자를 유배에서 귀환을 예고한 사람으로 에즈 1장이 개괄적으로 가리키는 것은 역대기에 의해 구체화되었고, 예레미야와 레위기를 합성한 인용(2역대 36,21)이 되게 하였다고(이 책의 12장 끝에서 보았듯이) 생각할 수도 있다. 아마 합성된 인용은 에즈라-느헤미야기와 역대기를 생산한 범위 안에서 전해졌을 것이다.

예언은 이방인 임금의 행위를 하느님 차원의 일부로 읽게 해준다. 페르시아 임금은 최고의 신을 가리키는데, 그 신은 이스라엘의 하느님과 동일시될 수 있다는 사실이 신학적 작업을 쉽게 하였을 것이다. 아마 페르시아인들의 문화와 종교가, 특히 제2 이사야가 보여 주듯이(이사 40~55), 유배 시기에 부각된 유일신 사상의 발전을 도왔을 것이다. 이사야서의 이 본문은 키루스의 행위를 역사 안에서 활동하시는 주님의 행위로 읽는 역대기와 에즈라-느헤미야기와 같은 노선에 있다(예를 들어 이사 44,28; 45,1에서 명백하게 드러난다).

• 새 탈출과 새 성전

에즈라기에서 키루스의 칙서는 이스라엘 백성에 속하는 사람들에게 성전 재건을 명령한다. 유배자들이 더불어 살고 있는 주민들에게 성전을 위한 예물을 봉헌하라는 요청도 있다. 이러한 특이점은 유배에서 귀환과 이집트 탈출 사이의 관계로 모아진다. 많은 본문이 명시적이든 묵시적이든 유배에서 귀환을 새 탈출로(그리고 이와 반대로 이집트 탈출에 관한 이야기들은 유배에서 귀환을 먼 과거에 있었던 일로 바꾸어 놓는다고 말할 수 있다) 읽는다. 사실 이집트를 출발할 당시에 이웃 사람들이 떠나는 히브리인들에게 귀금속들을 제공하는데(탈출 3,21~22; 11,2~3; 12,35~36), 그것들은 이동식 성소를 짓는 데 유익한 것들이다(탈출 25~31; 35~40). 에즈 2,68~69에서는 예루살렘에 도착하는 순간에 예물을 바쳤다고 언급한다.

칙서가 반포된 후, 성전을 위한 예물을 가지고 출발함으로써 임금의 명령을 실행하였다고 이야기한다. 그러나 가장 크게 주장하는 것은 키루스 임금이 바빌론인들에 의해 약탈된 성전 기물들을 반환하였다는 것이다(에즈 1,7~11). 성전 기물들의 품목은 에즈라-느헤미야기와 역대기의 구미에 맞는다. 가장 특별한 것은 유배자들의 명단과 같이 족보와 사람들의 명단이며, 에즈 2장에서 곧바로 제시된다. 이 명단은 돌아온 유배자들을 가족 단위로, 또 기능별로 나열하는데, 느헤미야가 문서고에서 이를 발견하였을 때에는 약간의 차이가 있다(느헤 7,6~72). 여호수아기에서처럼, 백성을 세분하는 것과 땅 사이에는 연결점이 있다. "이들은 예루살렘과 유다로, 곧 저마다 제 성읍으로 돌아온 이들이다"(에즈 2, 1). 복잡한 역대기에 이르지 않고(1역대 23~29), 백성과 사제들과 레위인들 외에 다른 기능 공무원들도 있다. "사제들과 레위인들과 백성 일부는 예루살렘에 자리를 잡았다. 성가대와 문지기들과 성전 막일꾼들은 저마다 제 성읍에, 그리고 모든 이스라엘 사람도 제 성읍에 자리를 잡았다"(에즈 2,70).

자기들의 집안과 종족, 그리고 자신들이 이스라엘 사람이라는 것을 밝히지 못하는 사람들에 대해 말할 때, 족보의 중요성이 명확하게 드러난다.

> 자기들의 집안과 종족, 그리고 자신들이 이스라엘 사람이라는 것을 밝히지 못하면서도, 텔 멜라, 텔 하르사, 크룹, 아딴, 임메르에서 올라온 이들은 다음과 같다. 곧 들라야의 자손, 토비야의 자손, 느코다의 자손 육백오십이 명이었다. 이 밖에 사제들의 자손 가운데에는, 호바야의 자손, 코츠의 자손, 바르질라이의 자손들도 있었다. 바르질라이는 길앗 사람 바르질라이의 딸 가운데 하나를 아내로 맞아들이면서 그 이름까지 받았다. 이들은 족보를 뒤져 보았지만 이름이 들어 있지

않아, 사제직에 적합하지 않다고 제외되었다.(에즈 2,59~62)

• 성전 건축

제1부의 둘째 단락은 제사 재개와 성전 건축에 관한 내용이며 이중적인 축제와 전례 거행으로 시작하고 마감한다. 즉 시작할 때 초막절 축제(에즈 3,1~6)와 성전 기초를 놓을 때 예배(에즈 3,10~13)가 있고, 끝에 가서 성전 봉헌 축제(에즈 6,16~17)와 파스카 축제(에즈 6,19~22)가 있다. 이와 같은 틀의 내부에서 이야기는 직선이다. 즉 공사로 시작하여 성전 건축이 어떻게 지역 주민들의 항의로 페르시아 정부에 의해 중단되었는지 설명하고(에즈 4), 또 어떻게 지역 우두머리들의 반대에도 불구하고 페르시아 정부의 지지로 공사를 재개하고 끝내게 되었는가를 설명한다(에즈 5,1~6,15).

첫째 단락에서 유배에서 귀환과 성전 건축 계획은 예레미야 예언자의 예언과 키루스의 칙서에 의해 합법화되고, 둘째 단락에서 하까이 예언자와 즈카르야 예언자에 의해서, 레위인들과 함께 예수아와 즈루빠벨에 의해서, 그리고 페르시아의 왕실 문서에 의해 합법화된다.

에즈라

3,1~6	제단과 초막절 축제
3,7~13	공사 시작(귀환 제2년)과 성전 기초를 위한 축제
4	공사의 어려움: 제국에 의지한 주민들
5,1~6,14	주민들과 맞서 제국의 지지로 공사 재개
6,15~18	공사 마감과 봉헌

6,19~22	파스카

가장 먼저 제단을 쌓아 즉시 예배를 드릴 수 있게 한다(에즈 3,3). 건축 자재 수집(에즈 3,7), 유배에서 귀환 제이년에 공사 시작(에즈 3,8~9), 성전 기초를 놓을 때 예배(에즈 3,10~13)를 기억하는데, 과거의 영광을 생각하는 울음과 환호성이 없지 않다.

에즈라

3,7	건축 자재 수집
3,8~9	공사 시작(귀환 제이년)
3,10~13	성전 기초를 위한 예배

레위인들과 함께 사제 예수아가 그리고 즈루빠벨이 백성을 이끌었는데, 이 사실은 하까이서와 즈카르야서에도 나온다. 즈루빠벨(하까 1,1과 다른 곳에 따르면 유다 총독)은 1역대 3,17~18에 따르면 다윗 가문이다.

성전을 재건할 때, 돌아온 유배자들은 지역 주민들과 협력하기를 거부하여 키루스 임금 때부터 다리우스 임금 통치 때까지 장애가 된다(에즈 4,1~5). 크세르크세스(에즈 4,6)와 아르타크세르크세스(에즈 4,7~23) 통치 때에는 지역 주민들이 페르시아 당국에 글을 올려 개입한다. 아르타크세르크세스는 공사를 계속하지 못하도록 중지시킨다. 그래서 다리우스 통치 제이년까지 공사가 중단된다(에즈 4,24). 사실상 아르타크세르크세스 때의 문서들은 예루살렘 성읍의 성벽 재건에 관한 것이다.

다리우스 통치 때, 하까이 예언자와 즈카르야 예언자(이들은 열두 예언자들 또는 소예언자들 가운데 두 사람이다)는 예수아와 즈루빠벨을 격려한다(에즈 5,1~2). 지역 당국자들의 반대로(에즈 5,3~4) 공사가 중단될 위기를 겪지만, 키루스 임금이 성전 재건을 요청하였음을 밝힌 문서들을 통해 위험을 모면한다(에즈 5,5~6,12). 지역 당국자들은 제국의 지시에 순명한다(에즈 6,13). 에즈 6에서 키루스 칙령의 인용은 이 책의 제1부(에즈 1~6)의 단일성을 강조한다. 건축 공사는 순조롭게 진행되고(에즈 6,14) 다리우스 통치 제육년에 완공된다(에즈 6,15). 예배 체계(이를 위해 역대기는 광범위한 공간을 할애한다)를 고정하는 것을 볼 수 있다(에즈 6,18). 성전 봉헌(에즈 6,15~17) 후에 파스카 축제가 거행된다. 여기서 우리는 결정적 순간, 곧 이집트 탈출, 시나이 출발, 약속의 땅 도착을 표시하는 파스카들에 접근할 수 있다.

• 사제와 서기관

사제 가문의 에즈라는 바빌론을 떠나 아르타크세르크세스 페르시아 임금의 공식 과업을 가지고 예루살렘에 도착한다(에즈 7~8). 에즈라는 자기 하느님의 율법과 임금의 법을 준수하도록 해야 한다(에즈 7,26). 율법 준수는 레위인들의 기능이지만(가령 신명 33,10), 시간이 흐르면서 사제의 기능과 율법 전문 서기관의 기능이 분리된다. 에즈라기에서는 아직 하나로 합치되어 있으며 서기관으로서 율법을 연구하고 가르치고 실천한다.

그는 주 이스라엘의 하느님께서 주신 모세의 율법에 능

통한 학자였다. (…) 에즈라는 주님의 율법을 연구하고 실천 할 뿐만 아니라, 이스라엘에서 규정과 법을 가르치기로 마음을 굳혔던 것이다. (에즈 7,6.10)

유다인과 이민족 여성 사이의 결혼을 엄격하게 통제한다(에즈 9~10). 그리하여 "그 여자들과 그들에게서 난 아이들을 모두 내보내기로"(에즈 10,3) 결정한다. 그 결정을 실행하는 대집회의 마음 상태가 짤막하면서도 강렬하게 묘사되어 있다. "그러자 유다와 벤야민 사람들이 모두 사흘 안에 예루살렘으로 모였다. 때는 아홉째 달 스무날이었다. 온 백성은 하느님의 집 광장에 앉아, 일이 이렇게 된 데다 겨울비까지 내리자 몸을 떨고 있었다"(에즈 10,9).

• 극단적 엄격함

두 번째로 예루살렘에 도착한 느헤미야도(느헤 13,4~32) 안식일 규정의 위반과 같은 다른 남용들 외에, 혼종 결혼을 반대하여 개입한다. 그 엄격함은 폭력으로 이어진다. "나는 그들을 꾸짖고 저주하였으며, 그 사람들 가운데 몇몇을 때리기도 하고 머리털을 뽑기도 하였다. 그러고 나서 하느님을 두고 맹세하게 하였다"(느헤 13,25).

유다 공동체는 자신의 정체성을 재건하고 방어한다. 이방인들과 분리, 족보, 율법의 실천, 제도는 여기에 도움이 된다. 성벽과 성전은 물질적·상징적 구조물이다. 활기찬 중심은 율법이다. 난폭한 행위는 신명기계 본문들과 엘리야와 같은 인물들로 되돌아간다. 백성의 평등에 대한 관심과 사회 불의에 대항하는 싸움(느헤 5)은 아모스 같은 예언자들 외에 신명기의 형제애의 느낌을 불러일으킨다.

처음 예루살렘에 왔을 때 느헤미야는 성벽 재건에 힘을 쏟는다(느헤 1,1~7,7; 12,27~43). 족보와 명단은 유다에 주민들이 다시 정착한 것과 백성의 정체성을 드러낸다(느헤 7,4~73; 11,1~12,26). 역대기의 경우처럼, 참 이스라엘인은 유배자들이며 유배에서 돌아온 사람들이다. 이런 일들이 높은 평가를 받으며 진행된다(느헤 12,44~13,3).

• 에즈라, 느헤미야 그리고 율법

율법은 백성의 삶의 중심이다. 공적으로 봉독되었다(느헤 8, 1~12). 각 가문의 우두머리들의 가장 가까운 집단에서 봉독되었다. 그들은 여기서 초막절 축제 거행을 발견하였다. 공적인 새로운 봉독 후에 죄 고백에 이어 율법을 준수하겠다는 맹약을 맺고 서명하였다(느헤 9~10). 죄 고백은 역사를 광범위하게 이야기하는 것으로 되어 있다(느헤 9,5~37).

에즈라와 느헤미야가 함께한 자리에서 장엄한 율법 봉독이 특별한 중요성을 갖는다(느헤 8,1~12).

> 그때에 온 백성이 일제히 '물 문' 앞 광장에 모여, 율법학자 에즈라에게 주님께서 이스라엘에게 명령하신 모세의 율법서를 가져오도록 청하였다. 에즈라 사제는 남자와 여자,

> 그리고 말귀를 알아들을 수 있는 모든 이로 이루어진 회중 앞에 율법서를 가져왔다. 때는 일곱째 달 초하룻날이었다. (…) 에즈라는 온 백성보다 높은 곳에 자리를 잡았으므로, 그들이 모두 보는 앞에서 책을 폈다. 그가 책을 펴자 온 백성이 일어섰다. (느헤 8,1~2.5)

율법을 알아들을 수 있는 능력과 알아들을 수 있게 하는 봉독 자들의 노력을 특히 강조한다. "그들은 그 책, 곧 하느님의 율법을 번역하고 설명하면서 읽어 주었다. 그래서 백성은 읽어 준 것을 알아들을 수 있었다"(느헤 8,8).

곧바로 열린 축제와 나눔은 이해한 것을 실천하는 하나의 방식이다. "가서 맛있는 음식을 먹고 단 술을 마시십시오. 오늘은 우리 주님께 거룩한 날이니, 미처 마련하지 못한 이에게는 그의 몫을 보내 주십시오. 주님께서 베푸시는 기쁨이 바로 여러분의 힘이니, 서러워하지들 마십시오"(느헤 8,10). 나눔은 또한 아무것도 준비하지 않는 사람에게도 축제의 휴식을 갖도록 해 준다.

심화를 위한 참고문헌

- Balzaretti, C., *Esdra-Neemia* (LBPT 23 [sic! leggere 29]), Paoline, Milano 1999.
- Bianchi, F., *Esdra~Neemia* (NVBTA 27), San Paolo, Cinisello Balsamo(MI), 2011.

| 제 14 장 | 조상들의 전통을 위해 싸우고 죽다
:마카베오기

• 마카베오기는 몇 권인가?

"마카베오"는 마따띠아의 아들 유다의 별칭이고 마카베오기의 영웅이며 아마 군사력(또는 특수한 형태의 머리)을 가리키기 위하여 "망치"를 의미할 것이다. 또 다른 해석에 따르면, 마카베오는 "주님에 의해 지명된" 사람을 뜻한다. 유다 마카베오에서 그 이름은 그의 형제들과 그와 함께 싸우는 다른 사람들에게도 확대되었으며, 이 밖에도 또 다른 인물들(2마카 7장의 마카베오인들이라고도 불리는 일곱 형제와 같은)과 그 시대(마카베오 시기)에 적용되기도 하였다.

마카베오기의 경우, 마카베오기 1서와 2서라고 하는 순서의 숫자는 단일 작품(1사무와 2사무, 1열왕과 2열왕, 1역대와 2역대처럼)의 두 부분을 가리키는 것이 아니라, 부분적으로 동일한 사건을 다루는 두 개의 별개 작품을 가리킨다. 이것은 우리가 앞에서 이미 만났던 것과 같이 하나의 사건을 함께 보는 공관 사실의 경우이다. 즉 동일한 사건들이 다른 방식으로 여러 번 이야기된 것이다. 그러므로 독자는 마카베오기 1권과 2권을 성서의 다른 책들과 함께 읽는 것 외에도 두 책을 서로 비교하면서 읽고 해석해야 한다.

마카베오기 1권과 2권은 히브리어 성서에 속하지 않는다.

이 두 책은 제2 경전에 속한다. 그리스도교 첫 세기들의 수사본들과 명단들에서도 항상 존재하는 것은 아니다. 다른 한편, 때로는 마카베오기 3서와 4서가 존재하기도 한다. 예를 들어, 바티칸 코덱스(B)는 마카베오기를 전혀 전하고 있지 않으며, 알렉산드리아 코덱스(A)는 네 권 모두, 시나이 코덱스(S)는 1권과 4권만 전하고 있다.

마케베오기 3권은 프톨레마이오스 4세로부터 죽음의 위협을 받은 이집트 알렉산드리아의 유다인들의 기적적 구원을 이야기 한다. 기원전 217년 안티오코스 3세와 싸워 이긴 라피아 승리 후에 예루살렘 성전에 들어가는 것을 기적적으로 거부당한 프톨레마이오스 4세는 자신의 분노를 털어 내려고 하였다. 이야기는 위험에서 해방된 것을 기념하는 축제 제정에 대해 말하고 있기도 하기 때문에 에스테르기의 이야기와 유사하다. 이 책은 아마 기원전 1세기 또는 기원후 1세기 작품일 것이다.

마카베오기 4권은 철학 본문이다. 즉 이 책은 열정을 지배하는 이성을 칭송하는 내용으로 되어 있다. 율법에 대한 충실성 때문에 순교한 엘아자르와 일곱 형제들의 경우(2마카 6~7장에서 이야기된)는 그 실례로 전해진다. 즉 그들의 죽음은 어리석음의 표지가 아니라 이성의 힘의 표지라는 것이다. 이 책은 기원후 4세기에 편찬되었다.

마카베오기 5권도 존재하는데, 이 책은 아랍어로 보존되어 있으며 1마카와 2마카, 그리고 요세푸스 플라비우스의 『유대 전쟁사』(*Guerra giudaica*)의 편집 작품이다.

• 문화적 충돌의 시기

헬레니즘 시기는 이집트에서 이란 고원 지대에 이르기까지 페르시아 제국이 6세기부터 통일하였으며 알렉산드로스 대왕이 불과 몇 년 만에 정복한 지역에서 인도 국경에 이르기까지 그리스 문화가 확장된 것으로 정의된다. 이미 먼 옛날부터 지중해 세계와 동양은 연결되어 있었지만, 그리스 문화가 동양에서 이처럼 입증된 적은 일찍이 없었다. 알렉산드로스 이후 정치적 단일성은 쪼개지지만, 문화적 단일성은 쪼개지지 않았다. 유다는 처음에는 이집트의 프톨레마이오스 지배 아래 놓였으나, 나중에 2세기에는 아시아의 셀레우코스 지배 아래 놓였다. 역사 안에서 여러 차례 있었던 변천이 되풀이된다. 이집트와 동양 세력들은 시로-팔레스티나 지역을 다투어 원하였다. 셀레우코스 지배 아래에서 문화적 대결은 공개적 분쟁이 되었다.

마카베오기 1권과 2권은 모두 그것을 유다 마카베오가 이끄는 율법에 충실한 이스라엘인들과 그 반대자들 사이의 치명적 충돌로 제시한다. 이들 중에는 안티오코스 에피파네스 임금뿐만 아니라, 헬레니즘 군주정치의 도움으로 이방인 관습들을 받아들이기를 염원하는 이스라엘인들도 있었다. 분쟁의 표출은 신앙에 집중되었고, 이차적으로 문화에 집중되었다. 그러나 정치적·경제적 동기들이 침묵하지 않았다.

이야기의 세부 사항의 역사성에 대해서는 논하지 않겠다. 우리는 단지 몇 가지 일반적 윤곽에 대해서만 지적하겠다. 유다이즘 내부의 분할은 단순히 마카베오인들과 계약 배신자들 사이의 상반된 입장이다. 물론 현실은 훨씬 더 세분화되어 있었다. 또한 책들 자체가 마카베오인들 안에서 한계들과 그리스 문화에 굴복하는 것을 보여 준다. 문제는 아마도 특히 이스라엘인들 내부의 문제였을 것이다. 즉 임금들은 무엇보다도 정치·경제적 동기(성전 보물) 때문에 개입되었어야 한다. 마카베오인들 자신이 어느 시점에서 군주제에 의존하려고 하였다. 마카베오기에서 이야기되는 싸움은 다양한 집단들 안에서 표현된 유다이즘의 정체성을 정의하는 데 기여한 것은 분명하다. 예를 들어, 대사제직의 문제는 (쿰란과 다른 장소들의) 에세네 사람들의 정체성의 핵심이라는 점이다.

역사적 관점에서 볼 때, 안티오코스 에피파네스 임금이 모든 예속민의 문화와 예배를 통일하려고 하였다는 것은 있을 법하지 않는 듯하다. 더욱 가능성이 있는 것은, 헬레니즘에 동화되고 싶어 하였던 사람들이 지지하였다는 것과 "문화적 패권"(egemonia culturale)이 명령으로 이해되었다는 것이다. 로마에서도 그리스 문화에 대한 반대가 있었다〔카토(Cato Censorius)를 생각해 보라〕. 히브리어에서 번역된 그리스어 마카베오기 1권과 2권의 본 문이 이미 일반적 규칙을 보여 준다. 즉 하느님 백성과 성경은 역사 안에 있다는 것이다. 문체의 차이와 더불어 두 책은 동시대의 헬레니즘 역사 기술의 다양한 모형들을 반영한다. 1마카는 더욱 현실적이고 하느님은 역사에 직접 개입하시지 않지만, 2마카는 놀라운 일과 감상적인 것에 더욱 너그럽다. 다른 한편, 대사제직을 쟁취하기 위해 유다인들 사이에 있었던 투쟁 정보를 생각할 때, 2마카는 위기의 원인에 대해 더욱 완전한 그림을 제공한다. 그러나 우리는 1마카가 어떤 측면에서는 성서적이며 "동양적"(orientale) 역사 기술에 더욱 연결되어 있음을 덧붙여야 할 것이다. 왜냐하면

이 책은 이미 익명의 작품이지만, 그리스 역사 기술에서는 저자가 이름을 명시하기 때문이다. 밀레토스의 헤카타이오스, 헤로도토스, 투키디데스를 생각해 보는 것으로 충분할 것이다.

다니엘서, 에스테르기, 유딧기, 코헬렛, 지혜서와 같은 다른 성서 책들이 다양한 순간에 다양한 방식으로 동일한 일반적 정황을 반영한다. 또한 몇몇 학자들에 따르면 헬레니즘 시기는 우리가 알고 있는 성경의 탄생에 결정적 시기이다.

• 마카베오기 상권과 하권의 평행문

우리가 아래에서 제시하는 도표는 두 책의 큰 부분을 비교하도록 도와준다. 두 본문을 구절마다 평행문으로 읽게 해 주는 공관 성서가 존재한다.

1마카		2마카	
1,1~9	알렉산드로스 대왕과 그의 후계자들		
		1,1~9	편지
		1,10~2,18	편지
		2,19~32	머리말
		3,1~4,6	**셀레우코스 임금 통치** 대사제직을 위한 투쟁
1,10~64	**안티오코스 4세 통치**	4,7~7,42	**안티오코스 4세 통치** 대사제직을 위한 투쟁
	헬레니즘화		헬레니즘화
			유다인들의 순교
	안티오코스 4세와 다른 임금들 통치 때 유다인		**안티오코스 4세와 다른 임금들 통치 때 유다인**

1마카		2마카	
	저항		저항
2	마타티아스		
3,1~9,22	유다 마카베오	8,1~15,36	유다 마카베오
	3,1~7,50 니카노르의 죽음까지		니카노르의 죽음까지
	8,1~9,22 니카노르 사후		
9,23~12,53	유다 형제 **요나탄**		
13~16	유다 형제 **시몬**		
	시몬의 아들 **요한**		
		15,37~39	맺음말

두 책을 한 번만 읽어 보아도 두 작품의 중심부에는 안티오코스 4세 임금의 행위와 유다 마카베오의 항쟁이 있음이 드러난다. 그러나 1마카는 알렉산드로스 대왕에 관한 소식을 예고하고, 2마카는 대사제직을 쟁취하기 위한 투쟁에 대해 말한다. 2마카는 마타티아스(왕조의 대종손)의 모습을 생략하고 유다의 행위 일부에 머물며 니카노르의 패배를 기념하는 축제를 설립하는 소식으로 끝난다. 이렇게 1마카는 이야기와 처음 편지에서 기억된 이 축제와 성전 봉헌 축제의 중요성을 강조한다. 1마카는 유다 마카베오에 관한 다른 소식들로 진행하며 자기 형제 요나탄과 시몬, 그리고 간단하게나마 시몬의 아들 요한(이르카노)의 지휘력에 대해서도 말한다. 이렇게 해서 두 축제에 대해서는 덜 강조하고 유다 마카베오와 더불어 시작된 하스몬 왕가를 더 강조한다. 2마카는 이 왕가를 반대하는 표현을 하지 않지만, 요세푸스 플라비우스와 쿰란 문헌들에서 알 수 있듯이, 유다이즘의 다양한 흐름의 혼란에 공감하면서 공공연하게 지지하려고 하지는 않는다. 사실 마카베오인들은 다윗 후손이 아니면서, 그렇다고 유다 부족 출신

도 아니면서 권력을 잡으며, 차독 가문이 아니면서도 대사제가 되고 그 직책을 보유한다.

심화를 위한 참고문헌

- Scarpat, G., *Quarto libro dei Maccabei*, Paideia, Brescia, 2006.
- Troiani, L. / Balzaretti, C., *1~2 Maccabei* (LBPT 33), Paoline, Milano, 2018.

_공관

- Sievers, J., *Synopsis of the Greek Sources for the Hasmonean Period. 1~2 Maccabees and Josephus, War 1 and Antiquities 12~14* (Subsidia biblica 20), Pontificio Istituto Biblico, Roma, 2001.

| 제 15 장 | 마카베오기 상권
:율법을 위하여 싸우다

• 마카베오기 상권에 관한 소식

마카베오기 상권에 대해서는 그리스어 본문이 남아 있지만, 예로니모에게는 히브리어 원본이 알려져 있었고, 여기에 대해 오리게네스(에우세비우스에 의해 인용된)가 제목을 전하고 있지만, 우리에게는 모호하게 남아 있다. 이 책은 기원전 134년과 63년 사이에 편찬되었다. 아무리 빨라도 기원전 134년 이후(post quem)에 편찬되었는데, 책의 말미에서 기억되고 있듯이 이 해는 요한 이르카노가 권력을 잡은 해다. 또한 이 책의 최종 연대는 기원전 63년 이전(ante quem)으로 보아야 하는데, 이 해는 폼페이우스가 예루살렘을 점령한 해이다. 이 일이 있은 뒤에 로마인들을 칭송한다는 것(1마카 8)을 이해하기는 어렵다. 이 작품을 그리스어로 알고 있던 요세푸스 플라비우스는 『유대 고대사』(*Antichità Giudaiche*, 기원후 1세기 말경)에 이를 인용한다.

이 책에서 이야기된 일들은, 처음에 기억된 알렉산드로스 대왕을 빼면, 안티오코스 4세 에피파네스 통치 초기부터 시몬의 죽음에 이르기까지 사십여 년을 포괄한다(기원전 174년부터 134년까지). 이 책의 연대는 셀레우코스 왕국의 산정에 따른 것이다(어쩌면 어떤 달들이 혼돈된 두 개의 상이한 달력).

이 책은 임금의 편지와 같은 공식 문서들을 인용한다. 이들이 문서고의 자료들인지 아니면 저자가 재작업을 한 것인지에 대해서는 따져볼 수 있다. 다른 원천들이 사용되었는지는 우리가 알지 못한다. 작품은 단일체이지만, 한 저자 또는 여러 저자에 의해 계속적 재작업 단계를 거쳤다는 가설도 없지 않다.

우리는 1마카의 일반적 구조를 다음과 같은 도표를 통해 제시한 후에 개별 부분을 검토하고자 한다.

1마카

	헬레니즘의 확인
1,1~9	앞의 사건
1,10~64	헬레니즘의 승리
	마카베오인들의 저항
2	원조: 마타티아스 형제들
3,1~9,22	유다 마카베오
9,23~12,53	요나탄
	시몬과 그의 아들 요한
13~15	시몬의 위업
16	시몬의 권력 이양: 요한

• 분쟁의 기원(1마카 1)

마카베오기 상권 1장은 머리글(1마카 1,1~9) 다음에 두 개의 탄식을 제시하며(1마카 1,25~28.37~40) 세 번째 비탄은 더 나중에(1마카 2,6~14) 마타티아스의 입에 담겨 표현된다.

1마카 1

1,1~9	앞의 사건: 알렉산드로스 대왕
	위협
1,10~28	계약과 성전에 맞서는 일부 이스라엘인들과 임금
	1,25~28 비탄
1,29~40	예루살렘에 맞서는 새 행위들
	1,37~40 비탄
1,41~64	유다이즘을 박해하는 처분과 성전 모독

간략하게 기억되듯이(1마카 1,1~7.8~9), 이스라엘을 강타한 악은 알렉산드로스 대왕과 그의 후계자들에게서 연유하며 안티오코스 에피파네스(1마카 1,10: 안티오코스 4세 에피파네스는 기원전 175년 왕좌에 오른다)에게서 비극적으로 드러난다. 위기는 유다 공동체 내부와 임금의 권력에서 생겨난다.

한편으로 그리스인들에게 동화되고 임금에게 의지하려는 이스라엘인들이 있다(1마카 1,11~15). 마카베오기 상권은 헬레니즘(이 용어는 마카베오기 하권에만 나타난다)보다는 신명기주의를 상기시키는 방식으로 주변 민족들과 뒤섞이는 것에 관해 더 주장한다.

> 그 무렵에 이스라엘에서 변절자들이 생겨 많은 이들을 이러한 말로 꾀었다. "자, 가서 우리 주변의 민족들과 계약을 맺읍시다. 그들을 멀리하고 지내는 동안에 우리는 재난만 숱하게 당했을 뿐이오." 이 말이 마음에 들어, 백성 가운데 몇 사람이 임금에게 기꺼이 나아가자, 그는 그들에게 이민족들의 규정을 따라도 좋다는 허락을 내렸다. 그리하여 그들은 이민족들의 풍습에 따라 예루살렘에 경기장을 세우고, 할례

받은 흔적을 없애고 거룩한 계약을 저버렸다. 이렇게 그들은 이민족들과 한통속이 되어 악을 저지르는 데에 열중하였다.

(1마카 1,11~15)

다른 한편, 이집트 원정 후에 성전을 약탈하고(1마카 1,16~24), 2년 뒤에는 예루살렘에 군대를 파견하는 임금이 있다. 그는 예루살렘에 성채를 세우는데 시몬 통치 때 비로소 성채에서 물러가게 될 것이다(1마카 13,49~52). 끝으로, 임금(1마카 1,41~64)은 전통을 없애고(기원전 167년에) 황폐화시키는 역겨운 짓으로 성전을 더럽힌다.

이스라엘에서 많은 이들이 임금의 명령에 저항한다(1마카 1,62)고 기억하지만, 마카베오기는 그들 가운데 마타티아스와 그의 아들들을 강조한다. 전통을 부정하는 이들의 잘못과 임금과 그가 파견한 자들의 행위는 다음과 같은 결과를 초래한 것으로 평가된다. “크나큰 진노가 이스라엘 위에 내린 것이다”(1마카 1,64). 이러한 진노는 유다 마카베오가 돌려놓게 될 것이다(1마카 3,8).

• 마타티아스의 저항(1마카 2)

이야기는 반대하는 측의 주인공으로 마타티아스를 소개하면서 전개된다. 도입문(1마카 2,1~5) 후에 저항의 발전(1마카 2,6~48)과 마타티아스의 유언(1마카 2,49~70)을 제시한다.

1마카 2

	마타티아스의 반응
2,1~5	주인공들
2,6~14	마타티아스의 비탄
2,15~31	왕에게 순종하기를 거부하고 광야로 피신
2,32~41	안식일에 싸울 것인가?
2,42~48	무장 저항의 시작
2,49~70	마타티아스의 고별 담화

1마카 2장은 마타티아스와 그의 다섯 아들 "가띠라고 하는 요하난, 타씨라고 하는 시몬, 마카베오라고 하는 유다, 하우아란이라고 하는 엘아자르, 그리고 아푸스라고 하는 요나탄"(1마카 2, 2~5)을 소개하는 것으로 시작한다. 그들이 저항의 핵심이 되며 다섯 순간으로 나뉘어 전개된다.

첫째는 애도의 표현이고 상황에 대한 비탄이며, 1마카 1,25~28.37~40의 본문들과 같은 선상의 마타티아스의 첫째 담화(1마카 2,6~14)이다. 둘째(1마카 2,15~26)는 임금의 명령에 복종하기를 거부하는 것인데, 여기에는 마타티아스의 짤막한 둘째 담화가 들어 있다. 저항할 때 계약에 불충실한 유다인과 임금의 파견을 받은 자에게 폭력 사용이 시작된다. 그 모형은 피느하스의 열정이다(민수 25; 시편 106,28~31). 셋째 순간은 마타티아스가 아들들과 함께 광야와 산으로 피신하는 것이며(1마카 2,27~31) 다른 이들이 합류한다. 넷째 순간(1마카 2,32~41)은 안식일 휴식의 해석에 따라 처신하는 것이다. 안식일 규정을 어기지 않으려고 하던 이스라엘인들이 몰살당하였다. 그러나 마타티아스와 그의 추종자들은 이제 "안식일에 우리를 공격해 오는 자가 있으면, 그가 누구든 맞서 싸우자. 그래야 피신처에서 죽어 간 형제들처럼 우리가 모두 죽는 일이 없을 것이다"(1마카 2,41)라고 결의한다. 다섯째 순간(1마카 2, 42~48)은 마타티아스 지지자들이 많아지는 것이다. 우리는 여기에서 마카베오인들 외에 다른 집단들이 있으며 마카베오기 저자는 지면을 할애하지 않고, 단지 그 사실만 언급하는 것을 볼 수 있다. 이렇게 해서 무장한 군대를 정비할 수 있게 되었다.

> 마타티아스와 그의 벗들은 그 일대를 돌아다니며 제단들을 헐어 버리고, 이스라엘 영토 안에서 할례를 받지 않은 아이들을 찾아내어 모두 강제로 할례를 베풀었다. 그들은 또 교만한 자들을 쫓아냈다. 그들이 하는 일은 다 잘되어 갔다. 그들은 이민족들의 손과 임금들의 손에서 율법을 되찾고, 죄인에게 승리할 기회를 주지 않았다. (1마카 2,45~48)

마타티아스는 고별 담화(1마카 2,49~70: 기원전 166년)에서 죽음의 순간에 유언을 발설하는 야곱(창세 49)과 모세(신명기, 특히 33장) 또는 여호수아(여호 23~24)처럼 처신한다. 이 사실 외에도, 담화 자체에서 아들들에게 조상들의 모범을 따르도록 권면한다. 그리고 책 전체가 마카베오인들이 어떻게 하느님과 그분 백성의 위대한 역사 안으로 들어가는지를 보여 주려고 한다. 형제들 가운데 두 사람이 서로 다른 측면에서 지도자로 지목된다.

> 나는 너희 형 시몬이 분별력 있는 사람임을 잘 알고 있다. 그러니 언제나 그의 말을 들어라. 그는 너희에게 아버지 노릇을 할 것이다. 젊어서부터 힘센 용사였던 유다 마카베오는 군대의 장수가 되어, 이방 민족들과 맞서 싸워라. (1마카 2,65~66)

나중에 권력을 잡게 될 요나탄이 아버지에게 기억되지 않는다는 사실은, 아마도 저자가 유다와 시몬에 비해 그를 덜 합법적 인물로 생각한다는 것을 가리킬 것이다.

- **유다의 공적**(3,1~9,22)

유다의 공적 이야기들은 셀레우코스 임금들과 로마인들에 관한 소식들로 간간이 끊어진다. 우리는 몇 가지 단계들을 구분할 수 있다. 즉 1) 안티오코스 에피파네스가 죽을 때까지 첫 번째 일련의 승리들이 성전 정화에서 절정에 달하며, 축제로 기억될 것이다. 승리의 다른 과업들은 이스라엘인들을 위하여 시작된다. 2) 유다가 패배를 경험하지만, 안티오코스 에우파토르 임금은 다른 과제들을 놓아 두고 평화 기간을 보증한다. 3) 데메트리오스 임금 때 유다는 임금의 장수들과 싸워 이기고, 특히 니카노르와 싸워 승리함으써 평화 기간을 얻으며, 축제로 기억될 것이다. 로마인들과 우호 동맹으로 평화는 더욱 견고해진다. 4) 끝에 가서 유다는 다시금 패배하고 전장에서 죽는다. 니카노르와 전투가 있은 후 설화자는 더 이상 싸우기 전과 후에 바치던 기도에 대해 말하지 않는다(또는 조금 지적할 뿐이다).

1마카 3~9 (기원전 166~160년)

3,1~9	도입문. 유다 마카베오 칭송
3,10~26	첫 승리들

3,27~37	안티오코스 4세가 페르시아에 가다
3,38~4,27	엠마오 승리
4,28~35	벳 추르 승리
4,36~61	성전 정화와 봉헌 축제 제정
5	이스라엘인들을 방어하는 유다의 위업
6,1~17	안티오코스 4세가 죽다
6,18~63	안티오코스 5세 에우파토르가 승리하지만, 유다 마카베오와 화친
7,1~4	데메트리오스 일세가 왕위에 오르다
7,5~25	임금이 유다와 대사제에 맞서 알키모스와 바키데스 파견
7,26~50	임금에게 파견된 니카노르가 패배하다: 기념 축제 제정 7,50 평온한 기간
8,1~16	로마인들에 관한 소식
	로마인들과 동맹
9,1~22	유다의 패배와 죽음

유다(1마카 3,1~9)는 큰 찬사와 전쟁의 첫 승리(1마카 3,10~26)와 더불어 소개된다. 첫 승리와 더불어 영웅은 패배한 적에게서 죽을 때까지 평생 사용하게 될 칼을 차지한다(1마카 3,12). 두 번째 승리와 더불어 유다는 기드온과 같은 존재로 드러난다. 작은 규모의 군대는 당신 백성을 위해 싸우시는 하느님의 위대함을 보여 준다.

> 그러자 유다가 대답하였다. "적은 수로도 많은 수를 쉽게 막을 수 있다. 하늘이 구하려고 할 때에는 수가 많고 적은 것이 문제가 되지 않는다. 전쟁의 승리는 군대의 크기가 아니라 하늘에서 내려오는 힘에 달려 있다. 저들이 방자하고

무도하게 우리와 우리 아내 와 아이들을 없애 버리고 약탈하려고 덤벼들지만, 우리는 우리의 목숨과 관습을 지키려고 싸우는 것이다. 그분께서 친히 우리 앞에서 저들을 무너뜨리실 것이니, 너희는 저들을 두려워하지 마라." (1마카 3,18~22)

"하느님" 대신 "하늘"이라는 말을 사용하는 것에 주목하자. 이는 "이름"에 대한 존중과 하느님의 초월성을 가리키는 표지이다. 설화 자는 주인공들의 신앙을 통해 역사 안에 현존하시는 하느님의 존재를 인식한다.

임금에 관한 몇 가지 소식(1마카 3,27~37)을 전한 후에, 엠마오에서 있은 전제와 결과와 함께 유다의 승리를 대대적으로 이야기한다(1마카 3,38~4,27). 전쟁을 하기 전에 탄원하고 전쟁 후에 찬양하는 것을 볼 수 있다. 무엇보다도 싸우기 전에 이스라엘인들은 "이 민족들이 거짓 신들의 상에게 물어보곤 하는 것을 자기들도 알아보려고 율법서를 폈다"(1마카 3,48). 벳 추르에서 승리할 때에도 싸우기 전에 먼저 기도하였다(1마카 4,28~35).

이 모든 승리는 안티오코스가 훼손한 제단을 정화하고 다시 봉헌하게 해 준다(1마카 4,36~61). 합당한 사제들과 율법은 있지만, 예언자들이 없다.

그리고 흠이 없고 율법에 헌신하는 사제들을 뽑아, 성소를 정화하고 더럽혀진 돌들을 부정한 곳으로 치우게 하였다. 그들이 더럽혀진 번제 제단을 어떻게 할까 논의하는데, 좋은 생각이 떠올랐다. 이민족들이 제단을 부정하게 만든 일로 자기들이 조롱거리가 되지 않도록 그것을 헐어 버리자는 것이었다. 그리하여 그들은 제단을 헐어 버렸다. 그리고 예언자가 와서 말해 줄 때까지, 그 돌들을 성전 산 적당한 곳에 쌓아 두기로 하였다. 이어서 율법에 따라, 다듬지 않은 돌들을 가져다가 이전의 제단과 같은 제단을 새로 쌓았다.

(1마카 4,42~47)

이 기회에 유다는 성벽과 탑을 보강하여 성전 방어를 안전하게 한다(1마카 4,60~61). 갈릴래아와 길앗에서(1마카 5,9~54) 다양한 위업을 달성하며 길앗에 거주하는 이스라엘인들을 유다 땅으로 데려온다. 이러한 과업 달성에는 무엇보다도 유다의 형제 요나탄과 시몬이 함께한다. 유다의 명령을 따르지 않는 사람은 누구든지 패배하였다(1마카 5,55~64).

이 백성이 크게 패배한 것은, 자기들도 용맹을 떨치려고 유다와 그의 형제들의 말을 듣지 않았기 때문이다. 사실 그들은 하느님을 대신하여 이스라엘을 구원한 사람들의 후손이 아니었다. 유다라는 인물과 그의 형제들은, 그 이름을 들은 온 이스라엘과 모든 이민족들 앞에서 크게 존경을 받았다. 사람들이 몰려들어 그들을 칭송하였다. (1마카 5,61~64)

유다의 또 다른 공적들이 기억되며 무모한 몇몇 사람들이 패배한 것과 대비된다(1마카 5,65~68).

중요한 사건은 안티오코스 4세 에피파네스가 동쪽으로 원정을 가는 동안 죽은 것인데(1마카 6,1~17), 혹독하게 벌을 받은 어리석은 박해자의 본보기적 예로 이야기된다. 그러나 징벌은 약과 같은 효과를 가지고 있어서 임금으로 하여금 자기 잘못을 인정하게 한다. 필리포스는 아들 안티오코스 5세 에우파토르의 섭정자와 후견인이 되지만, 리시아스는 서양에서 그에게 나라를 맡긴다.

바로 이런 상황이 유다에게 이점이 된다(1마카 6,18~63). 유다는 성채를 정복하지 못하고 벳 즈카르야의 전투에서 패배하지만, 리시아스와 안티오코스와 화친을 맺는다. 그들은 동양에서 돌아온 필리포스와 싸우고 싶어 하지 않는다. 유다의 형제 엘아자르는 전투에서 임금이 타고 있으리라고 생각한 코끼리를 죽이면서 그 자신도 죽는다(1마카 6,43~46).

왕조의 무질서는 데메트리오스가 권력을 잡으면서 계속된다(1마카 7,1~4). 그는 알키모스를 대사제로 임명하고 그를 바키데스와 함께 유다를 공격하도록 파견한다. 그러나 두 사람은 힘을 발휘하지 못한다(1마카 7,5~25). 임금은 니카노르를 파견하지만(1마카 7,26~50), 그는 유다에게 패배한다. 싸우기 전에 기도를 바쳤고 이 승리를 기념하는 경축일이 제정되었다. "해마다 아다르 달 열사흗날을 경축일로 지내기로 결정하였다"(1마카 7,49).

이 승리 덕분에 "유다 땅은 한동안 평온하였다"(1마카 7,50). 판관 시대의 평온함을 상기시키는 이와 같은 역사의 휴지가 있듯이, 이야기에 중단이 있다. 로마인들과 동맹을 맺기 위해 파견한 사절(1마카 8,17~32)은 그들의 위대함을 드러내는(1마카 8,1~16) 기회가 된다. "그럼에도 로마인들은 아무도 왕관을 쓰지 않고, 위엄 있게 보이려고 자주색 천을 두르지 않았다"(1마카 8,14. 이와 달리 마카베오인들의 경우에는 그렇게 하였다: 1마카 10,20.62~64; 11,58; 14, 43~44)라고 말할 때, 아마 묵시적으로는 요나탄과 시몬에 관해 생각하는 여지가 있는 것 같다. 독자는 헬레니즘 왕국에서 일어나는 일들이 거의 로마 영향을 받았다는 것도 기억한다.

데메트리오스 임금은 바키데스와 알키모스를 다시 유다 땅으로 보내는데, 이번에는 유다가 패배할 뿐 아니라, 전투에서 쓰러진다(1마카 9,1~22). 이번에는 싸우기 전에 기도가 없었다. 유다는 슬기로운 조언을 따르지 않고 영광을 갈망하며 "저들 앞에서 달아나다니 그런 일이 있어서는 안 된다. 우리에게 죽어야 할 때가 닥쳤다면, 동포들을 위해서 용감하게 죽어 우리의 명예에 오점을 남기지 말자"(1마카 9,10)라고 말한다. 조상들의 무덤에 묻힐 때 그의 죽음을 애도하였다. 설화자는 그가 이룩한 위업들 가운데 단지 그 일 부만 기록되었다고 지적하면서 결론을 내린다.

> 그의 죽음을 애도하였다. 온 이스라엘도 크게 통곡하고 여러 날을 슬퍼하며 이렇게 말하였다. "이스라엘을 구한 분이, 그 용맹한 분이 어쩌다 쓰러졌는가?" 유다의 나머지 행적과 그가 이끈 전쟁과 그의 용맹, 그리고 그의 위대함에 관한 이야기는 너무 많아 다 기록할 수가 없다. (1마카 9,20~22)

요나탄 (9,23~12,53)

1마카 9~12	(기원전 160~143년)
9,23~31	유다가 죽은 후 재난
	요나탄이 지휘권을 받다
9,32~57	바키데스가 맹위를 떨치다. 요한의 죽음
	9,57 평온한 시기
9,58~73	바키데스가 패배하다
	9,73 평온한 시기

10,1~47	요나탄에게 높은 지위를 약속하는 데메트리오스 1세와 알렉산드로스에 의해 왕국이 대립한다 10,19 알렉산드로스가 요나탄을 대사제요 임금의 친구로 임명한다
10,48~66	알렉산드로스가 임금이 되고 요나탄을 총독으로 또 지방 장관으로 세운다
10,67~89	데메트리오스 1세의 아들 데메트리오스 2세가 왕국을 요구한다 요나탄이 아폴로니우스를 무찌른다(데메트리오스 2세가 임명한 총독)
11,1~19	이집트의 프톨레마이오스 6세가 알렉산드로스와 싸워 승리하지만 그도 죽는다. 데메트리오스 2세가 임금이 된다
11,20~53	요나탄이 알렉산드로스의 아들 안티오코스 6세와 트리폰에 맞서 데메트리오스와 동맹을 맺는다
11,54~56	트리폰의 지원을 받는 안티오코스 6세가 데메트리오스 2세와 싸워 이기고 임금이 된다
11,57~74	요나탄과 시몬의 위업(그들은 임금의 경력을 가진다)
12,1~23	스파르타와 로마와 동맹
12,24~38	위업(특히 데메트리오스 지지자들과 싸운)
12,39~52	트리폰이 요나탄을 체포한다. 이스라엘의 애도

유다가 죽은 뒤 적들이 다시 일어서고, 그 지방에 큰 기근까지 들었다. 이런 재난에서 "유다의 벗들"이 요나탄에게 지휘권을 받으라고 요청한다(1마카 9,23~31). 얼마 동안(1마카 9,32~57) 그는 바키데스의 행위를 멈추게 하지 못하지만, 마타티아스의 다른 아들 요한이 메드바의 얌브리 자손들에게 살해된다. 얌브리 자손들은 요나탄의 보복을 받는다. 성전을 훼손하려던 알키모스가 병에 걸려 죽은 후 바키데스는 임금에게 돌아갔다. "알키모스가 이렇게 죽는 것을 보고 바키데스는 임금에게 돌아갔다. 그리하여 두 해 동안 유다 땅이 평온하였다"(1마카 9,57). 비록 요나탄이 싸우기

전에 기도할 것을 권면한다고 하더라도, 유다의 이전 위업들과 비교할 때 종교적 측면은 이 역사 부분에서는 덜 명백하다.

바키데스가 다시 싸우러 나서지만(1마카 9,58~73), 이번에는 요나탄과 시몬에게 패배하고 평화 조약을 받아들인다. 그리하여 "드디어 이스라엘에서 전쟁이 멈추었다. 미크마스에 자리를 잡고 백성을 다스리기 시작한 요나탄은 이스라엘에서 사악한 자들을 없애 버렸다"(1마카 9,73).

왕조의 다양한 무질서가 아시아 왕국을 건드린다(1마카 10,1~11,56). 즉 알렉산드로스 5세 에피파네스 발라스가 데메트리오스 1세보다 우세하고, 알렉산드로스가 이집트 임금 프톨레마이오스 6세에게 패배한 뒤에 데메트리오스 2세(데메트리오스 1세의 아들)가 임금이 된다. 그런 다음 알렉산드로스의 아들 안티오코스 6세(트리폰이 지지하는)가 왕국을 얻는 데 성공한다. 요나탄은 이런 일들을 잘 견디어 내며 결국 그 뒤에 나이 어린 안티오코스가 요나탄에게 이러한 편지를 썼다. "나는 귀하의 대사제직을 인정하고 귀하를 네 지역의 통치자로 임명하며 임금의 벗들 가운데 하나가 되게 하겠습니다." 그리고 요나탄에게 금 그릇과 식기들을 보내고, 황금 잔으로 마실 수 있는 권리와 자주색 옷을 입고 금 죔쇠를 찰 수 있는 권리를 주었다. 그리고 그의 형 시몬을 '티로의 사닥다리 길'에서 이집트 국경까지 이르는 지역의 총독으로 임명하였다(1마카 11,57~59).

그 후 요나탄과 시몬의 다양한 위업들이 이야기된다(1마카 11,60~74). 요나탄의 기도가 기억되지만(1마카 11,71), 마타티아스의 믿음과 유다가 처음 활동을 시작할 때의 그런 강렬함은 더 이상 존재하지 않는다. 스파르타와 로마와의 동맹이 기억되며(1마카 12,

1~23), 데메트리오스 지지자들과 맞서는 위업들과 다른 활동들이 기억된다(1마카 12,24~38). 그런 다음 트리폰이 책략을 이용하여 요나탄을 사로잡고(1마카 12,39~52), 이스라엘은 다시금 위협의 대상이 된다(1마카 12,52~53).

시몬과 요한 (13~16)

1마카 13~16	(기원전 143~134년)
시몬	
13,1~11	시몬이 지휘권을 잡다
13,12~24	트리폰의 전략과 요나탄 살해
13,25~30	가족 묘지
13,31~32	트리폰이 안티오코스 6세를 죽이고 임금이 된다
13,33~42	시몬이 방어 시설을 정비하고 데메트리오스 2세 임금의 호의를 얻어 대사제, 총독, 지방 장관이 된다
13,43~48	가자라 점령
13,49~52	성채를 점령하고 경축일을 제정하다
13,53	시몬의 아들 요한이 군대의 장수가 되고 가자라에서 살다
14,1~3	데메트리오스 2세가 메디아에서 패배하다
14,4~15	시몬 칭송
	14,4 평온한 유다 땅
14,16~24	로마와 스파르타와 관계
14,25~49	백성이 시몬에게 동판에 새긴 찬사를 헌정하다
15,1~9	안티오코스 7세가 시몬에게 의지하다
15,10~14	안티오코스 7세가 트리폰을 공격하다
15,15~24	로마인들의 편지
15,25~41	안티오코스가 트리폰을 달아나게 하고, 시몬을 배신하다
요한	
16,1~3	시몬이 아들들인 요한과 유다에게 지휘권을 넘겨주다
16,4~10	임금의 장수 켄데배오스를 내쫓은 요한과 유다의 위업

16,11~17	프톨레마이오스 장수가 속임수로 시몬을 살해하다
16,18~22	요한이 그의 음모에서 벗어나다
16,23~24	결론적 요약

시몬은 백성에게 용기를 불어넣으며 지휘권을 갖는다(1마카 13,1~11). 트리폰은 요구한 몸값을 받았음에도 불구하고 요나탄을 석방하지 않고 살해하며 시몬과 싸우러 진격한다(1마카 13,12~24). 요나탄의 매장은 헬레니즘 방식에 따라 가족 묘지를 아름답게 꾸미는 기회가 된다(1마카 13,25~30).

트리폰은 임금이 되기 위하여 안티오코스 6세 임금을 살해하고, 시몬은 방어 시설을 정비하고 데메트리오스 2세 임금의 호의를 얻어(1마카 13,31~42), 유다인들이 (기원전 142년) 일정한 자율성을 획득한다.

> 백칠십년에 이스라엘은 이민족들의 멍에에서 벗어났다. 백성은 모든 문서와 계약서에 '유다인들의 총독이며 지도자인 시몬 대사제 제일년'이라고 쓰기 시작하였다.
>
> (1마카 13,41~42)

시몬(1마카 13,43~53)은 가자라를 점령하고 마침내 성채를 점령하며(경축일을 제정하는 사건) 군대의 지휘권을 아들 요한에게 맡긴다. 로마와 스파르타와 관계가 갱신된다(1마카 14,16~24; 15,15~24). 데메트리오스 2세가 메디아에서 패배하고 사로잡히며(1마카 14,1~3), 그의 형제 안티오코스 7세가 편지를 써서 시몬에게 의지한다(1마카 15,1~9). 이어서(1마카 15,1~14.25~41) 트리폰을 공격하여 도망가게 하며, 시몬의 도움을 거부하고 시몬과 적대 관계가 시작된다.

저자는 시몬을 크게 칭찬하고 칭송하는 말을 하며(1마카 14,4~15) 그의 영예를 위하여 백성이 원한 찬사를 동판에 새겨 헌정한다(1마카 14,25~49).

시몬은 아들들인 요한과 유다에게 지휘권을 넘겨준다(1마카 16,1~3). 그들은 임금으로부터 해안 지역을 맡은 장수와 싸운다(1마카 16,4~10). 프톨레마이오스 장수가 속임수로 시몬을 살해하지만, 요한을 제거하지는 못한다(1마카 16,4~22). 이 책은 요한 이르카노로 알려진 이 요한에 관해 열왕기를 상기시키는 문구로 결론을 맺는다.

> 요한의 나머지 행적과, 그가 이끈 전쟁과 그가 보여 준 용맹, 그리고 그가 성벽을 복구한 일이며 그 밖의 업적들은, 그가 아버지의 뒤를 이어 대사제가 되었을 때부터 실록에 기록되어 있다. (1마카 16,23~24)

심화를 위한 참고문헌

- Arcari, L., "1 Maccabei" in *Bibbia dei Settanta*, II/2, 1311~1429. Rossetti M., *Primo libro dei Maccabei*(NVBTA 31), San Paolo, Cinisello Balsamo(MI), 2015.
- Troiani, L / Balzaretti, C., *1~2 Maccabei*(LBPT 33), Paolne, Milano, 2018.

| 제 16 장 | 마카베오기 하권
:율법을 위하여 죽고 싸우다

• 두 통의 편지와 요약

마카베오기 하권은 전체적으로 두 통의 편지를 통해서 또 이야기를 통해서 성전 봉헌 축제를 경축하도록 초대하는 것으로 제시되는데, 또 다른 축제, 곧 니카노르의 날 거행도 여기에 근거한다.

두 통의 편지와 함께 마지막 형태의 마카베오기 하권은 첫째 편지의 연대인 기원전 124년 이전으로 거슬러 올라갈 수 없다. 둘째 편지는 성전 정화와 안티오코스 4세의 죽음(기원전 163년)보다 조금 더 뒤의 것일 수 있다. 키레네의 야손의 다섯 권의 책으로 된 역사는 니카노르의 패배 이후의 작품이지만, 우리는 얼마나 뒤의 일인지 알지 못한다. 마찬가지로 요약의 연대를 정확하게 규정할 수 없다.

마카베오기 하권은 대사제직을 둘러싼 분쟁으로 시작한다. 즉 어떤 이들은 임금에게 의존하려고 하며 헬레니즘 문화를 선호하면서 박해가 불같이 일어나는 데 기여한다. 바로 그때 비로소 유다 마카베오가 무대에 등장한다(2마카 5,27). 유딧서에서도 주인공은 책이 많이 진행된 뒤에 비로소 행동한다.

2마카	
	축제에 관한 편지
1,1~9	188년(기원전 124년)의 편지
	이 편지는 169년(기원전 142년)의 편지를 인용한다
1,10~2,18	불에 관한 편지
	요약
2,19~32	저자의 머리말
3,1~5,10	대사제직에 대한 편지
	(3,40 헬리오도로스의 경우에 관한 결론)
5,11~6,17	유다를 반대하는 안티오코스 에피파네스
	5,17~20 주석
	6,12~17 주석
6,18~7,42	율법을 위한 죽음의 본보기적 실례
	7,42 결론
8,1~15,36	유다 마카베오가 유다이즘을 위해 싸우다
8,1~10,9	성전 정화까지
	10,9~10 안티오코스 4세에서 안티오코스 5세로 넘어가는 변천
10,10~13,26	안티오코스 5세 에우파토르 치하
	13,26 결론
14,1~15,36	니카노르의 패배까지
15,37~39	맺음말

• 경축 편지

마카베오기 하권을 시작하는 두 통의 편지는 예루살렘의 히브리인들이 이집트의 히브리인들에게 보내는 것이다. 둘째 편지에서 이집트 임금의 관리이며 사제인 아리스토불로스를 인용한다. 첫째 편지는 발송 연대(기원전 124년에 상응한다)가 명시되고 이전 편지(기원전 142년)를 인용한다. 봉헌 축제는 키슬레우 달의 초막절이라 불리며(2마카 1,9), 초막절과 불의 축제(2마카 1,18)와 정결 예식(2마카 2,16)이라 불린다.

둘째 편지는 안티오코스 4세의 죽음을 기억한 후 예루살렘 파괴 때 감추어 놓았다가 유배에서 돌아올 때 느헤미야에 의해 다시 붙은 불에 관해 언급한다. 예레미야, 솔로몬, 모세도 기억한다. 또 한 느헤미야와 유다 마카베오가 수집한 책들도 기억한다.

당시의 그리스와 라틴과 유다의 편지의 전형적 요소들, 곧 발송인, 수신인, 인사로 되어 있는 처음 인사(또는 정식)에 주목할 필요가 있다. 바오로 서간의 문구에서도 동일한 요소들을 다시 발견한다. 마카베오기 하권의 두 편지에는 마지막 인사가 없다.

• 머리말과 맺음말

개요를 쓴 저자는 머리말(2마카 2,19~32)에서 자기 일을 제시하고 맺음말(2마카 15,37~39)에서 독자에게 작별 인사를 한다. 요약 목적은 키레네의 야손의 작품처럼 연대와 특정한 사실들로 풍부한 복잡한 작품을 마주하려고 하지 않는 사람에게 이야기된 사실들에 쉽게 접근할 수 있게 해 준다.

이 책의 논제는 유다이즘을 위하여 유다와 그의 형제들이 이룩한 위업들이며 그 중심은 성전이다.

> 유다 마카베오와 그 형제들의 이야기, 대성전의 정화와 제단의 봉헌, 안티오코스 에피파네스와 그의 아들 에우파토르와 치른 여러 전쟁, 유다교를 위하여 용감하게 싸운 영웅

> 들에게 하늘에서 내린 현시들, 그리고 그 덕분에 그들이 얼마 되지 않은 수로 이 땅 전체를 차지하고 야만스러운 무리들을 몰아내어, 온 세상에 이름난 성전을 되찾고 이 도성을 해방시켰으며, 폐기되어 가던 법을 다시 확립한 이야기, 이렇게 주님께서 당신의 크신 자비로 그들을 대해 주신 이야기를 키레네의 야손이 다섯 권의 책으로 펴냈다. 우리는 이것을 한 권의 책으로 요약하려고 한다. (2마카 2,19~23)

맺음말에서 상기시키듯이 이 책은 예루살렘 도성을 다시 장악하게 된 것에 이른다. 마카베오기 상권이 아니라 하권에 제시된 기적들이 곧바로 상기되고 있음을 알 수 있다. 또한 전망이 뒤바뀌어 있음을 알 수 있다. 즉 그리스인들은 다른 문화의 민족들을 "야만인들"이라고 불렀는데, 저자는 헬레니즘의 영향을 받아 유다이즘을 반대하는 사람들을 가리키기 위하여 이 용어를 사용한다.

• 대사제직을 위한 투쟁

마카베오기 하권은 유다 지도 계급의 내적 긴장으로부터, 특히 대사제의 권력을 쟁취하려는 투쟁 때문에 헬레니즘의 압력을 추구하게 되었음을 보여 주려고 한다.

아시아의 임금 셀레우코스와 대사제 오니아스의 시기는 행복한 시기로 제시된다(2마카 3,1~3). 그러나 이와 같은 상태는 벤야민 가문 출신 시몬의 야망에 의해 동요된다(2마카 3,4~40). 성전의 관리 책임자로 임명된 시몬은 오니아스를 꺾고 싶어 아폴로니우스 총독의 지지를 받으려고 하면서 그에게 성전 금고에 손을 될 수 있게 한다. 그러나 이 목적으로 파견된 헬리오도로스는 기적적으로 상처를 입었으나 오니아스의 개입으로 목숨을 건진 그는 회개하여 주님의 위대한 능력을 깨달았다.

> 헬리오도로스는 주님께 희생 제물을 바치고, 목숨을 살려 주신 그분께 장엄한 서원을 한 다음, 오니아스와 작별하고 나서 군대를 이끌고 임금에게 돌아갔다. 그는 모든 이에게 자기가 본 대로 지극히 위대하신 하느님의 일들을 증언하였다. (2마카 3,35~36)

이야기는 이렇게 해서 첫 결론에 이른다. "헬리오도로스와 금고 수호에 관한 이야기는 이렇게 끝났다"(2마카 3,40).

그러나 시몬은 자신의 음모를 계속 이어가고, 오니아스는 셀레우코스 임금을 찾아가 호소하지만(2마카 4,1~6), 임금은 죽고 안티오코스 에피파네스가 왕좌를 이어받았다. 오니아스의 동생 야손이 안티오코스에게 돈을 주고 대사제직을 사고 헬레니즘의 생활 방식을 장려한다(2마카 4,7~22).

그 후 야손이 벤야민 가문 출신 시몬이 동생 메넬라오스를 임금에게 보내지만, 메넬라오스는 야손의 돈보다 더 많은 돈을 바쳐 대사제직을 확보한다(2마카 4,23~29). 메넬라오스는 오니아스를 제거해 달라고 요청하고, 살해자는 임금에게 벌을 받는다(2마카 4,30~38). 메넬라오스는 예루살렘에서 일어난 이러한 무질서 때문에 기소되지만 사면된다(2마카 4,39~50).

안티오코스 4세가 이집트에 있을 때, 야손은 권력을 다시 쟁취 하려고 시도하지만 실패한다(2마카 5,1~10). 이집트에서 돌아온 안티오코스는 유다가 반란을 일으키고 있음을 우려하여 예루살렘을 공격하고 백성과 유다이즘에 난폭하게 행동한다(2마카 5,11~6,17). 저자는 백성의 죄악 때문에 임금이 사악한 짓을 할 수 있었다고 지적한다(2마카 5,17~20). 이 재난의 시기에 "마카베오라고 하는 유다가 아홉 명가량의 사람들과 함께 광야로 물러갔다. 유다는 그곳에서 동지들과 함께 들짐승처럼 살며, 몸을 부정하게 하지 않으려고 줄곧 들에 나는 것만 먹고 살았다"(2마카 5,27).

• 하느님의 율법을 위하여 죽다

마카베오기 하권은 몇몇 사건들과 군사 작전 동안 집단 살해에 관해 간략하게 말하는 것 외에 율법에 충실히 머물기 위하여 목숨을 잃는 사람의 용기를 밝히는 두 가지 경우를 길게 이야기한다. 물론 이 책에서 순교라는 용어를 사용하지는 않지만, 우리는 순교에 대해 말할 수 있을 것이다. 흔히 설화자는 모세를 통하여 하느님께서 주신 율법을 가리키기 위하여 "율법들"이라는 복수 형태를 사용한다.

첫째 예는 엘아자르의 예다(2마카 6,18~31). 그는 금지된 고기를 먹지 않고 또 그것을 먹는 척하면서 목숨 구하기를 거부하여 죽는다. "법에 어긋나는 이교 제사의 책임자들이 전부터 엘아자르와 친분이 있었기 때문에 그를 따로 데리고 가, 그가 먹어도 괜찮은 고기를 직접 준비하여 가지고 와서 임금의 명령대로 이교 제사 음식을 먹는 체하라고 권하였다. 그렇게 하여 엘아자르가 죽음을 면하게 하려는 것이었다"(2마카 6,21~22).

둘째 예는 한 어머니와 그의 일곱 아들(전통적으로 "마카베오 일곱 형제"라고 불리는)의 예다(2마카 7장 전체를 차지한다). 여기에는 부활에 대한 신앙(2마카 7,9.14.29)과 무에서의 창조 개념에 근접하는 문구가 나타난다. "얘야, 너에게 당부한다. 하늘과 땅을 바라보고 그 안에 있는 모든 것을 살펴보아라. 그리고 하느님께서, 이미 있는 것에서 그것들을 만들지 않으셨음을 깨달아라. 사람들이 생겨난 것도 마찬가지다"(2마카 7,28).

- **유다 마카베오의 위업**

2마카 5,27에서 유다 마카베오를 소개한 뒤에, 설화자는 이제 그에게 집중하며 기도가 동반된 급습하는 행위를 제시한다(2마카 8,1~7). 유다는 총독 프톨레마이오스가 파견한 니카노르를 물리친다(2마카 8,8~36). 이야기는 적들을 쳐서 징벌한 그 폭력에 침묵을 지키지 않는다.

안티오코스 에피파네스의 죽음(2마카 9,1~29)은 불경한 자의 본보기 징벌로 엘아자르와 일곱 형제의 죽음과 상반된다. 불경한 자는 끝에 가서 회개한다. 그동안 유다는 성전을 정화하고(2마카 10,1~8) 사건을 기념하는 축제를 제정한다.

설화자는 안티오코스 에피파네스에 관한 역사는 끝나고 안티오코스 에우파토르 임금으로 넘어가는데(2마카 10,9~10), 그는 리시아스를 코일레 시리아와 페니키아의 최고 총독으로 삼는다(2마카 10,11~13). 유다인들이 이두매아인들을 물리치고(2마카 10,14~23), 이어서 기도가 선행된 싸움에서 하늘의 표징들이 나타나 티모테오스(2마카 10,24~38)와 리시아스(2마카 11,1~12)를 물리친다. 유다를 도저히 이길 수 없음을 인식한 리시아스는 화친을 제안하여(2마카 11,13~12,1) 여러 가지 공적 편지들에 의해 협정이 체결된다.

그러나 다른 장수들은 계속해서 적대감을 보였다. 아직 영웅적이고 경건한 대표로 제시된 유다는 유다 바깥에서, 해변에서(2마카 12,2~9), 요르단 건너편에서(2마카 12,10~31), 그리고 이두매아에서(2마카 12,32~45) 싸워 승리한다. 신앙 행위들 가운데에는 예루살렘에서 주간절 축제를 지낸 것(2마카 12,31)과 죽은 이들을 위한 속죄 제물을 바친 것을 기억하는데, 죽은 이들을 위한 제사는 전통에서 죽은 이들을 위한 기도의 증거로 해석되었다(2마카 12,39~45).

> 그런 다음 각 사람에게서 모금을 하여 속죄의 제물을 바쳐 달라고 은 이천 드라크마를 예루살렘으로 보냈다. 그는 부활을 생각하며 그토록 훌륭하고 숭고한 일을 하였다. 그가 전사자들이 부활하리라고 기대하지 않았다면, 죽은 이들을 위하여 기도하는 것이 쓸모없고 어리석은 일이었을 것이다. 그러나 경건하게 잠든 이들에게는 훌륭한 상이 마련되어 있다고 내다보았으니, 참으로 거룩하고 경건한 생각이었다. 그러므로 그가 죽은 이들을 위하여 속죄를 한 것은 그들이 죄에서 벗어나게 하려는 것이었다. (2마카 12,43~45)

안티오코스 5세는 유다를 침략하면서(2마카 13,1~2), 원정 초기에 대사제 메넬라오스를 죽이게 한다(2마카 13,3~8). 임금이 앞으로 진군해 나갈 때, 유다와 그의 백성은 기도를 바치고(2마카 13,9~13), 모데인에서(2마카 1314~17), 벳 추르에서(2마카 13,18~22) 그의 군대를 쳐부순다. 임금은 왕국의 반대편에서의 어려움도 있고 하여 화친을 맺는다(2마카 13,23~26).

권력을 잡은 데메트리오스 1세(2마카 14,1~2)는 대사제직을 얻으려고 갈망하는 알키모스의 부추김을 받아 니카노르를 유다 지방 총독으로 임명하여 파견하면서 유다를 제거하라고 명령한다(2마카 14,3~14). 그러나 첫 싸움이 있은 후 니카노르와 유다는 우호조약을 맺는다(2마카 14,15~25). 그러나 다시금 알키모스가 임금에게 조언하여 니카노르로 하여금 유다를 생포하도록 부추긴다(2마카 14,26~36). 이 시점에서 이야기는 라지스에 관해 말한다(2마카 14,37~46). 라지스는 율법의 원수들에게 체포되지 않았음에도 불구하고 주님을 부르며 스스로 목숨을 끊는다.

전쟁이 다가오고 설화자는 니카노르의 사악함을 백성을 권면하며 기도를 바치는 유다의 고귀함과 대비시킨다(2마카 15,1~24). 그는 권면하면서 하나의 영상을 이야기한다. 전통은 그것을 산 이들을 위한 죽은 이들의 기도의 증거로 읽는다.

> 그가 본 영상은 이러하였다. 대사제였던 오니아스가 나타나 두 손을 쳐들고 유다인들의 온 공동체를 위하여 기도하고 있었다. 그는 고귀하고 선량한 사람으로서, 행동이 점잖고 태도가 온유하며 언변이 뛰어날 뿐 아니라 어릴 때부터 모든 덕을 열심히 실천해 온 사람이었다. 이어서 위엄에 찬 백발노인이 같은 방식으로 나타났는데, 놀랍고 아주 장엄한 품위가 그를 감싸고 있었다. 그때에 오니아스가 이렇게

말하였다. "동족을 사랑하시는 이분은 하느님의 예언자 예레미야로서, 백성과 거룩한 도성을 위하여 열심히 기도해 주시는 분이시다." 예레미야는 오른손을 내밀어 유다에게 금 칼을 주었다. 그러고 나서 이렇게 말하였다. "하느님의 선물인 이 거룩한 칼을 받아라. 그리고 이 칼로 적들을 물리쳐라."

(2마카 15,12~16)

적군과 맞서 싸우는 것을 지적하지만(2마카 15,25~27), 유다의 승리 경축과 푸림절 하루 전날 기념하는 축제 제정이 묘사되는데(2마카 15,28~39), 여기에 대해서는 에스테르기에서 말한다.

심화를 위한 참고문헌

- Arcari, L., "2 Maccabei" in *Bibbia dei Settanta*, II/2, pp.1431~1533.
- Brutti, M., *Secondo libro dei Maccabei*(NVBTA 32), San Paolo, Cinisello Balsamo(MI), 2014.
- Momigliano, A., "Il secondo libro dei Maccabei" in Id., *Pagine ebraiche*(Saggi 703), Einaudi, Torino, 1987, pp.41~51(ed. or., 1975; ora Edizioni di storia e letteratura, Roma, 2016).
- Troiani, L / Balzaretti, C., *1~2 Maccabei*(LBPT 33), Paolne, Milano, 2018.

| 제 17 장 | 평화 이야기
:룻기

• 예술로 쓰인 소설

룻기는 잘 작성된 단편 소설이며 예술적으로 이야기된 행복한 결말의 이야기로 독자에게는 주의 깊은 독서를 요구한다. 우리는 룻기를 역사 소설이라 생각할 수 있다. 여기서 판관들의 시대와 다윗의 인물에 대한 언급은 친숙한 일을 구성한다. 또는 룻기를 미드라쉬, 곧 다른 성서 본문들에 대한 서술 형식의 주석이라고 규정할 수 있다.

룻기의 기원 환경을 정확히 규정하기는 어렵다. 농경 생활에 대한 주의와 성전과 예루살렘의 부재는 유일무이하다. 쨍어 교수는 여성 인물들의 중요성을 볼 때 저자들이 여자들을 이해할 수 있었다고 생각한다. 오경에 대한 언급은 유배 이후의 작품으로 생각하게 하며, 이방인 여자들과의 혼인을 반대하는 에즈라와 느헤미야와 같은 노선이라고 보는 것도 가능한 논증이 될 것이다. 이와 달리 다윗 왕실과의 관계를 강조하는 사람은 룻기의 연대를 단일 왕정 시기의 작품이라고 생각한다. 다른 한편, 예를 들면 역대기가 보여 주듯이 다윗은 유배 이후에 중요한 인물이 되었다.

본문 구성은 말끔하고 일관성 있게 짜여져 있다. 여러 학자가 판관 시대 언급(룻 1,1)과 결론적 족보(룻 4,18~22)를 본래의 이야기에 첨가된 부분이라고 생각한다. 물론 사건이 그 시대에 일어난다면 이런 생각은 의미가 있을 것이다. 만약 족보를 본래의 것으로 생각하지 않는다면, 룻 4,17에서 다윗에 대한 언급 역시 본래의 것이 아니라고 보아야 할 것이다. 판관들과 다윗에 대한 언급을 분리해서 따로 다룰 수 있다. 즉 이들은 독립적 첨가문들일 수 있을 것이다. 또는 어느 하나가 본래의 이야기에 속할 수 있다. 판관 시대 언급은 본래의 것이든 아니든 판관기의 마지막 형태를 완성하고 교정하는 방식인 것으로 이해할 수 있다.

족보가 본래의 이야기에 속한다는 것을 찬성하는 쪽에서는 다윗의 모습 자체가 외국 여인들(다윗이 그들 가운데 한 여성에게서 유래한다)과 혼인을 방어하고, 족보에서 "~이/가 그 후손이다"라는 문구로 되어 있는 창세기의 여자 족장과 룻을 비교하려는 책의 의도를 강화한다고 주장할 수 있다. 족보가 후대에 첨가된 부분이라고 주장하는 논제 편에서는 창세기의 이 문구가 책의 부분들을 도입하는 문구이지 결론을 맺는 문구가 아니라고 주장할 수 있다. 또 한 일반적으로(토빗기에서 또는 1사무 1,1; 9,1에서처럼) 이야기는 족보로 시작한다. 더 나아가 능수능란한 설화자가 이야기를 더 이상 다윗에게로 이끌어가지 않는 점(다윗의 마지막 족보로 독자를 놀라게 하려는 의도가 없는 것이라면)이 이상할 수 있다. 만약 첨가문이라고 한다면, 유배 이후의 사상적 흐름 내부에서 다윗에게서 이상적인 메시아 모습을 보았다고 이해할 수 있다. 그러나 첨가문의 시기와 동기에 관해서는 여전히 논란이 있다.

• 성서 책들에서 룻기

히브리어 경전에서 룻기는 성문서들 사이에 놓여 있다. 특히 룻기는 초막절 축제, 곧 이야기가 추수 때와 연결되어 있는 축제의 책으로서 다섯 두루마리에 속한다. 성경의 순서는 다양하다. 자주 룻기는 잠언 다음에 나오기 때문에 잠언 31장의 훌륭한 아내("힘 있는 여자")의 모습을 설명하는 것으로 읽을 수 있다(그러나 전례 독서에서 단락들과 책들은 개별적으로 읽으며 정경의 순서는 성경에서 다양하다). 바빌론 탈무드(*bBabaBatra* 14b)에서 룻기는 성문서들 가운데 첫 자리를 차지하며 시편 앞에 나온다. 이는 아마도 시편집의 저자로 여겨진 다윗에 관한 언급으로 룻기가 끝나기 때문일 것이다.

그리스어 정경에서 룻기는 판관 시대의 작품으로 여겨지면서(룻 1,1) 연대순에 따라 유딧기 다음에 나온다. 룻기는 어떤 판관도 나오지 않는 두 이야기(판관 17~18과 19~21)로 끝나기 때문에, 룻기는 동일한 문학 유형의 세 번째 이야기가 된다. 교부들 시대의 고대 목록에서 무엇보다도 판관기와 룻기는 한 권의 단일 책으로 계산되었다. 그러나 단 지파의 이주 이야기(판관 17~18)와 기브아인들의 만행(판관 19~21) 이야기가 무질서의 이야기인 데 반해, 룻과 나오미 이야기는 평화의 이야기이다. 레위인의 소실에 대한 전대미문의 폭력(판관 19)에는 가난한 과부의 조건에서 몸값을 주고 나오미와 룻을 해방하는 것이 대비된다. 탈출 1~2장에서도 남성 폭력(모세가 저지를 살인까지 포함하여)에는 산파들과 파라오의 딸이 목숨을 건져 주는 인물로 대비된다.

- **룻, 이스라엘의 여자 족장, 율법**

책들의 순서에서 차지하는 위치는 별도로, 룻기는 이스라엘의 어머니의 일들을 따라가는 것으로나, 율법을 해석하는 것(룻기를 *midrash halakico*, 즉 율법을 실천하는 데 비추어 해석하는 방식)으로 오경을 생각하게 한다.

이야기의 끝부분에서 룻에 대한 축복은 몇몇 여자 족장을 상기시킨다.

> 그러자 성문에 있던 온 백성과 원로들이 말하였다. "우리가 증인이오. 주님께서 그대 집에 들어가는 그 여인을, 둘이서 함께 이스라엘 집안을 세운 라헬과 레아처럼 되게 해 주시기를 기원하오. 그리고 그대가 에프라타에서 번성하고 베들레헴에서 이름을 떨치기를 비오. 또한 그대의 집안이 주님께서 이 젊은 여인을 통하여 그대에게 주실 후손으로 말미암아, 타마르가 유다에게 낳아 준 페레츠 집 안처럼 되기를 기원하오." (룻 4,11~12)

이방인 여인 룻이 부족들의 열두 조상들의 어머니들에게 비교된다. 타마르에 대한 언급은 다음과 같은 여인들과 공통되는 요소를 보게 해 준다. 즉 라헬과 리아는 하느님 앞에서 누가 남편의 사랑을 더 많이 받는가를 두고 서로 경쟁 관계에 있다(창세 29,15~30,24). 그렇듯이 나오미를 향하는 룻은 보아즈를 두고 움직인다. 그러나 이 경우 주인공들 사이에는 어떤 질투도 존재하지 않는다.

타마르(창세 38) 역시 결연한 마음으로 속임수로 자신의 목적을 추구한다. 또 다른 공통점이 있다. 즉 타마르는 얼굴을 가리고 있고, 룻은 어둠을 이용한다. 그러나 룻은 속임수로 남자와 한 몸이 되기까지 가지는 않는다. 이 밖에도 룻과 타마르의 이야기는 둘 다 후손에 관한 규정(수혼제: levirato)을 받아들이는데, 여기에 대해서는 바로 설명하겠다. 끝으로, 타마르, 유다, 페레츠에 대한 언급은 이 책의 결론적 족보에 다시 나온다. 룻과 타마르 사이에는 동일한 혈통에 대한 이런 연결도 있다. 마태오 복음서는 서론적 족보(마태 1,1~17)에서 이 두 여인도 인용한다.

창세기의 친숙한 이야기들을 다시 언급하는 것 외에, 룻기는 율법 규정들을 설명한다. 무엇보다 먼저 룻은 이삭줍기의 가능성을 이용하며(루카 19,9~10; 신명 24,19~22), 보아즈는 율법을 적용하는 데 있어 관대함을 드러낸다. 또한 룻기는 수혼제 법(신명 25,5~10)과 땅과 사람을 되사는 법(레위 25)을 독창적으로 결합한다.

• 외국인 과부

룻기는 가난한 과부들이 주인공이며 성경의 여자 족장의 설정을 이렇게 상쇄시킨다. 비록 끝에 가서 보아즈와 다른 사람들이 그들에 대해 결정을 내린다고 하더라도 행위를 이끌어 가는 인물은 나오미와 룻이다. 이 경우, 다른 가난한 이들과 함께 하느님과 의인의 보살핌의 대상인 과부들이 주체가 된다.

경작된 땅은 하느님의 은혜를 대표한다. 수혼제와 되사기 법은 각자에게 후손과 땅을 보존하도록 하기 위한 것이다. 여호수아기에서 이야기된 것처럼, 모든 지파와 모든 가정은 자신의 몫을 가지고 있으며 모든 후손 사이의 연결은 세세 대대로 보존되어야 한다. 이런 이유 때문에 나봇은 아합에게 포도원을 넘겨주지 않는다(1열왕 21).

외국인과의 결혼은 에즈라-느헤미야기와 (적어도 더욱 최근 단계에서는) 신명기주의에 고유한 혼종혼 금지에 대한 위기이다. 바로 모압 여자가 주님의 공동체의 일원이 될 수 없는 사람들 사이에 인용된다(신명 23,4~9). 레위기 18장 역시 친지들 안에서 결혼하는 가능성에 제한을 둔다. 창세기에서 친척들 사이의 결혼 선호(창세 24: 이사악; 26,34~35.46; 28,1~9: 에사우와 야곱)는 외국인들과 함께 매우 평화롭게 공존하는 것으로 이어진다. 룻기에서 혼종혼은 평화로운 맥락에서 온다.

룻은 외국인이 이스라엘의 주님께 귀의하는 것을 대표하기도 한다. 룻과 나오미의 연결은 그의 백성에 속한다는 것도 공유한다.

• 이야기 개요

이야기는 단순하고 말끔하며 심혈을 기울여 구성되었다. 아래 도표로 제시한 개요에서 마지막 난에는 반복되는 측면들을 표시하였다(+ 베들레헴의 여자들에 대해 말하는 장면; = 룻과 나오미가 혼자 출현하는 장면; * 룻과 보아즈가 출현하는 장면). 성서에서는 자주 등장인물들이 말을 많이 한다. 룻기에서는 특히 이와 같은 담화와 대화의 우세함이 대단히 발전해 있어서 설화자는 사람들이 어떻게 그들의 관계에서 자유롭게 이야기를 구성하는가를 드러낸다(Alter). 이와 반대로, 노아가 한마디 말도 하지 않으며 단순히 하느님의 명령을 실행하는 의인으로 나오는 홍수 이야기(창세 6~9)와 비교해 보라.

1,1~5		도입문. 베들레헴에서 모압으로 이주	
		I) 모압에서 베들레헴으로 돌아오다(1,6~22)	
1,6~14		나오미와 며느리들	
1,15~18		나오미와 룻	=
1,19~21		베들레헴 도착	+
1,22		요약과 첨가	
		II) 수확 시기(2)	
2,1		보아즈(제기 단편)	
2,2	A	나오미와 룻	=
2,3	B	룻이 이삭을 주우러 가다	
2,4~7	C	보아즈와 수확꾼들	
2,8~13	D	보아즈와 룻	*
2,14~15ㄱ	D'	끼니때 보아즈와 룻	*
2,15ㄴ~16	C'	보아즈와 수확꾼들	
2,17	B'	저녁때까지 이삭을 줍다	
2,18~22	A'	나오미와 룻	
2,23		이삭줍기 계절	
		III) 보아즈의 결정(3)	
3,1~5	A	나오미와 룻	=
3,6~7		보아즈의 타작바닥에서 룻: 저녁	*
3,8~13		보아즈와 룻: 밤	*
3,14~15		보아즈와 룻: 아침	*

3,16~18	A'	나오미와 룻	=
		IV) 성문에서(해소) (4,1~12)	
4,1~12		성문에서 보아즈	
4,13~17		맺음말(해산) 룻과 보아즈의 아들	
4,13		**결혼과 아들 탄생**	
4,14~17		나오미와 아기	+
4,18~22		족보(부록)	

• 이야기 줄거리

도입문(또는 도입적 제기: 룻 1,1~5)은 이야기의 인물들과 앞의 사건을 소개한다. 한 가족이 기근 때문에 먹을 것을 찾아 유다를 떠나 모압으로 이주한다. 그러나 나오미의 남편이 먼저 죽고 이어서 모압 여자들과 결혼한 두 아들마저 죽는다. 그래서 모압 땅은 죽음의 땅으로 드러난다. 한 가족에게 일어난 사건을 통해 독자는 백성이 이집트로 내려가는 것의 위험을 볼 수 있을 것이다. 즉 생명의 땅이 종살이의 땅이 되고 죽음의 땅이 되는 것이다. 독자는 나오미의 아들들의 죽음이 여러 본문, 예를 들어 민수기 25장에서 단죄하는 외국 여자들과의 결혼 때문이라고 생각할 수도 있을 것이다. 이야기는 이러한 느낌을 부정할 것이다.

이름은 의미를 가지고 있음을 지적할 수 있다. 즉 나오미의 아들들의 이름은 소멸을 상기시킨다. 덜 명백한 것이 오르파와 룻의 가치이다. 곧바로 확인하게 되듯이, 나오미 자신이 자기 이름에 따라 움직인다. 엘리멜렉은 하느님의 왕권을 가리킨다.

첫째 사화(룻 1,6~22)는 나오미가 고향으로 돌아가는 여정을 이야기한다. 첫째 장면(룻 1,6~14)에서 그녀는 자기가 제공할 수 있는 것이 아무것도 없기 때문에 자신을 따라오지 않도록 설득하기 위해 며느리들에게 말한다. 특히 이미 죽은 이들을 대신하여 그들에게 남편을 주어 자식을 갖게 할 수 없음을 생각한다. 이렇게 해서 사건 해결의 실마리가 될 수 있는 수혼제 주제가 도입된다. 오르파는 고향으로 돌아가지만, 룻은 나오미를 따라간다.

둘째 장면(룻 1,15~18)에서 나오미는 계속해서 룻에게 고향으로 돌아가도록 설득을 시도하지만, 룻은 꿈쩍도 하지 않는다.

> 어머님을 두고 돌아가라고 저를 다그치지 마십시오. 어머님 가시는 곳으로 저도 가고 어머님 머무시는 곳에 저도 머물렵니다. 어머님의 겨레가 저의 겨레요 어머님의 하느님이 제 하느님이십니다. 어머님께서 숨을 거두시는 곳에서 저도 죽어 거기에 묻히렵니다. 주님께 맹세하건대 오직 죽음만이 저와 어머님 사이를 갈라놓을 수 있습니다. (룻 1,16~17)

룻이 나오미에게서 떨어지지 않고 밀착해 있는 것은 나오미의 민족과 하느님에게 속하는 것을 염원하도록 이끈다. 이야기는 며느리가 남편을 만나기를 바라는 나오미의 염원과 시어머니에게서 떨어지려고 하지 않는 룻의 염원이 어떻게 충족될 것인지 보여 줄 것이다.

베들레헴에 도착하는 장면(룻 1,19~21)에는 여자들의 해석이 함께한다. 주어가 명시되어 있지 않지만, 여성형 동사를 보고 주어가 여자들이라고 추정할 수 있다. 그러나 맺음말에서는 "여자들"이 주어로 명시된다(룻 4,14). 자주 성서 이야기들은 사람의 이름의 의미를 두고 말장난한다. 여기에서 나오미 자신이 자기 이름의 뜻을 바꾼다. "나를 나오미라 부르지 말고 마라라고 부르셔요. 전능하신 분께서 나를 너무나 쓰라리게 하신 까닭이랍니다"(룻 1,20). 이어지는 사건들은 이러한 쓰라림을 치유해 줄 것이다.

첫째 사화는 전체를 요약하고 계절에 관한 소식을 첨가하는 총괄 요약으로 끝난다. 즉 보리 수확이 시작되고 바로 이 활동이 이어지는 두 사화의 배경이 될 것이다.

둘째 사화와 셋째 사화는 평행문으로 구성되어 있다. 즉 중앙집중식 전개와 더불어 양극에는 룻과 나오미의 장면들이 나오고, 중앙에는 룻과 보아즈가 등장한다. 그러나 셋째 사화는 더욱 짧다. 처음에 두 여인이 행위를 준비하고, 끝에 가서 행위를 설명한다. 중심에는 보아즈와 룻의 만남이 이야기의 해결을 향해 나아간다. 둘째 사화에서 결정은 룻의 결정이고, 셋째 사화에서는 나오미의 결정이다. 인물들의 변화는 장면이 바뀌는 것을 쉽게 따라가게 해 준다.

둘째 사화에서 처음과 끝에 보아즈에 관한 정보(룻 2,1)와 요약(룻 2,23)이 있고, 이어서 나오미와 룻(룻 2,2), 룻 혼자(룻 2,3), 수확꾼들과 함께 있는 보아즈(룻 2,4~7), 보아즈와 룻(룻 2,8~13)이 등장한다. 그런 다음 반대 의미로 계속되는 순간으로 보아즈와 룻(2,14~15ㄱ), 수확꾼들과 함께 있는 보아즈(룻 2,15ㄴ~16), 룻 혼자(룻 2,17), 나오미와 룻(룻 2,18~22)이 등장한다. 셋째 사화에서는 양극에 나오미와 룻(룻 3,1~5; 16,18)이 있고, 중앙에 서로 다른 세 순간, 곧 저녁, 밤, 아침(룻 3,6~7.8~13.14~15)에 룻과 보아즈가 등장하는 세 장면이 있다. 이제 다양한 장면들을 따라가 보자.

둘째 사화는 보아즈와 나오미의 남편 사이의 친족에 관한 소식으로 시작하면서(룻 2,1), 이야기의 해결을 준비한다. 나오미는 룻과 함께 하루 일정을 설명하면서(룻 2,18~22) 보아즈와의 만남에서 희망의 동기를 본다. 아침에 룻은 결심하고 이삭을 주우러 가도록 시어머니에게 허락해 줄 것을 청한다(룻 2,2). 3절과 17절에서 설화자는 이 활동에 대해 간략하게 언급한다. 룻을 만나기 전에 보아즈는 수확꾼들과 대화하고, 그들은 그녀가 쉬지 않고 일하는 것을 보았다(룻 2,4~7). 그 후 여종들에게 그녀를 야단치지 말고 이삭을 흘려 주라고 명령하였다(룻 2,15ㄴ~16).

룻과 보아즈 사이의 대화는 "끼니때가 되자 보아즈는 룻에게, '이리 와서 음식을 들고 빵 조각을 식초에 찍어 먹어라' 하고 권하였다"(룻 2,14)라는 말에서 시간을 가리키는 표시를 통해 두 장면으로 나눌 수 있다(룻 2,8~13; 14~15ㄱ). 그러나 히브리어 본문을 관찰하면 시간을 가리키는 표시를 보아즈의 담화 일부로 생각하여 보아즈가 말하였다. "끼때가 되면 이리 와서 먹어라"라고 이해할 수도 있다. 이 두 번째 경우 한 장면만 있을 뿐이다(룻 2,14~16).

보아즈의 호의는 룻을 놀라게 하고 그는 그녀에게 설명한다.

> 네 남편이 죽은 다음 네가 시어머니에게 한 일과 또 네 아버지와 어머니 그리고 네 고향을 떠나 전에는 알지도 못하던 겨레에게 온 것을 내가 다 잘 들었다. 주님께서 네가 행한 바를 갚아 주실 것이다. 네가 이스라엘의 하느님이신 주님의 날개 아래로 피신하려고 왔으니, 그분께서 너에게 충만히 보상해 주시기를 빈다. (룻 2,11~12)

나오미의 신을 함께 믿으려는 룻의 의향(룻 1,16)이 인정을 받고 그의 여행은 아브라함의 여행을 닮았다(창세 12,1~3). "네 아버지와 어머니 그리고 네 고향을 떠나 전에는 알지도 못하던 겨레에게 온 것을 내가 다 잘 들었다."

설화자는 결혼하기 전에 그 서곡으로 전형적 장면인 우물가의 여인들을 섬세한 필치로 암시한다(이사악의 경우 창세 24장에서처럼 또는 모세의 경우 탈출 2,15~22에서처럼). 이 경우, 보아즈의 말에 서 물을 긷는 사람은 종들이며 여자들이 아니다. "목이 마르거든 그릇 있는 데로 가서 종들이 길어다 놓은 물을 마셔라"(룻 2,9).

2장 끝에서 요약 부분은 수확 시기 전체를 포괄한다(룻 2,23). 나오미의 마음에는 항상 룻의 운명이 걸려 있고, 수확 시기가 잘 지나갔다는 것으로 만족할 수 없다. 나오미는 며느리에게 보아즈를 알게 된 기회를 놓치지 않도록 격려하며 셋째 사화 초반에 어떻게 해야 하는지 정확하게 가르쳐 준다(룻 3,1~5). 룻은 시어머니가 일러 주는 그대로 하며, 설화자는 보아즈와의 만남을 사랑스러운 암시로 준비하지만, 불편한 점은 하나도 없다. 저녁이 되자 룻은 타작마당에 보릿가리 끝에서 잠이 든 보아즈에게 살며시 접근한다(룻 3,6~7). 한밤중에(룻 3,8~13) 그는 잠이 깨고, 그녀는 그의 청혼을 받아들인다. 그러나 복잡한 일이 있다. 즉 다른 사람이 그녀를 자기 아내라고 생각할 수도 있을 것이다(토빗기에서처럼, 오경에서 규정하지 않은 친척들 사이의 결혼 규칙이다). 이른 아침(룻 3,14~15) 아직 빛이 밝지 않았을 때, 그는 그녀에게 보리를 담아 주어서 돌려보낸다. 룻의 이야기를 들은 나오미(룻 3,16~18)는 모든 일이 잘 되어갈 것으로 확신한다.

더욱 정확하기 위하여 룻과 보아즈는 직접 결혼에 대해 말하지 않고 되사는 것에 대해 말한다. 즉 보아즈는 "구원자"(*go'el*) 이지만, 다른 사람이 보아즈보다 먼저 이 과제를 가지고 있다. 룻기는 종과 땅에 관한 되사기 법을 독창적으로 수혼제 법과 연결한다. 마지막 사화에서 이를 명확하게 보게 된다(룻 4,1~12). 광장의 기능도 가지고 있던 성문에서 보아즈는 관련자에게 죽은 엘리멜렉의 땅을 나오미가 팔려고 내놓았다고 말한다. 그 땅을 되사는 권리를 가진 사람이 그 땅을 살 수 있지만, 보아즈는 다음과 같이 덧붙인다. "나오미에게서 그 밭을 사들이는 날에 그대는 고인의 아내인 모압 여자 룻도 맞아들여, 고인의 이름을 그의 소유지 위에 세워 주어야 하네"(룻 4,5). 수혼제 법에 따르면, 장자가 엘레멜렉의 이름이 영속하게 해야 하고 (룻기에서 볼 때) 그 땅을 되사야 할 것이었다. 이 시점에 구원 의무를 가진 사람이 되사기를 포기한다. "그대가 사야 할 것이다"로 번역된 룻 4,5의 본문에 약간의 어려움이 있다. 이탈리아 주교회의 번역본(2008년)은 마소라 본문의 난외 주석(*qere'*)을 선택하였다. 그러나 마소라 본문의 자음(*ketiv*)을 따르면, 다음과 같이 옮길 수 있다. 즉 "그대가 나오미에게서 그 밭을 사들이면, 나는 고인의 이름을 그의 소유지 위에 세워 주기 위해 고인의 아내인 모압 여자 룻을 사겠네." 그러면 이 본문은 다음과 같은 의미로 알아들을 수 있을 것이다. 즉 아무개가 그 땅을 살 수 있을 것이다. 그러나 그 땅은 보아즈가 룻과 결혼하여 엘리멜렉에게 확실하게 해 줄 수 있는 이름과 후손에게 연결되어 있을 것이다.

본문을 어떻게 읽는 것이 정확하든, 보아즈는 그 자리에 참석한 증인들 앞에서 선언한다.

> 엘리멜렉에게 속한 모든 것과 킬욘과 마흘론에게 속한 모든 것을 제가 나오미의 손에서 사들인 사실에 대하여 여러분은 오늘 증인이 되셨습니다. 고인의 이름을 그의 소유지 위에 세워, 고인의 이름이 형제들 사이에서, 그리고 그의 고을 성문에서 없어지지 않도록 마흘론의 아내인 모압 여자 룻을 제 아내로 맞아들입니다. 여러분은 오늘 이 일에 대해서도 증인이십니다. (룻 4,9~10)

앞에서 우리가 상기한 것처럼, 원로들의 축복은 룻을 이스라엘의 어머니들과 나란히 위치시킨다.

룻을 위한 나오미의 염원은 이렇게 실현되었다. 그리고 동시에 나오미와 함께 머물기로 한 룻의 결정은 그 목표에 도달한다. 맺음말(룻 4,13~17)은 보아즈와 룻에게서 오벳이 태어났다고 말하지만, 나오미에 대해서는 얼버무린다. 나오미는 거의 아기의 어머니인 것처럼 보인다. 베들레헴 여자들의 목소리에 처음의 탄원(룻 1,20~21)에 대한 응답이 들어 있다. 끝으로 족보(룻 4,18~22)는 유다와 타마르의 아들 페레츠까지 거슬러 올라가며 다윗까지 내려온다.

심화를 위한 참고문헌

- Alter, R., *L'arte della narrativa biblica*, Queriniana, Brescia, 1990(or. ingl., 1981).
- Lenzi, G. / Neri, U. / Poli, E.(a cura di), *Il Targum del cantico*

dei Cantici. Il Targum del Libro di Rut. Traduzione a confronto con il testo masoretico, Marietti, Genova, 2010.

- Scaiola D., *Rut*(LBPT 23), Paoline, Milano, 2009.
- Vilchez Lindes, J., *Rut ed Ester*(Commenti biblici), Borla, Roma, 2004(or. sapgnolo, 2000).

| 제 18 장 | 주사위는 던져졌다
:에스테르기

• 에스테르기는 몇 권인가?

히브리어 성서에서 에스테르기는 성문서들 사이에 놓여 있으며 다섯 두루마리의 한 권, 즉 "두루마리"(*hammegillah*)라 불린다. 푸림절에 봉독되었으며 여기에 그 기원이 있다. 카니발과 같은 축제는 본문의 풍자적 측면을 이해하고 폭력 주제를 덜 딱딱하게 하는 데 도움을 준다. 이와 달리 칠십인역 그리스어 성서에서는 역사서 들 사이에 위치해 있다.

에스테르기는 상상적 이야기이며, 페르시아 제국의 왕궁을 배경에 두고 의도적으로 비현실적 특징을 가진 역사 소설이다. 정말 같지 않은 측면들 가운데 히브리인들을 소멸하려는 의지가 있는데, 이는 페르시아 정치에 생소한 것이다.

이 작품의 연대를 페르시아 시기로 설정하는 학자들도 있지만, 더욱 가능성이 높은 것은 이 작품이 유다이즘과 헬레니즘 사이의 긴장을 나타낸다는 것이다. 그래서 어떤 이들은 기원전 3세기의 덜 뚜렷한 긴장을 드러낸다고 생각하고, 다른 이들은 마카베오 시기의 긴장을 보여 준다고 주장한다. 후자의 경우라면, 기원전 2세기로 내려가야 할 것이다. 동양의 디아스포라에서 편찬되었을 수 있다.

여러 단계의 편찬에 관한 가설이 제시되었다. 특히 어떤 학자들에 따르면, 푸림절 축제와 관계는 부차적인 것이다. 그러나 에스테르기의 경우 가설 이상으로 중요하게 생각하는 것은 본문이 여러 가지 형태로 보존되어 있다는 사실이다. 이는 히브리어에서 그리스어로 번역될 때 작품이 재작업되었다는 점을 보여주는 것이다. 그러므로 여러 형태의 본문들의 관계에 관하여(그리고 각 본문의 가능한 편찬 단계들에 관하여) 가설들이 만들어질 수 있을 것이다.

히브리어 본문과 히브리어 본문보다 더 긴 그리스어 본문이 존재한다. 더욱 정확하게 말하면 다음과 같다. 곧 히브리어 본문보다 더 긴 두 개의 그리스어 본문이 존재하는데, 한 본문은 더 폭넓고 한 본문은 더 간략하다. 더 간략한 본문은 알파 본문이라 불린다. 히브리어 본문은 그리스어로 번역할 당시에 확장되었으며, 두 번째 단계에서 그리스어 본문이 다시 검토되고 축약되어 알파 본문이 생겨났다고 생각할 수 있을 것이다. 그러나 다른 가설들도 있을 수 있다. 히브리어 본문과 그리스어 본문의 차이는 명료하다. 즉 그리스어 첨가문들은 많이 확장되었으며, 곧 보게 되듯이, 책을 심원하게 변화시킨다. 쿰란에서는 에스테르기의 흔적이 발견되지 않았음을 지적할 수 있다.

그리스어 첨가문들은 구절 숫자와 문자로 표시되거나 또는 문자와 구절 숫자로 표시된다. 후자의 방법은 라틴어 불가타 역본 편집의 특징인데, 불가타에서 첨가문들은 책의 부록에 기록하였으나, 그리스어 첨가문들은 본문의 제 위치에 배치되었다.

가톨릭 경전에서는 긴 형태의 그리스어 본문을 사용하지만,

이탈리아 주교회의 번역에서는 히브리어 본문 번역과 그리스어 본문 번역을 나란히 싣는 것을 선택하였다(알파 본문이 아니라 더 긴 그리스어 본문을 가리킨다). 프랑스어 성서(*TOB*)에서는 이미 두 번이나 제2 경전 사이에 배치되었다.

히브리어 에스테르기는 독창적 특성으로 정경 내부에 저자에 의해서도 인물들에 의해서도 거명되지 않은 하느님의 부재가 있다. 그리스어 첨가문들은 특히 에스테르와 모르도카이의 기도를 통해 본래의 이런 흔적을 제거하였다.

• 재독서, 공통된 동기, 가면

에스테르기는 다른 책들의 이야기들을 다시 읽는 "미드라쉬" 책이기도 하다.

모르도카이의 선조들 가운데에는 벤야민 지파 사람 키스가 있으며(에스 2,5), 하만은 아각 사람이라고 한다(에스 3,1). 저자는 벤야민 지파 사람 사울(키스의 아들)이 아말렉 임금 아각을 물리친 1사무 15장의 이야기를 가리키는 것 같다. 아말렉은 이집트 탈출 당시부터 원수 민족이다(탈출 17).

한 유배자가 왕실에서 성공하는 이야기는 열왕기 하권 끝에서 유배자 여호야킨 임금의 이야기, 파라오 다음의 재상 자리에 오른 요셉(창세기), 다니엘서를 생각하게 한다. 그리스어 에스테르기는 모르도카이의 꿈과 더불어 요셉과 다니엘 이야기에서 또 다른 중심 모티프를 다시 받아들인다. 토비야 역시 불행을 겪기 전에 일정 기간 동안 아시리아 임금에게 봉사하였다.

또한 에스테르는 이스라엘을 구원한 또 다른 여자 유딧과 비슷하다. 차이점이 있다면, 에스테르가 칼을 사용하지 않는다는 점이다. 이야기의 배경을 이루는 것은 판관기의 드보라와 바락의 배경이다.

에스테르와 모르도카이라는 이름은 하나의 가면으로서 여신이 쉬타르와 마르둑을 상기시킬 수 있을 것이다. 만약 이것이 사실이라면, 에스테르기의 가르침은 구원은 이방인 신들에게서 오지 않는다는 것이 될 것이다. 에스테르라는 이름은 히브리어에서 숨어 계신 하느님에 대해 말하기 위하여 사용되기도 하는 어근 "*str*"와 연관시켜 볼 수도 있을 것이다.

• 숨어 계신 하느님

우리는 히브리어 에스테르기가 하느님을 한 번도 거명하지 않는다는 사실을 기억하였다. 이런 점에서 에스테르기는 아가를 닮았다. 아가에는 하느님의 이름이 단지 축약어 형태로만 나오며 아마 최상급을 표현하기 위한 방식("주님의 불꽃")으로 나타난다.

이와 같은 하느님 이름의 부재는 하느님의 초월성을 보존하기 위한 의도로 설명할 수 있을 것이다. 그것은 또한 독자들에게 에스테르와 모르도카이처럼 역사 안에서 활동하게 하고, 질서의 자취를 인식하도록 상기시키는 방식일 수도 있다. 질서에 대해 뒤로 물러나 숨어 계시는 하느님 탓으로만 돌리는 것이 늘 좋은 것은 아니다. 또 다른 방식으로 토빗기에서는 하느님의 파견을 받은 천사가 마지막 순간까지 주인공들에게 감추어져 있다.

우리는 모세에게 있은 계시(이미 주고받는 것으로 표시된)로부터 에스테르기의 은닉에까지 이르는 과정을 상상해 볼 수도 있을 것이다. "이름"(Nome)은 "나다"(또는 "나는 있는 나다": 탈출 3) 문구와 함께 발설되는데, "나다"라는 존재는 지고한 자유로 해방시키기 위하여 백성 옆에 계시는 존재이다. "이름"은 당신 백성 앞에서 걸어가며 당신의 얼굴 모습을 드러내지 않으시는 하느님의 헤아릴 수 없는 자비("나는 내가 자비를 베풀려는 이에게 자비를 베푼다": 탈출 33,19)와 함께 선포되었다(탈출 33~34).

우리는 다섯 두루마리 전체를 작은 정경으로 읽으며 상상할 수도 있을 것이다. 즉 룻은 주님의 그늘에 피신하며, 아가에서 "이름"은 사랑의 운반에 숨어 있으며, 코헬렛은 하느님 앞에서 기쁘게 깨어 있음 때문에 열정을 포기하고, 애가는 주님 앞에서 재난에 직면한 것에 눈물을 흘리며, 에스테르는 구원을 경험하면서 이름을 말하지 않고 침묵한다.

하느님께 맡겨드리는 것에 더욱 가까이 접근하는 점은 모르도카이의 말이다.

> 그대가 이런 때에 정녕 침묵을 지킨다면, 유다인들을 위한 해방과 구원은 다른 데서 일어날 것이오. 그러나 그대와 그대의 아버지 집안은 절멸하게 될 것이오. 누가 알겠소? 지금과 같은 때를 위하여 그대가 왕비 자리에까지 이르렀는지.
>
> (에스 4,14)

• 에스테르기

그리스어 형태와 히브리어 형태는 각기 자체의 특성이 있지만, 우리는 비교를 도와주는 동시에 각각의 이야기를 독립적으로 읽게 해 주는 공통된 개요를 제안한다. 첫째 난은 히브리어 본문 구절들이고, 둘째 난은 그리스어 본문 구절들이다. 즉 세 개의 숫자 체계가 있는데, 괄호 안은 불가타 본문 구절이다. "고딕" 글씨체는 그리스어 첨가문을 강조한 것이다.

			도입문: 에스테르, 모르도카이, 하만
	$1,1^{1\sim17}$ A, 1~17 (11,2~12,6)	 a b	**모르도카이의 꿈($1^{1\sim11}$)** **모르도카이가 역적모의를 좌절시키다($1^{12\sim17}$)** **하만이 모르도카이와 히브리인들을 미워하다 (1^{17})**
1 2,1~20		c c'	이중 연회와 와스티 왕비 폐위 새 왕비를 찾다. 에스테르가 왕비가 되다
2,21~3,6		a' b'	모르도카이가 음모를 좌절시키다 하만이 모르도카이와 히브리인들을 미워하다
			정해진 날
3,7~15 3,14~15	 $3,13^{1\sim7}$ B,1~7 (12,6~13,7)		Ⅰ) 유다인들을 반대하는 칙명서 **칙명서 본문**
4,1~7 4,8	 $4,8^{1}$(15,1~3)		Ⅱ) 모르도카이와 에스테르의 불안
4,9~17	 $4,17^{1\sim30}$ C,1~30 (13,8~14,19)		**모르도카이의 기도와 에스테르의 기도**
5,1 5,2	$5,1^{1\sim6}$ $5,2^{1\sim2}$ D,1~16		Ⅲ) 에스테르가 임금 앞에 나아가고 하만을 초대하게 하다: 첫째 연회

5,3~14	(15,4~19)		
6			Ⅳ) 잠 못 이루는 밤. 하만은 모르도카이를 받들어야 한다
7,1~8,8			Ⅴ) 둘째 연회. 하만의 파멸
8,9~12 8,13~17	8,12$^{1\sim24}$ E,1~24 (16,1~24)		Ⅵ) 유다인들을 위한 칙명서 칙명서 본문
9,1~19	9,19^{1}		Ⅶ) 정해진 날: 해소
9,20~10,3	10,3$^{1\sim11}$ F.1~11 (10,4~11,1)		결론
9,20~32			이야기의 요약과 축일에 관한 서신
10,1~3			결론(1~2열왕에서 임금들의 경우처럼)
	10,3$^{1\sim11}$		꿈 해석
	10,3^{11}		붙임 말

• 발단

에스테르기의 도입문은 주인공들과 그들의 긴장을 소개한다. 즉 어떻게 해서 에스테르가 왕비가 되는가? 어떻게 해서 하만이 모르도카이를 미워하는가?

히브리어 본문은 페르시아 와스티 왕비의 불행한 사화로 시작한다(에스 1). 임금과 왕비가 각기 잔치를 베푸는 동안, 와스티 왕비는 임금의 분부를 받들어 어전으로 나오기를 거절한다. 와스티 왕비는 더 이상 임금 앞에 나타나지 못하게 배제된다. 부녀자들이 남편을 공경하지 않으리라는 두려움은 가부장 세계를 대표한다. 에스테르기는 한 여인을 주인공으로 선택하면서 이런 세계와 거리를 둔다. 부녀자들의 불순종에 대한 걱정과 더불어 잔치의 화려함과 제국의 광대함에 임금과 그의 대신들의 취약성이 상반된다.

새 왕비를 찾음(에스 2,1~18)은 모르도카이와 그의 수양딸 에스테르를 끌어들이는 기회가 된다. 모르도카이는 이미 궁정에 있고, 이제 에스테르가 왕비가 된다. 모르도카이는 성서에서 다른 인물들, 예를 들어 토빗이나 사울처럼 족보로 도입된다.

모르도카이는 임금을 거스른 역적모의를 실패하게 한다. 에스테르기에 여러 차례 드러나는 쓰기의 이유를 알아보자. "임금은 모르도카이의 훌륭한 직무를 기억하고 칭송하도록 궁중 일지에 기록하라고 명령하였다"〔에스 2,23: 그리스어 본문에서는 "임금은 이 사건을 잊지 않도록 기록하게 하였으며 모르도카이도 이 사건을 기록하였다"(에스 1,1[15])라고 한다〕. 모르도카이는 어전에서 존대받는 하만에게 굴복하지 않는다. 그래서 하만은 모든 히브리인들을 없애 버리기로 결심한다.

그리스어 본문은 와스티와 에스테르에게 있은 일을 중심으로 중앙집중식 구조를 이루어 히브리어 이야기에 모르도카이와 하만의 소식을 예고한다. 그 결과는 다음과 같다.

a) 모르도카이가 역적모의를 좌절시킴
b) 하만이 모르도카이와 히브리인들을 미워함
c) 이중 연회와 와스티 왕비의 폐위
c') 새 왕비를 찾음과 에스테르의 등극
a') 모르도카이가 역적모의를 좌절시킴
b') 하만이 모르도카이와 히브리인들을 미워함

왕비들에 관한 단락을 둘러싸고 있는 모르도카이와 하만에 관한 단락들은 평행을 이룬다. 하만이 미워하는 이유는 그리스어 첨가문에서 다르게 나타난다. 곧 그의 증오는 모르도카이에 의해 좌절된 역적모의와 연결되어 있다.

또한 그리스어 본문은 처음에 모르도카이의 꿈을 배치하고 (에스 1,1$^{1\sim11}$) 끝에 그의 꿈 해석(에스 10,3$^{1\sim11}$)을 배치하여 에스테르기 전체를 둘러싸는 틀을 형성한다. 꿈 주제는 요셉과 다니엘을 생각하게 한다. 역사는 풀어야 하는 상징으로 가려져 있다는 말과 같이 본문 중에는 묵시문학적인 것들도 더러 있다.

• 주사위는 던져졌다

모르도카이와 그의 민족을 몰살하려는 하만의 행동(에스 3,7~15)은 대학살의 날을 잡고 임금에게서 그들을 몰살해도 좋다는 허락을 받는 것으로 시작된다.

> 크세르크세스 임금 제십이년 첫째 달인 니산 달에 하만이 자기 앞에서 푸르 곧 주사위를 각 날과 각 달에 따라 던지게 하니, 열두째 달인 아다르 달이 나왔다. (에스 3,7)

그 이유는 명백하게 제시되어 있다. 곧 다른 점과 임금에게 불순종과 돈이다.

> 임금님 왕국의 모든 주에는 민족들 사이에 흩어져 있으

면서도 저희들끼리만 떨어져 사는 민족이 하나 있습니다. 그들의 법은 다른 모든 민족들의 법과는 다를 뿐만 아니라, 임금님의 법마저도 그들은 지키지 않습니다. 그들을 이대로 내버려 두시는 것은 임금님께 합당치 못합니다. 임금님께서 좋으시다면, 그들을 절멸시키라는 글을 내리시기 바랍니다. 그러면 저는 은 일만 탈렌트를 달아서 행정관들 손에 넘겨 내탕고에 들여놓게 하겠습니다. (에스 3,8~9)

그리스어 형태는 이 이유들을 발전시키는 칙령 본문을 덧붙인다. 난폭한 행동이 평화를 추구한 것으로 정당화된다.

과인은 수많은 민족들을 지배하고 온 세계를 통치하게 되었지만, 권력의 오만함으로 방자하게 되지 아니하고 오히려 항상 더욱 온화하고 관대하게 다스려, 신민들의 삶을 모든 면에서 어떠한 소란도 없이 안정시키고, 왕국을 그 경계선 끝까지 평온하고 마음대로 다닐 수 있게 만들어 모든 사람이 열망하는 평화를 회복하리라 결심한 바 있습니다. (에스 3,13[2])

몰살해야 할 백성은 "적대적 백성"이며 "자기들의 법으로 모든 민족들을 거스르고 임금들의 명령을 끊임없이 배척하여, 우리가 흠잡을 데 없이 수행하고 있는 통치가 정립되지 못하게 하고 있다는 사실을 지적해 주었습니다"(에스 3,13[4]). 그리고 "이제 우리는, 이 백성이 혼자서 유별나게 모든 사람과 끊임없이 적대 관계를 이루면서 자기네 법에 따라 기이한 생활 방식으로 떨어져 살며, 우리 일에 나쁜 감정을 품고 극악한 짓들을 저질러, 왕국의 안전을 위협하기에 이르렀다는 사실을 깨닫게 되었습니다"(에스 3,13[5]). 근본적 몰살이 결정적 해결이다. "예나 지금이나 적대적인 자들이 단 하루에 저승으로 세차게 떨어져서, 앞으로 우리의 국사가 안정과 안녕 속에 수행될 수 있게 하십시오"(에스 3,13[7]). 적대적 백성을 제거하는 것이 문제의 항구한 해결이라는 환상은 적의 조직의 한 부분을 차지한다. 에스테르기에서 고대의 반유다주의에 관한 성찰이 20세기의 극단적 결과에 이르기까지 후속 시대에 일어나는 일들의 전조가 된다는 사실이 놀랍다.

임금의 칙령을 알게 된 모르도카이와 에스테르는 깜짝 놀라며(에스 4,1~17), 모르도카이는 에스테르에게 도움을 청하기 위해 임금을 찾아가라고 요구한다. 초대받지 않으면 아무도 임금 앞에 나아갈 수 없고 어기면 죽음을 감수해야 하기 때문에 에스테르는 주저하면서도 목숨의 위협을 무릅쓰고 모르도카이의 요구를 받아들인다. 히브리어 본문에서 에스테르의 행동은 자신과 백성의 단식으로 준비된다. 그리스어 본문(에스 4,17[1~30])은 백성의 기도를 첨가하며 모르도카이의 기도와 더욱 폭넓은 에스테르의 기도를 기재한다. 유딧기에서처럼 여기에서도 하느님의 영광을 위하여 백성이 살아남을 필요가 있다. 기도는 주님의 모든 업적을 포함한다(에스 4,17[1]). 기도를 시작하면서 에스테르는 하느님의 유일무이성을 언급하며 자신의 외로움을 강조하기 위하여 "유일한"(그리스어에서는 "홀로"라는 뜻이기도 하다)이라는 단어 놀이를 한다. "저의 주님, 저희의 임금님 당신은 유일한 분이십니다. 외로운 저를 도와주소서. 당신 말고는 도와줄 이가 없는데 이 몸은 위험에 닥쳐 있습니다"(에스 4,17[14~15]).

두려움은 백성의 생존뿐만 아니라 유일한 분이신 하느님의 증인으로서 자신의 사명과 관련된다.

> 그러나 이제 그들은 저희의 쓰라린 종살이로 만족하지 않고 자기네 신상들과 손을 맞잡았습니다. 이는 당신 입에서 나온 규정을 폐기하고 당신 재산을 없애 버리며 당신을 찬미하는 이들의 입을 틀어막고 당신 집의 영광과 당신 제단을 치워 버리려는 것이며 다른 민족들이 입을 열어 헛된 우상들을 찬양하고 살덩어리뿐인 임금을 영원히 찬탄하게 하려는 것입니다. (에스 4,17[19-21])

• 에스테르가 개입하다

에스테르는 위험을 무릅쓰고 임금 앞에 나아가며 하만을 연회에 초대하게 한다(에스 5). 그리스어 첨가문은 에스테르가 임금 앞으로 나아가는 장면을 극적 세부 사항으로 풍부하게 한다. 연회 중에 에스테르는 그다음 날을 위해 또 다른 연회를 여는 허락을 받는다. 하만은 연회에 초대받은 것을 자랑스럽게 여겼지만, 모르도카이를 보는 순간 노기로 가득 차고 그를 매달기 위하여 말뚝을 만들게 한다.

그날 밤(에스 6) 임금은 잠이 오지 않아 주요 사건을 기록하는 일지(설화자는 에스 1,1[15]; 2,23에서 이 일지에 대해 말하였다)를 가져와서 읽게 한다. 임금은 모르도카이가 역적모의를 좌절시켰으며 따라서 그에게 보상하고 싶어 했던 것을 기억한다. 아이러니하게도 바로 그 하만이 선물을 하사하여 영예롭게 하는 것이 좋겠다고 조언한다. 하만은 자신이야말로 임금의 호의를 받을 대상이라고 생각한다. 모르도카이를 말뚝에 매달기 위하여 임금 앞으로 나아갔으나, 오히려 그를 공적으로 영광스럽게 해야 한다.

두 번째 연회(에스 7,1~8,8)에서 에스테르는 이스라엘을 방어하기 위하여 임금에게 말한다. 임금이 대궐 정원으로 나간 사이, 하만은 에스테르 왕비에게 목숨을 살려 달라고 애원하려고 했으나, 대궐 정원에서 연회석으로 돌아온 임금은 하만이 에스테르를 유혹하려는 것으로 생각하고 모르도카이를 위해 준비한 바로 그 말뚝에 매달게 한다. 임금은 또한 모르도카이와 에스테르가 친척이라는 사실도 알게 된다. 유다인들을 몰락하도록 내린 칙령은 돌이킬 수 없는 것이기 때문에, 에스테르는 유다인들을 절멸시키려고 써 보낸 칙령을 취소하는 명령을 작성하게 해 달라고 임금에게 청한다. 임금은 그들 두 사람에게 다른 칙령을 쓰게 한다.

그렇게 해서 새 칙령이 반포되어(에스 8,9~17) 히브리인들에게 자기들의 목숨을 지키도록 한다. 민족들 가운데에서 많은 이들이 유다인으로 자처한다. 그리스어 본문에는 칙령 본문(에스 8,12[1~24])이 첨가되었다. 좋은 정부에 대한 일종의 협정에서 마케도니아 사람(아마 마카베오인들의 적인 셀레우코스인들을 반대하는 논쟁 때문에 생겨난 별명일 것이다)이라고도 불리는 하만의 오만이 단죄된다. 이스라엘의 가치가 인정된다. 이스라엘의 하느님은 페르시아 인들의 하느님과 동일시된다.

> 그러나 우리는 이 악랄하기 짝이 없는 죄인으로 말미암아 멸망의 구렁으로 내던져진 유다인들은 범법자들이 아니라 대단히 올바른 법규에 따라 살아가고 있는 시민들임을

압니다. 이들은 가장 높으시고 더없이 위대하시며 항상 살아 계신 하느님의 아들들입니다. 그분께서는 우리와 우리 조상들을 위하여 우리의 왕국을 최선의 상태로 이끌어 주셨습니다. (에스 8,12[15~16])

히브리인들에게는 자신들의 법을 따르도록 허락된다. 정해진 날 그들을 박해하는 사람을 거슬러 그들을 도와 줄 준비가 되어 있다. 연회를 열어 이 사건을 축하하는 축제를 제정하기도 한다.

- **정해진 날**

유다인들을 몰살시키기 위해 정해진 날인 아다르 달 열사흘 날 운명이 바뀌고 파괴자들이 절멸한다(에스 9,1~19). 수사에서는 그다음 날에도 살해가 계속된다. 그다음 날(모든 주에서는 14일, 수사에서는 15일)은 휴식과 축제의 날이며, 선물을 교환하는 날(에스 9,19), 가난한 이들을 위한 선물(에스 9,22)의 날이다.

발문은 축제에 집중한다(에스 9,20~10,3). 에스테르기는 축제의 기원을 설명하고 에스테르와 모르도카이의 작품으로 제시한다.

모르도카이는 이 일을 기록하고, 임금의 모든 속주에 사는 유다인들에게 가까이 있든 멀리 있든 서신을 보내어, 그들이 해마다 아다르 달 열나흗날과 열닷샛날을 축일로 지내도록 확정하였다. (에스 9,20~21)

아비하일의 딸 에스테르 왕비와 유다인 모르도카이는 이 두 번째 푸림(*Purim*)에 관한 서한의 내용을 의무로 확정 짓고자 모든 권한을 다하여 글을 썼다. (에스 9,29)

축제를 제정하는 편지와 책은 마카베오기 하권에서 찾아볼 수 있다. 페르시아 임금의 일지에서도 모르도카이를 기억한다. 문구는 열왕기 상하권에서 임금들에 관한 이야기의 결론을 상기한다. "그의 강력하고 막강한 업적과 임금이 중용한 모르도카이의 위대함에 관한 자세한 사항들은 실제로 메디아와 페르시아 임금들의 일지에 기록되어 있다"(에스 10,2). 에스테르기의 결론은 책의 줄거리를 요약하고 *pur*("주사위" "운명")의 개념을 설명하며(이미 에스 3,7에서 번역되었다) "푸림절"(*Purim*) 축제의 명칭을 정당화하는 기회이기도 하다.

그리스어 본문은 모르도카이가 꾼 꿈의 해석에 대한 설명을 첨가한다. 이 설명은 우리가 처음에 기억하였던 것처럼 꿈 이야기와 더불어 책의 외부 틀을 형성한다(에스 1,1[1~11]; 10,3[1~11]). 이스라엘의 개념 정의는 당신 백성을 이집트에서 해방하실 때(탈출기) 또는 다른 기회에(예를 들어 판관기에서) 하느님께서 들으신 부르짖음을 상기한다.

나의 민족, 그것은 이스라엘 곧 하느님께 부르짖어 구원된 사람들이다. 주님께서는 당신의 백성을 구원하시고 우리를 이 모든 악에서 건져 주셨다. 하느님께서는 다른 민족들 사이에서 일어난 적이 없는 커다란 표징과 기적들을 일으키셨다. (에스 10,3[6])

모르도카이는 운명(주사위)의 주제에 주의를 기울일 것을 호소한다.

> 이는 그분께서 두 가지 운명을 만드시어, 하나는 하느님의 백성에게, 다른 하나는 모든 이민족들에게 정해 놓으신 까닭이다. 그래서 심판의 시간, 그때와 그날에 이 두 가지 운명이 하느님 앞에 그리고 모든 민족들 사이에 나타났다.
>
> (에스 10,3[7~8])

끝으로, 다시 한번 축제에 대해 언급한다.

그리스어 본문에는 붙임 말도 있다. 여기에서 이 책의 번역이 이집트에 가져온 때를 언급한다. 그 연대는 확실하지 않다. 왜냐하면 헬레니즘 시기의 이집트에서 여러 가지 왕실 사본들이 프톨레마이오스와 클레오파트라의 이름으로 되어 있기 때문이다. 흔히 2세기 말 프톨레마이오스 7세를 생각한다.

심화를 위한 참고문헌

- Levenson, J.D., *Esther*(Old Testament Library), SCM, London, 1997.
- Minissale, A., *Ester*(LBPT 27), San Paolo, Milano, 2012.
- Nofke, E., *Ester*(NVBTA 25), San Paolo, Sinisello Balsamo(MI), 2017.

- Vilchez Lindez, J., *Rut ed Ester*(Commenti biblici), Borla, Roma, 2004(or. spagnolo, 2000).

| 제 19 장 | 여자의 손을 통한 구원
:유딧기

• 헬레니즘의 소설

유딧기는 그리스어로 보존되어 있다. 예로니모는 우리에게는 알려져 있지 않은 아람어 본문에 대해 말하며 자유롭게 번역되었다고 한다. 라틴어 불가타에는 부분적으로 그리스어 본문에 상응하는 본문이 남아 있다. 그리스어 본문이 번역본인지 아니면 원본인지에 대한 논쟁이 있다.

에스테르기 이상으로 유딧기는 상상적 이야기 또는 소설화된 이야기로 되어 있다. 예를 들어 네부카드네자르에게서 예루살렘 파괴자(바빌론 임금의 이름 때문에)와 사마리아 파괴자(통치하는 아시리아의 수도 니네베 때문에)를 떠오르게 한다. 다른 요소들(지방 주의 지방 총독 칭호로서)은 페르시아 제국을 상기시킨다. 끝으로, 네부카드네자르의 대원정은 알렉산드로스 대왕의 위업을 상기시키고 유다인들의 저항은 마카베오인들의 경험을 반영한다.

유딧기는 다른 성서 책들의 인물들도 받아들인다. 즉 여예언자 드보라, 시스라를 죽인 야엘(판관 4~5), 골리앗을 죽인 다윗, 니카노르를 격퇴한 유다 마카베오를 상기시킨다. 또한 그리스인들과 싸운 페르시아인들의 전쟁에 관한 헤로도토스의 설화와 같은 그리스 문학에서 평행문들을 식별해 낼 수 있다. 야엘처럼, 유딧은 책략과 폭력을 사용한다.

모압 여자 룻처럼, 암몬 사람 아키오르도 이스라엘에서 받아들여진 이방인이다. 이렇게 신명 23,4의 배척이 폭넓게 해석되었다. 이 밖에도 아키오르는 토빗기에도 등장하는 인물인 아키카르 책의 지혜 전통을 생각하게 한다.

마카베오기 하권에서 유다 마카베오와 마찬가지로 주인공은 나중에, 곧 8장에 와서야 비로소 나타난다. 유딧기는 크게 두 부분으로 나뉠 수 있다.

1~7장	홀로페르네스의 원정 승리
8~16장	유딧 손에 패배한 홀로페르네스

이야기 줄거리가 여러 대안적 행동을 통해 어떻게 우리를 유딧에게 데려가는지 살펴볼 수 있다. 앞에 일어났던 일을 언급한 후(유딧 1), 홀로페르네스의 원정은 두 가지 결과를 가져다준다. 즉 해안 지방의 굴복(유딧 2~3)과 유다의 저항(유딧 4)이 그것이다. 이 저항에 직면하여 공격할 수 있을까, 없을까? 아키오르(유딧 5~6)는 이스라엘이 하느님에게서 멀리 떨어져 있음을 확신하지 않는 이상 진군하지 말 것을 조언한다. 사실 하느님께서 이스라엘을 보호하시면, 이스라엘을 이길 수 없을 것이다. 그러나 홀로페르네스는 유다를 포위하기로 결정한다(유딧 7). 이 포위 앞에서 백성의 절망(유딧 7)과 유딧의 용기(유딧 8~16) 사이에 선택의 여지가 있다.

- **저항할 수 없는 원정**

아시리아의 임금으로 상상된 네부카드네자르가 메디아 임금을 공격하여 쳐부순다. 그리고 전쟁 때 자신을 도와주지 않은 민족들에게 화를 내었다(유딧 1). 네부카드네자르는 그들을 징벌하기 위하여 군대의 대장군 홀로페르네스를 파견하고, 그는 그들을 쉽게 굴복시킨다(유딧 2~3). 오직 유다만 저항한다(유딧 4~7).

I) 홀로페르네스의 원정

1	앞에 일어났던 일
	1) 장애물 없이 군사 원정
2,1~18	계획과 준비
2,19~3,10	승리. 해안 지역 민족들의 항복
	2) 유다인들의 저항
4	유다에서 저항과 공포
5~6	전쟁의 조언: 아키오르
7,1~18	베툴리아 포위
7,19~32	유다인들의 절망

앞에서 일어났던 일은 홀로페르네스의 원정을 설명하는 것 외에 유다의 비범한 저항을 강조하는 데 소용된다. 즉 메디아인들의 임금의 강력한 성벽(유딧 1,1~4)은 네부카드네자르의 힘을 멈출 수 없지만, 베툴리아의 주민들은 멈추게 할 것이다. 과도한 작전은 네부카드네자르와 함께 싸우는 민족들과 그와 동맹 맺기를 거부하는 민족들의 명단에서 나타난다. 설화자는 민족들과 장소들을 인용하면서 세상의 거대한 장면을 제시한다. 이러한 배경

에서 오로지 유딧이라는 한 여자만이 위대한 임금과 그의 장수를 격퇴할 능력이 있을 것이다. 장소는 페르시아 제국이며 이어서 마케도니아 제국과 헬레니즘 통치 장소이다.

임금은 평의회를 열고 대장군 홀로페르네스를 임명한다. "내가 내린 명령에 불복한 서쪽 지방 전역을 치러 진군하여라"(유딧 2,6). 대장군은 막강한 군대를 준비한다(유딧 2,1~18). "온 세상의 주인인 대왕"(유딧 2,5)의 모습은 신의 특권을 가진 것처럼 행세하는 권력의 오만함을 드러내지만, 동시에 우리는 이것을 하느님을 전제 군주라는 판단 기준으로 생각하지 말라는 경고로 읽을 수 있다.

군대는 어려움 없이 다마스쿠스까지 진군하고(유딧 2,19~27), 시돈에서 아스클론에 이르기까지 해변 주민들이 공포와 전율에 사로잡혀 항복한다(유딧 2,28~3,5). 홀로페르네스는 싸우지도 않고 유다의 경계에 이르기까지(유딧 3,6~10) 그들의 지역들을 점령한다. 그 위업은 우리 언어로 표현하자면 "유일신주의적"이라고 할 수 있는 목적도 가지고 있다. 홀로페르네스는,

> 그들의 모든 신전을 부수고 그들의 신성한 수풀들을 베어 버렸다. 그는 세상의 신들을 모두 없애 버리라는 임무를 받았던 것이다. 그리하여 모든 민족들이 네부카드네자르만 섬기고, 말이 다른 종족들과 부족들이 모두 그를 신으로 받들어 부르게 하려는 것이었다. (유딧 3,8)

신명기에서 요구한(가령 신명 7,1~6) 이민족들의 예배 장소 파괴와 유일하신 주님만을 흠숭하는 것이 여기에서는 인간 존재

숭배에 모아지고 있다. 유일하신 하느님 숭배는 근거가 되는 본문을 인용 하자면 탈출기의 이야기가 보여 주듯이 그 자체로 권력 비판이다. 사실 역사 안에서 하느님의 이름 역시 마찬가지로 권력으로 기울어졌다. 그러나 이와 반대로 우리는 홀로페르네스의 이야기를 난폭한 유일신주의의 위험을 반대하는 미세한 경고로 읽을 수도 있다.

• 유다의 저항

유다가 저항을 준비한다(유딧 4). 무엇보다도 성전에 관한 두려움이 가장 크다.

> 유다에 사는 이스라엘 자손들은 아시리아인들의 임금 네부카드네자르의 대장군 홀로페르네스가 민족들에게 한 모든 일, 그리고 그 신전들을 모조리 약탈하고 파괴한 일을 전해 들었다. 그러자 그들은 홀로페르네스를 몹시 두려워하며, 예루살렘과 자기들의 하느님이신 주님의 성전을 두고 걱정하였다. 그들이 최근에야 유배에서 돌아오고 또 얼마 전에야 유다의 모든 백성이 한데 모여, 더럽혀졌던 기물과 제단과 하느님의 집을 축성하였기 때문이다. (유딧 4,1~3)

여기에서 유배에서의 귀환을 말하고 있는데, 바빌론 이름과 임금의 아시리아 칭호를 가진 네부카드네자르 임금은 유배 이전을 가리킨다.

아시리아의 공격에 직면하여 성을 쌓고 양식을 저장하며 높은 산꼭대기를 모두 점령한다. 그리고 특히

> 그때에 예루살렘에서 봉직하던 여호야킴 대사제는 배툴리아, 그리고 도탄 옆의 평야 맞은쪽에 있는 이즈르엘과 마주한 배토메스 타임 주민들에게 서신을 보내어, 산악 지방의 고갯길들을 지키라고 하였다. 그것들은 유다로 들어가는 관문으로서, 그 길목이 겨우 두 사람이 지날 정도로 좁아 올라오는 자들을 쉽게 막을 수 있는 곳이었다. (유딧 4,6~7)

베툴리아는 행동의 중심지가 된다. 베툴리아라는 이름은 유딧기 에서만 나타나며 아마 베텔에서 유래할 것이다.

또한 백성 전체의 저항 계획도 있다. 그것은 곧 기도와 재와 자루옷이다. "이스라엘 남자들은 모두 하느님께 아주 간절히 부르짖고 또 아주 간절한 마음으로 고행하였다"(유딧 4,9). 아직 기도를 바치고 있는 중에 설화자는 벌써 기도가 받아들여졌다고 말한다. "주님께서는 그들의 소리를 귀여겨들어 주시고 그들의 곤경을 눈여겨보아 주셨다. 백성이 온 유다 땅에서, 그리고 예루살렘에서는 전능하신 주님의 성소 앞에서 여러 날 단식을 하고 있었던 것이다"(유딧 4,13).

홀로페르네스는 전쟁을 위한 회의를 소집하여 유다인들에 대한 정보를 수집한다(유딧 5,1~6,10). 암몬인의 수령인 아키오르(토빗기에 나오는 아키카르의 모습을 상기시킨다)는 그들의 역사를 이야기한다(유딧 5,5~21). 곧 메소포타미아에 기원을 두고 가나안에 정착하였으며, 이집트로 내려갔다가 약속의 땅을 정복하였으며 유

배를 갔다가 귀환하였다는 것이다. 이 이야기에서 독자는 성서 본문에는 나오지 않는 세세한 사항들을 알아본다. 아키오르가 주장하는 점은 그들이 메소포타미아에서 "하늘의 하느님, 자기들이 알게 된 하느님을 경배하였다"는 것이다(유딧 5,8). 이 사실에서 전쟁에 대한 처방을 이끌어 낸다.

> 그들이 저희 하느님 앞에서 죄를 짓지 않는 한, 미워하시는 하느님께서 그들과 함께 계셨기 때문에 그들은 번영하였습니다. 그러나 하느님께서 명령하신 길에서 벗어나자, 그들은 많은 전투에서 무참히 패배하고 이국땅으로 끌려갔습니다. 그들의 성전은 완전히 파괴되고 그들의 성읍들은 적군에게 빼앗겼습니다. 그러나 이제 자기들의 하느님께 되돌아간 그들은 여기저기 흩어져 살던 곳에서 돌아와, 자기들의 성소가 있는 예루살렘을 되찾고 황폐해진 저 산악 지방에 다시 자리를 잡았습니다. 그러니 이제 저의 상전이신 주인님! 만일 저 백성이 잘못하여 자기들의 하느님께 죄를 지었고, 몰락의 원인이 되는 그 죄를 우리가 그들에게서 찾아낸다면, 올라가서 그들과 싸울 수 있습니다. 그러나 저 민족에게 죄과가 없으면, 주인님께서는 그냥 넘어가시기 바랍니다. 그들의 주님, 그들의 하느님께서 그들을 보호하시어 우리가 온 세상의 우셋거리가 될 것입니다. (유딧 5,17~21)

참모들은 모두 하나같이 아키오르의 조언에 반대한다. 홀로페르네스는 아키오르의 조언을 거부하고 그의 말을 무시한다.

네가 무엇이기에 에프라임의 품팔이꾼들을 데리고 오늘 이처럼 우리에게 예언을 한답시고, 저 이스라엘 종족의 하느님이 저들을 보호할 터이니 저들과 전쟁을 하지 말라고 말하느냐? 네부카드네자르 말고 신이 또 어디 있단 말이냐? 바로 그분께서 이제 당신의 병력을 보내시어 저들을 이 땅에서 전멸시키실 터인즉, 저들의 하느님 이 저들을 구하지 못할 것이다. (유딧 6,2)

뜻하지 않은 아이러니로 홀로페르네스는 아키오르의 말을 예언으로 여긴다. 우리는 이를 민수기에서 주님의 이름으로 말하는 이 민족 발람의 축복과 비교할 수 있다. 홀로페르네스는 아키오르를 처벌하기 위하여 그를 유다인들에게 넘기라고 명령한다. 그러나 그들은 아키오르를 호의적으로 맞이하였고 홀로페르네스의 결정에 대해 알게 되었다.

그는 전멸시킬 군대를 배치하고 모압 백성의 의견에 따라 전투는 벌이지 않고 베툴리아를 포위하여 압박하고 샘을 장악한다(유딧 7,1~18). 베툴리아 주민들은 목말라 죽게 되었고 성읍의 수장들에게 항복할 것을 요구한다.

하느님께서 여러분과 우리 사이를 판가름하시기 바랍니다. 여러분은 아시리아인들과 화친을 맺지 않아 우리에게 큰 불의를 저질렀습니다. 이제 우리를 도와줄 사람은 아무도 없습니다. 우리가 목이 마르고 기운이 다 빠져서 그들 앞에 쓰러져 널리도록, 하느님께서는 우리를 그들 손에 팔아넘기셨습니다. 그러니 저들을 불러들여, 이 온 성읍을 홀로페르네스의 병사들, 그의 모든 군대의 전리품으로 넘기십시오. 우리에게는 그들의 노획물이 되는 편이 낫습니다. 우리는 정말 종이 되겠습니다. 그러면 적어도 목숨은 부지할뿐더러, 우리 아이들이 죽어 가는 모습을, 아내와 자식들의 목숨이 끊어지는 모습을 우리 눈으로 보지 않게 될 것입니다. 우리는 하늘과 땅의 이름으로, 또 우리의 죄와 우리 조상들의 죄악에 따라 우리에게 보복하시는 우리의 하느님, 우리 조상들의 주님 이름으로 여러분에게 간청합니다. 우리가 말한 대로 바로 오늘 실행해 주십시오. (유딧 7,24~28)

수장들 가운데 한 사람인 우찌야가 그에 대답하여 종지부를 찍으며 다음과 같이 말한다.

그때에 우찌야가 그들에게 말하였다. "형제들이여, 용기를 내십시오. 닷새만 더 견디어 냅시다. 그동안에 주 우리 하느님께서 당신의 자비를 다시 우리에게 돌리실 것입니다. 그분께서 우리를 마냥 내버려 두지는 않으실 것입니다. 만일 닷새가 지나도 우리에게 아무런 도움이 오지 않으면, 여러분의 말대로 하겠습니다." (유딧 7,30~31)

• 유딧의 개입

II) 유딧의 행동

8,1~8	유딧이 나서다
8,9~36	유딧이 수장들에게 이의를 제기하다
9,1~10,10	유딧이 준비하고 출발하다: 기도와 미모
10,11~12,9	홀로페르네스가 유딧을 맞이하다
12,10~13,10ㄱ	유딧이 홀로페르네스를 죽이다
13,10ㄴ~14,10	유딧이 베툴리아로 돌아오다
	2) 승리
14,11~15,7	적들이 달아나다
15,8~16,20	승리의 경축
16,21~25	맺음말

유딧은 이야기에서 그 존재가 전혀 예고되지 않은 채 갑작스레 등장한다(유딧 8,1~8). 토빗, 사울 그리고 다른 이들처럼 유딧은 족보로 소개된다. 그녀는 용모가 아름답고 덕망이 높으며 하느님을 경외하는 과부이다. 흔히 과부들은 가난하지만, 유딧은 남편에게서 큰 재산을 물려받았다. 그녀 자신이 재산을 관리하며 허영이나 사치를 부리지 않고 살았다.

> 그는 자기 집 옥상에 천막을 치고 살면서 허리에 자루옷을 두르고 과부 옷을 입었던 것이다. 그리고 과부 생활을 하는 동안, 안식일 전날과 안식일, 그믐날과 초하룻날, 이스라엘 집안의 축제일과 경축일 말고는 하루도 빠짐없이 단식하였다. (유딧 8,5~6)

유딧은 권위 있게 수장들을 소집하고 그들을 꾸짖으며 그녀 자신이 개입하겠다고 제안한다(유딧 8,9~36). 그녀의 담화는 무엇이 "하느님을 시험하는" 것인지 명백하게 정의한다.

> 배툴리아 주민들의 수장님들, 제 말씀을 들어 보십시오. 여러분이 오늘 백성 앞에서 하신 말씀은 옳지 않습니다. 주님께서 닷새 안에 우리에게 도움을 베풀지 않으시면 이 성읍을 적군들에게 넘기시겠다고 여러분은 말씀하셨습니다. 그렇게 말씀하심으로써 여러분은 하느님과 여러분 사이에 맹세를 내거신 것입니다. 도대체 여러분이 무엇이기에 이렇게 오늘 하느님을 시험하시고, 사람에 지나지 않으면서 어떻게 하느님의 자리에 서시는 것입니까? 지금 여러분은 전능하신 주님을 시험해 보시지만, 끝내 아무것도 알아내지 못하실 것입니다. 여러분은 사람 마음의 깊은 곳을 찾아내지도 못하시고, 그 속생각들을 알아차리지도 못하십니다. 그러면서 어떻게 그 모든 것을 만드신 하느님을 세밀히 살펴보시고 그분의 생각을 알아내시며 그분의 계획을 헤아리실 수 있다는 말입니까? 안 됩니다, 형제 여러분. 주 우리 하느님을 노엽게 해 드리지 마십시오. 하느님께서 는 닷새 안에 우리를 도우실 뜻이 없으시더라도, 당신께서 원하시는 때에 우리를 보호하실 수 있는 권능을, 또 적군들 앞에서 우리를 전멸시키실 수 있는 권능을 가지고 계십니다. 주 우리 하느님의 뜻을 담보로 잡지 마십시오. 하느님께서는 사람과 달리 협박할 수 있는 대상이 아니시고, 인간과 달리 부추길 수 있는 대상이 아니십니다. (유딧 8,11~16)

시간과 방식에 있어서 당신이 원하시는 대로 하시도록 지고한 자유를 하느님께 맡겨 드려야 함에도 불구하고 사람이 하느님께 조건을 부과할 수 있는 것처럼 그렇게 수장들이 하느님의 자리에 서 있다는 것이다. 하느님께 맡겨 드릴 때에는 신뢰하는 이유가 있다.

> 사실 우리 세대에는 우리의 어느 지파, 어느 가문에서도, 또 어느 씨족, 어느 성읍에서도, 이전처럼 손으로 만든 신들에게 경배하는 일이 일어난 적이 없고 오늘날에도 일어나지 않고 있습니다. (…) 그러나 우리는 그분 말고는 다른 신을 알지 못합니다. 그러므로 그 분께서 우리나 우리 겨레 가운데 아무도 업신여기지 않으시리라고 우리는 희망할 수가 있습니다. (유딧 8,18.20)

주님께 충실함은 그분의 보호를 희망하게 한다. 또한 백성과 성전의 생존은 바로 베툴리아의 저항에 달려 있다.

그러므로 주님을 시험하는 대신 그분께서 시험하고 계심을 인정해야 한다.

> 모든 것이 그러하더라도 주 우리 하느님께 감사를 드립시다. 그분께서는 우리 조상들에게 하신 것처럼 지금 우리도 시험하고 계십니다. 그들의 마음을 시험하시려고 그들에게 불같은 시련을 주신 것입니다. 그분께서는 우리에게도 그냥 보복을 하지 않으십니다. 주님께서는 당신께 가까운 이들을 깨우쳐 주시려고 채찍질하시는 것입니다. (유딧 8,25~27)

이처럼 하느님을 시험하는 것이 어떤 것인지를 설명한 후 유딧은 하느님이 백성을 시험하신다(마음속을 알아보시려고: 신명 8,2)는 것이 무엇을 뜻하는지 상기한다. 탈출기와 민수기에서 약속의 땅을 향해 나아갈 때 광야를 걷는 동안 백성의 근본 경험은 두 가지이다.

유딧은 활동하지 않고 가만히 있지 않을 것이다. 자신의 계획을 설명하지 않고 구원을 예고한다.

> 오늘 밤 여러분은 성문 곁에 서 계십시오. 그러면 저는 시녀를 데리고 밖으로 나가겠습니다. 여러분이 이 성읍을 적군들에게 넘기겠다고 말씀하신 그 날짜 안에, 주님께서는 제 손을 통하여 이스라엘을 구하실 것입니다. (유딧 8,33)

• "주님이 내 손을 통해 이스라엘을 구원하실 것이다"

유딧은 자신을 하느님께 내맡김과 행위 사이에, 그리고 개인과 백성 사이에 불가분의 일치가 있음을 그대로 보여 준다. 백성의 수장들에게 하는 그의 담화 외에, 자신이 하는 일을 준비하면서 이를 드러낸다(유딧 9,1~10,10). 기도를 바친 후 유딧은 자신을 아름답게 꾸민다. 하느님 앞에 엎드렸던 몸이 마음에 품은 계획을 위해 남자들에게 드러났다. 유딧은 성전에서 저녁 향을 피워 올리는 시간에 기도를 바쳤고, 성읍에서 나갈 때에는 성벽 위에서 남자들의 눈이 지켜보고 있었다.

설화자는 기도를 도입할 때 경건한 과부의 삶의 속죄 측면을 상기시킨다.

> 유딧은 얼굴을 바닥에 대고 엎드려 머리에 재를 뿌리고, 속에 입고 있던 자루옷을 드러내었다. 때는 예루살렘에 있는 하느님의 집에서 저녁 향을 피워 올리는 시간이었다. 유딧이 큰 소리로 주님께 부르짖었다. (유딧 9,1)

토비야와 사라의 기도처럼(토빗 8), 그리고 룻에 대한 축복처럼(룻 4), 유딧의 말도 창세기를 되풀이하며 시메온(창세 34)을 상기한다. 또한 유딧기와 유딧의 난폭한 행위를 평가하기 위하여 전쟁을 쳐 없애 버리시는 주님께 호소하는 것이 중요한 일이다.

> 그런데 저 아시리아인들은 무력이 넘쳐나, 말과 기병으로 우쭐대고 보병의 위세로 뽐내며, 방패와 창과 활과 투석기에 희망을 겁니다. 저들은 당신께서 전쟁을 쳐 없애 버리시는 주님이심을 모릅니다. (유딧 9,7)

약한 이들을 통한 주님의 활동은 전멸한 군대에 승리하는 한 여자의 역설로 드러난다. "저들의 오만을 이 여자의 손으로 깨뜨리십시오"(유딧 9,10). 사실,

> 당신의 능력은 수에 달려 있지 않고 당신의 위력은 힘센 자들에게 달려 있지 않습니다. 당신은 오히려 미천한 이들의 하느님, 비천한 이들의 구조자, 약한 이들의 보호자, 버림받은 이들의 옹호자, 희망 없는 이들의 구원자이십니다. (유딧 9,11)

앞의 장들에서 이미 나타난 것처럼, 백성의 운명은 주님의 영예와 연결되어 있다.

> 당신의 계약과 당신의 거룩한 집, 시온 산, 그리고 당신 자녀들이 소유한 집에 잔혹한 짓을 저지르려는 저들에게, 저의 말과 속임수가 상처와 타격을 입히게 해 주십시오. 그리하여 당신께서 모든 권세와 능력을 지니신 하느님으로서, 당신 말고는 이스라엘 겨레를 보호하실 분이 없음을, 당신의 온 백성과 모든 지파가 깨달아 알게 하십시오. (유딧 9,13~14)

기도가 유딧의 삶의 평상시 측면을 드러내는 데 반해, 아름답게 치장함은 축제 측면을 드러낸다. "자기가 안식일과 축제일을 지내던 집으로 함께 내려갔다"(유딧 10,2). 설화자는 평상시 속죄와 축제일로 보조를 맞춘 여자의 삶의 모습을 상기시키면서 영웅적 행위가 유딧의 앞의 삶과 일관성이 있으며 백성의 종교생활에 뿌리를 내리고 있음을 가리킨다. 아름다움은 헬레니즘의 소설과 잘 어울리며 어쩌면 첫 임금들인 사울과 다윗의 아름다움을 암시한다.

설화자는 하녀와 함께 성벽 위에서 남자들이 지켜보는 가운데 성읍 밖으로 나간 여자의 고독을 묘사한다. "그들이 그대로 하자 유딧이 나갔다. 그와 함께 그의 하녀도 나갔다. 성읍의 남자들은 유딧이 산을 내려가 계곡을 지나서 더 이상 보이지 않을 때까지 지켜보았다"(유딧 10,10).

홀로페르네스 가까이 도착하자 아시리아인들의 전초병들은 유딧의 아름다움에 크게 경탄하는데, 그것은 이미 효과 있는 무기이다. 유딧은 즉시 대장군이 있는 천막으로 인도되었다(유딧 10, 11~19). 아이러니하게도 남자들은 미래의 속임수에 두려움을 느끼는데, 사실상 그들은 이미 그 희생자들이다.

> 그들은 유딧의 아름다움에 경탄하고 또 유딧 때문에 이스라엘 자손들에 관해서도 경탄하며, 서로 말하였다. "이런 여자들이 있는 저 백성을 누가 얕잡아 볼 수 있겠는가? 저 백성 가운데에서 남자를 하나라도 살려 두는 것은 좋지 않다. 그들을 내버려 두면 온 세상을 속여 먹을 수도 있겠다.
> (유딧 10,19)

유딧은 홀로페르네스와 그의 시종들 앞에서 길게 말하며 그들을 확신시킨다(유딧 10,20~11,23). 유딧은 적들에게 비밀을 계시하기를 원하는 척한다. 그러면서 그녀는 베툴리아를 살리기 위한 비밀의 길, 곧 승리를 확신한다. 그녀는 감언이설을 사용한다.

> 온 세상의 임금이신 네부카드네자르 님의 목숨을 걸고, 또 모든 생물을 관장하라고 주인님을 파견하신 그분의 능력을 걸고 말씀 올립니다. 주인님 덕분에, 사람들만 그분을 섬기는 것이 아닙니다. 들짐승과 집짐승과 하늘의 새들까지 주인님의 힘 덕분에 네부카드네자르 님과 그분의 온 집안 밑에서 살아가게 될 것입니다. 저희는 주인님께서 가지신 지혜와 주인님의 영이 지니신 수완에 관해서 잘 들었습니다. 그리고 온 나라에서 주인님 홀로 훌륭하시고 식견이 출중하실 뿐더러 전술에도 뛰어나시다는 것을 온 세상이 잘 알고 있

습니다. (유딧 11,7~8)

아키오르의 담화에서 표출된 원칙들에 따라 유딧은 백성이 죄를 짓는 중이고 따라서 패배할 것이라고 주장하면서 공격할 수 있는 순간을 적들에게 알려 줄 수 있다고 단언한다. "이제 저의 주인님, 저는 주인님 곁에 머무르겠습니다. 다만 밤에는 이 여종이 골짜기로 나가서 하느님께 기도하겠습니다. 그들이 언제 그 죄를 저지를지 그때에 하느님께서 저에게 말씀해 주실 것입니다"(유딧 11,17).

홀로페르네스는 유딧(네부카드네자르의 신에게 굴복하기 위한 것처럼 말하는)의 말에 완전히 넘어가서 유딧의 하느님을 믿겠다고까지 생각한다. "네가 말한 대로 하면, 너의 하느님은 나의 하느님이 되실 것이다"(유딧 11,23). 그 자리에 홀로페르네스와 함께한 모든 이가 "세상 이 끝에서 저 끝까지, 저토록 얼굴이 아름답고 슬기롭게 말하는 여자는 다시 없을 것이다"(유딧 11,21)라고 인정한다. 여기서 우리는 다윗 왕실의 현인들을 기억할 수 있는데, 그 가운데 트코아 여인(2사무 14)과 압살롬을 속인 여인 후사이(2사무 17)가 있다. 다른 한편, 그녀의 삶을 보면(유딧 8,1~10) 유딧은 가정을 잘 돌보는 힘 있는 훌륭한 여자(잠언 31. 이 경우 남편 없이)와 같다.

홀로페르네스는 그녀에게 먹을 것을 제공하지만(유딧 12,1~4), 그녀는 자기가 가져온 음식을 먹는다(음식에 대한 주의는 다니엘과 세 젊은이를 상기시킨다: 다니 1). 그녀는 밤의 전반부는 잠을 잔 후 기도하러 나가는데(유딧 12,5~7ㄱ), 사흘을 그렇게 한다(유딧 12,7ㄴ~9).

넷째 날 종들만을 위한 연회가 열렸을 때 홀로페르네스는 유딧을 이용해 먹으려고 생각하지만, 실제로는 그녀에게 압도당

했을 때, 계획한 바가 그 목표에 이르게 된다(유딧 12,10~13,10ㄱ). 그러자 유딧 때문에 홀로페르네스의 마음은 들뜨고 정신은 아뜩해졌다. 그는 유딧과 동침하고픈 강렬한 욕망에 사로잡혀, 그를 처음 본 날부터 유혹할 기회를 엿보고 있었던 것이다"(유딧 12,16). 유딧하고만 홀로 남은 홀로페르네스는 곤드레만드레 술에 취했다. 종들이 홀로페르네스가 자신의 욕망을 만족시키리라 생각하는 동안, 유딧은 하느님의 도우심을 청하면서 자신의 계획을 끝낸다.

> 그때에 유딧은 홀로페르네스의 침상 곁에 서서 마음속으로 말하였다. '모든 권세의 하느님이신 주님, 이 시간 예루살렘의 영예를 위하여 제 손이 하는 일을 굽어보아 주십시오. 바로 지금이 당신의 상속 재산에 도움을 베풀고, 저희를 치러 일어선 적군들을 멸망시키려는 저의 계획을 실행할 때입니다.' 이어서 유딧은 홀로페르네스의 머리맡에 있는 침대 기둥으로 가서 그의 칼을 집어 내렸다. 그리고 침상으로 다가가 그의 머리털을 잡고, "주 이스라엘의 하느님, 오늘 저에게 힘을 주십시오" 하고 말한 다음, 힘을 다하여 그의 목덜미를 두 번 내리쳐서 머리를 잘라 내었다. (유딧 13,4~8)

음식 자루에 대장군의 머리를 집어넣고 밖으로 나오는 두 여자는 아시리아 군대의 굴욕을 대표한다.

• “주님께서는 여자의 손으로 그를 치셨습니다”

성읍으로 돌아온 유딧은 계속해서 행위를 이끈다(유딧 13,10ㄴ~14,10). 그녀는 먼저 자기 계획의 첫째 부분의 성공을 드러낸다.

> 유딧은 자루에서 머리를 꺼내어 그들에게 보여 주면서 다시 말하였다. “보십시오. 아시리아 군대의 대장군 홀로페르네스의 머리입니다. 그리고 이것은 닫집인데, 홀로페르네스가 잔뜩 취하여 그 아래에 누워 있었습니다. 주님께서는 여자의 손으로 그를 치셨습니다. 제가 저의 길을 걸어갈 때에 저를 지켜 주신, 살아 계신 주님을 걸고 말합니다. 저의 얼굴이 그를 유혹하여 멸망시켰습니다. 그러나 그가 저에게 죄를 저질러 저를 부정하게 만들거나 수치스럽게 만든 것은 결코 아닙니다. (유딧 13,15~16)

그녀가 자신을 주님의 도구로 선언하듯이, 백성과 우찌야에게서 올라가는 찬양은 마찬가지로 유딧과 주님의 축복을 표현한다.

> 딸이여, 그대는 이 세상 모든 여인 가운데에서, 지극히 높으신 하느님께 가장 큰 복을 받은 이요. 하늘과 땅을 창조하신 하느님께서, 우리 적군 수장의 머리를 치도록 그대를 이끌어 주신 주 하느님께서 찬미받으시기를 바라오. (유딧 13,18)

그런 다음 유딧은 자기 계획의 둘째 부분을 밝힌다(유딧 14,

1~5). 곧, 다음 날 백성은 전쟁하러 나가는 척하고, 아시리아인들은 홀로페르네스의 머리를 보고 공포에 사로잡힐 것이다.

끝으로(유딧 14,6~10), 유딧은 아키오르를 불러오게 한다. 그는 유딧의 이야기를 다 듣고 암몬 사람이면서도 이스라엘인이 된다. "이스라엘의 하느님께서 하신 일을 모두 본 아키오르는 하느님을 깊이 믿게 되었다. 그리하여 그는 할례를 받고 이스라엘 집안에 합류하여 오늘날까지 이른다"(유딧 14,10).

다음 날 아침 동이 트자(유딧 14,11~15,7), 유딧의 계획에 따라 이스라엘인들은 공격하는 척하며, 아시리아인들은 홀로페르네스가 죽은 사실을 알게 되며(유딧 14,11~18) 달아나기 시작한다(유딧 14,18~15,3ㄱ). 우찌야의 신호로 온 백성이 베툴리아의 주민들과 함께 그들을 향하여 돌진하였고 약탈하여 노획물을 손에 넣었다(유딧 15,3ㄴ~7). 홀로페르네스를 기다리는 부하들은 그의 시신을 발견하고 "히브리 여자 하나가 네부카드네자르 임금님의 집안에 수치를 주었소. 보시오. 홀로페르네스 님께서 머리가 없이 바닥에 쓰러져 계시오"(유딧 14,18) 하고 알린다.

승리 경축이 유딧기에 월계관을 씌운다(유딧 15,8~16,10). 대사제와 예루살렘에 사는 이스라엘 자손들의 원로단이, 주님께서 이스라엘에 하신 좋은 일을 보고 또 유딧을 만나 인사하려고 온다(유딧 15,8~10). 한편, 약탈이 계속되고, 유딧은 약탈물 가운데에서 많은 것을 받는다. 유딧은 여자들의 춤으로 축하를 받으며 그들과 무장을 갖춘 이스라엘의 모든 남자와 함께 예루살렘 성전을 향하는 행렬을 형성한다(유딧 15,11~13; 16,18~20). 그들은 예루살렘에서 승리의 축제를 거행한다. 골리앗을 죽인 다음의 다윗처럼, 유딧은 그의 행위의 표지들을 가지고 와서 성전에 바쳤다.

이 기회에 그녀는 찬양가를 부른다(유딧 15,14~16,17). 우리가 탈출 14~15장과 판관 4~5장에서 발견하는 도식에 따르면, 설화자의 산문으로 쓰인 이야기 다음에는 시적 찬양 형태로 쓰인 이야기 안의 이야기가 이어진다. 토빗기 역시 비슷한 도식을 따르지만, 군사 원정과 여자들의 노래, 곧 모세(노래는 모세의 것으로도 되어 있다)의 누이 마리아와 드보라 두 여자의 노래가 더 가깝다. 다시 한번 "주님은 전쟁을 쳐 없애 버리시는 하느님"이시고 "그들을 여자의 손으로 물리치셨다" 하고 주장한다(유딧 16,2.5). 적은 이들이 많은 이들과 싸워 승리한다는 성서 주제는 여기에서 페르시아인들과 싸워 이긴 그리스인들의 승리라는 그리스 주제와 섞여 있는데, 테르모필레 전투에서처럼, 베툴리아 근처의 좁은 길목에 의해서도 언급 된다(유딧 4,7).

• 맺음말

맺음말(유딧 16,21~25)은 위대한 모습의 성조들과 판관들을 상기시킨다. 혼자이면서 독립적인 여자의 모습은 독창적이다.

심화를 위한 참고문헌

• Berruto, A.M., "Giuditta", in *Bibbia dei Settanta*, II/2, pp. 1165~1233. Dalla Vecchia, F., *Giuditta* (NVBTA 29), San Paolo, Cinisello, Balsamo(MI), 2019.

• Vilchez Lindez, J., *Tobia e Giuditta* (Commenti biblici), Borla, Roma, 2004 (or. spagnolo 1998).

| 제 20 장 | 천사와 함께하는 여행에서 :토빗기

• 본문

토빗기의 본문에 대해 말하자면, 쿰란에서 아람어 단편들과 히브리어 단편들이 발견되었다. 그러나 중세의 몇몇 아람어 본문들은 그리스어에서 다시 번역된 것으로 생각해야 할 것이다. 그리스어 본문은 세 가지 서로 다른 형태로 보존되어 있다. 랄프스(Rahlfs)와 핸하트(Hanhardt)의 편찬본들은 두 가지 형태, 곧 I(특히 바티칸 수사본과 알렉산드리아 수사본에 근거한다)과 II(특히 시나이 수사본에 근거한다)를 재현한다. 그리스어 I은 더 짧은 형태이며 아마도 그리스 II에 의존할 것이다. 본문의 다양성은 이야기의 행운과 확산을 증거한다. 불가타에서 예로니모는 정보를 제공한 사람들에 의해 히브리어로 번역된 아람어 본문에 근거하여 고대 라틴어 번역 작업을 하였다.

우리말 성경에서 토빗(Tobi)은 아버지를 가리키며 토비야(Tobia)는 아들을 가리킨다. 그리스어 본문에서 아버지는 토빗(Tobit) 또는 토비트(Tobith)이며, 이 이름은 책의 제목이기도 하다. 불가타에서 아버지와 아들은 똑같이 토비야(Tobia)라고 불린다.

본문 형성 역사에 관한 가설들은 이 경우 다른 어떤 경우보다도 본문 비평과 밀접하게 연결되어 있다. 또한 이 책이 어떻게 성경의 다른 책들과 아키카르의 지혜에서 민중 설화의 다양한 모티프들을 받아들였는지 언급하는 것이 흥미롭다. 이야기에 아키카르를 토빗의 친척으로 소개하면서 고대 세계에서 널리 유포되어 있던 이 작품이 언급된다.

에스테르기처럼, 토빗기는 디아스포라에 관한 이야기이다. 그러나 에스테르기와 비교할 때, 예루살렘에 최고의 주의가 집중된다. 편찬 역시 디아스포라에 있는 유다인에 의해 가능할 수 있었지만, 확실한 단서는 없다. 편찬 연대에 대해서도 정확한 정보가 없으며, 일반적으로 기원전 4세기에서 2세기로 생각한다.

• 여행 이야기

토빗기는 교훈적 이야기이다. 에스테르기, 룻기, 유딧기처럼, 성경의 책들과 인물들을 다시 읽는 것이기도 하다. 욥과 그의 아내가 토빗과 그의 아내 안나로 덜 극적으로 다시 언급되며, 토비야는 야곱처럼 여행 중에 친척들 사이에서 아내를 찾는다. 토빗기는 교훈적·역사적 소설이라고 말할 수 있다. 사실 토빗에게 일어나는 일들은 백성과 아시리아 제국의 역사가 섞여 짜여 있으며 지혜 요소들은 매우 발전되어 있다.

이야기의 주요 부분은 토비야의 여행으로 구성되어 있으며(토빗 4~13), 이에 앞서 인물들과 그들의 위기를 제시하는 폭넓은 도입문이라 할 수 있는 제1부(토빗 1~3)가 있다. 끝에 가서 맺음말(토빗 14)에서 토빗과 토비야가 세상과 독자에게 작별 인사를 한다.

1,1~2	머리글
1,3~2,1ㄱ	서막: 토빗의 우여곡절
2,1ㄴ~3,17	**제1부 토빗과 사라가 죽고 싶어 하다**
4,1~14,1	**제2부 천사와 함께하는 토비야의 여행**
14,2~15	맺음말

설화자는 인물의 교환으로 관심을 끈다. 즉 처음에(토빗 1,3~3,6) 토빗이 일인칭으로 말하며(불가타에서는 책 전체가 삼인칭으로 되어 있다) 그의 관점을 드러낸다. 여기에는 자신의 특질을 칭송하는 무의식적 자만과 아내에 대한 잘못된 판단에서 드러나는 엄격함이 없지 않다. 그런 다음 설화자는 입을 열어 인물들에게서 벗어나는 자료들을 전해 준다. 이와 같은 앎의 다양성에서 이 책의 아이러니가 생겨난다.

- **긴 도입문**

토빗기는 긴 제목의 족보(토빗 1,1~2)와 이어서 일인칭 이야기(토빗 1,3~3,6)를 통해 토빗을 소개한다. 그런 다음 사라가 소개되고(토빗 3,7~15), 마침내 천사가 소개된다(토빗 3,16~17). 이런 의미에서 이 책의 제1부(토빗 1~3)는 폭넓은 도입문으로서 독자에게 주인공들과 이야기 중에 해결하게 될 문제들을 알려 준다고 생각할 수 있다. 더욱 엄밀하게 말하면, 좀 더 먼 거리에서 토빗에게 일어나는 일들의 이야기를 머리글로 생각할 수 있고(1,3~2,1ㄱ), 더욱 가까이에서 이야기를 준비하는 일들을 제1부(2,1ㄴ~3,17)로 생각할 수 있을 것이다.

1,1~2	머리글
1,3~2,1ㄱ	서막: 토빗의 우여곡절
2,1ㄴ~3,17	**제1부 토빗과 사라가 죽고 싶어 하다**
2,1ㄴ~10	1) 토빗이 주검을 묻고, 소경이 되다
2,1ㄴ~6	축제 음식
2,7~8	밤에 그를 묻어 주고 이웃이 비웃다
2,9~10ㄱ	밤의 휴식
2,10ㄴ	시력을 잃은 햇수(요약)
2,11~3,17	2) 토빗과 사라
2,11~3,6	토빗이 죽게 해 달라며 기도하다
2,11~12ㄱ	안나의 일
2,12ㄴ~14	아내와 말다툼 +
3,1~6	토빗의 기도 =
3,7~15	사라가 죽게 해 달라며 기도하다
3,7~9	여종과 말다툼 +
3,10~15	사라의 기도 =
3,16~17	기도의 응답과 천사 파견(요약)

머리글에서 토빗의 모습은 유배를 기억하기 때문에 곧바로 고통으로 표시된다. 족보는 이렇게 해서 다음과 같은 가치도 갖는다. 즉 포로로 잡혀간 것 덕분에 자신의 기원을 기억한다.

머리글에서 토빗은 자신의 삶을 이야기하면서 곧바로 자신의 덕행을 주장한다. "나 토빗은 평생토록 진리와 선행의 길을 걸어왔다"(토빗 1,3). 주님께 대한 토빗의 충실성은 결코 감소된 적이 없다. 에스테르와 모르도카이처럼, 이집트에서 요셉처럼, 다니엘처럼 토빗은 임금의 호의를 받는다. "내가 이렇게 마음을 다하여 나의 하느님을 잊지 않았으므로, 지극히 높으신 분께서는 내가 살만에세르에게서 호의와 귀염을 받도록 해 주셨다. 그래서 나는 임금에게 필요한 모든 물품을 사들이는 직책을 맡게 되었다"(토빗 1,12~13). 그 후계자 밑에서 토빗은 불행에 떨어진다. 살해된 히브리인들을 묻어 주었기 때문이다. 죽은 이들에 대한 바로 그 동정이 그의 눈을 멀게 할 것이다.

토비야의 여행 목적, 곧 돈을 찾아와야 할 일을 언급하는 것이 좋겠다.

> 임금이 죽을 때까지, 나는 메디아로 가서 임금을 위한 물품을 사 오곤 하였다. 그때에 나는 메디아 땅에서 가브리의 동기 가바엘에게 은 열 탈렌트가 든 자루들을 맡겨 두었다. 그런데 살만에세르가 죽고 그의 아들 산헤립이 뒤를 이어 임금이 되자 메디아로 가는 길들이 가로막혀, 나는 더 이상 메디아로 갈 수가 없었다. (토빗 1,14~15)

소설에서 있을 법하지 않은 일들 가운데 하나가 토빗이 산 햇수이다. 토빗은 솔로몬 시대 때 유다 왕국과 이스라엘 왕국 분열(토빗 1,4)과 이스라엘 왕국의 유비와 여러 명의 아시리아 군주들의 증인이다.

첫 번째 사화(토빗 2,1ㄴ~10)에서 토빗의 덕행은 그에게 모험을 피하게 하지 않는다는 것을 본다. 그의 모험은 소경이 되는 데에서 절정에 이르고, 그의 도덕적 엄격함을 상징하기도 하며, 아내를 불의하게 단죄하는 데에서도 드러난다(토빗 2,13~14). 현실 세계에 대한 주석으로 아모스서를 인용하는 것을 볼 수 있다(토빗 2,6). 우리가 앞에서 이미 관찰한 바와 같이, 토빗기 전체가 성경의 다른 책들을 암암리에 다시 읽는다.

토빗 2,10의 요약은 긴 휴지를 가리키고, 휴지가 있은 후, 이야기는 토빗과 사라의 불운에 관한 동시대의 평행하는 두 개의 사화(토빗 2,11~3,6; 3,7~15)로 재개된다. 사라는 결혼하지 못한다. 왜냐하면 그녀와 결합하기 전에 여러 남편이 이미 죽었기 때문이다. 모욕의 말을 듣고 격분한 토빗과 사라는 주님께 죽게 해 달라고 청한다(예언자 엘리야처럼: 1열왕 19). 공간적으로 먼 거리에서 일어나는 일들이 동시에 생겨나며 공통되는 하느님의 대답을 얻는다. 하느님께서는 죽기를 원하는 그들의 염원을 들어 주시지 않고 두 기도자를 치유하기 위하여 라파엘 천사를 파견하신다.

> 바로 그때에 그 두 사람의 기도가 영광스러운 하느님 앞에 다다랐다. 그래서 라파엘이 두 사람을 고쳐 주도록 파견되었다. 곧 토빗에게는 그의 눈에서 하얀 막을 벗겨 그 눈으로 하느님의 빛을 보게 해 주는 것이고, 라구엘의 딸 사라에게는 토빗의 아들 토비야의 아내가 되게 해 주고 또 아스모대오스라는 악귀를 내쫓아 주는 것이었다. 사라를 아내로 맞아들이고 싶어 하는 그 누구보다도 토비야가 사라를 차지할 자격을 갖추고 있었던 것이다. 바로 그때에 토빗 이 마당에서 집으로 들어가고, 라구엘의 딸 사라도 위층 방에서 내려갔다. (토빗 3,16~17)

이 두 구절은 사전 요약(sommario prolettico)이다. 곧 간단히 말해, 설화자는 독자에게 이야기의 결말을 먼저 알려 준다. 결말에 관한 호기심을 불러일으키는 데에 관심을 두지 않지만, 결말에 이르게 되는 방식에 관심을 둔다. 또한 등장인물들의 지식보다 더 나은 지식을 독자에게 줌으로써 몇몇 단락들의 아이러니를 준비한다. 독자는 행복한 결말을 이미 알고, 특히 토빗의 슬기로운 말과 등장인물들의 예를 통해서 주어진 책의 가르침에 더욱 주의를 기울일 수 있을 것이다.

우리가 지적하였듯이, 설화자는 인물의 변화에 대해서도 주의를 기울이게 한다. 곧 일인칭으로 말하는 토빗의 제한된 전망에서 전지한 관점(더 나아가 심지어 신의 관점)으로 나아간다. 우리는 토빗을 등장인물이 아닌 것처럼 말하는 설화자, 곧 이야기 안에서 자기 자신에 대해 이야기하는 외부 설화자(narratore extradiegetico omodiegetico)라고 규정할 수 있을 것이다. 이야기 끝에 가서 토빗은 천사의 행위를 알게 될 것이며 역사를 이야기할 과제를 받게 될 것이다. 꾸며 낸 이야기에서 책의 저자는 토빗 자신일 수 있으며, 그는 처음에는 일인칭으로, 나중에는 삼인칭으로 말한다.

• 천사와 함께하는 토비야의 여행

우리는 중앙집중식 구조로 나아가는 일곱 개의 사화를 식별해 낼 수 있다.

4,1~5,3 토빗의 말 (Ⅰ)
　　5,4~6,2ㄱ 미지의 천사 (Ⅱ)
　　　　6,2ㄴ~19 여행 (Ⅲ)
　　　　　　7,1~10,13 엑바타나에서 (Ⅳ)
　　　　11,1~20 니네베로 귀향 (Ⅴ)
　　12,1~20 천사가 자신의 정체를 밝힘 (Ⅵ)
12,21~14,1 토빗의 찬미가 (Ⅶ)

우리는 이 본문을 세 단락을 나눌 수 있는데, 둘째 단락은 세 개의 사화로, 셋째 단락은 두 개의 사화로 다시 구분할 수 있다.

4,1~6,2ㄱ	1) 니네베에서 출발
	2) 엑바타나에 여행
6,2ㄴ~19	토비야와 아자르야가 함께 걸어가다
7,1~8,18	영접과 결정적 밤
8,19~10,13	밤의 축제와 출발
	3) 니네베로 귀향
11	도착
12,1~14,1	베일을 벗은 천사

여행은 토빗이 맡겨놓은 돈을 찾아오는 목적으로 시작되지만, 예기치 않은 이득이 있다(등장인물들에게 이득이 있다. 독자에게는 토빗 3,16~17에서 이미 예고되었다). 즉 돈을 되찾을 것이지만, 더 나아가 토비야는 사라를 낫게 해 결혼하고 토빗을 치유한다. 목적지도 바뀐다. 곧 돈은 라게스에서 찾지만, 여행의 참된 목적지는 엑바타나가 되고 거기에서 결혼식이 있게 될 것이다. 똑같은 방식으로 나귀를 찾아 나섰던 사울은 이스라엘의 임금이 되는 기름부음을 발견하였다(1사무 9~10).

- **출발**

죽게 해 달라는 자신의 청을 들어주시리라 확신한 토빗(토빗 4,1~5,3)은 친척에게 맡겨 둔 재화를 찾아오도록 아들을 보내면서

(토빗 4,20~21; 1,14~15) 아들에게 자신이 항상 그러했던 것처럼 그렇게 처신하라고 가르친다. 희사에 대해 크게 강조한다. 그것은 토비야가 되찾게 될 돈을 좋게 사용하도록 가르치는 것이다. 황금률은 “네가 싫어하는 일은 아무에게도 하지 마라”(토비 4,15)는 것이다.

토빗의 고별사는 성서 책들과 성서 밖의 책들에서 찾아볼 수 있는 고별사들을 생각하게 한다(「열두 성조들의 유언」처럼). 예를 들어 우리는 모세(신명기), 여호수아(판관 23~24), 그리고 판관 직무를 내려놓는 사무엘(1사무 12)의 고별사를 기억한다. 또한 지혜서들의 주제들을 언급한다. 아버지가 아들에게 주는 가르침은 지혜의 길이기도 하다. 스승들 역시 제자를 “아들”이라 부를 수 있다.

여행 도중에 토비야는 권고 사항을 서둘러 실행하게 될 것이다.

> 무엇보다 먼저 네 조상의 후손들 가운데에서 아내를 맞아들이고, 네 아버지 부족 밖의 낯선 여자를 아내로 맞아들이는 일이 없도록 하여라. 우리는 예언자들의 자손이다. 얘야, 우리의 옛 조상 노아, 아브라함, 이사악, 야곱을 생각해 보아라. 그분들은 모두 자기 친족 가운데에서 부인을 맞아들여, 자녀들로 복을 받으셨다. 이제 그 후손들이 땅을 차지할 것이다. (토빗 4,12)

독자는 이미 결혼의 흐름을 알고 있지만(토빗 3,16~17), 토빗과 토비야는 알지 못하기 때문에, 여기에는 아이러니가 있다. 친척들 사이의 결혼은 성조들의 본보기를 따르도록 권고된다. 노아의 경우는 창세기에 나타나지 않는다. 이런 결혼 관습(레위 18장의 제한과 함께. 창세기에서는 항상 실천되지 않는다)은 디아스포라에서 정체성을 보존하기 위한 수단임(이방인으로 사는 성조들에게서 반영되는)을 잘 이해할 수 있다. 토빗기에는 에즈라-느헤미야기의 강경함도 룻기의 개방성도 없다.

토비야(토빗 5,4~6,1)는 여행을 위한 안내자를 찾다가 아자르야의 모습을 한 천사 라파엘을 발견하고 토빗에게 소개한다. 아자르야는 라게스로 가는 길의 전문 안내자이다. 라게스에서 돈을 되찾게 될 것이고 거기에는 토빗의 친척이 살고 있다. 설화자는 아자르야가 천사라는 사실을 알지 못하는 토빗이 토비야에게 잘 다녀오도록 복을 빌어 줄 때 아이러니를 사용한다. "얘야, 길 떠날 채비를 하고 너의 동포인 이 사람과 함께 가거라. 하늘에 계신 하느님께서 너희를 그곳까지 무사히 인도하시고, 너희를 건강한 몸으로 나에게 데려다 주시기를 빈다. 얘야, 또 그분의 천사께서 너희가 안전하도록 동행해 주시기를 빈다"(토빗 5,17). 그런 다음 여행을 떠나는 아들을 걱정하는 아내를 안심시킨다.

> 그러자 토빗이 대답하였다. "걱정하지 말아요. 우리 아이는 건강한 몸으로 갔다가 건강한 몸으로 우리에게 돌아올 것이오. 이 아이가 건강한 몸으로 당신에게 돌아오는 날을 당신 눈으로 볼 것이오. 그러니 여보, 걱정하지 말고 이 사람들 때문에 염려도 하지 마시오. 선하신 천사께서 토비야와 함께 가실 터이니, 이 아이는 여행을 잘 마치고 건강한 몸으로 돌아올 것이오. 그러자 그 여자는 울음을 그쳤다. (토빗 5,21~6,1)

우리는 아내 안나의 지혜에도 주목한다. 그러나 그녀는 토빗처럼 여행이 가져올 수 있는 더 많은 것을 알지 못한다.

> 그때에 그의 어머니가 울면서 토빗에게 말하였다. "어쩌자고 내 아이를 보내십니까? 우리 앞에서 들고 나고 하는 이 아이는 우리 손에 들린 지팡이나 마찬가지 아닙니까? 돈에 돈을 쌓지 마십시오. 그 돈일랑 우리 아이의 몸값으로 여겨 버립시다. 주님께서 우리에게 허락하신 살림, 우리에게는 그것으로 충분합니다. (토빗 5,18~20)

출발할 때 개가 한 마리 나타난다. 해석하기가 참 어렵지만, 걸작품을 장식하는 것으로 여길 수 있을 것이다. "그리하여 그 청년 토비야는 천사와 함께 집을 나섰다. 그 집 개도 청년을 따라 집을 나서서 그들과 함께 떠났다"(토빗 6,2: 사화는 토비야가 천사와 함께 출발할 때 6,2ㄱ에서 끝나고, 5,17에서 토비야가 출발하기 위해 집을 나선다. 이는 시나이 수사본의 경우이고, 바티칸 수사본과 알렉산드리아 수사본에서는 토비야가 5,17에서 이미 출발하였다).

• 엑바타나를 향한 여행

여행 중에(토빗 6,2ㄴ~19) 토비야는 천사 덕분에 토빗과 사라를 단단히 죄고 있는 매듭을 푸는 데 필요한 수단과 지식을 얻는다. 토비야를 위협하는 물고기가 천사 덕분에 "효험이 좋은 약"(토빗 6,4)을 제공하고, 천사는 다음과 같이 설명한다.

> 그 물고기의 염통과 간은 마귀나 악령에 시달리는 남자나 여자 앞에서 태워 연기를 피우면, 그 시달림이 깨끗이 사라져서 더 이상 남아 있지 않게 된다오. 쓸개는 하얀 막이 생긴 사람 눈에 바르고 그 눈 위로, 하얀 막 위로 입김을 불면 눈이 좋아진다오. (토빗 6,8~9)

이 밖에도 토비야는 천사로부터 라구엘 댁에서 밤을 보내면서 사라를 아내로 청할 수 있다는 사실을 알게 된다. 친족 관계는 그에게 그녀와 혼인할 권한을 준다. 룻기처럼, 토빗기는 여기에서 율법 규정에 대한 해석을 내놓으면서 토비야에게 딸을 신부로 주어야 할 아버지의 의무를 모세에게까지 거슬러 올라가게 한다(토빗 7,13).

토비야는 두려워한다. 왜냐하면 악귀가 남편들을 죽게 하였음을 알고 있기 때문이다. 죽는 것을 두려워할 뿐만 아니라, 독자로서 부모만 남겨 두어야 한다는 것을 두려워한다. 천사가 그를 안심시킨다.

> 그대의 아버지께서 당신의 집안에서 아내를 맞아들이라고 그대에게 분부하셨는데, 그대는 아버지의 그 분부를 기억하고 있지 않소? 그러니 이제 형제여, 내 말을 들으시오. 마귀는 걱정하지 말고 그 여자를 아내로 맞아들이시오. 나는 그 여자가 오늘 밤으로 그대의 아내가 되리라는 것을 알고 있소. 그대가 신방에 들어가면 그 물고기의 간과 염통을 조금 꺼내어 향의 잿불에다가 올려놓으시오. 그러면 냄새가 퍼질 것이오. 마귀는 그 냄새를 맡고 달아나서 다시는 결코 그

여자 곁에 나타나지 않을 것이오. 그리고 그대는 그 여자와 동침하려고 할 때, 먼저 둘이서 함께 일어나 하늘의 주님께 기도하며 그대들에게 자비와 구원을 베풀어 주십사고 간청하시오. 두려워하지 마시오. 그 여자는 세상이 생기기 전부터 그대의 아내로 정해졌소. 그대가 이렇게 그 여자를 구해 내면 그 여자는 그대를 따라나설 것이오. 그대가 그 여자에게서 자녀들을 얻고 그들이 그대에게 동기들처럼 되리라고 나는 생각하오. 그러니 걱정하지 마시오. (토빗 6,16~18)

물고기 기관의 효과(흔히 성서에는 생소한 마술적 효과) 외에, 출발하기 전에 받은 아버지의 권고에 순종하는 것과 기도가 중요하다. 만나기도 전에 벌써 사랑이 솟아난다. "토비야는 라파엘의 말을 듣고 사라가 자기 아버지 집안의 후손으로 자기에게 친족 누이가 된다는 것을 알자, 그 여자를 매우 사랑하게 되고 그 여자에게 마음이 끌리게 되었다"(토빗 6,18).

토빗 3,16~17의 요약처럼, 설화자는 이야기의 사건들을 미리 알려 준다. 즉 부분적으로는 바뀔 수도 있겠지만, 여기에서 새로운 세부 사항들을 예고한다. 사실상 토비야는 (토빗 6,13에서 말하듯이) 라게스까지 가지 않을 것이다. 독자는 일이 어떻게 되어 갈 것인지 알지만, 아직까지 모든 것을 다 알지는 못한다.

• 엑바타나에서 결정적 밤과 혼인 축제

라구엘과 그의 아내 아드나와의 만남은 친척들 사이의 즐거운 만남이다. 다만 눈이 먼 토빗 때문에 마음이 아프다. 그날 저녁 손님을 환대하는 연회에서 라구엘이 사라의 죽은 일곱 남편 이야기를 감추지 않았음에도 불구하고 토비야는 사라와 결혼을 허락해 달라고 주장한다. 그렇게 해서 혼인 계약서를 쓰고 어머니는 눈물을 흘리며 신방을 준비한다(토빗 7,1~17).

라파엘로부터 이미 예견하였듯이, 마귀는 쫓겨나고 토비야와 사라는 기도하는데, 아담과 하와에 관한 창세기 이야기를 상기시킨다(창세 2). 그동안 라구엘은 신랑이 죽을 경우를 생각하여 미리 무덤을 파게 하지만, 신랑 신부가 살아 있을뿐더러 잘못된 일이 하나도 없음을 확인한 후 아드나와 함께 하느님을 찬미한다(토빗 8,1~18).

결혼식의 축하 행사는 길어지고 천사는 혼자 돈을 찾으러 가며(토빗 9,5), 그동안 니네베에서는 토빗과 안나가 아들 때문에 근심한다(토빗 10,1~7). 마침내 토비야는 라구엘을 설득하여 출발한다(토빗 9,1~10,13).

- **니네베로 귀향**

라파엘과 토비야는 사라가 도착하기 전에 토빗에게 가서 시력을 회복시켜 주려고 서두른다. 토비야를 가장 먼저 만나는 사람은 어머니 안나이다. 아버지가 시력을 되찾았을 때, 그와 아들은 하느님을 찬미한다(토빗 11,1~15). 출발할 때의 개가 다시 나타난다. "그들 뒤에는 개도 따라가고 있었다"(토빗 11,4). 아들은 아버지에게 여행의 결과를 이야기한다. "기쁨에 넘친 토비야는 소리 높여 하느님을 찬미하면서 집으로 들어갔다. 그리고 아버지에게, 여행을 잘 마치고 돈을 가져온 것과 라구엘의 딸 사라를 어떻게 아내로 맞아들이게 되었는지를 이야기하고, 또 그 사라도 오고 있는데 니네베 성문 가까이 왔을 것이라고 말하였다"(토빗 11,15). 그런 다음 토빗은 사라를 축복하고 니네베의 히브리인들도 모두 기뻐하였다. 아키카르도 함께하였다(토빗 11,16~18). 토빗과 사라의 절망적 기도는 축복으로 바뀌었다(토빗 8,1~18에서 이미 이를 본다).

여행의 긴장과 토빗의 실명, 그리고 사라의 실의가 이제 거의 다 해소되었다. 돈은 되찾았고, 토비야는 아내를 얻었다. 잠시 후에 토비야가 이를 두고 다음과 같이 말한다.

> 아버지, 그 사람에게 품삯을 얼마나 주면 되겠습니까? 그가 저와 함께 가져온 재물의 절반을 주어도 저는 아깝지 않습니다. 저를 건강한 몸으로 다시 데려오고 제 아내를 고쳐 주었으며, 저와 함께 돈을 가져오고 또 아버지를 고쳐 주지 않았습니까? 그러니 그에게 품삯을 얼마나 더 주어야 하겠습니까? (토빗 12,2~3)

그러나 이 책의 줄거리는 단순히 해결(risoluzione)일 뿐 아니라, 계시(rivelazione)이기도 하며 아자르야의 정체를 밝히는 일이 남아 있다. 토빗과 토비야가 품삯을 주려고 했을 때, 라파엘은 자신의 정체와 있었던 일들의 의미를 밝힌다(토빗 12,1~20).

> 자 이제 보라, 너와 사라가 기도할 때에 너희의 기도를

> 영광스러운 주님 앞으로 전해 드린 이가 바로 나다. 네가 죽은 이들을 묻어 줄 때에도 그러하였다. 그리고 네가 주저하지 않고 잔치 음식을 놓아둔 채 일어나 가서 죽은 이를 매장해 줄 때, 너를 시험하도록 파견된 자도 나였다. 또 하느님께서는 나를 파견하시어 너와 네 며느리 사라를 고쳐 주게 하셨다. 나는 영광스러운 주님 앞에서 대기하고 또 그분 앞으로 들어가는 일곱 천사 가운데 하나인 라파엘이다. (토빗 12,12~15)

이 시점에서 토빗과 토비야는 독자가 토빗 3,16~17의 요약에서 알고 있는 것을 알게 된다. 그러나 독자 역시 새로운 어떤 것을 알게 된다. 즉 토빗이 시험에 부쳐졌었다는 사실이다. 이야기 안에 짤막한 이야기가 있는 것이다(라파엘이 자기 자신에 대해 말하는 이야기에서 설화자 역할을 한다: intradiegetico omodiegetico). 설화자는 역사를 다시 요약하고 그것을 하나의 시험으로 드러낸다(창세 12장에서 아브라함의 경우처럼, 그리고 예컨대 신명 8에서 광야에서 백성의 경우처럼). 그렇지만 토빗은 단지 마지막에 가서 시력을 되찾으며 자기 일을 더욱 심원하게 본다. 사람은 마지막에 가서 비로소 우리가 살고 있는 일들의 의미를 알아들을 수 있을 것이다. 천사는 지혜의 기초를 상기시킨다. "선을 행하여라. 그러면 악이 너희에게 닥치지 않을 것이다"(토빗 12,7). 토빗기에서 일어난 일에 따르면, 이 원칙은 고통스러운 우여곡절을 배제하지 않는다.

이 밖에도 라파엘은 자신의 담화(토빗 12,6~20)에서 토빗의 가르침과 실천적 삶을 확증해 준다.

진실한 기도와 의로운 자선은 부정한 재물보다 낫다.

금을 쌓아 두는 것보다 자선을 베푸는 것이 낫다. 자선은 사람을 죽음에서 구해 주고 모든 죄를 깨끗이 없애 준다. 자선을 베푸는 이들은 충만한 삶을 누린다. (토빗 12,8~9)

그리고 하느님을 찬미하도록 권한다. 주인공들은 이미 그렇게 하였으며(11장에서) 계속해서 그렇게 한다(토빗 12,21~14,1). 특히 토빗은 자신의 찬미가로 하느님을 찬미한다(토빗 13,1~14,1). 탈출 14~15장과 판관 4~5장에서처럼, 또 판관기에서처럼 이야기가 있은 후에는 찬미가가 따라온다. 그것은 유배자의 노래로서 민족들 가운데에서 하느님의 위대하심을 증언하는 것이고, 회개하고 희망을 갖고 예루살렘을 보도록 초대하는 것이다. 예루살렘은 역사의 척도를 능가하는 아름다움으로 다시 세워질 것이다(찬미가는 묵시문학적 음조를 갖는다).

"너희에게 일어난 모든 일을 기록해 두어라"라고 말하는 천사의 명령(토빗 12,20)은 토빗기 자체의 기원을 설명하려고 한다. 사실 우리가 앞에서 살펴본 것처럼 이 책은 일인칭으로 시작한다(13,1의 바티칸 수사본과 알렉산드리아 수사본에서는 토빗이 기도를 작성한다고 말한다).

• 맺음말

죽음을 앞둔(토빗 14,1~11) 토빗은 두 번째 고별사를 한다. 첫째 고별사(4장에서)에는 사실 원하는 죽음이 따라오지 않았다. 토빗의 생애는 행복하게 연장되고, 유언에서 받은 가르침을 살고

전 하도록 아들에게 권한다. "이제 얘들아, 내가 너희에게 분부한다. 하느님을 진심으로 섬기고 그분께서 좋아하시는 일을 하여라. 너희 자식들도 잘 타일러서, 의로운 일을 하고 자선을 베풀게 하여라. 언제나 진심으로, 그리고 힘을 다하여 하느님을 생각하며 그분의 이름을 찬미하게 하여라"(토빗 14,8). 본보기로 아키카르도 인용된다. 토빗은 나훔 예언자를 인용하면서 니네베의 최후를 예고하고, 아들에게 어머니가 죽은 후 즉시 성읍을 떠나라고 권한다. 예루살렘의 파괴와 재건에 대해서도 예고한다. 토빗기의 언어는 묵시문학을 환기시킨다.

끝으로(토빗 14,12~15) 토비야가 어머니를 장사 지낸 뒤에 엑바타나로 가서 늙은 처부모를 잘 모시다가, 메디아의 엑바타나에 그들을 묻는다. 나이가 많이 들어 죽기 전에 니네베가 멸망하는 것을 본다. 토빗기의 마지막 말은 축복이다.

심화를 위한 참고문헌

_ 쿰란에서 발견된 아람어 단편들과 히브리어 단편들의 번역

- Garcia Maaartinez, F. / Martone C.(a cura di), *Testi di Qumran*, Paideia, Brescia, 1996, pp.480~487.

_ 일반적 연구와 주석서

- Drewermann, E., *Il cammino pericoloso della redenzione. La leggenda di Tobia interpretata alla luce della psicologia del profondo*, Queriniana, Brescia, 1993(or. tedesco, 1985).

- Fiszmyer, J.A., *Tobit*(Commentaries on Early Jewish Literature), Walter de Gruyter, Berlin-New York, 2003.
- Rosso Ubigli, L., "Tobia", in *Bibbia dei Settanta*, II/2, pp. 1235~1307. Vilchez Lindez, J., Tobia e Giuditta(Commenti biblici), Borla, Roma, 2004(or. spagnolo, 1998).
- Zappella, M., *Tobit*(NVBTA 30), San Paolo, Cinisello Balsamo (MI), 2010.